企业日常交往的战略实践观：中式管理理论初探

Chinese Management Theory-building:
On the Strategy-as-Practice of Enterprises' Everyday Humam Interactions

潘安成　著

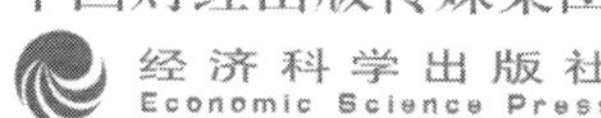
中国财经出版传媒集团
经济科学出版社
Economic Science Press

国家社科基金后期资助项目
出版说明

后期资助项目是国家社科基金设立的一类重要项目，旨在鼓励广大社科研究者潜心治学，支持基础研究多出优秀成果。它是经过严格评审，从接近完成的科研成果中遴选立项的。为扩大后期资助项目的影响，更好地推动学术发展，促进成果转化，全国哲学社会科学规划办公室按照“统一设计、统一标识、统一版式、形成系列”的总体要求，组织出版国家社科基金后期资助项目成果。

全国哲学社会科学规划办公室

代序　日常管理从“心”开始

在当今中西杂糅、包容开放的现代企业管理实践中，有一种管理日常方式，尽管常常被人忽视却仍成一家，并支撑着企业组织的日常活动，不因中西方文化理念的冲突而逐渐消失。近年来，这种沿袭了中华优秀传统文化之道的日常管理模式，如家常菜和家常话一样，在谦卑和细微之中不减其顽强生命力，反倒越来越清晰和强大起来；这种守节持义的关系化组织活动，也奠定了企业组织持久发展的日常管理之本。

管仲说：“法出于礼，礼出于治，治礼道也，万物待治礼而后定。”

诚然，中国传统管理智慧，一方面，在遏制个体私欲过度膨胀的过程中，避免了危害整体性组织的持久发展；另一方面，在企业日常组织发展的长治久安中，让个人因顺应自然之情的幸福而安心地健康成长。萌发探究中式管理理论的想法，缘于困扰笔者许久的一个疑惑：为什么中国传统管理智慧在两千多年前就已成熟了，并被后人们一直在沿用却从未被超越过？相比而言，目前主流西方管理理论虽然在不断的翻新，但是很难做到真正的“接地气”，尤其，越接近日常组织的实践面，越是不好使。近年来，大量企业发展实践表明：一个没有文化传承的企业，无论表现如何强大，注定只是一时之盛，终究逃不过昙花一现的命运。于是，笔者带着这初衷：注重道法自然的中国传统管理智慧，可能是以人为本的管理理论之源头；而企业持久发展必然依赖于顺应自然之情的日常行为逻辑和优秀文化传承。

本质上，作为汉字，“管理”原生于顺应自然之情的汉语语义，并不完全等同于英文单词 management 和 managing。例如，当我们推崇西方管理理论时，也就接受了西学语境下的相关概念，然而在企业实践中，这些概念性原理与日常管理活动总存在一定的距离，而且越接近现实生活，就会发现这种距离越大。在日常组织实践中，问题总在按部就班之外发生，机会总在不安分之间出现；为此，日常管理活动，在顺应自然之情之中，既要执行预设性组织功能（任务），又要创造性解决问题和利用机会。一方面，管者，官（心之感官）之能也，从制度之道，管控也，“无规矩不成方圆”；换言之，无论执行任务的合作过程，还是日常组织中的个人行动，都在预设的组织功能范围之内进行，不偏离目标情境；在这个意义上，管者，功能性发挥之渠道也，在预设情境的时空中发挥具体功能作用。

另一方面，理者，从义理之道，以义制利也；无论设计组织制度，还是企业日常交往行为，都在以顾及他人感受的关系化行为之中，不破坏关系交往规则和维护关系情态，在合情合理中注重继承性创新，“苟日新，日日新”，解决具体问题和把握顺应自然之情的机遇。又因为，官者，心之所生也，所以，与人心相通，在于感官顺应自然之道，自然从礼义则容于人，而心胸开阔，方能在容人之中开展日常组织活动，在此基础上，以制度作为约束形式，管以义理（礼）为本，顺应自然之情的义理，“诱进以仁义，束缚以刑罚”。也许，传统管理原理在于疏通人情往来，让个人靠修身来自我约束行动，便于在日常生活中顺应自然之情而维护人情法则；在这个意义上，中国传统智慧的至高境界是家国情怀的无为而治。

根植于几千年社会历史发展延续，中国传统智慧在日常组织实践活动中形成了一整套管理理论体系。例如，从管仲到王阳明等，古代圣贤们从丰富且成功的管理经验中提炼出来的做人和做事为一体的日常行为原则，并从修齐治平的角度全面阐述了做人准则和管理原理；又如，依存于民间传统和上古先贤们的智慧沉淀，黄老学说从整体性思维给出了道法自然的组织创生逻辑，而儒家思想更是从日常交往的角度为管理者量身打造的君子准则。一方面，中式管理注重顺应自然之情的行为规则逻辑，强调行为内容以不破坏关系规则和维持关系交往为前提条件；所以，传统管理聚焦于“德之育”的人情感化和“道之经”的为人教化。另一方面，传统管理思想是以个人身心健康为基准点，不破坏共通性感受状态的先王之道和维持关系情态变化的圣王之道，而情境性认知则是用来调节日常行为的修身工具，本质上遵循天人合一的组织整体性发展和个人生命自然生长的原则。由此可以看出，中国传统管理智慧所注重的是整个组织的长治久安和个人成长的安居乐业。

日常生活的温暖，往往在彼此的谦让中产生，同时又形成了在一起做事的无穷驱动力，这是人之常情的内生动力。每次看到，进入城市的农民工，往往“团聚”于城郊，依赖于传统的血缘、地缘和亲缘来自我保护和相互扶持。这种以家庭和道德习俗支配的日常交往和固定化、一般化的组织活动，在我们身边依然每天发生着；这种具有人之天性的日常组织普遍存在着，几千年来从未曾改变过。管仲说：“天有常象，地有常形，人有常礼”；而老子说：“知常曰明”，所以，日常组织行为，没有如西学理论所假设的那样见利勇为；日常思考方式，也没有如西学逻辑所推演的那么不近人情；事实上，幸福生活一刻也离不开淳朴的人情往来。正如阿尔贝托·施韦特（1923）所言，“由于西方思想不敢坚定地进入认识世界的怀疑论的旷野，在它没有到达目的的地方……迄今为止被当作高贵情感的人道信念，能够在一种出于基本思想的、可普遍传播的世界观中得到论证。”英国天文学家沙里斯（1985）在《新科学的诞生》一书中指出：“前进的唯一道路是转过身来重新面向东方，带着对它的兴趣以及对其深远意义的理解离开西方的污秽，朝着神圣的东方前进”。

老子说：无，名万物之始也：有，名万物之母也。好的管理理论超越了个体有意识的日常实践活动，并通过顺应自然之情来指导组织整体性持久发展。《鲧禹治水》故事告诉我们，早在4000多年前的中国传统管理智慧便强调“通则久”的治理模式：遵循“天人合一”的人之通性原则，强调“阴阳四时，万物之本”的道法自然逻辑，以礼而通义，逐渐形成了以《管子》《道德经》和孔子学说等为核心并自成语境体系的中国传统智慧。例如，管仲从治理齐国并让其强大四十载的亲身经历中总结出一整套管理原理《管子》。也许，古今的行为内容已发生巨大变化，然而，管仲提出利用关系之道的管理基本原理却未必过时。正如，古诗画里面的南飞的大雁早已物是人非，但几千年来，只因关系规则未变而大雁南飞的组织一直如初。

本书以“日常交往”的行为视角探究战略实践观，主要基于对行为逻辑的客观事实进行考量。首先，再宏伟的企业战略愿景，都是从日常交往的组织实践活动中一步步走出来的；在此过程中，这种日常交往的规则性行为逻辑，并不完全同于西学理论所强调个体理性的认知逻辑。其次，企业日常交往，尽管隐含了行为价值性，却遵从人情交往的主导逻辑；并在合情合理的人情逻辑之下，注重日常行为的规矩礼节性；尤为重要的是，当事人在有意无意之间将内心感受的自然状态作为日常行为的取向，并在一起走向没有止境的未来。显然，企业日常交往的行为逻辑所具有的这些明显特征，与中国传统管理智慧所强调的组织整体性行为内涵高度契合和一脉相承。

本书取副名为“中式管理理论初探”，主要考虑到以下几个方面的原因。一方面，“中”的汉字原义有组织之意，在日常行为层面强调一个组织情境关系化行为，而在思维方式上注重整体性逻辑模式，如“高以下为基、贵以贱为本”。另外，“中”字隐含地表达了管理之意，在管理手段上强调采取中庸之道，在管理目的上注重“致中和”的无为而治，而在管理途径上侧重于“中和位育”。另外，所谓从西学视角所提出的东方管理，完全遵从个体理性的二分法逻辑，并不同于中国传统智慧所强调的“三生万物”的整体性思维，没东西方之分；况且，他们所讲的东方管理，在一定程度上在排斥中国传统管理智慧。正因为如此，为区别于当下借助西学理路之下的本土化研究，本书更注重从事“民族的就是世界的”的中式管理研究。

孔子云：“述而不作，信而好古”。中华优秀文化诞生于数千年的民间传统智慧。为此，本书立足于企业日常交往的三个基本事实，并从淳朴的民间智慧发掘鲜活的中式组织原理。第一，人们的日常生活更多的与处于未知和无法感知到的“无世界”打交道；第二，走向未来的还有和你在一起的周围人，人们言谈举止都会影响你的内心感受，还决定了你努力所期盼的社会声誉和想要的结果；第三，人们内心感受随情境变化而发生改变，随情境性暗示而产生新的认知框，有意识状态总在变化。另外，从中国传统智慧来看，坚守一件事，并不是意味着反对其他事，也不是与其他事割裂开来，甚至可以说，是依存于其他事。也许，以善抑恶，并非理论上的以善去恶，而是心向民间传统智慧，这可能是中式管理理论研究的出路。正因为如此，本书在总体上遵从关系本位的主导逻辑：日常行为从“人之通性”出发，行“仁义之道”，依存于共通性感受的人之常情而走到一起；随着关系情态的起承转合，在“一阴一阳”的日常交往中进行共创即时性世界；企业日常行为因新情境产生和进入，在共通性情态唤醒过程中遇见维护礼义规则的任何可能性，并在具体的发生情境里顺应自然之情变化，只取其一而行之。

老子说：“万物生于有，而有生于无”。企业长期发展的日常组织实践告诉我们：越是长远的，越要靠人情关系；越是难做的，越是依靠人情关系。显然，在现代企业管理实践中，遵从礼义规则的人情关系，既不是一个企业组织的血和肉，更谈不上是企业组织的脊梁。但是，毫无疑问，人情关系是一个企业日常组织活动的灵魂，也是中华优秀文化传承的经脉，更是企业组织得以持久发展的根基。然而，如果过分注重价值规则，必然会伤害自然之道的关系本位，进而有可能断送企业未来发展之路。也许，当破坏了中国传统文化的自成语境，必然遭到西学逻辑肢解中国传统智慧，常常被他们断定为是自相矛盾的。我们不得不承认，深入探究人情交往在企业日常交往中的基础性作用，强调不违背道义规则和维护人情关系的前提下如何进行日常管理，这是现代管理所面临的巨大挑战。因此，本书所讲的内容，尝试地超越个体理性思维，试图让管理者拓展心胸格局，遵从人为处事之道，也并没排斥个人能力提高和组织任务完成。

事实上，利润最大化，未必是企业持续发展的必要条件，也不是企业永续存在的充分条件；而真正能让企业经久不衰的是，日常性组织行为所遵循的关系规则。中国传统文化“真能于思想上自成系统，有所创获者，必须一方面吸收外来之学说，另一方面不忘本来民族之地位”（陈寅恪2001）。方东树说，要想了解古书中的思想，不是只有依靠训诂考证方式，还可以用义理来了解古人的内心世界，也就是说，义理不只是中国传统智慧的社会心理，更多的是中国学问的方法论。本书立足依存民间传统智慧的企业日常交往实践活动，借助中西方相关理论成果，重新阐述由祖先传下来的传统管理智慧。然而，限于修为和水平，笔者甚为惶恐，生怕误读了先哲们的初衷，同时还希望同行不吝赐教。

在本课题研究和本书成稿阶段，笔者指导的部分博士生和硕士生也参与到课题研究之中。其中，硕士生许晓娜、李笑男、王萍、张昌盛等参与了前期实地调研和资料收集整理，硕士生姜葵助和王萍参与了第 1 章的撰写，硕士生姜葵助参与了第 2 章的撰写，硕士生王智谦参与了第 3 章的撰写，博士生肖宇佳参与了第 4 章的撰写，硕士生姜葵助和博士生肖宇佳参与了第 5 章的撰写，硕士生张红玲和博士生肖宇佳参与了第 6 章的撰写，硕士生许晓娜参与了第 7 章的撰写，博士生李鹏飞参与了第 8 章的撰写。以上参与课题研究的各位博士生和硕士生对本书的编撰做出了重要贡献，在此表示衷心感谢。

本书在写作和出版的过程中，还得到了多方同仁的帮助，感谢之言还未启口就开始惶恐。首先，感谢大连理工大学管理与经济学部长期以来对笔者研究工作给予的大力支持。其次，十分感谢我的同事苏敬勤、党延忠、武春友等教授的勉励和关怀，以及东北财经大学高良谋教授的帮助；同时，感谢本课题成果的 5 位匿名专家所提出的中肯并富有建设性的评审意见。最后，还要衷心感谢经济科学出版社对本书出版的大力支持。

潘安成
2017 年 10 月于大连

目　录

导论　日常交往与中式管理研究[①]

引　　子

事实上，任何一个企业的持续性发展，都离不开日常交往的关系实践，并依靠日常组织活动而一步一步走向未来：在解决一个个日常性危机中与周围人处好关系，通过集体性力量获得备不时之需的帮助来解决眼前问题，同时维护和形成面向未来的组织形式。对管理实践者来说，在企业的日常组织发展过程中遇到问题，如果专注于解决眼前问题，“头痛医头、脚痛医脚”，那么通过对现有资源能力进行重新配置，将产生这个问题的症状遏制住；或者，透过这个问题，采用战略性眼光，找出问题产生的情结所在，并通过日常交往的日常组织管理活动来疏通内部人际关系，与被管理者在一起并共创性地解决当前问题。显然，对于前一种情形，西方现代管理理论的基本假设和适应性思维逻辑，很适合解决这类问题；也就是，围绕目标性任务，在预设情境中进行制度化分解，通过激励措施调动人们的积极性去组织实施执行，并适时地做出诊断和控制，以确保具体目标实现。

---

① 第一，本书中，礼义规则、关系规则和人情法则都是用来表达情理逻辑（人情逻辑），在没有特别说明前提下，在本书中通用和交换使用。

第二，在没有特殊说明情况下，本书中所讲的“人之常情”，是“人情”或是“人之情”，主要是指顺应自然之情的人际间共通性感受：或“知礼节”和“知荣辱”，或“足衣食”和“实仓廪”，或“仓廪实而知礼节，衣食足而知荣辱”。

第三，本书在论述过程中引用了看似矛盾的成语、俗语和日常用语，用来佐证日常交往的人之常情，也符合中国传统智慧注重人之通性的整体性思维，即无关乎肯定和否定；这些都是客观存在的社会事实，并因这些社会事实所引发的共通性感受所推动人们在日常交往中共创未来。本书所采取的主导思维方式，是内生于中国传统智慧中的“三生万物”的创生性逻辑，在一定程度上，并没有否定当前主流学者遵从西学理性思维的适应性逻辑。

然而，“任何宏伟大业的成就，很少能在事前就已安排好的”①。在日常生活的组织实践中，未来事物发展难以精确预知，更不可准确预测；当前根据预设的静态性描述，常常并不能真实地表达未来发展状况，如“曲静之言，不可以为道。节时于政，与时往矣。”② 对于后一种情形，企业组织的日常管理③，首先让管理者的日常行为不破坏人之常情，在“仁义廉耻”前提下进行日常管理，其次让被管理者的日常交往中遵从义理，在礼义规则之下勤劳和节俭，最后管理者与被管理者彼此心存敬畏而一起创造未来组织活动；这种注重日常交往的中式组织管理模式，完全不同于西方理论通过静态而线性思维所主张的项目化管理模式。接下来，通过《汉书》中所记载的历史故事④，展现并简单地阐述能让一个组织长治久安的中式组织管理原理。

汉宣帝即位后的很长一段时间内，渤海郡及其相邻地区闹饥荒，好几任太守都无法管理，也不能制止盗贼四起现象的一再发生。宣帝要选一个能胜任的人，丞相、御史都推荐了龚遂，于是，皇帝任命龚遂为渤海太守。当时龚遂已七十多岁，皇帝召见时，见他身材矮小，认为龚遂并非像人们说的那样，不免对他有几分不信任之感：“你有什么好方法来治理渤海郡，能平息那里盗贼的肆意妄为?”龚遂回答：“渤海郡地处偏远，没有接受过圣人的恩典与感化，那里的百姓为饥

---

① 参见《管子·国准》：“好讥而不乱，亟变而不变，时至则为，过则去。王数不可豫致。”

② 参见《管子·侈靡》：“曲静之言，不可以为道。节时于政，与时往矣。”大意是：局限于静态思维和线性分析，难以揭示顺应自然之情的持久发展道理。

③ 参见《管子·权修》：“凡牧民者，欲民之有礼也；欲民之有礼，则小礼不可不谨也；小礼不谨于国，而求百姓之行大礼，不可得也。凡牧民者，欲民之有义也；欲民之有义，则小义不可不行；小义不行于国，而求百姓之行大义，不可得也。凡牧民者，欲民之有廉也；欲民之有廉，则小廉不可不修也；小廉不修于国，而求百姓之行大廉，不可得也。凡牧民者，欲民之有耻也；欲民之有耻，则小耻不可不饰也；小耻不饰于国，而求百姓之行大耻，不可得也。”

④ 参见《汉书·龚遂传》：“先是，渤海左右郡岁饥，盗贼并起，二千石不能禽制。上选能治者，丞相、御史举故昌邑郎中令龚遂，上拜为渤海太守。召见，问：“何以治渤海，息其盗贼?”对曰：“海濒遐远，不沾圣化，其民困于饥寒而吏不恤，故使陛下赤子盗，弄陛下之兵于潢池中耳。今欲使臣胜之邪，将安之也?”上曰：“选用贤良，固欲安之也。”遂曰：“臣闻治乱民犹治乱绳，不可急也；唯缓之，然后可治。臣愿丞相、御史且无拘臣以文法，得一切便宜从事。”上许焉，加赐黄金赠遣。乘传至渤海界，郡闻新太守至，发兵以迎。遂皆遣还。移书敕属县：“悉罢逐捕盗贼吏，诸持、钩、田器者皆为良民，吏毋得问；持兵者乃为贼。”遂单车独行至府。盗贼闻遂教令，即时解散，弃其兵弩而持钩，于是悉平，民安土乐业。遂乃开仓廪假贫民，选用良吏慰安牧养焉。遂见齐俗奢侈，好末技，不田作，乃躬率以俭约，劝民务农桑，各以口率种树畜养。民有带持刀剑者，使卖剑买牛，卖刀买犊，曰：“何为带牛佩犊!”劳来循行，郡中皆有蓄积，狱讼止息。

寒所迫，地方官也不知去体恤和加以救济，致使那里的良民被迫成为偷盗之徒，并经常与那里的驻军在渤海附近打起来。不知道现在派我去，您的意欲如何？是让我去剿灭他们，还是去安抚他们？”

宣帝听了龚遂的回答很高兴，说：“选贤良之臣，本就是去安抚他们啊。”龚遂说：“要是这样的话，我觉得治理那些不安分守己的老百姓，如同理清乱麻绳一样，不能急着来；只有一步步地慢慢来，方能治而让其心服的。在任上，我请求丞相和御史暂时不要以条条框框限制我的工作，只想在走一步看一步过程中顺势而行事。”宣帝答应了他的请求，并额外赐予黄金，还为他增派了驿车。

当龚遂的车马进入渤海郡的地界，郡府里的官吏们听说新上任的太守已到了，便派军队去迎接。龚遂让他们都回去，在途中就向所辖的郡县传达了指令：撤除所有专管追捕盗贼的官吏部门；将那些持有钩耙等农具的乱民视为良民，官兵不得去盘问和加罪他们，而只有那些持有兵器的肇事者，才是官兵要捉拿的乱贼。龚遂的车马，就这样在没有官军保护下，到达了郡府邸。当地结伙抢劫的盗贼们听说了龚遂所颁布的教令，立即就解散了，纷纷放下了手里兵器，拿起锄头和钩耙，下地干活去了。于是，这场由饥荒激化官民矛盾的偷盗闹事就这样被平息了，老百姓又开始安于农事和乐于居业。但是，激化官民矛盾的饥荒问题仍然存在，于是，龚遂让人打开粮仓，把粮食借给贫民，让他们渡过生活难关；还选任了一些贤良的官吏，专门对他们进行慰问、安顿和组织发放救济品。

经过一段时间观察，龚遂发现这里的民俗喜好追求奢侈的生活，喜欢在市井里钻营工商活动，很少去农田劳作。于是，他便亲自带头崇尚生活俭朴，鼓励老百姓从事农业生产活动，激励各家各户以人口为单位种植果树、圈养牲畜。对于那些持刀带剑的百姓，龚遂就劝他们卖掉刀和剑，购买耕牛和牛犊，并说：“为什么不带牛佩犊呢！”这样一来，春夏季，百姓都忙于下地耕种，秋冬季，百姓忙于收获。自此，渤海郡内，家家都有余粮，官仓也有积蓄；官司没了，民怨也没了。

从上述故事可以看出，中国传统智慧可能为揭示企业战略实践的日常交往行为原理提供新的研究视角。惯看古今，在人们的日常生活中，当温饱出问题时很难安分守己，解决温饱后就会渴望安居乐业。在这个意义上，大多数人还是遵从这样日常生活习惯：当家里有储粮，心里不慌，便在乎人情交往；当温饱无忧，就开始在意自己的面子①。出于这一“人之常情”考虑，管理者首先考虑到的是解除人们的后顾之忧，解决其燃眉之急，让其暂时安心下来；当温饱问题暂时解决后，开始任用德才兼备的管理者，并通过他们日常交往的管理实践，以礼义感化民众，顺应其“知礼节”和“知荣辱”之常情，在实际行动中安抚人心，在引导其积极投入日常生产中，因地制宜地开展日常性工作和生产，宣扬礼义规则并逐渐改变不良习俗。

Grant（2013）说：“如果一个公司里一开始就混杂着付出者、获取者和互利者，你可以做许多事情，来放大付出者的倾向，压制更有侵略性的获取者倾向，并让互利者转向付出行为。这样会带给你能量和满足感。这件事情本身就非常让人着迷”。事实上，日常组织管理的本质在于顺应自然之情的“人之常情”②，正如荷兰心理学家 De Dreu（2009）发现，最佳的管理者不是获取者，也不是无私的付出者，而是维持关系本位的协调者。当管理者把握并遵从了关系规则时，日常组织活动就会产生强大的生命力，进而形成组织战略性发展③。换句话说，当基本生活得到保障之后，在日常组织的交往实践中，人们常常以人情关系为主导，首先考虑情境性感受来采取相应的实际行动，当在“知礼节”和“知荣辱”的人之常情的基础上，“日常管理的政令成为日常组织推进的动力源，顺应自然之情也容易被成员所接受并贯彻执行。合乎礼义规则的政令之为就顺其而行，不合人之常情的陋习行为就坚决制止。这种日常管理模式，善于将日常组织转危为安，化腐朽为神奇。”④ 进一步地说，如果遵从礼义规则开展日常组织管理，不仅可以保证成员个人的持续成长，而且会带来组织发展的长治久安。因此，企业日常交往的战略化行为，原本根植于人与人之间关系交往的组织活动；换言之，组织者与被组织者在顺应自然之情和遵从礼义规则之下，日常组织的管理活动，在很大程度上并不严格遵从价值最大化原则，于是，以传统西方管理理论指导日常组织战略实践活动是十分有限的。本书在注重关系本位上，以企业日常交往为研究切入点，探究日常组织管理的战略实践观，给出因人之常情驱动的中式管理理论和战略性原则。

---

① 参见《管子·牧民》：“仓廪实，则知礼节；衣食足，则知荣辱；上服度，则六亲固。”

②③ 参见《管子·牧民》：“政之所兴，在顺民心。”

④ 参见《史记·管晏列传》：“下令如流水之原，令顺民心，故论卑而易行；俗所欲，因予之；俗所否，因去之。其为政也，善因祸为福，转败为功。”

一、研究背景和问题提出

近30多年，回过头来看，无论在国内，还是在国外，在技术不完善和制度不健全的情况下，正是日常组织的管理活动促使快速成长的一批批中小企业一步步地发展壮大起来，有的企业更是成长为当前业界的佼佼者。与此同时，在我们的身边，也存在着一大批企业一直在默默无闻地成长着，他们的技术谈不上“先进”，管理也不十分“现代化”，可是，这些所谓的“半死不活”企业，一直以来沿用着合情合理的“土方法”开展日常组织管理，在历经多次危机过程中，却又能顽强地成长。另一方面，在市场全球化进程和技术革新的步伐加快背景下，很多曾被看好的知名企业，在逐步走向技术成熟和制度完善的阶段，却因技术不断革新和制度不断改革而淡出了曾经引以为傲的竞争市场；这里面既有曾经辉煌的全球性企业，如诺基亚、摩托罗拉等；也有曾经风靡全国的知名企业，如秦池集团、郑州亚细亚和巨人集团等。显然，当从企业发展的历史现实看，总有一些大企业逐渐被淘汰，成熟企业渐渐衰微下去，同时也有新企业成立和中小企业成长起来；也许，从中可以得出这样一个初步论断：先进技术能力和现代管理制度，可能是企业发展的重要保障措施之一，但是未必能保证企业持久性成长；进一步地说，一个企业过分地注重价值规则，不断地追求技术先进性和制度现代化，常常也会使迅速壮大的企业快速衰败下去；技术和制度能成就企业红极一时，也能为企业埋下败落的种子，导致企业走向衰败，正所谓“成也萧何败也萧何”：如同一个人往往因恃才傲物而自取灭亡：溺水死亡的常常是善于游泳的，而善于射猎者常死在荒野之中。① 正如王阳明说：“狂者之禀，虽有所得，终止于狂。”

事实上，任何企业组织的持久发展战略活动，都是依靠日常交往的关系实践而一步一步走出来的：在解决一个个危机过程中走到现在，也在新问题解决中创造未来。这些企业在度过一层层难关的过程中，与周围人处好关系，用当下的组织力量解决眼前问题，既有备不时之需的帮助，又能创造未来组织活动。在企业日常交往的组织生活中，人与人的交往行为，首先建立在人际关系之上，关系规则贯穿于全部的日常组织生活之中，总

---

① 《管子・枢言》：“凡国之亡也，以其长者也。人之自失也，以其所长者也。故善游者死于梁池，善射者死于中野。”

在有意无意之间保护人情法则并极力维护人情关系。当深入企业组织的日常交往实践，遵从人情法则和面子规则是普遍存在的，例如，遇事找熟人、见好就收、给人面子和留面子、常常根据好感产生明晰的评价标准、是亲三分理、言谈举止因人而异，以及日常交往顺应关系位势和远近而为等。这些现象和交往规则普遍发生在日常组织生活之中，也是大多数人在有意无意之间所遵从的人之常情，也说不出什么所以然。然而，这很少与我们之前认同的西方理论假设一致，也被传统西方理论研究者视为无关紧要或司空见惯，以致不必做什么探讨了（史蒂文·达克 2004）。在这个意义上，讲究人情法则的关系化行为，是我们日常组织生活所不得不遵从的，尽管与西方理论的潜在假设存在较大差异。换言之，个人行为不遵从人之常情，带着强烈目的性去利用人脉关系，常常会遭到大多数人在心里抵触的，也遭到周围人的鄙视。

在当今社会，随着关系交往的日益密切，传统战略管理理论，过分注重战略性预测和战略规划，却因忽视了战略实施的日常组织管理实践中的人之常情，在“画地为牢”的同时也逐渐脱离了企业未来组织发展活动所依存的关系实践。近年来，注重个体理性逻辑的战略资源观也遭到了普遍质疑（Priem & Butler，2001；Suddaby et al，2011）；如德国学者在20多年前已认识到美国战略研究范式越来越不切实际（Ortmann & Seidl，2010）。在这种背景下，美国战略学者，开始转向于日常社会生活的历史故事性轨迹和高品质的人际关系，从组织实践内部中共创未来发展机会（Dutton et al，2006；Palmer，2014）。与此同时，以欧洲学者为主要研究群体的战略学者，也转向注重“走一步、看一步”（Steinmann & Schreyögg，1986）的日常组织实践活动探索，从对组织发展不确定过程中提出日常组织管理理论的新视角（Ortmann & Seidl，2010）。显然，注重企业组织发展实践的战略研究范式，从起初注重遵循既定规划方案、调整组织活动的适应性逻辑，逐渐向人与人之间的日常交往行为规则、顺应企业内外环境变化而不断开拓组织认知结构的创造性转变逻辑。

一个企业的成长和成功都有其独特的历史背景和自身特质，往往是难以复制的，长期规划的历史确定性不可能指导未来的不确定性。日常交往的不确定性和因果模糊性，使得长期的预知力越来越弱；一些战略研究学者试图从雅典学说的追溯中探寻解答。一方面，欧洲学者，如德国、法国和英国，开始求助于本土哲学思想；如德国学者在30年间形成了多种战略管理学派，其中，Derridian 学派提出了“和而不同”的战略管理原理（Ortmann & Seidl，2010）。另一方面，近年来国内学者开始借助西学逻辑强调的理性思维和研究方法，试图把中国传统文化注重日常交往的礼义规则，直接肢解为价值性规则，然后，要么套用、支持和发展西方管理理论，要么从价值层面去解释中国传统的管理智慧。因而，为揭示战略实践观，向传统智慧学习，似乎成为当前组织战略领域的一种研究趋势。

近年来，越来越多的中国企业在全球市场竞争中赢得了一席之地。回首中国企业成长的历程，不难看出，大多数的中国企业起初在技术上和制度上都不如西方企业，可是，正是在这种背景下，在与西方发达企业的竞争过程中发展和壮大起来。例如，笔者曾采访过一家钢铁企业问，我们与西方发达国家的企业的竞争优势是什么呢？老总说，我们员工在企业困境时所迸发触发的不计报酬和攻克难关的抱团精神，是西方企业代表所赞叹不已的，就是靠着在困难之中的"抱团"力量，让我们一步一步走向世界市场舞台。一个追求持续成长的战略性企业是一个熟人社会性组织，是遵从人之常情的熟人关系所构成的日常交往实践活动。对一个企业组织的发展使命来说，其阶段性目标在没有实现之前就难以明晰；在日常交往中，关系身份决定组织目标性，往往比战略性远景更具说服力，关系亲疏往往比规章制度更具有组织执行力；因而，以遵循人之常情的关系规则创造战略性组织潜力。在中国企业实践的发展征程上，企业组织首先是在注重人际关系基础上进行日常交往的关系性单位和社会性组织（路风，1989；苏国勋，2011），如"平时说话的方式和说话的语气，可能会有各种各样的意义，这些意义绝大部分都是围绕着'表达敬意'这个主旨的"（李铒金 2003）。

在企业日常交往的组织生活中，大多数人在具体关系情境之下，存在着三个层面的社会心理活动：一是，侧重于个人无意识的情感交流，起源于"知荣辱"的面子规则，在其中，人际交往活动关注于"知礼节"的人情法则；一是，偏向于个人有意识的智力活动，关乎于"衣食足"的生存之需，个体情绪产生于生理反应的"仓廪实"；这两种层次的社会心理活动，都依存于关系无意识活动，并在人之通性和人之个性之间的潜意识状态，不愿意破坏人情法则做事，也在顾及他人面子的前提下办事，进而形成了人之常情的整体性感受，便是关系情感。正如只有注重关系情感的日常交往行为（梁漱溟），才有人之个性的持久表达和日常组织活动的长久存续。例如，不注重关系交往的个人行动，"覆巢之下安有完卵"和"皮之不存，毛将焉附？"又如，在日常交往中，争也不好，如"鹬蚌相争，渔翁得利"；胜也不好，如"螳螂捕蝉，黄雀在后"。无论《荀子》所倡导"以义制利"，还是《管子》在"利义两有"的生产价值观基础上提出了“任公而不任私”，都是注重人之常情的礼义规则，并不否定个人私利存在的“以义去利”。因此，在日常交往的组织实践中，个人趋利避害的日常行为表现为“仓廪实则知礼节、衣食足则知荣辱”；正因为这种人之常情，不仅形成了产生了日常组织生活中“以人为本”的人情逻辑，而且构成了熟人社会中注重关系情感的最根本性“组织性事实”，同时也为中式组织管理模式提供了很好的理论与现实依据。

管仲说：“家者，人之本也；人者，身之本也；身者，治之本也”①。显然，日常交往的礼义规则，将一个人的生理和伦理的很好地结合起来，在交往中实现既是权力性而又非自愿性的个人生理之需，同时在结交之中完成既是义务性又是自愿性的组织伦理之本。在本质上，以关系本位的家文化，既是“人之情”所需，又是组织存续之本。通过《汉书·龚遂传》所讲的历史故事、企业成功与衰败之路的对比分析，以及中国企业发展壮大的核心优势，可以初步判断出，探究根植于日常交往的中式管理理论，不仅在互联网发展挑战传统组织形态的背景下提供了“家文化”的日常组织模式，而且为当代人从日常管理组织中化解巨大心理压力提供了以人为本的日常管理模式。倘若如此，我们就不得不去解决这样关键性理论困惑：什么样的日常交往行为模式可以形成中式组织模式？中式组织模式在日常管理实践中如何产生企业持久发展的内在生命力？这种战略实践观之下的日常管理原则又是什么？

当遵从西方现代管理理论，中国企业管理实践便是“捡了芝麻丢了西瓜”，起初在中国传统文化中加入现代企业管理理念，可以在一定程度上提高企业业绩表现，但是随着否定中国传统文化的组织管理实践，西方管理理念便开始挤占了人情法则在日常组织活动中所起到的战略性和根本性作用，于是，附着在企业组织内外的闲散资源和组织潜力在效率化管理中被忽视掉，进而造成了企业发展失去了生命力。一方面，遵从礼义规则，通过人情往来将企业内外资源在有意无意之间联系起来，并建立人情交往规则而将产生因地制宜的组织形态，以及时而有效地解决情境性问题和把握实时所创造的发展机遇。另一方面，人们之所以参与日常组织活动，不仅仅因为图衣食足和仓廪实的趋利动机，更主要还是因为知礼节和知荣辱的潜在避害动机，然而，逐利之为不能伤害人情关系，否则“虽安必危”。

---

① 这句话大意是，家庭以一个人的发展之根本；而身体则是一个人的生存之根本。所以，一个人的发展，既要知礼节又要衣食足，这与“仓廪实而知礼节，衣食足而知荣辱”的个人行为假设是内在一致的，也是“以人为本”的中式管理理论的出发点和归宿地。

为探究企业日常交往的战略实践观，构建“以人为本”的中式管理理论，首先，立足于鲜活的中国企业成长的关系实践：观察以关系本位主导的日常交往行为，在微观层面上探寻日常组织产生与日常管理实践；其次，从中国传统文化的社会心理层面上提炼“人管人”管理智慧，儒家思想、黄老学说以及《管子》的民本思想等，强调运用“以人为本”的中国传统智慧，指导探究中式组织管理原理的理论假设、主导逻辑和研究方法；最后，以西方相关理论的研究成果作为作证，如沿用拓展性组织行为模型（Lazarus，1991），以人为本并承接社会性涌现的组织创造性原理，以及社会科学研究革命性改变的共通性情态的混杂科学范式（Barsade et al，2003），等等；以此支持所构建的日常组织管理理论的科学性和实践性，在与西方管理理论对话中构建更高层面的中式管理理论。接下来，在日常思维方式上，以“家文化”为核心的中国传统智慧内涵揭示企业日常交往的思维方式；在日常行为逻辑上，将中国传统文化所主张的情理逻辑理解企业日常交往中所遵从的人之常情。

二、日常交往与企业战略实践观

在日常社会生活中，人们常常更多地在有意无意之间展现人之通性，讲人之常情；同样地，在趋利避害的人之常情所驱动的日常交往中，人们会不自觉中地展示出自然向往；正如 Schwartz（2014）研究发现，在日常交往中，付出者的价值观都是排在第一位的生活原则。“皮之不存毛将焉附”和“覆巢之下安有完卵”，在一定程度上，人之通性是社会得以存续和发展的根本依据，但是，在具体情境中不破坏人之常情的前提下，也允许人之个性的行为展现。随着社会和经济的快速发展，也随着人们日益强化个体理性思维，人与人之间、或人与自然之间，在无意识或潜意识层面上的共通性感受状态变得越来越紧张。然而，Baker①（2000）指出：“如果我们完全是出于获取的目的建立关系网络，我们不会取得成功。我们设法追求社交网络的好处，这些好处是投入有意义的行动和人际关系的副产品。”在这种状况下，在日常生活中，人们更加渴望在自然心境中展现个人行为和受到社会尊重而健康成长，十分愿意长久地维持在一起工作的共通性感受状态，也向往那种如农耕文明的淳朴而恬静的自然生活状态。

---

① 密歇根大学社会学家。

心理学家 Weinstein 和 Ryan（2010）发现，只有当付出行为是令人愉悦的、有意义的选择，而非出于责任和义务时，帮助别人没有什么快感，更多的是温暖，便会在增强与他人联系中感到自然并激发活力。因此，虽然那种农耕文明表达自然之情的形式和手段已经不复存在，但是注重关系本位的人之常情主导下的日常交往活动，依然成为绝大多数人所渴求的精神家园；一个企业如果能在日常组织活动中注重传统文化传承，在日常管理中强调礼义规则，那么，这种以人为本的日常组织管理模式，在排泄企业员工个人内心压力的同时，也能在一起共创组织未来，提供企业组织永续发展的根本保证。

（一）企业组织的日常交往行为内涵

当今的各个企业，特别是同一个行业，尽管所经营的产品和服务内容，是千差万别的，但是，随着人口流动的更加便捷和频繁，企业内生产产品和提供服务的员工技能也越来越近似了。唯一不同的，各个企业内部的规矩和礼节（远不是规章制度）往往是截然不同的，这必然产生出不尽相同的员工遵从关系交往的组织活动，也就形成了千差万别的企业绩效和企业寿命。同样地，对于不同企业来说，尽管产品和服务的对象是一样的，都是作为普通人的客户。由于与这些普通人的关系规则不一样，也就塑造出每个企业发展的潜在市场变化：只顾利用关系，市场会因客户的新鲜感消失而萎缩；注重关系维持，客户会越来越多。换言之，在日常交往行为中，所有的资源都是经过人情过滤而转化过来的：只是，常常地，我们忽视了彼此真实的内心感受。

任何组织活动都落在关系规则上日常交往的互动中，也就是说，任何组织内发生的事情，虽然依靠个人行动去解决，但并不意味遵从个人倾向的目标标准，事实上，组织活动则是遵从关系规则来强化关系化行为，至于是由谁的个人行动来承担，倒是次要的，因为只要能承担这一任务的个人行动都是一样的。在这个意义上，对于组织活动来说，个人行动的内容和策略，是不分你我的，虽然在行动主体上有你我之分。于是，在日常组织中，任何成员的个人行动只要遵从维护关系规则的行动策略之后，然后至于行动内容由谁来承担，这种合情合理和通情达理的交往行动都发生在个人的有意无意之间。

作为日常组织的特殊形式，企业组织在日常交往行为层面也是从关系规则层面审视和管理个人的行为策略和行为内容，而不是脱离关系维持层面，直接越过关系关注，去关注具体个人的想法和价值取向。例如，日常管理尽量塑造这样的关系规则，让个人在日常交往中感到舒适自然，自发地积极维护关系。因此，作为企业日常交往行为方式，日常组织满足三条件：第一，日常组织的人之通性（存在性）：关系之道（人之通性包括先天的亲缘性和后天建立的友好性）是潜在组织形成之本。关系规则存在，则随时能组织起来，而非因有了问题在先尔后有组织。第二，日常组织的关系情态（动力源）：关系情态（关系之道）不通就会激起情绪和引发情绪反应。关系情境变化引发情态改变，产生情感能量（EE），自然会导致情绪反应，进而在关系维持之中推动日常组织行动。第三，日常组织的以人为本（持久性）：关系之道可以借助集体力量全方位（身心）化解个人危机。关系维持让个人和组织都能趋利且避害，让人感到舒服和自然的同时，解决了日常组织问题。

孙隆基在《中国文化的深层结构》一书中指出，中国人认为，“人”是只有在社会关系中才能体现的，如果将这些社会关系都抽空了，“人”就被蒸发掉了。同样地，持久存续的企业组织，直接依靠处于关系规则（在亲疏远近和贵贱美恶的日常交往中价值规则是次生的）之中的个人行动，即特定的行动策略之下的行动内容，而不是直接依赖于成员个人的能力和倾向。事实上，企业日常交往的组织活动在弱化个人倾向。那么，从个人潜意识的趋利避害角度来看，在行动策略上在于维护关系规则，在行动内容上不违背个人倾向（并不是遵循个人倾向的价值标准）。这样，个人便是在维护共通性感受状态的知礼节和知荣辱的行动层面上完成组织活动，进而自然而然地获得因身体之需的衣食足和仓廪实。同时，个人的日常交往在“仓廪实则知礼节、衣食足则知荣辱”的动机转换之中增强集体性组织身份获得了心安而避害（如图 1 所示）。因此，在关系本位上，守中之人，才是组织者和管理者，管理者与被管理者共同努力在维持关系规则（通道）之中完成个人层面的趋利避害。例如，在企业日常交往的组织行为层面，当处于常态性发展中，关系规则会发挥保养作用的维持力；当已产生常态扰动的事件发生，关系规则会发挥救助作用的组织恢复力（进入新常态）。正在这个意义上，一个企业之所以发展，是因为有问题要解决和创造生机。其中，组织战略化行为聚焦于意料之外的事件发生，当正式组织不支持、现有资源能力不支持和当前评价标准不支持的情况下，企业日常交往的非组织形式，如非正式组织的人情关系、情境性资源的人情性、和合乎情理的价值评判都可以维持企业战略实践一步步走出来。因此，在人之通性的背景下，遵从趋利避害的人之常情，企业日常交往的关系化行为在问题解决过程中更多是维持关系，以便创造在一起做事的生机。

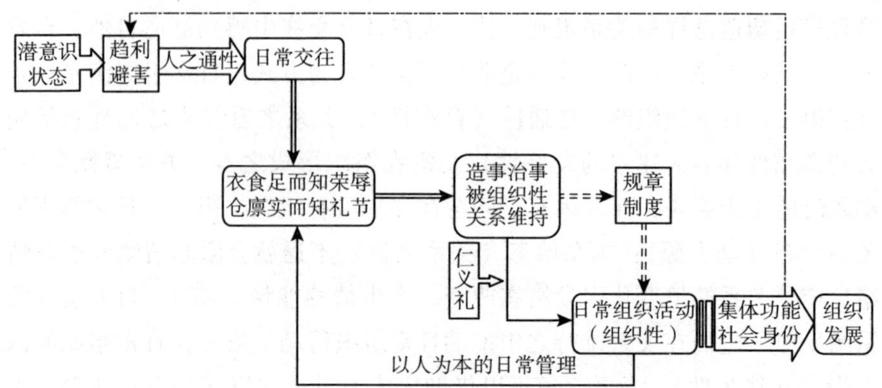

图1　个人的趋利避害与日常组织行为模式

（二）人之常情与人之通性

关系本位是从人际交往开始的。一般地，人际交往从客套话开始，如客套话和礼节活动，往往占据日常生活交往时间的绝大多数，例如，日常交流，十句话九句是废话。实际上，如果没有绝大多数的看似废话和无用之为，就不可能激活、疏通和维护共通性感受，于是，作为依附在关系情感上的有用的话或行动，也就无法推动和产生出来（如图2）。尽管回过头来看，表面上一开始的行动为了这个事后确定是有用的而去，实际上，在日常生活中，有用的想法或行动是在交往过程中产生的，正如“事赶事”、“话赶话”和“人赶人”的共创性活动。在日常生活中，人与人之间的交往活动是从人之常情开始，只有当人之通性的共通性感受得以顺畅之后，才会在关系交往活动的持久存续过程中，自然会解决当前所存在的问题，并在维持关系之中推进日常组织活动发展。因而，在日常交往中，人们在维持关系情态过程中获得谋生，又以维持共通性状态而赢得声誉，这便是日常组织生活中的人之常情。

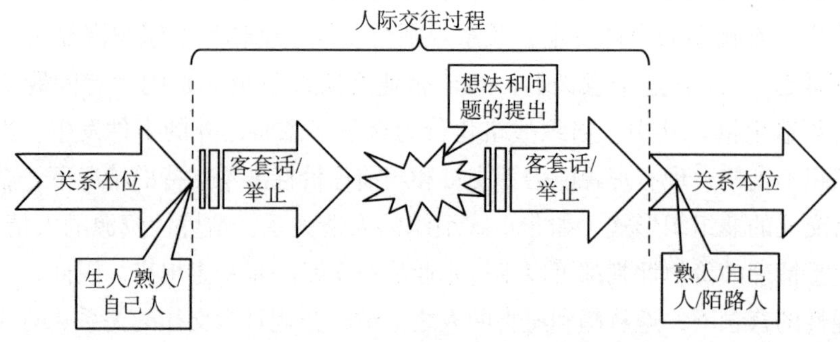

图2　人之通性与关系交往过程

在正常情况下，一个人在每天的工作和生活里，都在与人打交道，或与自然相处。当受到帮助，会说，“谢谢!”，对方会说：“别客气，这是应该做的”、“别见外，这都是应该的”和“没关系/没事的，不用谢”等。在现实发生这类交往情境里，一旦别人说了这话的时候，心里便感到丝丝温暖和亲近感；如果别人不说这些客套话，尽管不会责怪人，心里头却感到不舒适，潜在地产生一定的隔心距离。又如，当别人落难时，故意不去帮忙，尽管周围人不在意或原谅，自己内心中感觉却不好受；当帮人一把时，不管对方感受如何，至少自己内心感到自然舒适。显然，人与人之间维护共通性感受状态是日常交往中的潜意识状态变化所驱动的，既是人之常情，也是人之通性，更是主导日常交往的关系本位产生的根源所在。在关系本位的人之常情之下，日常组织活动产生于关系实践中的管理和被管理活动，组织成员在维持关系和不破坏关系情态的前提下管理时间和精力，创造“无中生有”的共同美好未来。一个人的日常组织与管理活动，离不开以有无意识共同构成的人之通性层面，不断地在与周围人和环境打交道中共同创造一个不拘谨的共通性感受状态。例如，LinkedIn 创始人 Reid Hoffmen 指出，“你的态度越无私，你从关系中获得的收益也就越多。”Grant（2013）研究认为，一个人可以借助人之通性层面的人之常情来快速地提高自己的名望，拓展更多的可能性。

当与亲朋好友在一起工作时，一个人更多的是在意一起共事所带来的共通性感受状态，并不过分看重或考虑到共同目标。当遇到困难时，人们会不自觉地会想到向亲朋好友寻求帮助，而帮助者也会非常乐意于积极投入地付出。当看到亲朋好友获得好成绩的时候，他们自然会感到由衷的高兴；当取得好成绩的时候，会第一时间告诉他们的亲朋好友。因此，在日常交往中，大多数人的个人行动，都是企业日常组织活动不可分割的一部分。首先，维护共通性感受和遵从既定的交往规则的具体行为，尽管表现为个人行动，却是关系化组织的行为动因；其次，在关系情境的结构上，个人行动是依赖关系交往而展开的合作过程，是一种组织共创性活动；最后，让双方在一起行动过程中感到满足和愉悦是交往行动的重要考量，这种评价更多体现在维护关系情感层面上的组织性取向，其中的个人理性价值标准往往是次要的。因此，人之通性是人之个性实现的基础。

作为人之通性的天然情感，人之常情在日常生活是普遍存在的并起着基础性作用。一方面，这种人之常情的行为展现于“日用而不知”的人际交往活动，如个人无意识、人际无意识和集体无意识所推动的关系化行为，这些司空见惯的言谈举止总被人熟视无睹。另一方面，由于人之常情是大多数人顺从而形成的风俗习惯，这样日久形成的礼俗常规，如果有人违犯习俗背离礼义，就会被大多数人所抛弃和指责①，所以，人之常情往往以日常交往的关系规则所被接受，根植于人们所遵从的礼俗规约的常规实践中，是“只可意会，不可言传”和“意之所随者，不可以言传也”②。人之常情起源于天然情感（赫勒，1990）和人之通性（潘光旦，1930），正是因为采取不同的社会行为规范来顺应或约束人之常情，才产生了中西方文化的本质差异。例如，顺应自然之情，以激活共通性感受并有利于疏通个人私情的礼义规则，是中国人日常所推崇的道德标准；又因为绝大多数人都受惠于德和义③，管理者可以通过关系建构，从共通之情、从疏通之情或从政通之情等入手而进行日常组织管理，赢得人心而使得组织持久健康发展。但是，宣扬个性自由，强调共识性目标而遏制个人私情的礼仪准则（rituals），是西方社会所推崇的道德（亚当·斯密），这种为私爱之名利而分解威望的一心二用的思维逻辑，必然会导致巨大压力，终会心气衰竭。④

人之通性，是指人们在无意识或潜意识状态上是共通的，常常在感受层面表现为共通性状态，以及在行为层面表现为不拘谨的自然感受状态。潘光旦（1930）指出，人之通性表现为交往过程中的人之常情，即依附于共通性感受的人之所以为人的人情味，而社会秩序基于人类的通性（潘光旦，1930），没有人之通性，组织意识便无所依存，日常交往行为更是无从发生。徐复观认为，“仁者，人也”，本身就是将一个人定义为一种感通、关切、融和的感受状态，从人之通性的角度去定义了人，而且，由在仁的感通之下关切而融合，并自成一体。潘光旦进一步强调，在中国社会中实质上蕴含着很强的组织意义上的社会团结的力量，只是一直没有有效的途径将其组织和利用起来。儒家借助人之通性来扩展人伦，把基于人伦的日常交往行为规范和天人合一的最高境界统一起来，这便是中庸之道。正如罗素指出的，尽管中国人的谦和与礼让往往被欧洲人视为软弱，“但这其实是真正的力量。依靠这种实力，中国最终征服了最初用武力征服中国的一切征服者”。

人之通性不同于西方理论所注重的人之个性层面上所产生的共识性、相似性或共同性，但是，人之个性在一定程度上又存在着人之通性。一般

---

① 参见《管子·君臣上》：“百姓顺上而成俗，著久而为常，犯俗离教者，众共奸之。”

② 参见《庄子·天道》。

③ 参见《管子·度地》：“天下之人，归其德，而惠其义。”

④ 参见《管子·地藏》：“视其所爱，以分其威，一人两心，其内必衰也。”

来说，人之常情依存于人之通性而存在，并包含了人之通性在三个层次的无意识行为：一是对方照顾你的感受所展开的行动，这是关系无意识；二是随对方感受变化，你顾及其感受而进行的随后行为调整，这是人际无意识；三是随周围情境变化，你自己也会不自觉地做出行为改变，这是个体无意识。在这个意义上，在人之通性层面上的人情具有以下特点：在情境层面上，人情是一种交往规则（秩序）、关系情感和遵循整体性感受；在关系化行为层面上，人情是互助行为、礼物流动和感受共通的“人赶人”行为；而在个人层面上，人情是顾及他人感受，是敬畏之心，也是对自然状态的向往。首先，在关系层面上，人情法则约定俗成了关系交往，包括关系规则和人际交往，其中，人际交往是以激活共通性感受的客套性言谈举止开始，又是以客套的言谈举止为终止刚刚激起的共通性感受。在此一系列过程之后，形成了两人之间的关系变化（如图2所示）。其次，人之通性决定了日常交往行为推进，在受到任务性约束的共通性感受激起过程中，自然会产生新想法或新问题，这种由关系交往情态所引发的小事件，往往左右了日常交往行为的推进，如果这个新想法不被采用或者新问题不去解决，那么原计划的事件就不可能继续推进。再次，在人之通性所推进的日常交往活动中，既维护了礼义规则，保护了个人顺着自然之情而成长，又在增进人情关系过程中，双方共同呵护共通性情态的组织性和被组织性也得到了增强，共同创造了未来组织活动。因此，遵从人之通性的人情交往必然遵从“仓廪实则知礼节、衣食足则知荣辱”的情境性驱动力实时调整和转换，个人的趋利行为是以不破坏其避害的关系本位为前提；同样，避害行为的关系交往在一定程度上有利于组织整体性发展的同时，不断塑造个人成长和独特性。

情感交流是受到礼义规则约束的，而由人情逻辑所形成的关系身份，自然对其他人也产生了影响，并成为超出了相互感情依恋的“组织”（McCall，1982）。于是，关系也成为双方构成一个社会承认的单位，在这个单位里，关系双方形成了彼此认同关系身份的成员感，而且，这种礼义规则所约定俗成的、自愿联结并自发形成的关系成员感，并非就是人际交往的终点；如果违背了关系规则，就会被剥夺了成员感，而成为“外人”。在关系本位上，“怕”对方实际上是敬畏两人之间的关系身份，担心破坏了规矩实际上敬畏这种关系情感，因而，双方在日常交往中会共同维护共通性感受并自发地遵从人情法则。又因为双方相互依恋存在于彼此潜意识和有意识状态中，这份源自于共通性状态的关系身份，如辈分、长幼和社会声望等，不会因交往终止而消失。但是，在日常交往中，人们可以通过选择“做”与“不做”之间逐渐地显现出个人倾向性，符合心性便顺应时机而选择；至于决策和不决策，则是依据人之常情，受制于情境性整体感受，并不是由具体价值标准主导选择。例如，不主动决策的“半句话模式”“等等看”“看情况”等冷处理方法让人情沉淀和发酵，以人情关系的潜规则发挥自然而然的作用，利用自然智慧去解决问题。如果将某一意愿强加给他人，未必获得满意结果：因他人一知半解，或因带着抵触情绪；在延迟的这段时间，如果关系情感未被激活，再启动相应的规则去解决也不迟。因而，如果日常组织是企业组织形成和运行的根基，那么企业日常交往行为则是企业组织与管理活动的全部内容。

事实上，在企业日常交往中，在微观层面上，礼尚往来也是经常发生，常常在有意无意间自然而然地发生着；来来往往或来来回回地反复拉扯或走动几次，便可以让共通性感受变得畅通起来。① 在日常人际交往中，当客人出门时，总得送一送。客人总会说，不要送，赶紧止步吧；主人还是坚持说“没事”，一直送到客人再三推辞或客人已渐远为止。当客人送礼来时，主人总会推辞一番“这就见外了，自己人不要这么客气”等，而客人会说“这是自家的东西，不成敬意，略表心意而已”。如果从人之个性的理性思维方式看来，顺从别人是对的，可是，从各自的内心感受来看，这是行不通的，如果真是按照这种对的方式去做，久而久之，便感到人与人之间冷漠了。然而，在现实的社会交往中，个体理性思维和人之通性的情理逻辑往往是“比邻而居”。例如，当现实中发生了这种“你救了我，我救了你”等类似的现象，依据不同的逻辑思维就会得出不同的结果。在日常交往的情理逻辑看来，既然你救了我，你便有恩于我，而恰巧我也救了你，这正好疏通了咱俩上辈子修来的缘分，这份交情关系让我们俩彼此连在一起：以后我（你）有好事也忘了你（我），谁有难也别忘彼此关照，于是，由这层关系所塑造的在一起做事的这条道上，万事也就刚刚才开始，因而，这是遵从人之通性的礼义规则，更是以不自知的日常交往方式而普遍存在的。但是，如果遵从人之个性的纯理性逻辑来看，当你救了我，我也救了你之后，就互不相欠了，扯平了；显然，这是遵从人之个性的“二分法”和公平规则。

本质上，遵从人之通性的人之常情，是“以人为本”的关系交往的基本行为准则。在日常生活的关系交往中，人们强调顾及对方内心的整体性感受，既包括对方之想法，更包含因自己情境性感受行为所引发的对方感

---

① 参见《道德经》：“反者，道之动也。”

受，因而，人们注重交往行为过程中的整体性感受状况，这种共通性感受所夹带的内容产生是有意识和无意识的，如包括了所有引起这种感受的情境性内容和行动规则。然而，当前西方情感理论注重个体感受中的想法，而忽视其感受的整体性，也忽视了与情境里（人或事）发生共通性感受，即人情味（仁）部分。同时，以共通性感受为基础的注重他人感受，必然包含了注重他人想法的一部分，也就是人之常情的日常交往活动并不完全排除西方理论所主张的带有个人想法的感受部分。正如歌德说："中国人在思想、行为和情感方面几乎和我们一样，使我们很快就感到他们是我们的同类人，只是在他们那里一切都比我们这里更明朗，更纯洁，也更合乎道德。"正在这个意义上，中式组织管理的理论构建在一定程度上既可以把西方理论相关研究成果作为论证材料或理论依据，又可以有条件地和创造性地借用相关研究方法论。

如果沿着西方理论研究作为主导逻辑，就会在让日常交往行为建立在个体理性的基础上，这种基本假设和逻辑思维就会因丢失了人之通性的人之常情而脱离了日常交往的关系实践。例如，日常交往上，一个人说的话，再怎么主观，对方也把她/他所说的内容当作接下来谈话的基础，也就是说，别人的情境性反应依从对方言语和非言语的情感表达，无论一个人的表达在其内心认为中是多么的主观和随意，也就是，一个人的随意性行为，便是别人判断的客观现实的一部分。如果对方没有顾及这个人整体性感受所做的反应，而直接奔着自己所想当然认为的这个人的主旨所在，在正常情况下，双方谈话和组织活动是很难持续下去的。因此，维持共通性感受状态而遵从关系规则，才能使得人与人之间的日常交往活动持久下去，也是符合双方内心感受的人之常情。然而，当前西方理论所讲的情感是指个人的情绪化反应，注重的是当事人情感反应引发旁观者内心感受的表达行为，其目的在于以谋取各自的认知层面上最优价值（Newcomb，1956），所以，Collins（2014）沿用了Durkheim、Goffman关于仪式对个人情绪反应的约束作用的观点，通过人际互动，这种情绪性反应行为被仪式化了，互动仪式能够使积极情感最大化，并依据道德规范控制使共同符号，从而加强了个体情感反应的道德定义（特纳，2001）。事实上，在日常交往中，人们在乎情境性的整体感受，更强调的是人与人之间内心的共通性感受，例如，很多时候，我们在寻找前行的出路，并不太在意前行方向的具体如何，无从知晓即将行动的结果好坏，在谋取个人需要是往往采取"见好就收"，将采取的行动是否符合人之常情，以维护大家在一起的其乐融融的共通性感受。

因此，在价值理性规则主导下的西方情感理论，与普通中国人在日常生活中所采用的情理逻辑是完全不一样的，前者注重“利理观”，而后者注重的“义利观”。例如，在日常交往的组织生活实践中，绝大多数人的日常思维，不可能如西方理论假设那样，是绝对的价值理性和自私之人，也不会那么的无私和绝对的善良。事实上，大多数人的日常行为，在有意无意之间的总体状态上，顺应的是“仓廪实而知礼节，衣食足而知荣辱”的人之常情；也就是说，日常思维表现为在人之通性之上的扬“善”驱“恶”的情理逻辑。这种强调“合情合理”的“义利观”，表现为荀子所讲的“以义制利”和管仲所说的“义利互动”，在一定程度上，这既包含儒家思想所提倡的“知礼节”和“知荣辱”的主导性规则，又包含西方理论所假定的“衣食足”和“仓廪实”的支持性行为。因此，在一定程度上，从日常交往行为的视角探究中式组织管理原理，可以借助当前西方理论相关成果。

普特南（2006）指出“在我们的时代，‘事实’判断与‘价值’判断之间的差别是什么的问题，并不是一个象牙塔里的问题，简直可以说是一个生死攸关的问题。”如果遵从关系本位，遵从人之常情的礼俗/规范的规章制度的日常交往活动，可能成为组织凝聚力的源泉（哈贝马斯 2003）。正如老子所说①，日常组织活动的往复变化是遵从人之常情的“道”，观察到常情之道就明白了常理；如果不明白这是常理，就会胡乱作为而带来危害性；因为常理包容顺应自然之情的多样性发展，并公正地对待和注重全方位发展而维护各种关系的情感共通性状态，于是，能长久地在一起向前发展而不会衰落。如果“法”偏离于“礼”，即违背了人之常情，那么“法”在日常实践中往往难以有效贯彻；因为“礼义”是强调关系本位的组织性逻辑，往往发生于个体无意识和人际无意识活动之中，可以不断地产生有价值的新的情境性组织形式。在礼义规则上，人情交往会容易被社会化和组织化，礼义是人情法则，而人情又是整体性思维，包含了共识性目标的情境性分解和规章制度，所以，遵从了礼义规则，便在一定程度上也遵守了规章制度。因此，“以人为本”的日常组织管理，注重人之常情的礼义规则，避免和化解在未来不确定性环境变化所带来的生存危机，同时通过组织共创性活动而使得组织不断发展壮大起来。

---

① 参见《道德经》：“知常曰明，不知常，妄作凶。知常容，容乃公，公乃全，全乃天，天乃道，道乃久，没身不殆。”

（三）日常思维和（企业）日常交往行为

“一切情感都产生于我们的联系”（库利，1999）。在礼俗社会，注重关系情感共通性状态的人之常情是不可通约的（姚纪纲，2002），一个人的日常行为不完全由个体性情驱动的理性行为，因而，日常组织活动，既不完全是“自上而下”的理性结构体，也不完全是“自下而上”的人情交往的组织有机体；其中，个人的日常行为在注重人之通性之上有个性需求，日常组织模式包含感受共通和共同认知的关系有机体（Roberts & Bradley，2005）。在梁漱溟（1990）看来，中国传统社会的组织结构没有个人和社会，只有不断排列组合的关系，日常交往围绕共通性感受而相互旋转起来，在行动规则层面上常常会与先前制定的共识性目标是相反的，并超越个人意识层面的关系化行为。因此，交往双方的个性存在，实际上依托于共生性关系身份，在合情合理的行动中相互贯通的和相互依赖（Mumby & Putnam，1992）；如海德格尔（1987）指出，只有在“日常性”中，一个人会第一次在其中保持了自身的单纯性。

赫勒（1990）认为，日常思维作为人类最普遍的一种思维活动，一直是自在自发地指导着人们的日常生活实践。法国文化人类学家路先·列维－布留尔（Lucién Lévy－Brühl）于1930年发表了代表作《原始思维》，认为原始思维是以集体表象为表现形式，受互渗律支配的原逻辑或神秘的思维。胡塞尔认为，现存的生活世界是“经验的、前科学的”、“交互主体性的”意义世界，它与科学世界相比具有先在的优先性。海德格尔揭示出现代人“闲谈”、“好奇”与“两可”的日常交往状态。卢卡奇（1986）说：“没有大量的习惯、传统、惯例，生活就不能顺利地展开，人的思维就不能这样迅速地（往往是绝对必要的）对外部世界作出反应。”因此，日常思维是反映人之通性的“在家”感觉，正如赫勒所言，我们需要家的保护，也需要家的温暖。回家让人感到安全，情感关系在家里最为强烈的坚实位置。

一个家，是由多层关系所构成的，如夫妻、父子、母子和兄弟姐妹等关系，家庭成员的日常行为都发生在各种关系情境极其自然切换中而过活。正因为如此，家庭生活是建立在关系本位的规矩上，家庭成员首先得服从于关系规则，因而，家庭教育便是学会“无我”和“无为”的人生第一学堂。在一个家庭里，每个家庭成员有很多的关系身份：如既是父亲，又是儿子，既是丈夫，又是兄弟；而作为父亲，需慈幼；作为儿子，需孝顺；作为丈夫，需担当；作为兄弟，需友悌。正如家一样，在一个组织里，针对不同的人，你也有很多的关系身份：既是老人，又是新人；既是领导，又是下属；既是共赢的竞争者，又是互助的朋友；既是圈内人，又是圈外人。在日常交往中，人们在有意无意之间会采用不同关系规则与不同人进行相处，如果非要有意识地只采用同一种方式，那么这往往让人感到无人情味，也难以树立独特性魅力和社会威望。由于不同的关系身份因在具体的关系情境里产生的，关系情境发生变化，也会产生不同的影响和关系化行为；在同一情境中，虽然可能会同时存在多重的关系身份，但是关系化行为将以主导性关系身份而展开的；其中，这种主导性关系身份，并不是取决于关系身份的社会影响力，而是取决于当时处境的不同的关系情态。当然，主导性关系身份所产生的日常交往，以不违背其他关系身份为前提条件的，即使其他关系身份并不真实发生。因此，作为构成日常组织活动的有机性整体，关系化行为遵从阴阳平衡的日常思维逻辑，这些关系身份也是随情境变化而阴阳变通和转化的。一个人被人接受的意思取决于他/她是谁（Conroy et al，2016），主导什么样的关系情境；若不能主导，其意思要么被扭曲，要么被认为没意思。因此，“持家过日子”，便是遵从整体性逻辑的日常思维产生和培养的根据地。

“日常交往是指社会劳动分工中一个位置的占有者，同另一位置的占有者处于交流与交往之中……它取悦于约定的和禁止的习惯，它无限地变异”（赫勒，1990）。传统的日常思维是自在的、给定的日常生活中人们固有的、有待超越和批判的思维，而在此基础上生成的新的日常思维应该是创造性、自主性的个体所具有的意识和思维（贺苗，2013）。实际上，从日常交往的内在机理和思维运行方式来看，日常思维主要受两方面因素的制约：一是表现为传统的风俗、习惯、礼仪制度、道德规范、自在的活动规则等，这些因素主要是通过家庭、家族、村落、社会环境的熏陶而内化于人们的日常交往活动中，从而形成日常交往的习俗性思维类型；二是表现为以血缘关系为基础的天然情感，这些带有本能和非理性色彩的人之常情，在人们进行日常交往活动中常常十分顽强有力且根深蒂固。首先，在组织日常活动中，注重人之通性的礼义规则让我们在一起开展行动，这是“知礼节”和“知荣辱”的关系化动力；其次是共识性组织目标，如果没有在一起的“我们”的这层关系，就不可能彼此认同组织目标，也不可能自愿接受规章制度的约束。例如，人之个性的私情展现不能破坏人际交往的交情行为，否则会导致“我们”的不存在，稍微一遇到什么意外状况，组织就会散开，更谈不上对于未知的未来还能在一起的可能性了。

在日常交往中，情境性感受共通依存于关系交往而产生“互动”和“互通”，遵循整体性思维的阴阳变通逻辑①，却在一定程度上限制了个体理性层面上的“假设”和“目的”的价值性思维（Decety & Jackson，2004）。心理学家Taylor（2006，2011）指出：“人类压力反应的一方面，就是一种归属的倾向——也就是说，在遇到威胁时，投向团体的怀抱，彼此提供温暖和获得保护。”当面对共同的情感诉求对象时，在“日常思想解读”（every-day mind reading）过程中（Ickes，2003），双方会自发性和自动性产生了原始性感情共通基础（感通性），而不需要学习（Decety & Jackson，2004），这种建立支撑“感情共享”（emotional sharing）（Hatfield et al，1994）的共通性感受基础上形成的“共识性线索”，无意识地进入双方的记忆空间（Basch，1983；Decety & Jackson，2004），形成非正式组织记忆或知识社区（Lee & Cole，2003），这种“最小识别和理解能力”（minimal recognition and understanding）（Ickes，2003）为双方在有意无意之间直接地进入对方感情和思维空间提供了洞察力（Hoffman，1981），并不刻意去推测和切换（Decety & Jackson，2004）；这是顺应自然之情的顺延和继承，并有意识地增强角色转换能力和开发双方的认知资源（Batson et al，1991）。因此，人际交往是从关系情境性认知开始的，即关系情感开启的，维持情境性感受共通性状态则塑造了日常交往的生活实践（Ilies et al，2007）。另一方面，日常交往的思维主导力也并不完全由集体性情感主导的，更多是由其中的关系情感状态来触发的，并表现为在关系情感上所生成的个人动机所展开的，因而，共通性感受的关系情感往往是日常交往行为的天生驱动力。在关系情境之中，由于情境性感受往往是整体性感受状态，所以，日常思维不直接遵从因果关系，而是通过阴阳变通的日常活动行为而表现为共创性逻辑。事实上，在“情境因素”和“发生结果”之间可能存在着一种价值性因果关系，如果注重认知框的结构性思维，便产生了适应性行为逻辑。相比较而言，在现实生活中，人们对习俗、经验、常识等日常的思维方式早已司空见惯，以日常思维为主导的日常交往活动是一个人们熟知并非真知的领域。

以“天人合一”思想为核心的中国传统文化和人伦观念所具有的历史连续性，在通过礼俗习惯和日用而不知的日常交往活动的经验文化模式和无所不在的人情化模式，成为现代社会生活中的中国人日常思维定式（贺

① 参见《管子·枢言》：“凡万物，阴阳两生而参视，先王因其参而慎所入所出。”

苗，2009）。正如《颜氏家训·兄弟》所说，“夫有人民而后有夫妇，有夫妇而后有父子，有父子而后有兄弟；一家之亲，尽此之而已矣”和“自兹以往，至于九族，皆本于三亲。”哈贝马斯（1994）指出，家庭私人领域中孕育出自律的私人，这些私人间的公共性的交往生活关系像从魔瓶中放出的巨怪；日常交往行为只能在行为主体的响应性、行为规范的可证实性的道德理性。舍阿格（Schrag，2003）的交往实践理论阐明了“谁”是接受者，建立了一种双向沟通。当然，在不同的文化和信仰里，有不同的道德标准。西方文明围绕共同价值观为建立起来的，“己所欲，人亦欲，故施与人”；中国传统文化的道德标准则是围绕敬畏生命而呵护共通性感受的礼义规则，遵从生命成长的人之常情，如“己所不欲勿施于人”的恕道；强调人情的自然性，“克己复礼”和疏通共通性感受“修齐平治”等。

在人之通性主导的日常交往过程中，强调关系本位的日常思维在某种程度上取代了二元分立的主体性思维（姚纪纲，2002）。哈贝马斯认为，真正的合理性不是存在韦伯所谓的以最优化手段实现既定目标，而是内生于日常交往行为之中关系情感的阴阳平衡，因而，社会整合只能建立在交往理性之上。如果说人之常情是日常交往的行为依据，那么，人之常情的行为包括由礼义规则所约定的“该做什么”和规章制度所约定的“不该做什么”。无论在“仓廪实”层面上注重“生活世界”，还是在“知礼节”层面上强调“生活形式”，都是遵从礼义规则的人之通性作为落脚点。显然，这完全不同于从人之个性作为出发点的日常交往行为理论，如胡塞尔的“自然态度”、海德格尔的“生存论”、维特根斯坦的由“命题体系”所形成的自然与文化混合体，以及许茨的文化世界和意义结构所构成的共识性。哈贝马斯从理解或共识角度，虽然在某种意义上给出了与“仓廪实”和“知礼节”发展相统一的日常交往理论分析框架，但是，这种依然寄托于在预知性思维的共识性规则，轻视了人之常情驱动下日常交往的关系本位。回到日常交往的社会生活现实面，日常交往行为往往在人情法则下驱动的；日常性合作过程往往受到顺应自然之情的“事赶事”的情理逻辑所主导；又如日常对话中的“话赶话”活动在本质上在随共通性感受变化的整体性思维所支配的。在这个意义上，不违背人之常情的任务和规章制度，是支撑企业组织发展的体系性架构，也是日常思维的依附物。如林毓生在《中国意识的危机》中指出，真正的自由离不开有机的传统，也不可能自外于这个时代。

起源于关系本位的企业日常交往行为，很难分割成为不同的个人行为，更不可能等同于个人行动之和，常常具有很强的有机整体性和不可预知性。起源于日常生活的日常交往行为，不仅包括话语、劳动和交往行为判断，更多的则是因礼义规则所主导的人情往来，由此产生的“创造性共识”或交往价值性。当日常交往发生在真实生活情境，日常组织的创造性和价值性会持久产生；换言之，在通情达理的企业日常管理中，不论管理者还是被管理者，都在彼此相互开导中积极参与进来，而组织化行为自然不会停止下来。所以，遵从礼义规则的企业日常交往的组织活动，最好的管理模式是将管理者与被管理者看作是一个有机体，而下策就是将两者为各自利益而遵从价值交易的独立体。① 作为企业组织实践，交往行为首先指向便是人之常情的关系规则，其次是人际情感的交汇性，并表现为个人行动的配合性。例如，日常交往的任务合作是以人情为主导的：符合人情，便可以接受；而拒绝人情，即使再有用也不被接受。从理论上看，西方理论强调情感控制导致负面后果，实际上自身否认了对情感控制的可能性；因而把情感控制视为一种强制或压抑，这种控制实际上是不可能的。因而，传统的礼俗、礼节和习俗，不仅可以引导和激发了社会的积极力，而且消化了个人情感的消极力。例如，自成语境的中国传统智慧建立了三个共通性假设②：一是，顺应自然之情，在变易之中安定团结；二是，采取阴阳平衡的日常思维逻辑，注重礼义教化；三是，心存敬畏地看待世界，建立道德规范。

在企业日常交往的组织活动一般会遇到两类问题：一是预先设定的所要解决的老问题；二是在行动中所出现的新问题，这又是在新状况之中所亟待解决的问题。在新老问题共存的情况下，如果新问题不去解决的话，因情境性感受共通性受阻，老问题则难以继续推进。在解决新问题的发生情境里，原认知框就随之发生改变；新问题产生和新问题解决的想法和手段，都超过了原先预知的，即产生了新的认知框。因此，企业日常交往行为，本质上是以人之通性为基础上的一种共创性组织活动（Sandelands，1988）。换句话说，无论组织内容结构和活动形式，还是资源能力和表现形式，都是在遵从人之常情的日常交往、同时又回到人之常情的关系维持中所产生和形成的；其中，个人行动只能通过建立关系和维持关系得以展现的，并在日常交往中的建构出来日常组织形态（如表1），正如布尔（2003）指出，这种认识是源自人们之间持续交往

① 参见《管子·乘马》：“民之生也，辟则愚，闭则类；上为一，下为二。”

② 参见《管子·四时》：“务时而寄政焉，作教而寄武，作祀而寄德焉。”

的社会实践与互动。

表1　日常思维和企业日常交往行为

日常思维	日常交往中个人行动	企业日常交往的组织行为
走一步、看一步	入乡随俗的有意无意行动（人之常情）	关系情态去怎么塑造？（取决于周围人的亲近感）
关系交往	维持共通性感受行动（关系约束：知荣辱/知礼节）	行动激起周围人不满情绪吗？（取决于情境性整体感受）
人际交往	执行任务的共创性活动（规章制度：衣食足/仓廪实）	具体关系情境中如何行动起来？（取决于关系身份和技能）

（四）在关系规则之下企业战略管理实践

企业战略实践是指没有止境的日常组织发展活动，更具体地，就是当前的组织行动，除了为了眼前的问题解决，更重要的是获得当危机到来时能得到及时而全心地呵护和救助的可能性。战略实践观是指从社会和文化实践层面探究战略性活动，旨在发现企业既在战略性预知情境中能贯彻既定的战略行动，又能在预料状况的危急状况心态发生时，以非正式方式自发组织起来并通过集体力量化解危机，从而使得组织能够永续成长。在战略性社会实践中，所有组织的事务都是有具体的关系规则之下的个人行动所承担和完成。组织因人际交往而呈现；战略性组织因人情法则而存续。一个组织成员是以关系交往开始的，而日常组织又是以围绕既定关系规则所开展的个人行动。遵从关系规则的个人间行动所产生的结果首先是组织绩效。在日常生活中，关系是人与人之间交往法则，不仅包括社会规范的价值性规则，更多的是遵从文化礼俗的人情法则，因而，组织战略化行为是以非正式组织活动为基础。因此，战略实践的本质在于"为之于未有"，而战略管理实践的本质则在于"治之于未乱"。

战略实践观指出（Denis et al，2007；Whittington，2006），根植于社会情境中的战略实践过程，既包括在预知范围内推进日常组织活动，又包括在遭遇危急状况的预料之外能获得及时救助；本质上，战略实践活动是通过关系交往规则，创造性地让日常组织活动恢复到正常的行进状态。一些学者开始从日常组织活动中探究战略实践，提出了战略制定的日常组织原理（Samra－Fredericks，2003；Floris et al，2013）、战略实现的关系化机理（Balogun et al，2015）、战略实践的物资化制度（Dameron et al，2015）和互动能力（Cornelissen et al，2014）等，试图发现战略实践观的日常组织原理；为此，另一些学者开始强调传统文化（DeMassis et al，2016；Petruzzelli & Albino，2012）和道德规范在战略实践中的基础性作用（Balogun et al，2015；Denis et al，2007）。同时，近年来，组织理论已开始关注以"关系交往"（relating）为主导的日常组织形式。Anteby等（2015）指出，以非正式组织方式展现的日常组织活动隐含了正式组织结构中的规章制度和任务性目标的双重约束，Taylor（2011）认为，互动行为形成了日常组织活动；Balogun和Johnson（2004）进一步指出，组织已经从传统的等级整合结构转移到关系交往的临时性空间。不同于传统的组织形式，日常组织活动主要启动于关系规则，而受到人情关系约束，因而行动范围是关系规则导向下的情境性边界（Snoeren et al，2016；Taylor，2011）。在日常组织活动中，企业所遇到的问题、遇到的困境或所发现的机会和想法，都是通过具体成员的个人行为所表现的，如果这些困境、问题或想法得不到实施的话，势必影响到关系维持，进而导致日常事务性的组织活动无法继续推进。

因此，对于战略实践来说，人心聚散远大于事业兴衰，在人心聚而不散之中共举不衰的事业。每个人都是从关系交往开始的，在遵从关系规则中开展个体行动；对企业战略观来说，参与人都是"他者"，关系规则是任何成员都不可僭越的立足之本。一方面，人情关系可以最大限度地降低日常组织活动的不确定性和个人机会主义倾向，又因为人情不能脱离关系交往而存在，而日常关系交往的维持行为要依靠人情法则，所以，人情社会是日常组织战略实践的基石。另一方面，对于没有止境的企业战略发展过程，不可能从某一个阶段或某个时点上，去判断"好与坏"或"对与错"，在行走的路上只能判断此时此刻这么做"合不合适"，既有生存能力，又能创造未来。正如本章开篇的历史故事所讲的，战略管理实践者，如经营管理者和企业所有者，"为之于未有，治之于未乱"；通过言传身教等手段教化企业员工遵从"仓廪实则知礼节、衣食足则知荣辱"的行为动机，并在日常交往中遵从礼义规则；同时，以义举事，主动承担社会责任，提出相应的战略愿景，以引领企业发展。在此基础上，随着企业日常交往中的问题解决和创造机会，既能让员工衣食足和仓廪实而变得心安，又能因组织凝聚力而开创企业新未来（见图3）。

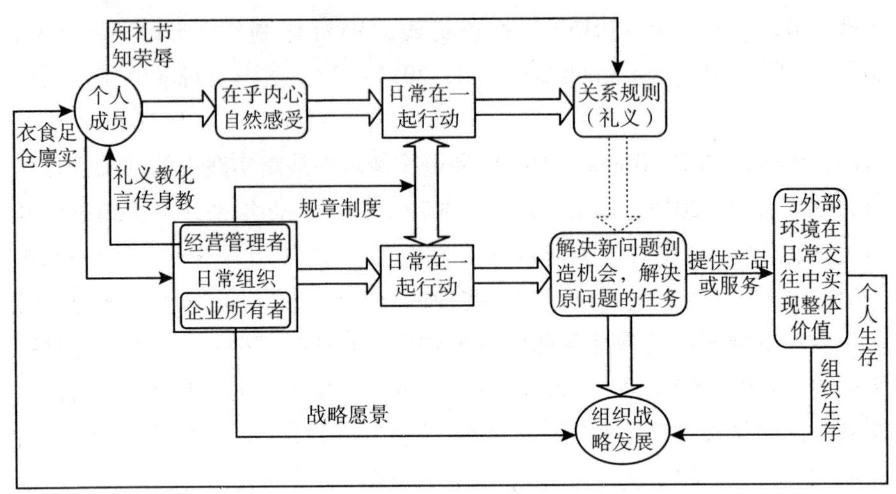

图3　日常交往的组织管理（人之通性）与战略实践观

以塑造日常组织延续和持久性发展为核心的战略实践活动中，关系交往的行动内容往往是由情境性任务所决定，不同阶段的组织目标是不一样的，但在日常组织活动上都遵从道德规范或人情法则。在熟人社会的战略性组织里，日常交往的关系规则，是制度性逻辑产生的现实基础，所以，关系规则导向的日常交往，实际上是一种“无为而治”的战略性管理模式，因为其参与人必须遵从关系规则，而不是价值规则。也就是，组织者的日常管理活动，必须围绕关系规则而展开，压制着组织者自我主导的个人有为抱负；其核心任务就是：在保证日常组织活动正常推进过程中，发挥被管理者的个人聪明才智，在关系规则的基础上发挥集体性力量。因此，以某一时点的价值评判结果来定义组织行为的结果或表现，往往本身就否定了这种组织行为的战略性（可持续性潜力）。例如，人情交往在于造就潜在的组织化能力，这种组织化潜力正是组织持久发展的根本所在，而这种组织化能力常常远超出于具体组织行为结果的价值性，换言之，在不确定性问题或危机出现之时才会展现并带来相应的表现，可是，在这些无法预知的问题或危机出现之前，任何人都无法预知这种组织化潜力的具体价值。因此，企业战略实践观，不可能通过某一时点的价值评判结果来测量的。

任何企业战略实践都是从日常交往中一步步走出来的：倘若每一步平稳，战略实践自然涌现；反过来说，当所谓的战略目标在理论上可行，未必在现实活动中可行，例如，因人际关系的复杂性和突发事件的出现，使得在企业发展实践不具有战略性。在这个意义上，组织活动依存于日常交往的关系情境，日常交往所遵从的关系本位，是组织战略实践赖以存在的社会本体。一方面，传承有序的人情交往，是跨越不同情境的发展远景逐步兑现的根本；另一方面，保持关系身份的礼义规则，是穿过前后情境不一致的战略使命继往开来的依据。在企业日常交往中，战略性组织原理在于维持企业组织的可持续发展，当组织发展处于正常性状态，以长期发展为主导的，而以短期成长为辅的，这样才会有长期的未来发展；如果强调个体理性思维，必然只顾眼前利益而割裂了未知的长期发展。同时，当组织处于非正常时期，以解除当前危急状态为主导的短期成长，不去有意破坏长期发展所依存的关系之道，这样，一旦危机解除就会回到正常的日常组织活动中；如果因救一时之急而有意毁坏关系之道，必然破坏了大家在一起感受的自然状态，进而为组织分崩离析埋下了种子。

中国传统社会是讲究人情往来的熟人社会，也是人们在有意无意之间顺应自然之情的是维持人情关系规则的熟人社会，但是，人情，并不是由行动人自己定义的，而是由因考虑对方感受而形成的。或许，由熟人关系所构成的日常组织，原本形成于从父母子女开始，到亲戚、朋友、乡亲，再到君臣的层层伦理规范。这不是生硬的规定，它植根于人自发的感情，植根于人们日常生活的磨合交际，植根于长期历史积淀出的自然常态。这也正与中国传统社会的乡土生活现状是一脉相承的。因此，人情社会，是由人情往来的潜意识状态共通所决定的，超越于自我意识，更不能由自我意识所界定的。正如电视剧《中国式关系》一句台词："中国式关系，不光存在于官场、商场，更渗透在人性里；因为这是中国千百年来伦理道德和情感的连接，你只有捋清了这层关系，才会无往而不利。"中国式关系，正是中国传统文化和传统智慧的普世性所在：在遵从"家道"中以维持关系存续的"无我"之为和"无为"之德。

三、基于日常交往的中式组织行为原理

（一）中国传统文化的关系本位与组织战略化行为

日常生活中的人们，大多数在有意无意之间顺从自然之情，常常从"日用而不知"和遵从礼义规制中研习自然之道。在关系本位的基础上，中国文化的优良传统造就了可持续发展的组织战略管理理念和实践。在当今的社会分工演进的背景下，一般情况下，人们就不得不进入组织活动之

中，从中获得“仓廪实”或“衣食足”的机会或可能性。如果不懂得“礼节”和“荣辱”，就不可能顺利和长久地从社会交往中获得生存所需。同样地，在组织层面，在满足个性欲望的基础上进行礼义教育，当组织日常管理遵循这种日常性交往行为动机，才能持久地是组织成长。因此，无论从员工层面还是组织层面，日常交往实践活动遵从“关系本位”，既能让员工自然成长，又能使组织自然生长。

在组织管理的理论研究层面上，如果从“关系本位”出发，那么，处于社会交往中的一个人，既有“仓廪实”或“衣食足”的私欲面上的被组织性动机，又有“知荣辱”和“知礼节”的通人心的组织性动机，在这个意义上，依存于日常交往的社会生活实践，这种理论研究既可以借用西方理论的研究成果作为证据，又可以基于中国智慧的经典文献作为理论证据。在进入“知荣辱”和“知礼节”的驱动下，人们因分享在一起的共通性感受状态，而努力在一起工作，为了维持在一起状态而积极创造组织财富，如找熟人、互助、礼让和知恩图报等交往行为。特别地，日常组织活动遭遇危急状态，不仅能迅速地发挥超出组织范围内的最大潜能，而且创造性发现机会和解决问题，以便让组织迅速摆脱困境。但是，在不违背人情法则的正常情况下，日常组织在按部就班地围绕关系本位来激发组织性潜能，如果过分追逐利益可能违背了员工潜在的“知荣辱”和“知礼节”的组织性动机。

> 想到了小时候，一旦在外面遇到不顺心之事，抑或遇到挫折的时候，第一时间就想到了家，想和妈妈诉诉苦，尽管大多数情况下，妈妈会因事情缠手而不愿意理睬我们，我们却一直不依不饶在心里想着妈妈，或者，一旦得到母亲的一次安慰，就觉得心中淤积的事就没有了。记得，有一次，大约七八岁的光景，街头邻家一位爷爷去世了，哭声阵阵，晚上躺在床上怎么也睡不着；那时在想，“人来到这个世上，长大了还要死去，人活着究竟干啥呢?”一会儿恐惧，一会儿惆怅，这时看到妈妈在堂屋做家务，我就喊了两声“妈妈”，母亲也回应了两声说，“睡觉吧，孩子”，那时心里一下子得到了莫大的温暖。

在中国人的日常生活里，无论是小孩，还是大人，每个人心里都需要有所依靠，至少在精神层面上支撑着他们在外求学、在漂泊异乡；如果受到委屈和迷茫，父母亲未必能给我们解决具体问题，但是，在潜意识里面，家人会不断地给予我们精神力量；很多时候，在外受到再大的困难和委屈，到了家，一切都烟消云散了。正所谓“在家千日好，出门时时难”。当长大了，随着对世事的理解，遇到困难时，懂得自己扛着，已不再想到妈妈了；有时候，回家或者往家里打电话，母亲年纪也渐渐大了，也需要我们去安抚了。但是，在本能层面上，一旦在身体层面受到伤害而疼痛时，在无意识间就会叫一声“我的妈妈哎～”，这与我们的年龄没有关系的。因此，当淤积负面情感需要倾泻时，当没有什么信仰来支撑我们前行时，“家”会给我们无尽的温暖和有力的支撑，更何况，传统中国人在潜意识里相信“有妈才有家”，“妈妈”作为一个精神上的寄托，不仅在情感层面默默地陪着我们，而且在日常社会行为层面指引着我们。说了这么多，也许你很纳闷，这不是很正常吗？这又有什么好说的呢？是的，这很正常，绝大多人的心里都永驻一个妈，在亲情关系的呵护下成长。“家文化”在不自觉之间引导着大多数人的处人做事，所以，这种藏在潜意识的普世理念，暗示并塑造大多数人追求人之通性的独特性。

中国人司空见惯的“我的妈呀”，普遍存在的无意间的情感诉求，特别在遭遇不如意时，如同我们不自觉从心里呼喊“我的妈呀”一样。每年春运大潮也可以看出，日常生活中的中国人普遍认为，家是他们来到这个世界的根，希望从那里获得安慰以走出情感沼泽地，信奉着“叶落归根”。从西方发展心理学文献也可以发现，当小孩还处于“不懂事”、没有进行教化之前，他们和我们一样也十分依恋母亲和家庭，当遇到惊吓或意外时，也会吵闹着要妈妈的（Tronick，2003）。换句话说，“家文化”是淳朴的，如同孩提一样单纯，没有想那么多，然而，只有经历了中青年的欲望追逐之后的反思，才会彻悟出来，不用理解，正如梁漱溟先生所说中国传统文化的早熟所在。因而，依从家庭文化而建立起来的中国传统智慧，历经数千年的洗礼，不断地滋润着中华文明，也正在感染其他文明，正如辜鸿铭先生所说，相比较其他文明来说，中国文化更具包容性和人情味，更符合人之善性；他还发现，在与中国人和日本人相处中，时间一长，人们更愿意与中国人相处了，这可能是辜鸿铭游历东西文明后皈依中国传统文化的重要原因。此外，早年毕业于剑桥大学的费孝通先生，到了晚年，指出国家强盛还得依赖于传统文化的崛起，甚至认为西方文明的劣根性比我们更糟。

在“我的妈呀”的潜意识行为过程中，中国人的日常行为更偏向于亲情关系的日常生活思维。很多时候，我们从小就接受“家文化”的熏陶，知道每个人都是不容易的，都需要照顾和被照顾，“哪个人一生没有遇点事儿？”因而，在顾及他人感受的前提下，做事带着想当然成分，强调

“合情合理”“通情达理”。中国人在平常生活中非常注重讲情理，如“见好就收”“就这么着”等。第一，日常交往中的仁者人也。在日常生活中，中国人喜欢与有人情味的人相处，而从内心里是排斥西方理论所假设的个体理性、甚至完美之人。中国人注重在家的呵护下，培养的更多是讲究在乎他人的感受，可能是因为伤害他人会使其家人担心，所以在与人相处时，总带着同情心，做人内敛，行事低调，处处小心，否则在心理上会伤害到周围人。例如，中国人说话经常说半句话，或者经常用“随便”“你看着办吧”“您的意下如何”“要么再等等看”“还行吧”等，很少带着强烈的个人偏见，在半推半就之间把事情完成，既分享了人际情感交汇状态（交了人情），又在顾及彼此感受的基础上办完了事情，至于事情办到什么程度，就显得不那么重要，可能会超出预期的好，他们更看重的是人情关系的建立，也可能是“生意不在仁义在”。正是因为与人交往遵守人之常情，中国人很少做出很理性的规划和对未来有强烈的预设，“看情况吧”，喜欢具体情况具体分析，因为只有身处情境才会触动真实感受，而有了真实感受才能产生比较客观的评价，所以，正是中国人的行为依赖于情境变化，与情境中其他人之间的关系情感是触动中国人行为的主要驱动力。诸如“都行”等言谈举止，不仅强调了照顾他人感受，而且也建立了人际情感交汇和感知相通的机会，也使得在乎情理的中国人具有很强的组织性和被组织性，即有源自于人际情感交汇状态的自组织能力。

第二，注重人情关系。在日常生活中，中国人更多地关注人情往来，在乎人际情感的共通状态，在物质资源上注重礼让、使用未必独占。在“我的妈呀”的潜意识里，中国人的归属的人际情感和依恋；而在“我的上帝”的潜意识里，西方人的归属于征服自然的力量，而是把社会作为资源获取和个人价值实现的台阶，如社会网络理论等等。在中国情理文化背景下，我们对人际情感的依赖性，远比资源性依赖强得多，“友人的好对我没有坏处，而友人的不好则对我没有什么好处”，例如，企业中的大多数员工都在社会互动中按部就班地行事，甚至鄙视那些只为了个人利益而与周围人分离开来的、斤斤计较的行事方式。在日常生活中，我们更愿意提倡互帮互助，邻里之间相互走动，当哪家有事就大家一起忙，哪家有好吃的就一起分享。这种场景尽管在不断城市化进程中一切变得更微观了，走进老街和乡间却依然依稀可见。事实上，中华优秀文化从一开始就发源于淳朴且绵连的民间生活智慧，以及历经洗礼而隐藏于民心的日常生活常识。正是这种社会活动，在传承着中国几千年的情理文化，也在编织着充满浓浓情意的“差序格局”。

人际情感关系（人情关系）与人际资源关系（人脉关系）有什么样的内在联系？人情交往中的“礼物”，本是在“合情合理”中流动，既是情理之中，又是意料之外的“资源”，常常会带来新的惊喜的满足感，即创造新的有用的东西。从“礼物”转向“资源”的过程，便是从人情性（遵从礼义规则的知荣辱）向功能性（满足个人生存之需的衣食足）的转化。正在这个意义上，将“资源”用来作为“礼物”的“予而无取”，再转化为“资源”的“予之为取”，便是功能性经由人情性而再功能性的创造性组织过程。从“礼物”到“资源”本身就是人情关系的创造性活动，也是关系本位之下的双方共创性的日常组织表现。作为服务于具体目标的价值性东西，资源的内涵有三：一是针对具体任务而具体特定的功能性；二是这种功能性一旦实现，其价值性就会丧失而成为无用了；三是有人为的预设性，而不是情境性，其价值是由预设而来的，未必是实际发生的。了解了资源的具体内涵之后，我们来看看人情与资源之间的联系，以及对待资源的态度。如果资源是价值指向的，没有价值就认为不是资源，尽管有其他功能，但看不到使用价值就扔掉它，以避免产生额外成本；更进一步地说，如果为了所需的可预见资源，他们可能会拿人际关系作为获取资源的渠道，即积极地建立人脉关系网。然而，如果资源是人情指向的，也就是说，如果有人情关系，即使没有明显的用途，也可以创造用途的事件或者珍藏起来，其目的是用在增进友谊；话也说回来，如果没有人情关系，即使再急需的东西，我们也不会轻易去拿来用；甚至我们经常会拿出自己节俭下来的、特需的优质资源，以创建人际情感交汇的机会。

首先，人情关系比资源能力的功能更强大。人情关系里面蕴藏着的不是资源，而是浓浓的情谊，在具体情境下这种人情发挥的不仅仅是资源的价值，更多的是礼让和互助的共创性活动。一旦有难或需要帮助，人情关系就会发挥作用，而且越用交情越深；更为重要的事，人情关系的功能不是由当事人提出的，因而不可能严格按照事先预设的资源性特指功能，而是由施助人因照顾他人感受而付出的，使得当事人从心里尽快摆脱困境。其次，人情远比资源的使用更经济。由于情感活动的主要去向不是达到实现预设的共识性目标，也不是价值取向，而是在于创造一个良好的情境让彼此情感更加自由的展现。在创造新情境的人际互动过程中，大家围绕着情感性线索，不断地产生和调用新的资源，资源在人际间相互借用和归还，他们更多地不在乎这个资源是谁占有的，而在乎这些资源能不能被轻易地调用，潜在所指的通过这些资源使新情境更能顺畅地展现彼此情感交融，所以，他们在意这些资源在资源调用过程中尽量避免人际情感受到伤害。最后，建立人情远比占有资源的更具战略性。在熟人社会的日常交往实践中，我们常是把东西与某个人联系起来，总是带有人情味的，对东西的爱护，远不止把它看成资源性价值那样的简单。也因为考虑他人对这个东西的喜欢，而不愿意用尽，或先让他人使用，在不知不觉中与他人建立了人情关系。

第三，依存于关系之局。在与家人强有力的情感性联结中，大多数人不仅注重人际情感关系，而且还要与各种人际关系打交道的。小时候，从父母那里学会处理好兄弟姐妹等平辈之间的年龄大小和关系亲疏，还要学会处理好长辈与晚辈等不同辈分之间的长幼尊卑之序。长大后，这个处理家庭内部各种关系的社会技能，也渐渐地向外延伸，应用到乡里街头。当走上社会，我们不得不与各种人打交道，通过之前所学会的社会技能上的社交礼节，在日常活动中建立了自己的关系圈，每天会接触到陌生人、熟人和自己人，对待不同的人采用不同礼节和规矩。一般情况下，对待陌生人，我们可能会采用照顾他人感受的市场交易规则，不完全等同于西方人的交易规则。对待熟人，我们可能会采用交情行为，当一方给予另一方的面子或帮助时，如果在后者根据前者的需要进行及时帮助，那么这种一来一往的回应就建立了人情关系；如果后者还没有进行回应，那么后者还处于待“报”的状态。对于自己人，在做任何事情时候，也许与他们没有直接关系，都要考虑他们的感受，同样，他们的一言一行都会在不知不觉地影响到我们的决策和行动；有时候，为了他们的感受，宁愿放弃自己的喜好，因为我们的快乐来自他们的感受。因此，一个人处理人际关系，是以他人的感受为前提，当然不同的关系圈子在考虑的权重是不一样的，同样地，在不同交情的人际关系中，当事人所享用的自由度也是不一样的，特别地，这种自由度也会显著地受到情境变化影响的。也就是说，同一种关系在不同场景所能起到的作用是不一样的。这里可能存在原因：一是双方在具体情境下的关系交往的礼义规则所引发的人际情感状态，进而影响到当事人的情绪性反应；二是在特定场景里，第三方的参与或在场，会直接影响到当事人在“中庸”的决策取道。显然，礼义规则在人际关系中就显得格外重要了。如果人际交往的礼节规矩失当，适得其反，可能使亲人变成形同陌路，正如西方理论把社会关系看做是“人脉关系”，与一部分追逐私欲之人“走后门”、“建圈子”等方法如出一辙；又如有一些人运用西方文明所追求的价值性资源之上的观念，借助于人脉关系去追求个人成功。

不难看出，在中国人的人际关系格局里，“在家靠父母，出门靠朋友”。日常交往的礼义规则，不仅反映了人际关系里面的亲疏远近，而且也反映了当事人之间的社会地位与身份等级。一般情况下，在影响身份等级的众多因素中，德行比能力、年龄比资历、威望比权力更显著，如“故德厚者位尊，禄重者宠荣”。所以，一旦人情关系形成，身份等级就随之产生，一来是为了维持这个关系的可持续性，二来是便于当事人对自己行为进行自我约束。如与年长或资历老的人交往，懂得卑谦和顺其做人事；与领导打交道，学会敬重和遵从；与生人打交道，说话有分寸；与熟人说话，重情不重理等。“在情理文化的社会情境里，如果人际关系到位的话，所有的事都不是事了；如果人际关系出了问题，不是事儿的，都会折腾你，让你心神不定。”既然维系人际关系主要依赖于日常交往的礼义规则，那么，给人面子和留面子，而不是要面子和争面子，可能在不知不觉中为我们营造了良好的人际情感的共通状态。这种礼义规则使得以人情关系为主导的组织变得有序运行和存续有潜力。如果因过分强调合乎私欲基础上的共识性价值理念，将维系人际关系的交情行为和人情关系看作是一种非法的，抑制非正式组织的存在，那么组织充其量也就追求短期利益的近视行为，毫无战略可言。总之，在日常交往中，关系之局强调的是人情关系，以及维持人际情感状态的礼义规则，这是中国情理文化背景下的组织政治的主要意涵；正如司马迁在《史记》里所说，“宰制万物，役使群众，岂人力也哉”，管理人情关系主要靠礼治，由此产生了两种管理模式：一个是发展中求稳定的“中正人和”组织管理模式，另一个是稳定中求发展的“中和位育”创业管理模式。而强调人脉关系，以及维持对资源竞争有序的制度化，正如西方人把员工看作是一个个单独的人力资源，提出从诱发个人动机方式的管理模式。

第四，日常交往的共创活动。通常，很多人都认为，中国人缺少创造力，特别儒家文化压制个性的，乍一听，觉得也蛮对了，仔细一想，如果中国人真的没有创造力，存续五千年的中华文明怎么会源远流长至今，而且比其他文明更富有包容性？也许，如果按照西方理论把创造力简单地定义为个体创造力（技术性）的话，那么，就这一点来说，的确处于情理文化之下的中国人也并不占优势的。事实上，强调人际情感共通的个体创造力可能被压制了，然而，这种人际情感所焕发出的组织激情，远比个性解放的私欲激情更具组织创造力（集体性）。首先，人情关系导向下的自组织行为。中国人比较在乎以“我的妈呀”为核心的家文化，即普遍注重人与人之间所存在的情感连通性状态，中国人具有天生的自愿被组织性和组织能力。正因为如此，中国人在组织层面表现出两个比较鲜明的特征：一方面，在个人层面，大多数具有天生的自愿组织性，彼此的行为在相互在乎对方感受的前提下，通过礼仪而被限定在组织关系情境里。例如，“就这么着吧”“你看着办吧”等口头禅，以及喜欢围观、不表决态度等“不为天下先”的人生态度。例如，中国人喜欢躲在情境里不被关注的社会行为，这是中国人向善行事的集中体现：与人为伴的社会情境里，随着关系一起联动（不选择和不决策），保持自己独特性。另一方面，在关系层面，完全不同于资源性关系，即无利可图的情况下，他们不会轻易采取响应。例如，当遇到合法性的单位或组织有什么事情，很少有人去积极地主动揽事，也很少有人因为自己个人利益受损而较真，在这两种情况下，一般都愿意做围观者，静看事态发展的。但是，当人情关系比较亲密的人遇到什么事时，一般情况下，我们会站出来并自发地组织起来，积极地承担；不过，话也说回来，如果此刻不去站出来，关系情态很难维系了，而且也会被其他人瞧不起。因此，在熟人社会的日常组织背景下，大多数人注重的是人情关系，只要一方行动，另一方都不好意思不做出积极的回应，这种双向联动性的彼此牵挂，“来而不往非礼也”；在一定意义上，人之通性让人际关系已变成了个人日常生活的不可分割部分，当事人非常在乎人际情感的畅通性。正在这个意义上，在日常交往中，人们具有自发性组织行为，且一般不破坏与自然界的和谐关系，这是人之通性。例如，Judge（2009）的研究表明，在零和情境中，付出者经常会羞于争取自己的利益；发出的请求要比互利者和获取者更温和：“我不想让别人感到不舒服，或是超出我的限度。”

其次，人际情感导向的自发性组织创造力。在强调理性预设的个人价值取向里，组织变革要经历两个阶段，先拆掉现有的组织结构，然后要建立有明确去向的新组织；这是典型按照具有超自然力的价值标准进行展开的。事实上，拆掉先前约束和建立新去向本来是一回事，但在注重理性思维之人看来这是两回事。但是，在日常交往的具体情境下，认知活动是可以选择的，而情境性感受状态是潜意识活动而且没法选择的，人际情感一通就自发激活相关人的心理反应和相应行为。在日常交往中，大多数人注重人情关系的建立和维持：一方面，试图创造有利场景以激活人际情感共通性状态；另一方面又积极地动用一切可调用的资源来维持或营造能使这种人际情感状态得以增进。因此，在这两方面的共同作用下，一方积极地进行维持，另一方就会积极进行营造；在这种情形下，为了共同创造这个共通性感受，双方先不自觉地动用可调用的资源，建立彼此可以依赖或依恋、又彼此受对方约束的关系化组织；与此同时，在各自调用未经事先规划的资源时，进一步引发人际情感的“推拉式”起伏和波动，进而在不知不觉中激活和开启了当事人的认知空间，产生解决问题的新知识和顺应自然之情的新标准，并迅速地卷入到新组织建设中。因此，组织性创造力是“动情与维持”过程中注重集体创造力，在创造新组织的过程中，然后在无意识间爆发个人创造力。换言之，在日常生活中，如果管理者注重人情交往，就容易建立良好的人情关系和赢得很高的社会声望，在避免一些潜在的危机而有好的运气的同时，社会声望提高了组织管理的权威性；同时，因人情关系存在而为企业组织赢得更好和更多的发展机会。

因此，中国人的日常行为并不完全遵从所谓的科学理性主张的本体间因果关系，并潜意识里遵从人际情感上的关系本位。需要说明的是，人际情感状态是瞬态的、变化的，一旦一方停止相关维持活动，人际情感的汇通就会自动停止。为了营造能维持和增进人际情感的共通性状态，当事人双方都积极地或不自觉地探寻避免问题出现的例外之事，一方的进取行为会自发地激起另一方在更高层面上开展行动，于是，双方都在不受原先的认知框限制下，积极地寻找出情感性线索；之后，再依据交情关系，探索出能够可调用的资源能力；此时，在人际情感共鸣的交汇状态下，双方会积极地塑造出能引发对方积极回应的情境；不难看出，在这个人际情感关系发生的情境驱使下，双方展开了你推我进的不由自主的卷入和投入过程，也就是，以情境变化所激起的人际情感状态为动力源，进行了“走一步、看一步”的深入关系建构的探索活动；因而，这种注重是情感取向的关系建构行为带动资源性流动和认知框改变，并迅速收敛于人情关系引发的组织再生产和附带组织知识的产生。如王阳明说，“除了人情事变，则无事矣……事变亦只在人情里。其要只在致中和。”因此，在日常交往的具体情境下，中国人的组织创造性行为是由人际情感状态变化所驱动的关系建构行为，以情境为中心而展现的“走一步、看一步”的你情我愿的组织共创性战略探索过程。

《管子》曰：“情先动，动无不得；无不得，则无，发而后快。故唐、虞之举错也，非以偕情也，快己而天下治。”① 那时的中国传统文化已趋于成熟，又历经数千年的积淀和发展，也形成了以关系为本的思想和实践体系，特别地，在日常组织管理方面的中国传统智慧，已自成语境。例

① 这句话大意是：“凡人的情感都首先在内心世界形成并活动起来，活动着的情感均会通过一定的方式（如言行举止）流露出来，流露或宣泄出来以后就不会凝结壅塞在内，因共通性状态而心情愉悦。所以，尧舜的言行举措，并不是随他们情绪状态而直接反映出来的，而是通过愉悦内心的整体性感受共通所展现的，于是民众百姓也因受之感染而达到天下大治。”

如，管仲从日常管理实践的社会行为层面，提出了以礼乐教化为基础的“以人为本”的组织管理体系和“礼义廉耻”的行为规则；儒家学说从为人处世的日常交往行动规则方面，给出了仁义礼的社会化管理行动指南，强调“修齐治平”的自我管理架构；黄老学说是从人之通性的社会心态层面上，描述了顺应自然之情的思维逻辑体系，以及给出了关系本位的无为而治的管理理念；而在现实生活层面，诞生了儒道思想的民间智慧深耕于千百年来中国人的“持家过日子”当中，以民间谚语或俗语为主要的生活常识一直在指导着日常组织管理活动，给出了一整套“日用而不知”的礼节规矩等关系规则。显然，这些构成了指导日常组织生活的中国传统智慧，也隐含地给出了以日常交往为主导的中式组织管理体系，并在当前已然活跃在人们的日常生活实践中。在趋利避害的潜意识驱动下，日常组织实践中的个人行为常常遵从“土方法”，担心破坏了“土规矩”，“仓廪实则知礼节，衣食足则知荣辱”，因而，支配日常交往活动常常是顺应自然之情的仁义礼规则。当关系情境建立时，在从事具体事务性活动中，支配彼此合作行为的是价值规则；当然，这种价值交易法则在事中不宜破坏礼义规则为前提（如表2）。正如Grant（2013）研究发现，成功的付出者可以说是“利他且自利”的：他们关心他人的利益，但同时也有雄心勃勃的目标，努力推进自己的利益。付出者有情境性目标，也有做人的原则，但没有过分强调自我意识的目标。

表2　日常交往中的人情逻辑与西方理论的价值逻辑之区别

<table>
<tr><td>交往理论</td><td>人情逻辑（日常生活）</td><td>价值逻辑（理想化状态）</td><td rowspan="9">日常交往中，人情逻辑是基础性主导规则，在“克己复礼”中，价值逻辑次生的；价值规则是事务性手段，服务于关系本位，以实现“合情合理”</td></tr>
<tr><td>个人信仰</td><td>自然之情</td><td>自由之梦</td></tr>
<tr><td>感受规则</td><td>人之通性（关系的亲疏等级）</td><td>人之个性（情绪的正负/激活度）</td></tr>
<tr><td>主导思维</td><td>关系本位</td><td>价值本位</td></tr>
<tr><td>情境性</td><td>情理性主导的社会文化（感受）</td><td>价值性主导的市场环境（认知）</td></tr>
<tr><td>行为态度</td><td>见好就收、见义勇为</td><td>见好就冲、见利勇为</td></tr>
<tr><td>行为规则</td><td>礼义廉耻（共通性感受）</td><td>规章制度（共同性认知）</td></tr>
<tr><td>交往途径</td><td>知恩图报</td><td>公平交易</td></tr>
<tr><td>交往形式</td><td>互助性行为</td><td>互利性行为</td></tr>
</table>

赵汀阳（2004）指出，中国人的大部分时光是用来做人，而不是用来做事，而中国人之做事也是为了做人。例如，在中国人的日常交往中，合情合理、入情入理和通情达理的行为逻辑普遍被接受，并在有意无意之间加以贯彻。这里所讲的“情理”是指注重人之通性的“义理”，而不是西

方理论所强调人之个性的“利理”。正是在这种“以义制利”和“义利互动”的潜意识思维指导下，通过人情的社会控制则是一种内化控制。人情运用非正式制裁的方式，即通过在群体成员自发表达的赞同或反对态度之中形成社会控制，这种控制也叫做社会评价体系。例如，所谓“正式权力的非正式运用”就是乡村干部在面对非程式化的乡村社会时，运用人情、面子、感情等非正式手段以达到国家的政策目标。在孙立平等（2000）的话语里，人情等非正式的方式是正式权力在民间调动资源的常用方式。西方学者也发现，“这变成了自然的做事方式，你可以看到，那些成功的人，正是那些帮助别人的人。我很自然地开始帮助别人。其他人为我创造了机会，现在我也努力地为别人创造机会。”（Grant，2013）

中国传统文化不是凭空产生的，而是古代先贤从人们长期与自然和社会相处的日常生活中所积淀下来的智慧中提取出来的。鲜活的中华优秀传统文化一直深耕于民间日常生活的沃土，在顺应自然之情中潜滋暗长，并在千百年间滋养着万物生长。组织与管理的世界是更宽泛文化的一部分，如果所用言语不再依存人们内心感受，就是空话，由此理论也不接地气（Ten Bos，2011）；在这个意义上，中式组织管理研究更多的是通过传统性学说来表达。任何组织活动都离不开日常生活之中的当地文化，既包含个体层面的情境性感受及其情境性认知，又包含人之通性层面上具有强大引力的传统性。关系本位上的“趋利避害”的个人行为，日常交往的底线是不能破坏既定的关系规则。于是，问题出现或危机涌现，是日常组织活动的初始触动器，由于触动了关系情境发生改变，所以，日常组织活动的根本性动力来源于共同维护关系规则，在这种日常组织活动所形成的企业发展自然会在员工们凝心聚力之中兴而不衰。其中，个人行动在一拉一扯的情境性感受起伏之中合上了关系情态的微观演进，形成了顺应自然之情并让人心安；同时，从外部看遵从了整体性感受变化的“阴阳四时”而塑造了没有止境的日常组织发展。

（二）何为中式组织管理

1. 日常交往的组织管理与礼义规则

注重人之常情的人之通性规则，是一个人立足于这个世界的根本，在日常组织管理活动中始终止步于好感。人之通性之下，才可能是使得日常组织活动得以持久的根本保障。一方面，当一个组织保护了成员的基本生活，解除了他们的后顾之忧，大多数人在本质上还是注重在一起感受状态的日常组织活动；反之，当基本生活都得不到保障，他们没有心思全身心地工作，还可能出来闹事或走人，因而，组织很难治理。另一方面，日常管理中的礼义教化只是降低组织成员的最低生活保障线，和拉长他们忍耐自身危机的时间，这样可能为组织渡过难关争取更多的可能性；同时，一个欲望的满足往往带来新的欲望，礼义教化可以培养组织成员的自律行为，避免他们在获得欲望满足时产生更多的个人欲望，遏制他们过分地强化自我意识，这样，在培养集体荣誉感时一起共创组织未来。

在日常交往中，任务、问题、职能、制度和规范等情绪表达，都必须包含在个人行动的内容和形式中，并以个人理解的方式来贯彻的，于是，顾及关系交往中情境性感受共通的行动展现规则，不仅决定了日常组织的有效性，而且更是决定了未来的日常组织活动。倘若，有了吸引和维护在一起感受的关系规则，遇到意料之外的危急状态，就会自发地组织起来并利用集体力量渡过难关，即日常组织战略化。倘若，就问题而遵从价值规则，或者就任务而按章办事，不利用无意识和潜意识的力量，没有人情法则，那么，一旦遇到挫折就可能分崩离析。在这个意义上，自然而然是一种强大的潜意识力量，于是，“习惯成自然”的人之通性和人之常情是一种中式组织和日常管理的内在力量（Bourdieu，1990）。

贾谊在《治安策》中说：“凡人之智，能见者已然，不能见将然。夫礼者禁于将然之前，而法者禁于之后。”西方理论注重的因果关系，实际上对已发生之事的解释，但对还未发生的，只能是适应性的可能性，并不能肯定的。事实上，以关系本位的中国人在日常生活中对已发生的，也是一种可能性的解释，而对于还未发生的更是一种确定性创作过程，结果则是自然而然的（如表3）。在人际交往的情境性变化中，每个人都无法预知下一步会发生什么，更无法知道对方内心的真实想法，说到底，每个人都不会或者来不及分析这些，他们在正常情况下只是顺应双方共通性感受状态而进行交往和会话，并没有过多的有意识活动参与进来，而有意识活动常常围绕某一主题而展开的。因此，在企业日常组织管理中，推动人们日常交往的组织与管理活动更多的是发自双方潜意识遵从“知礼节”的内在动力，例如，他们常常并不是带着明确的目的性或冲着有什么好处而开展日常组织活动，更多的不愿意破坏沿袭下来的礼义规则和担心被周围人孤立起来而接受日常管理活动。一个人的行动并不是出于什么动机，根本上因为在有意或无意之间感到人之通性的自然之情遭到破坏，让其感到不自然而做出的回应进而行动起来；正如心理学家罗洛梅指出，局限性是我们行动的驱动力。

表 3　　价值规则和礼义规则之下的行动决策逻辑

<table>
<tr><td rowspan="2">价值规则
（适应性逻辑）</td><td>对</td><td>做</td><td>卷入</td><td rowspan="5">静态的适应性决策是一分为二的方法，而注重关系本位的行动选择，则多一条出路，大多数人取自然之道</td></tr>
<tr><td>错</td><td>不做</td><td>退出</td></tr>
<tr><td rowspan="3">礼义规则
（共创性逻辑）</td><td rowspan="2">决策</td><td>做（少数派）</td><td>锁定目标行动</td></tr>
<tr><td>不做（少数派）</td><td>偏离目标行动</td></tr>
<tr><td>不决策</td><td>中庸（多数派）</td><td>按部就班组织行动</td></tr>
</table>

人之通性，脱离情境而存在的，发生在无意识状态中；即使“关系亲近之人”在交往时，也要激起潜意识状态中的共通性感受状态，才能在合作中把具体事务办好。如果是不熟悉的两个人，一般情况下，在人情交往之中来激起和维护共通性感受状态，“干的是事，做的是人”。在日常交往中，关系本位在个人行为上是中庸之道，而在交往规则上遵从“以义制利”的行为准则。“一个人有仁爱之心，方可被称之为人，最在乎人际共通性感受；于是，从事维护共通性感受的礼义行为，随情境变化而作出适宜的调整，其中，维护关系身份地位最为重要；当共通性感受状态受阻时，在礼义规则之下，身份地位便显现出来”①。在礼义规则上的人际交往塑造中国传统文化的人情关系，“它的结构是不断改变的，然而总是以同样的相对状态作为它的中心和核心”（冯·皮尔森，1992）。哈贝马斯认为，真正的合理性是内生于交往行为中，因而社会整合只能建立在交往理性之上，只有通过理性交往才能形成社会团结和个性人格。边沁（1789）在《道德与立法原理导论》中认为：实际上，没有什么东西可以听任主观的情感裁决；施韦特（2013）指出，敬畏生命能够完备这种观点，并能够为它奠定内在的基础，敬畏生命规定人的内在完善的内容，并使它达到日益深化的敬畏生命的精神性。接下来，从日常组织原理和实践之中逐层分析为何把注重人之通性的日常组织管理命名为“中式组织管理”。

2. 中式组织管理之“中”式意涵

中国传统文化是立足于日常交往的关系本位，在乎人之通性之下的人之常情；既不是强调自我意识和能力至上的个体主义，也不是强调个人虚无的集体主义。首先，中式组织管理，既不同于被西方理论所主导的日本管理理论，也不同于印度文化，换句话说，更不同于从西方语境中所派生出来的集体主义文化的东方管理。一方面，中国传统文化以“人之通性”

① 参见《中庸》：“仁者，人也，亲亲为大；义者，宜也，尊贤为大；亲亲之杀，尊贤之等，礼所生也。”

的关系本位为中心，注重“燮理阴阳”的整体性思维模式，例如，人们对身边人所取得的成绩，常常在第一时间想到的是此人有关系或有背景，首先考虑到的不是这个人的才智能力和背景努力。相比较而言，西方文明以及其所标定的东方文化都是以个人激情为中心，例如西方文明注重身心分离的二元论，而其所谓的东方文化是自我悲观的一元论（施韦特，2005）。另一方面，从西方文明的哲学看来，东方文化（印度教）信奉，“规矩”不多的个人虚无主义；而西方文明的本质则是积极向上的个人物欲主义，强调“制度”化社会治理；然而，与两者不一样的是，中国传统智慧注重的是“规矩多、制度少”的人情关系社会（施韦特，2005），如“朋友好对我没有坏处，朋友坏对我没有好处”，强调“为之于未有、治之于未乱”的组织管理模式。例如，在非洲中印企业管理模式表现在：用工方式不同，中国人带来大量自己的工人，而印度人只派了一些专家负责监督当地人工作；例如，华为、中兴在非洲的海外员工与本土比例是五比五，关键部门均由中国员工把持；印度人注重私心的“感情因素”，而中国人注重人情的“自强自律”（熊胜绪、胡铭，2012）。

“中”是站在关系本位的角度行事，在关系情境之中及情境转换之间，人情关系、情境关系和认知关系的兼顾，“中”是对礼法的坚守和对人之常情的体察，也是对彼此长久相处的关系亲疏的探索与维护。因此，之所谓称之为“中式组织管理”，不仅仅是因为根植于中国本土的，更多的是“中”道出了日常组织管理的本质所在。中国传统智慧生根于民间的生活常识和自然之情，中式组织管理的基本原理源于中国人长期在一起生产和工作的组织活动和战略实践，无论从顺应自然之情的组织动力源、日常组织行为的有机性结构，还是日常管理的战略性组织模式，一个“中”字从本质上揭示了日常组织管理形成的内在原理。从传承中华文化优良传统来说，中式管理理论建构与中国传统智慧也是一脉相承的。而将中国传统社会标定为集体主义，则是从西方语境中衍生出来的不伦不类的产物。

第一，中国传统智慧强调顺应自然之情的“中”，是组织管理形成的日常行为逻辑。在企业组织的日常交往中，一个人的行动常常起源其心中感到不自然状态，中式组织管理本质上遵从契合了日常组织管理所起源的人之通性和人之常情。一方面，顺人心，是日常组织管理之根本；又因为心在人体之中，在中国的古籍中，“中”的意思常为“心”，如《史记·乐书》说：“情动于中”；又如《春秋繁露·循天之道》云：“中者，天地之美达理也，圣人之所保守也。”而《中庸》云：“中也者，天下之大本也；和也者，天下之达道也。致中和，天地位焉，万物育焉。”因而，

"中"表达出是日常组织管理的中国传统智慧精髓。另一方面，"人心惟危，道心惟微，惟精惟一，允执厥中"；在日常思维中，中国人采取中庸之道，在一起行动之"中"方得到心安，关系（仁者人也），既可以在日常组织活动中让个人身心得到健康成长（行动规则中隐含行动内容价值性），又可以从日常交往中创造日常组织活动持久性（行动内容中隐含不违背行动规则人情性）。鲁迅在《无声的中国》中说："中国人的性情是总喜欢调和折中的，譬如你说，这屋子太暗，须在这里开一个窗，大家一定不允许的。但如果你主张拆掉屋顶他们就来调和，愿意开窗了。"

第二，从语义上看，"中"之意涵，将日常组织视为依赖关系本位而贯通的有机性整体。从古代到现代，"中"字从内涵上与"组织起来"①的内在原理相一致。首先，"中"通"忠"，注重人之通性的人之常情，如"难进而尽中（《孝经·圣治》）""中和，祇庸孝友（《周礼·春官·大司乐》""中不上达（《荀子·成相》）"等，因而，"中"表达了关系本位上共通性感受的内部，是有机性组织立足之本。其次，如"中"通"得"义，在于从关系本位而组织起来的，如"掌国中失之事"（《周礼·师氏》）和"中当为得"等；所以，无"中"，不成组织；守中：便是守护组织存续，否则，组织不存在，也就无法做到守中，如"以此三法者求民情，断民中"（《周礼·秋官·司刺》）。再次，从现代含义来看，"中字在中国古代哲学中代表不偏、中正、好的意思，"中"代表中国的人文哲学，是中华的密码，大道之体是仁爱、友善、宽恕、和平的，大道的用是惟精惟一的"（引自《中华心法》）；"中"（centre/middle）是指"位置在两端之间的"，或是指"等级在两端之间的"。因此，"中"表达了关系本位的组织整体性，最小的是关系化组织；由于边界之人或物，严格来说，并不完全为组织所用和所有，不易被组织起来而有效管理，所以，通过关系交往的"守中"策略来调整边界并达到"中和"的。日常组织倘若破坏了中（心），组织就不存在了。正如管子说"不中者死；失理者亡。"

第三，从日常管理实践看，"中"之策略管理，不仅从组织层面而非个人层面去管理整个组织活动，而且为未来组织发展赢得人心聚，因而，中式组织管理与战略实践观契合起来。管理是通过中式组织来实现的，而中式组织则从日常管理之中产生的。管理者依存于"关系"而具有身份独

---

① "在这里把"组织"定义为开放系统的行动特征。这个开放系统倾向在与周围情境持续地发生互动过程中保持自身，所以，用动词"组织起来"比用名词"组织"更为贴切"（冯·皮尔森，1992）。

特性，因而，日常管理离不开中式组织形式，根植于交往行为而展现其日常管理才能。《孟子》云：“汤执中，立贤无方。”“汤”指商汤，他用人取中道，无偏私，唯德是举，唯才是用。儒家将中道名之为“中庸”，中即正，是说理之真；庸可训为用，是说善用理。因此，中式组织管理在于“中和位育”。“中”为组织者，也是管理者，否则会成为被组织者；“和”为虚拟第三方。“中”者，慢慢地利用第三方的力量应对危急之事，或者急切地利用第三方力量在处理缓慢之事，都会在惠及于他人中赢得威望。① 因而，在中国企业的日常组织管理中，越过依靠亲情关心员工、营造队伍和谐，增强制度的亲和力，激发管理创新；“平凡工作在前、急难险重抢在前，关键时刻冲在前，员工困难帮在前，思想工作坐在前，荣誉待遇让在前”；如国企内部“结对子、一帮一”的党员活动等普遍存在。正如《中庸》开篇说②，日常管理中的共通性感受状态是“中”的表达，因而，“中”为日常管理的关系本位，在组织过程中被管理，在管理中被组织化；管理实践便是通过日常交往来克制双方情绪，以达到“中和”；其中，“和”强调关系本位上的“共生”，有了这层关系身份便可以“位育”组织：一方面在秩序上的“同”遵守；另一方面在共创中各司其职和各显其能的“异”（潘光旦，1930）。

此外，从人们常常习惯于在有意无意之间顺应自然之情来看，“中”之位势，也体现了关系规则之下的“以人为本”的组织原理和“修齐平治”的管理理念。在动态变化中，中部往往最安全，而中国传统智慧正好契合了关系本位的人之常情，这是以中国传统文化为背景的组织管理，被称之为“中”式的又一原因。在西方理论的个体思维里，将不同于自己的个体主义的东方文化，笼统地称之为集体主义；这种以西方文明作为逻辑和语境给我们日常组织行为的强加定义，然后带着强调的偏见去寻找相关的解释性证据，以说明其理论假设的正当性和其逻辑推理的合法性。事实上，就西方文明所对立的东方文化来说，印度教为代表的东方文化不同于西方个人主义价值观，以印度文化的东方人是适应性思维整体的悲观一元论（施韦特，2013）。但是，以关系本位主导的中国传统文化是敬畏生命，以积极入世态度和整体性创造思维，不排斥西方的二分法之易，也不否定

---

① 参见《管子·君臣下》：“为人上者，制群臣百姓通，中央之人和，是以中央之人，臣主之参。制令之布于民也，必由中央之人。中央之人，以缓为急，急可以取威；以急为缓，缓可以惠民。”

② 参见《中庸》：“喜怒哀乐之未发，谓之中；发而皆中节，谓之和。中也者，天下之大本也；和也者，天下之达道也。致中和，天地位焉、万物育焉。”

印度文化的一元论。如曾仕强说："中国式管理是中国传统文化指导下的管理实践，并没有否定或排斥西方管理科学的意思，正如在管理科学应用性工具的层面，无论西方或东方都可以使用，并没有东方西方之分。"

3. 关系本位与日常管理

"家者，人之本也；人者，身之本也"①，家者，礼节荣辱之生也，人情之本；而身者，仓廪衣食之养也，物质之本；因此，日常管理者则需遵从自然之情的中庸之道。② 在关系本位的中国情理文化背景下，"予以为取"也就中式组织管理之根本，予者之为，首先在于遵从礼义规则和疏导人之通性；得者在知荣辱和知礼节的观念之下顺应自然之情，一旦遇到问题，双方在组织起来的过程中通过共同管理资源能力。正如 Grant（2013）指出，即使给予者并不总比索取者或平衡者成功，但是在帮助他人变得更好，提升他人，而不是削弱他人这个意义上，他们是成功的；从长期来看，找到对的给予方式大概是最可持续的成功途径，这对个人和企业来说都是如此。因此，"予之为取"遵从规章制度之外进行日常组织管理的基本准则，因而，"重视调查而做到有条不紊，积极改革而不留恋过去，条件成熟就应当实行，条件已变就应放弃；而成就恒基伟业的具体政策是不能事前安排好的。"③ 因此，在中式组织实践中，日常管理顺应自然之情，因时节而提出时令之策，在人之通性层面上的组织内部管理取"决塞"之术，而在关系本位的人之常情层面上的组织内外管理取"轻重"之术。日常组织管理从人之常情出发，个人行动遵从礼义而"让"之"无"，遵从制度而"夺"之"有"。

任何企业的衰败常常起源于因部分人员的个体私欲膨胀而导致起源内部的人心散了，特别是企业日常交往的战略实践活动依存于人心的聚而不散，至于其中具体的组织行为内容则是根据具体目标和任务而定，因此，战略实践管理主要在乎维持大家在一起的凝聚力。在日常组织管理中，并不因为那些人积极做事的上进心而获得奖赏，而是因为他们品德给予肯定和表扬；也并不因为对那些人逃避责任而得到惩罚，而是因为他们品德不好而给予处罚。④ 因而，个人努力工作则是为身名威望而去，不应赋予奖励，当有了名望之德，据此德能给予其相应的社会地位并敬重之；同时，

---

① 参见《管子·权修》。

② 参见《管子·四时》："道生德，德生正，正生事……不中者死，失理者亡。"

③ 参见《管子·国准》："好讥而不乱，亟变而不变，时至则为，过则去；王数不可豫致。"

④ 参见《管子·法禁》："圣王之治民也，进则使无由得其所利，退则使无由避其所害，必使反乎安其位，乐其群，务其职，荣其名，而后止矣。"

当个人工作消极怠工则从功名利禄上去剥夺之，进行惩罚，使之不敢玩忽职守。前者是以“家之本”驱使人，从礼义规则而“让”之生，而后者则是“身之本”治人以“夺”之有。显然，以前者为主导，先礼后法，防止其私欲膨胀；正如司马迁在总结，“诱进以仁义，束缚以刑罚。”① 再次，以人为本，家是人之通性，实则是组织持久之本；而以身为本，一个人追求个性，必然在私欲膨胀时失去人之通性。日常管理的目的就是让组织成员维护关系本位，并在顾及他人感受的日常交往中，发挥各自特长，以备不时之需。② 因此，先预支，满足个人“衣食足”；然后在礼义规则下“知荣辱”，通过关系交往的共创性过程中同时完成任务，并塑造了新的情境性价值，以及产生组织机会，以共之而可得之，在维持在一起状态而继续卷入日常组织活动中（共创性活动），便于自然而然得之（如图4）。

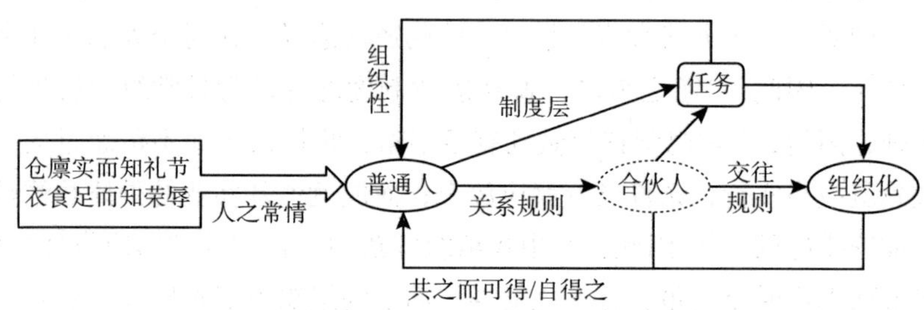

图4　日常交往与组织战略化

按照西方理论的价值规则来看，日常生活之中的中国人是双动机驱动的，也就是，一个是维护自然之情的原发性动机，如“衣食足”和“仓廪实”等人之常情；另一个是不破坏自然之情的工具性动机，如“知礼节”和“知荣辱”等人之通性。在具体情境变化过程中，这两者的相互依存性动机共同构成了情境性感受上阴阳平衡与变通的整体性思维：“仓廪实而知礼节，衣食足而知荣辱”。当衣食不足情况下，仓廪实便是原发性动机，而知荣辱或知礼节则是工具性动机；当衣食足的情况下，知礼节/知荣辱便是原发性动机，而仓廪实则是工具性动机。在组织环境下，员工的收入满足了衣食足：如果员工收入满足不了其衣食足，那么他们就会选择离开；换句话说，在这种情况下，管理者还用仓廪更实的方式去激励，自然会点燃他们的私欲膨胀，各自为政而不可收拾，既不利于管理，

① 参见：《史记·礼书》。

② 参见《管子·牧民》：“使民于不争之官者，使各为其所长也；使民各为其所长，则用备。”

又使得组织不可持久。因此，当前的组织情况下，“知礼节”是原发性动机，而“衣食足”则是工具性动机，相应地，日常管理可以通过“害人之心不可有，防人之心不可无”的管理原则来让企业组织活动稳定向前发展。正在这个意义上，员工遵从的是由关系本位的人之常情所产生的双轮驱动力：当原发性动机产生显著驱动力时，工具性动机是潜在约束力，在根本上避免潜在危机出现或摆脱危急状态。管仲说，治人如治水，养人如养六畜，用人如用草木。① 如图5所示，首先在仁义礼乐的感化与教化之下，予之为取：正如青苗一样的，先“予之”，以便让其茁壮生长；等到青苗结出果实，在礼义规则之下因有事而时才获得其付出，也就是说，在不违背其自然成长的机会之需的前提下，按照规章制度而“为取”。这样的话，个人得以安居乐业，组织能够自然持久成长。这也是中式组织管理的“以人为本”之本质。

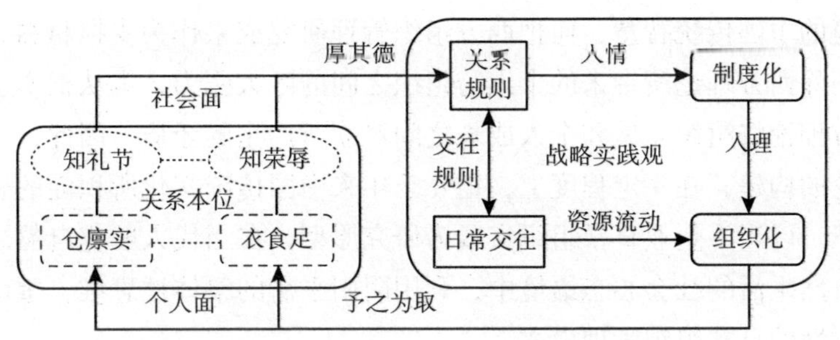

图5　关系本位与日常组织战略化

因此，中式组织管理的本质在于从人之通性的日常交往中进行以人管人，在顺通和调治人之通性和符合人之常情的日常管理中，形成持久发展的日常组织管理模式。换言之，中式组织管理契合了日常组织管理的本质：不是去改变当前组织内部的成分构成要素，而是在于改变或调整组织连在一起的各种成分要素的关系结构，即通过举事或重用人等来顺通组织情态，又因为组织情态顺通也是以解决具体问题为前提，所以中式组织管理既解决眼前问题，又为未来发展提供了创造组织。第一，“予之为取”，从人之通性上打通不同节点与管理者的人之通性之情路，让人心所依之；第二，在现有的人际关系结构上，办事人际关系或处理具体问题，采取“轻重之术”疏导人之通性之关系本位，让这种关系结构的向心力指向管

① 参见《管子·七法》：“治人如治水潦，养人如养六畜，用人如用草木。”

理者（或其代理人），在阴阳变通之中，使之始终处于一触即发的协同共创状态上；第三，在予之为取和轻重之术的共同作用下，识别势态变化，“顺时”而决塞人之通性，以带动关系化组织行为，利用时局之变而“无为而治”。另外，“御民之辔，在上之所贵；道民之门，在上之所先；召民之路，在上之所好恶”。因而，在企业组织活动中，日常管理者更多地通过言传身教等方式普及礼义教化和建立以人为本的组织文化（详见本书第九、第十章）。

综上所述，中式组织管理起源于天人合一的“自然生命观”，并不意味否定过分张扬人之个性的传统西方组织管理理论，旨在开辟一个从人之通性的日常交往中看待组织管理实践的新视角。中式组织管理根植于自成语境的中国传统智慧，立足当前日常组织活动和企业日常交往中有意无意之间所发生的普遍性实践实践，借用西方哲学所讨论的交往行为理论，换言之，现实证据源于日常组织生活实践，其理论假设和内隐线索遵从于自成语境的中国传统智慧，而把西方组织管理研究成果作为支撑材料，在实践上消除西方理论所带来的个人与组织之间的巨大张力，也从根本上避免了西方理论将组织发展和个人成长之间对立所产生的矛盾。因此，中式管理理论的构建，在一定程度上，把几千年来中国传统文化所积淀的管理实践智慧，以当下企业日常组织实践为研究原型，在当代人顺应自然之情和向往自然生活的社会心态语境中，利用阴阳平衡的整体性思维，重新表述人之通性的日常组织管理模式。

（三）基本概念和逻辑框架

企业组织之所以会得以存在，正是因为企业组织有日常性问题要去不断地解决；企业组织之所以能持久性存续和发展，是因为员工们因遵从关系规则而使得人心聚而不散（Bouilloud，2015）。俗话说：“留得青山在，不怕没柴烧。”人心的聚散决定企业组织生死，而事业的兴衰决定企业市场竞争力。任何成员在日常交往中都遵从“关系本位”（梁漱溟），既是日常组织活动的行动参与者，又是维持关系规则的组织性“他者”（Balogun et al，2015）；其中，日常组织活动从成员的关系交往开始，而日常性组织事务由遵从关系规则的个人行动所承担；换句话说，遵从关系规则的个人行动及其结果，是通过日常组织活动塑造战略实践的核心内容（Snoeren et al，2016；Jarzabkowski et al，2015）。显然，作为隐含在日常交往中的关系规则，不仅包括组织规章制度的价值规则，更多的是遵从文化礼俗的人情法则。然而，传统战略学者大多注重人际交往中互利合作的价值性关系，而忽视日常交往中人际关系维持的道德规范（Anteby et al，2015；Balogun et al，2015），从而导致在组织战略实践中，存在着“以人为本”的文化继承性与阶段性目标价值最大化之间的战略性冲突（Cardiff，2014；Davis，2016；Shepherd & Sutcliffe，2015）、组织活动的目标终结性与战略实践的无止境性之间的战略性矛盾（Denis et al，2007）。

1. 常识性假定

企业日常组织行为发生在人之通性的日常交往实践中，人与人在日常交往过程中遵从关系本位，其中，围绕着关系本位的人之常情，个人常常是情境性行动的承担者和感受者，因而在有意无意之间顺应自然之情。正是基于日常生活常识，研究日常组织管理理论，也就落在人之通性、人之常情和关系本位所形成的日常交往行为假定上。

人之通性，是指在具体情境之下个人情境性感受是整体性的，从而导致人与人之间的共通性潜意识状态，也就是，人与人之间的情绪状态和具体想法也许是不一样的，可是，内心感受是相通的；正是因为这种共通性状态让人处于有意无意之间的自然之情，所以，在人之通性的引导下，人们不自觉地趋向于自然感受，所做出的具体行为反应，每个人展现内容（想法性）和行动策略（自然性）往往是不一样的，首先遵从关系规则，以维护人之通性上的共通性感受状态，其次通过在关系化行为中逐渐展现出个人发展的自然倾向性（个人的独特性）。人之通性的维护行为常常在“为之于未有”之中表现为“害人之心不可有，防人之心不可无”。

在人之通性的驱动下，冥冥之中的共通性感受变化，导致在个体意识之外形成了自发性共创活动的推拉力量。第一，在潜意识共通性的关系情态上，人之通性随着日常交往而引发整体性变化的自觉性和自发性，如“有之以为利，无之以为用”；第二，个人的情绪、认知线索和行动策略随人之通性变化而发生巨大改变，如“既以为人己愈有，既以与人己愈多”；第三，在共通性感受状态之下，牵一发而动全身，不计成本和任何代价，常常是避害性大于趋利性，如“高以下为基，贵以贱为本”。另外，人之通性比人之个性更具有强大的包容性，例如，当三个在一起的人，被另外两个人冲散后，后面的两个人也被前者某个人夹在其中，于是，各自都不舒服，便双方起了争执，各说各有理，但是，在情绪涨起来的时候，靠第三方力量介入疏通人之通性，方能平复下来。

人之常情，是指人们在潜意识的趋利避害过程中所顺应自然之情的行为表现状态。由于习惯成自然，所以，潜移默化的习俗和教育会影响着人之常情的先天性和后天性。当人们处于戒备之心，趋利避害行为更多表现为人之个性的通用做法；而当人们在日常交往中心存敬畏时，趋利避害行为就会更多表现为人之通性的正常做法。显然，如前所述，人之常情分为“人之通性”的先天性和“人之个性”的后天性。前者的趋利避害是以集体性力量来“避害”（求心安），即“仓廪实而知礼节，衣食足而知荣辱”（见补记）；而后者的趋利避害则是强调以个体力量来“避害”（安全感），即能力和技巧至上的自我价值实现和占有欲满足。作为天然情感状态，人之常情首先表现为心存敬畏，逐渐形成本土的礼俗规约和彼此尊重而谦卑所产生的身份地位等级，如“大国不过欲兼蓄人，小国不过欲入事人”；人之常情常常在困难中表现更为明显，一方有难八方支持，直至危急状态消除和回归自然之情的常态，如“反者，道之动也；弱者，道之用也”。

本章所讲的人之常情，实则是人之通性层面上的日常交往行为表现，在具体情境下遵从阴阳变通的整体性逻辑，而随情境变化过程中顺应自然之情而展现出情态起承转合的四时之变。起源于人之通性的人之常情不同于人之通性的价值导向，日常生活的敬畏之心的情理思维也不同于心存戒备的个体思维逻辑。无论中国古代思想家（如管仲），还是近年来的西方学者（如赫勒）都指出，日常思维起源于家文化，而组织实践活动根植于关系本位的日常交往（梁漱溟；Duck，2004）。如前文所述，中国人以家文化作为终生不变的潜意识信仰，有责任心的人通常先全力拯救家庭，一旦完成了血缘上的救赎，改变社会的愿望就不那么迫切了。因此，这种人之常情根植于日常行为之中，常常是“日用而不知”，也正是这些司空见惯的常识性规则，既能塑造和推进企业持久发展，又能让人在趋利避害中得以心安。

当人们在日常交往中遵从了人之通性和顺应自然之情的人之常情，关系本位就成为人们趋利避害的自然规则，如“谋道不谋事”。在日常交往中，当个人与他人发生利益冲突时，并不是首先考虑维持和增进关系情态共通性，而是，不破坏彼此之间的交情规则为工作前提，换言之，当感到关系情态没有受到损害时，自然在遵从关系规则的日常交往成为内容中，呵护和增进的彼此的关系情态共通性。这就是关系本位的主导性逻辑。例如，在大多数时候，人们常常不是不愿意以追名逐利的竞争性手段来享受生活，只是不想在彰显自我的行动中伤害和睦相处的关系，更不想就此而失去互帮互助的温情。也许，“止于好感、见好就收”，便是传统民间智慧的整体性思维模式。

日常交往，常常因说不出的担心或消除即将到来的焦虑而围绕关系情感行动起来。有时候，不是希望得到更多，而是避免因失去谋生努力而被人瞧不起和落单下来；有时候，不是奢望更高地位，而是避免因不作为而引起大家失望或孤立起来。这是维护自然之情的共通性感受状态而行动起来的主要理由。因此，由人之通性的“通则久”和人之常情的“知常曰明”而来的关系本位，既是一种个人日常行动的交往内容（价值性和人情性），又是个人行动策略所首先要遵从的关系规则，更是因为这种关系规则而自然而然形成了日常组织活动，也是正式组织（制度性）产生和组织目标（功能性）管理的实践基础。例如，“礼”（情之理）是由敬畏自然之情所产生的仪式和规范，其中，自然之情分为两种：一种是习惯成自然的先王之道（人伦之列）；另一种是相处自然融洽的圣王之道，敬天（人缘之序）；“义”即“宜”，是指内心感受自然状态的关系情态的关系性判断准则，并为坚守关系规则而舍弃谋取私利的施助内容和施助准则；“仁者，人也”，“仁”是指顾及他人感受的行动内容，也是让自然之情避免扰动的行动策略。总之，日常交往中的个人行为，由“礼”及“义”，然后才达“仁道”。

2. 关键概念及其内涵

无论社会组织的人情往来，还是在企业经营的组织活动，都依存于发生于人们有意无意之间的日常交往行为。因而，在趋利避害的日常性潜意识力量驱使下，无论有事在一起的制度性安排，还是无事在一起的组织性活动，企业日常交往都离不开人之通性的人之常情，并在不能违背关系本位而展开日常组织活动，进而形成了中式组织内涵及其企业战略实践观。

日常交往，是指在日常思维指导下遵从人之通性的趋利避害的交往行为，进一步说，日常交往行为是双方围绕关系本位而开展的顺应自然之情和表达人之常情的互动过程。由于日常行为常常发生于有意无意之间的自我意识未完全唤醒状态，所以，日常交往中双方注重“为对方着想的”顾及他人感受的日常思维模式，而完全不同于理性思维所强调的“自己想要的”价值性思维模式。事实上，日常交往行动，既包括资源能力的价值性内容，又包含人情往来的关系规则。日常性行为常常发生在个人意识之外的个体无意识、交往无意识和关系无意识之中，对于维护人之通性和顺应自然之情的人情关系来说，更看重的是展现行动策略的人情性，其次才是关注以帮助他人为主导的行动内容的价值性。因此，日常交往中，个人行动以不破坏共通性感受的人之通性为本，在有意无意之间表达趋利避害的人之常情，遵从“仓廪实而知礼节，衣食足而知荣辱”。

一方面，以关系本位为主导，日常交往遵从于关系规则或者不违背关系规则而进行，即在人之通性层面上表达人之常情，个人卷入在关系情境之中更多是行动承担和感受承载的角色，自我意识处于为完全唤醒的有意无意之间的“无我”状态。如在“得体”中让双方感到温暖；在“相宜”中彼此感到自然；在彼此敬畏中自觉遵从仁义之举。其中，个人行动内容因关系亲疏远近而组织目标化，个人行动策略因关系身份等级而组织规矩化。

另一方面，日常交往（整体性感受）虽然是以关系规则为主导的，但是由于日常交往的行动内容服从于关系规则，或者日常交往不破坏关系规则，所以，各行各业的企业组织和其他组织，交往行动的具体任务内容可能存在较大差异，但是企业日常交往和其他组织中日常交往所依存人与人之间的关系本位是一致的，即“有事一起做，无事一起玩”。正在这个意义上，从基于企业日常交往的战略实践观，即中式组织理论建构，在理论上可以借用非企业形式的日常组织来揭示其内在原理（Weick，1980）。

根植于“有事一起做”和“无事一起玩”的日常交往行为，日常组织主要是指“有事一起做”的有组织性的日常交往活动，日常组织以人之通性为基础，在表达人之常情中带有一定任务性的日常交往活动。因而，以人之通性为基础的日常组织首先强调的是关系和谐性和组织创造性，即“万物生于有，而有生于无”。日常组织活动是整体性共创，新的关系与事物的功能，并不是根据事先的价值规则来判定的有没有用，而是通过自发形成的组织化过程，并执行中得以实现的价值性来体现的，这就以新东西的真实有用，改变了以价值规则的主观性判断。以围绕关系规则而形成的自组织行为，避免了合法性组织活动在转化新事物的有用性中所面临的诸多不确定性。

日常组织的有用性或价值性，是靠具体的组织活动，特别是在具体情境下有特定的组织形式来承担并释放其有用性或价值性。正如“说你行，你就行，不行也行；说你不行，你就不行，行也不行。”所以，这种因时而生的组织形式，不可能事前预设的。这种应景而生的新组织形式，很难以共识达成为主导的组织创建，而是以自发性组织形式，及时而有效地开非新事物的功能性；否则，一旦时机错过，新想法和新机会的价值性会大大降低，甚至在时过境迁之中变得毫无意义。正在这个意义上，在日常交往中，“无事一起玩”在乎于人情往来和增进关系情感，而“有事一起做”在于共同创造性解决问题，如果没有前者的关系维持，也就没有后者的共创性活动，这就是所谓的“无为”决定“有为”的事业高度和组织持久性。

通过上述分析可以看出，以关系本位为主导的日常交往行为内容，是中式组织的价值性核心，也是在日常交往中展开人情往来的组织活动能力，在“发动群众、利用亲信”中开展日常组织的具体任务性实践，并具有强大的抱团精神。如“亲亲，治之始也”（《路史》），“礼仪者，治之始也”（《荀子》）。又如，尸子曰：“德者，天地万物之得也；义者，天地万物之宜也；礼者，天地万物之体也。使天地万物皆得其宜，当其体，谓之大仁。”文子曰：“明好恶以示之，经非誉以导之，亲贤而进之，贱不肖而退之，刑诸不用，礼义修而任贤得也。”因此，聚在一起做事的中式组织强调“以人为本”，从人情出发，在日常交往中，忠于人情。不同的人员，就会有不同的逻辑，拥有不同的知识和技能，有不同的行为习惯，有不同的看问题视角；在具体情境下，产生不同的内心感受和不同的情态反应，以及不同的情境性认知；于是，只要行为策略遵从关系规则，在自然常态之中才会持续而长远。

因此，中式组织依存于人之通性的“通则久”和人之常情的“常乃久”的自身特征（详见本部分的相关章节，不再赘述），如果不破坏中式组织的关系本位本质，就自然会形成企业战略实践观，在一定程度上决定日常管理采取战略性而非策略性手段。以人为本的组织生命力在于与周围情境在日常交往之中展现出共创性活动，在于遵循和维护自然之道，而不是所谓的人性论。特别地，从组织管理的“齐万物”视角来看，日常组织管理在于日常交往行动的关系规则不变性，即个人在于修身（克己复礼），日常组织在于依礼而建，而日常管理在于仁义礼的关系维持，从而实现“道之以德，齐之以礼，有耻且格”；而不是西方理论在于“道之以政，齐之以刑，民免而无耻。”正在这个意义上，中式组织管理通过日常交往行为“为之于未有，治之于未乱”，在人之通性上，利用人之常情，应时情起，一旦事有情起便有序地组织起来并共同创造未来，并在日常管理中趁组织内部未乱之前采取相应措施以防微杜渐，造就企业日常交往的战略实践观（不再赘述，详见相关章节）。

3. 基础性原理和行为框架

通过在人之通性、人之常情和关系本位的日常交往、日常组织和中式组织和战略实践观的简单介绍，我们可以初步得出五个基本原理。其中两个基本原理前文已经做了较为充分的论述。第一，在人之通性的基础上，企业日常交往根植于遵从员工之间共通性感受状态变化，双方在有意无意之间维持和顺通彼此共通性感受状态而开展日常个人行动，“穷则变，变则通，通则久”（《周易・系辞下》）。第二，在顺应关系情态变化的人之常情之下，企业日常交往遵从并形成了一套日用而不自知的趋利避害的常识性规则，不仅让企业日常组织活动得以持久地存续，而且也会让员工在日常交往中获得趋利避害的人情关怀，常常会产生“仓廪实则知礼节、衣食足则知荣辱”的双动机行为；“复命曰常，知常曰明。知常曰容，容乃公，公乃全，全乃天，天乃道，道乃久，没身不殆。”

在上述两个原理基础上，由此可以看出第三个原理：以关系本位的企业组织活动和日常管理活动具有机整体性原理，即“牵一发而动全身”。在日常组织生活中，任何的组织性内容和管理性内容的具体事务，都会落在具体的某个人的身上，便通过这个人的具体行动（包括关系交往）来完成的。关系之上的个人行动，彼此在共同配合过程中所产生的新的劳动果实，也是以日常组织活动为形式的集体性力量的产物。因而，关系是日常组织的基础，特别是在具体情境下，远大的目标性价值难以具体化，或未来不够明确的，这时，一个人的行为在人之常情驱使下开展的关系化行为。同时，任何一个组织所遇到的问题、遇到的困境或所发现的机会和想法，都是通过具体成员的个人行为所表现的。也就是说，当组织成员所遇到的问题、困境和想法，便是日常组织向前推进的主要内容，特别是并在成员之间的日常交往行为中发生的。试想，如果当这些困境、问题或想法得不到的实施的话，势必影响到关系维持，进而导致日常事务性的组织活动无法继续推进；如果关系维持了，具体事情自然会在日常交往中解决了。由于企业员工或管理者的正常行为，总在“知礼节”和“衣食足”之间往返，于是，日常组织只能发生在“知礼节”和“知荣辱”层面上，所以，一个组织必须能满足成员衣食足的需求，以及提供让成员仓廪实的机会。为此，管理者只能紧扣着“知礼节”和“知荣辱”的行为层面上做文章，让员工在互助、礼让、勤俭、知恩图报等人情交往中，更加同心协力地努力工作，以珍惜“知礼节”和“知荣辱”地在一起感受状态，通过“克己复礼”来尽量避免私欲膨胀，并设立行为禁区以尽可能地维持日常组织活动。另外，如果没有知礼节或知荣辱作为根基，西方管理理论的理性假设是落不了地，也就是在没有激起共通性感受状态之前是不成立的，所谓的共识性科学知识无所依存和难以被认可的。

第四个的基本原理是指：无论人之通性，还是日常交往的人之常情，都是顺应自然之情的关系本位，所以，中式组织管理研究遵从社会事实的客观性和人情交往的自然性。一方面，“人物各循其性之自然，则其日用事物之间，莫不各有当行之路，是则所谓道也。修品节之也。”又如朱熹《中庸章句》注曰：“道者，日用事物当行之理，皆性之德而具于心，无物不有，无时不然，所以不可须臾离也。若其可离，则为外物而非道矣。

是以君子之心常存敬畏”。因此，社会事实的客观性，是在具体情境下的意识之外的，却又发挥作用的普遍性，常常表现为彼此在感觉上是共通的，合乎人之常情、又合乎大多数人所墨守的常理之下所生成的即时性共识，因而，在一定程度上，社会事实的客观性和人情交往的自然性包含了价值客观性。与价值的客观性相比，人情社会的自然性更具有鲜活和生动的真实性和包容性，往往也是绝大多数参与人都绕不开和遵守的普遍存在性。

另一方面，日常生活的常识（传统性学说）是社会组织研究的最基础理论（公理），因而，社会组织研究，更关注的是“传统性学说”（traditional theory）（Horkheimer，1937，1976），而非制度性设计（Willmott，2015）。在日常交往中，我们在无意识的空间里施展有意识的行动，那就是说，依据这种无意识的天然客观性，就会在由“有”与“无”所共同构成的完整性有机世界里，自然而然地过生活和做事情；正因为如此，儒家思想的“无我”和黄老学说的“无为”，就会在客观世界里指导我们过日子顺应自然之情，“苟日新，日日新”。此外，中国传统文化的传统性学说包括三个层面（无我、无为和家文化）：第一，儒家学说在乎的是日常行为的传统性规则（先王之道）；第二，黄老学说在乎的是日常行为的自然心态（圣王之道）；第三，家庭是根植于民间生活并产生民间智慧的、且以具体日常行为内容为基础的修身之所，“修身不以亲为本，未之有也”（管子）。中华文化优秀传统，事实上是遵从于人之通性的关系规则而形成了一整套日常组织原理和战略性管理规则。例如，管理者处于关系本位之上（Leader-in-relationship schema），才能实施日常组织管理：不同于日常事务管理，做事是为了实现共识层面上价值性和技术性的具体性目标任务，而日常组织管理，做事是为了维持关系和创建关系，强调关系共创性和组织内聚力。

在关系本位上，当一个组织成员或几个松散的成员离职或暂时离开，这并不影响日常组织活动正常开展，因为相应的关系之人可以暂时顶替一下（一人做二人之事），让关系规则的功能性得以维持不变；这些事例在现代企业之中较为普遍；同时，企业组织中存在一些冗余之人，可以使得组织内部的关系得以强健，关系交往得以稳固起来，于是增强了组织抗击不确定性变化能力，“故将大有为之君，必有所不召之臣”。然而，按照注重效率优先的现代管理理论，精简之后的企业组织在整体上效率提高了，可是，这使得组织发展因经不住不确定性因素变化带来的危急状况而变得不可持续。另外，遵从行动规则必然伴随着行动内容的功能性，如果注重日常交往的关系本位主导性规则，那么，由日常交往行为所产生的企业组织活动会自带功能性和价值性。因此，与传统西方理论从旁观者的价值理性视角不同，不只是行动内容的价值性，本研究从内生的视角，聚焦于日常交往的关系规则，并以日常交往的共创性活动探究顺应自然之情变化的中式管理理论原理。

第五个也是最后一个原理：企业战略实践活动是无止境的日常交往行为，在企业持续发展过程中，任何绩效表现都是相对的，不能以既定的目标性价值来衡量企业战略化行为。正在这个意义上，企业日常交往顺应自然之情，以关系本位的“家文化”，可能是塑造企业战略实践共创性活动的内在驱动力（Menges，2017）。关系规则，在日常交往的“话赶话”、“人赶人”和“事赶事”过程中，既可以让新的行动策略合法化，产生具有防御性、自组织性和即时性发挥作用的临时性组织形式：一是能让可使用的新想法更好地发挥其价值性，二是能让在用的潜在想法创造出新价值，即“变废为宝”。无论管理者还是企业员工，在日常交往中都是维持关系的行动承担者和感受承载者。一方面，在个人感受层面上，在积极疏通和维持共通性感受状态的前提下开展企业日常交往活动，进而推动和形成企业日常组织实践活动；另一方面，在个人行动层面上，以不破坏和增进关系为主导逻辑之下，企业日常交往则是不断地在塑造“人心聚而不散”和“事业兴而不衰”的战略实践活动（Josefy et al，2017）。因此，从企业日常交往的战略实践观视角，探究中式组织管理原理，则先论证中式组织的关系化行为形成原理和动力机制，再论述人际交往如何通过关系维持来塑造企业战略实践观，最后根据日常组织战略化行为原理，给出企业日常管理规则。

四、研究设计和研究结构

企业战略实践观是通过人与人之间在日常交往中一步一步走出来的，聚而不散，方能兴而不衰。然而，日常交往表面上都看上去彬彬有礼，实际上存在很大差异。顾及他人感受之为在于注重于潜意识状态相合共通性感受，彼此在自然而然之中以敬畏之心在乎对方感受，注重礼节规矩，显然在增进人之通性的关系情态。相比较而言，考虑各自未来之为则彼此尽管在看重对方情绪反应，却以戒备之心，为各自私情之想法，以礼貌的举止，竭力地在维持暂时性感受共通性状态，以便让合作顺利进行。因此，中国传统智慧，常常隐藏企业组织内部的“日用而不知”的日常交往活动中。在研究方法上，倘若采取实证主义，便会在主导逻辑上彰显个体理性的价值规则，这样必然会破坏关系本位。事实上，关系本位的整体性思维，是指不破坏关系规则之下，在行动内容上采取的价值规则，而其中所谓影响因素的测量本身就是以一时业绩表现所获得的，与战略实践观的本意不一致，所以，只有关系规则不变性，战略实践才会无止境的存在。又因为日常交往遵从自然之情，所以，研究数据所采用的客观性主要是指日常行为的自然性和社会普遍性，这与战略实践观的本质也是一致的。正如“知常曰明，不知常，妄作凶。知常容，容乃公，公乃全，全乃天，天乃道，道乃久，没身不殆。”

由于本研究目的在于探究日常组织活动的战略实践观，然而，如果从战略实践观的日常组织原理来看，现有企业发展实践也如其他日常组织活动在根本上是一致的，利用非企业的日常组织活动也是揭示企业战略实践形成原理的组织理论建构的盲点（Weick；1980）；同时，目前组织理论越来越关注日常交往的关系化行为原理，并将聚焦于日常组织活动来进行组织理论建构和研究（Anteby et al，2015）；显然，任何形式的日常组织活动正是通过日复一日的关系交往而向前发展，而历经数百年发展的村庄已然成为在日常社会生活中的一个有机体。正如 Weick（1980）指出，建立新的组织理论在企业实践中不够明显，可以借助有明显特征的其他组织形式来进行研究，所以，越来越多的管理学者采用非营利组织活动作为研究对象，以解开新形势下的组织原理，有利于剖析企业组织管理理论探究（Corbett et al，2014）。另外，不同于从研究对象的行为内容中发现一个最佳实践模式，探索一个新的组织理论，可以借助于其他组织形式的“好故事”来讲述和论证，在组织理论研究领域，这是一种主流的研究方法（Shepherd & Sutcliffe，2015）。例如，Weick（1992）以曼恩峡谷灾后重建的日常组织过程为研究对象，挑战现有理论假设进行研究，探究 Sense-making 的组织化原理，以乐队演奏的合作过程为研究对象，提出组织认知理论（Bougon et al，1977）和组织即兴理论（Meyer，1998）；又如，以教育团体为研究对象探究领导者去个体化的分享行为原理（Klein et al，2006），以巴勒斯坦的妇幼保健站作为研究对象，探究是合作行为形成新制度的组织原理（Lawrence et al，2002），以剑桥大学赛艇俱乐部突发事件的恢复过程为研究对象，建立组织制度的弹性理论（Loki & Rond，2013）；再如，以海地地震之后恢复重建为研究对象，探究组织创建原理（Williams & Shepherd，2016），以一场救火的组织活动为研究对象，探究基于同情的组织化理论（Dutton et al，2006），以教堂接受无家可归人员的组织活动，建立突破性组织变革的组织形成理论（Plowman et al，2007）等。顺着这一研究思路（Shepherd & Sutcliffe，2015），任何组织成员和组织目标，都是塑造战略实践的阶段性内容和手段，本质上，战略实践观是遵从人情法则的关系交往而逐渐形成和发展起来的持久性日常组织行为原理（Anteby et al，2015；Balogun et al，2015；Shepherd & Sutcliffe，2015）。

虽然从外部视角来看，不同阶段的不同组织类型，表现为不同的价值取向和具体的战略性实践（Balogun et al，2015），但是，从关系交往塑造战略实践的内部视角来看，任何组织都是从日常交往开始的，并在维护人际关系基础上得以存续性发展（Snoeren et al，2016；Bobo et al，2001；Dutton & Heaphy，2003）；在这个意义上，任何类型组织的战略性原理本质上是一致的。在组织的日常交往和人际互动层面，作为隐含在日常交往中的关系规则，不仅包括组织规章制度的价值规则，更多的是遵从文化礼俗的人情法则，从这个意义上来说，战略实践活动以维护关系交往的道义规则为主导逻辑，在日常交往解决具体问题（Anteby et al，2015；Balogun et al，2015），是遵从道德规范和人情法则而建立的持久性日常组织活动，基于这一点，管理意义上的任何正式组织或非正式组织有着本质上的共通，根植熟人社会的关系伦理与日常交往规则在任何组织的关系交往中都是相似的。

如前文论述，在中国传统文化背景下，中国人的日常行为方式遵从关系本位。在维持关系规则的日常交往中，当事人都是支撑关系运行的一只脚，围绕着关系行动和关系情态，不断地共创未来（认知框或认知内容发生变化），至于每只脚的想法是什么，对于日常组织来说并不至关重要了。关系交往中的个人行动，既有行动规则，又有行动内容，其中，个人行动的策略首先服从于关系规则，同时个人行动的内容服务于目标任务而不违背关系情态。在日常交往中，当个人认知与关系情态产生分离时，个人行动的内容就会发生改变，在维持关系情态中新知识产生；或者个人行动的策略随之会发生改变，在维持关系情态中新组织产生。因此，无论在一般性组织，还是在企业组织，日常交往是围绕关系进行的。一方面，关系作为日常交往的行动内容，关系化行为既可以通过利用人缘关系进行创建组织和壮大企业组织，又可以通过关系规则来维持企业日常组织存续和推动日常组织活动；另一方面，关系本位是日常交往的行动规则，个人行动在具体关系情境中维持关系情态基础上塑造日常组织活动战略化和增强组织战略恢复力，同时，在不破坏关系规则的基础上通过关系化组织形成战略实践观和产生战略性创业实践。

（一）研究方法论

1. 实证方法与质性分析

有一次在看央视《2016年中国谜语大会》，有的谜语很难猜，可据央视的实时调查，场外竞猜成功率出奇的高：竞猜成功率最高达99%。事后，与人讨论后发现，这种统计数据，可能来自那些通过网络提交答案者，换句话说，这些数据主要记录了那些有强烈参与欲望意识、同时也认为给出的是正确答案的猜谜爱好者那些人；当然不包括大量参与的未提交者：有答案却不笃定者、不知道答案的观望者，更有绝大多数的没有参与者，而这一部分数据占据现实社会的绝大多数，常常因无法计入而被忽略了。同样地，报道所讲的答错率，也只是对提交答案的那些人进行统计的，而对于那些未提交的，根本无所考证。因此，这样的统计数据，往往并不能真实地反映日常现实社会状况，虽然数据是真实的，但是因忽视了“无法测量”的那部分，造成所给出的数据统计所反映的客观表达与现实社会存在不一致。

现实生活中，通过数据得出的结论与所要说明的现实社会状况的不一样，常常质疑那这些数据来源不真实。这源自于一分为二的理性思维方法所获得的数据结论和现实开了一个大玩笑：忽视了绝大部分的无法提取数据的“无”的世界，而只对易于采集数据的“有”的小部分，然后计算出来的不同指标来表达当前社会状况常常是令人质疑的。事实上，世界本是“有”与“无”连通在一起并共同组成的，而不是通过二分法将“无”的部分视而不见，并将来源于在某一方面上表现欲特强的那些人的调研数据所反映的情形，视为所依存的社会现实。从日常生活的现实社会到所能表达出来的语境社会，中间通过一系列的假设逻辑和理性思维的过滤，可能已进行了面目全非的改造。首先，通过想表达的欲望层，那些无意去表达的或者不好意思去表达的，常常是不会去表达这一点，也就是说，数据语境之中是很难反映不了这个没有表达的那部分；其次，通过想表达的能力层，那些有意表达却没有相应能力的，也无法呈现在这个数据库里，这也是语境所无法表达的一部分；最后，那些已经表达出来的，进入了既定认知框定之中，毫无疑问，如果以自愿参与方式进行测量，所得到的数据常常会显著地支持想要表达的价值观念，因为他们所给的答案已经限定在既定的价值标准量表之中了。

在日常生活中，常常并不清楚所做事情的好坏程度，只有与同行的比较中才有判断的。央视《2016 中华诗词会》这档节目从全国各个行业和年龄段抽取 100 人作为竞猜成员，选手和他们同时作答，选手的分数取决于这 100 人答错者的人数。例如，某道题，选手答对了，而这 100 人中有 25 人答错了，选手便获得 25 分。虽然权威者所说的话就是参考答案（权威者实际上是历史检验出来的，并得到业界普遍接受的，并心存敬畏而不可置疑的），但是，在日常生活和交往中，普通人所说的话，要经过大多数人的支持检验或得到权威者认可才被大家所接受，而所谓的支持是指以别人的错误来说明的你的能力，如果大家都对了，选手却错了，则说明选手能力很弱；如果一部分大家错了，选手也错了，说明选手尽管正常却无法在与权威者的关系道上继续前行；如果一部分选手错了（或因同情而放弃），选手对了，则说明选手虽然得到了这些力量支持，但是也意味着选手对这些人心存感恩。因此，所谓的强者，不是更贴近所谓的标准答案，而是比大多数人表现得要好。显然，这种评判更贴近熟人社会的现实生活。

当事情发生时，当事人因当地环境和关系情境而产生了有无意识，并在有意无意之间推进事态的整体性发展。所以，倘若你不能深入当时的情境，你没法了解当地人那时的情境性感受和那情的具体性想法；而光看具体行动展现，是毫无意义的，因为从不同角度看就有不同的理解内容和想法。随着离开当时的情境，任何人永远不知道，甚至连当事人也无法完整的回忆起来。他们唯一能回忆起来的是自己关心的事与人，但不愿意说出与己无关的，或于己不利的；即使说出来的，也不自觉地夹带强烈的事后价值性偏见。这往往被当今研究者视为十分客观的数据：经历者的事后访谈或置身事外的观察。常常地，事中的日常行为，难以从事后的视角看到事中的具体情况，也难以从事前的角度预知事中的行动进程。然而，大多数的日常行为遵从潜意识状态变化的行动规则，维持与周围环境与身边人在一起的共通性感受状态，并在支配着普通人趋利避害的日常幸福生活。

综上所述，在“有意识状态”的世界里，预设的假设和理性逻辑通过不断分割和窃取的组成，以获得最佳实践；但是，由于忽视了“无意识”的重要组成部分，世界便失去了生机和完整性，不能顺应自然之情而完成共创性生长模式，难以揭示“有生于无，而无生于有”的自创生逻辑。在现实社会中，与周围人相处，无论其水平，都在一起，便遵从关系情境的阴阳转变逻辑，要想成为大多数的佼佼者，不仅仅能力上还可以的，更重要的是在关系本位上以“中”为大，走从中庸之道。在日常生活中，判断标准往往不一定来自事前的价值准则，而是更多地在不自觉之中采用的参照物来进行衡量。一方面，访谈者与被访谈者，都会根据所想到的即时编排语言，以让对方理解与接受，以便交流顺畅；另一方面，价值只是依附于共通性感受的载体而到达的，也会受到共通性状态影响或改变。因此，古之学者，在这个方面，提供了一个很好的研究出口：从人之通性和人之常情着手，顺应关系情态变化的自然之情，观察有意识地遵从“无我”的仁义礼及其指导日常行为内容的“无为”，以家的生活信仰，探究在有意无意间产生的共创性组织行为原理和管理原则。道法自然，更多的是强调日常行动的共通性感受状态变化规律，在日常行为中则表现为仁义礼的关系规则。常常地，中国古代学者，特别是两汉及两汉之前的，以礼义规则来推演自然之情的论证，以古之圣贤的美德和自然之物的比德来彰显顺应自然之情的论点，以万物（现象）生长的自然变化来作为顺应自然之情的论据。正如孔子曰：“君子谋道不谋食”。事实上，在日常生活中，谋道并不耽误谋食，因为践行仁义礼的行动规则自然会夹带着生存相关的行动内容；相反地，过分地强调谋食之价值规则，必然会失去了道义之心。

2. “最佳实践”与企业日常交往

日常组织管理研究的中式组织理论建构，是寻找如何让企业组织生命力持续而独特地生长，如生命成长一样，从日常生活中获取不同企业的可取之处，而不是克隆已成功的企业。况且，复制成功是不可能的，为什么呢？一方面，如果成功可以复制的话，那么，已取得成功的企业就可以一劳永逸地活下去，现实往往又是这些企业一个个倒下去；另一方面，一个真正的成功者很少是以模仿某一个人的成功经验而走出来的，甚至是去模仿名人的外在表现也是没生命力的，更是不可持续的。

成功企业只是在成功时才被关注到，当追溯起来，他们会以成功者的价值线索将之前未成功之前的记忆碎片组装起来，“时节”的发展关键点也不是他们能操纵的，因而，我们无从知道其未成功之前的实际操作情况。需要明确的是，我们的研究出路是给那些未成功的企业参考的。首先，未成功企业想要的，能不能确定如成功企业所表现一样，是同一个“山峰”，当接受其好的部分，往往难以承受或管理其不好的，正如“如果你不能接受她的缺点，那你就不配拥有最好的她”。其次，如果那些成功企业在我们仰止的山顶上，那么我们还处于山脚或半山腰，如此这样，用山顶上的行动思维来指导还未到山顶的行动者学会如何在山顶上思考和做事，成功者可能会继续成功，模仿者很少可能会再成功；而成功者失败了，模仿者将万劫不复。

西方学者所标榜的最佳实践活动，是通过日常交往所形成的组织实践活动模式，并达到与周围环境“天人合一”的表达人之通性的关系规则。相比较已取得辉煌成功的事例，身边无处不在的普通故事，则更具有研究价值。一方面，探究身边的故事，可以揭示“日用而不知”的日常行为原理，这种理论模型在日常组织生活中有普遍性；另一方面，所发现的原理就发生在身边，因而具有普适性，大多数人从身边开始就可以随手用上这些原理，以指导自己日常组织实践活动。反观那些辉煌的成功实例，如果纯粹从榜样的角度，自然更会吸引那些急功近利之人，然而，以缺失人情法则的价值规则，从那些辉煌的成功事例中获得的所谓的“最佳实践”模式，毫无疑问，这是一个缺少烟火味的实践。正在这个意义上，普通故事在日常组织生活中无处不在，也是组成企业走向成功的坚实基础，因而探究身边的普通故事所深藏的内在行为原理，不仅接地气，而且更具强大的可靠和可行的指导意义。

在日常生活中，日常交往是由大事情和小状况所构成的，并在关系情态中整体推进的。大事情，是改变事态演进方向的，以人情交往为主导的关系组织性；而小状况，是改变事态推进历程的，以人情交往为基础的具体事务性。这些大事小情，相当于是推进组织发展的后台，一般在重大事情面前，会冒出人物，左右着时代前行的方向和节奏。所以，无论沿着原事态方向发展，还是按照预设事态推进，都是在关系情态被激起，从而依托于组织情境而发生的，从人之常情的视角去所发现的原理就发生在身边，因而，具有普适性；大多数人可以从身边的人情关系开始，随手就可以用上这些日用性行为原理。普通故事在日常组织生活中无处不在，也是组成企业一步步地走向成功的坚实基础。因此，所采集的数据及其处理方法，目的在于试图还原历史发生的故事原型。

如果过分注重既有概念间联系，想当然以为所采集的数据是社会真实，那么，作为理论建立的证据，这些数据只不过是真实发生的只言片语、断章取义、道听途说、讲半截故事，忽视人物关系线索、强调人与人之间冷漠自私、对情境之温暖视而不见，等等，已经完全不尊重社会事实了。因此，西方理论从旁观者事后分析的视角试图发现普适性规律，这种“最佳实践”，不可能脱离了原先的日常交往活动而独立存在和正常运转的（Dougherty et al，2005）。进一步地说，从身边经历的普遍存在的鲜活的生活故事场景中，发掘“日用而不知”的日常交往行为原理：当人们的信仰向往自然而然的心理状态，便会有实践的普适性和理论的经典性。

3. 关系本位下的组织研究方法论

家是日常生活中的交往始点，日常交往是关系本位的，亲情、乡情和友情则构成了人之常情表达的三个最稳定支撑点（许莰，2001）；姚纪纲（2002）指出，日常交往的基本规律包括“双向互动”“施报平衡”“和而不同”等。因而，组织实践活动也离不开日常交往，人与人之间的日常交往是组织存在的基本方式，日常交往是组织生命力之所在。我们不能从外部、从事实来识别这种目的，而是从内部来识别日常交往中的组织管理原理（胡塞尔，1988），于是，这便对当前从价值规则主导的研究方法论提出了巨大挑战。日常实践活动本身是遵从共通性感受而生成的客观性，如何去调研“人之常情”与交往实践之间联系的其内在规律？如何对收集到数据进行编排？这两种数据处理方法所得到的结果，是不是与人之通性的行为假设相一致？此外，汉语言的表达是含蓄的，包含了众多的言外之意，如何遵从情理逻辑去揭示众多言外之意背后的日常交往行为原理？这仅仅依靠价值规则是不能理解的（江怀君，2006）。

日常交往形成了组织活动和组织结构，管理者必然是通过人际交往来引激发和引导日常组织活动。无论组织者还是管理者，他们的介入行为必然会改变日常组织整体性活动，显然，管理者的行动本身也是日常组织管理的一部分，也就是，管理者必须以强调人之通性为基础，在关系为本或人之常情之上激发和引导管理对象，一起朝着想要的方向共创组织活动。因此，探究以人之通性的组织共创活动的日常组织管理原理，必须遵从以下两个基本原则：第一，以人之通性为基础而不否定人之个性的存在，日常交往行为是围绕关系本位而展开，正如 Mayor 研究发现，调动人的积极性的决定因素不是经济报酬和个人需求动机，而是维护良好的人际关系；也就是，“衣食足而知荣辱，仓廪实而知礼节”，日常交往行为原理，既不否定人性向善，又不肯定人性向恶。毫无疑问，这种注重人之通性的探究方法，不同于哈贝马斯在《交往行为理论》中给出面向人之个性的日常交往行为理论。虽然在宏观层面上，人情越来越被弱化，但是微观层面的人情交往就变得更加迫切、自发和不断被强化，因此，如果把人之通性的文化或生活世界当作“基础”，通过“理为情之范、情为理之维”的“由情入理”的社会建构，那么，日常组织管理活动在中国传统文化之中得到具体体现，在规章制度上得到建制化（哈贝马斯，1994）。

第二，无论日常组织活动，还是日常管理行为，都是通过日常交往而不断建构出来，这种社会建构行为是以人之通性为基础，以人之常情为触动点，又是以维持关系情感为落脚点而形成的、以礼义规则支配日常组织管理活动。虽然礼义规则有别于“常人方法论”（ethnomethodology）所提出的社会秩序（social order）（Garfinkel，1967），但是，这种注重人之常情的人情法则，具有明显的社会秩序的一般规则，所以，这种以人为本的日常组织管理原理研究（social-fact-based case reasoning）（Räsänen，2012），常常使用打破既定共识的这种方式来解释共识的存在，着力于发现社会生活中隐含的、通常没有说出来的情理逻辑；力图从日常生活世界出发，用常人处理日常生活、人与人交往互动的方法，而不是使用有诸多预设的科学研究方法，不再具有二元论思维方式中的那种主体地位，研究者不仅是一个在社会生活之中的观察者、反映者、辨析和评判者，一个构造者、整理者与实践者，更是一个在日常交往关系中的受动者，在研究过程的关系建构中不断地接受来自研究对象的关系原动力作用。比如，人们采取语言的索引和省略原则，即无需将所有的意思表达出来或解释清楚，只要提示一下，互动双方就会为维持共通性感受而使日常互动顺利进行下去。当然，这样的理解必须建立在具体的互动背景中，根据当时当地的特殊情境才能做出合乎情理的解释并采取相应行动。

不同历史文化的思维模式在看待世界的问题切入点上、探寻世界的认知手段上、理解世界的分析类别上，以及评价世界的结果标准往往是存在很大差异的（Pettigrew，1979）。在上述的研究方法论思想指导下，中式组织管理研究必须回到人物关系推动组织发展的日常交往行为过程中。既然把日常生活中出现的人际情感问题，作为探索组织理论的根本点，那么强调“合情合理”的人之常情的社会交往行为，在企业日常交往中则在遵循情理逻辑下的“通情”基础上产生“达理”行为；也就是，通过“入情行为”建立合理性目标或情境性社会标准。又因为日常活动与历史文化所遵循的主导思维模式有独特传统性，不以一个时代中某一阶层的意志所转移的（Keesing，1974），所以，在事物或现象发生的人际关系维持层面上，历史现象在发生过程中强调关系实践活动。在这个意义上，以情理逻辑划分人际关系，便于从关系建构的日常实践活动中发现日常组织行为内在原理。

客观性原理指出，客观性是指与研究的最终目的相符合的并在现实中找到原型的证据。以编史者为例，为了让历史事件顺应自然之情更具客观性：第一，研究历史事件的首要目的是继承和发扬传统文化，将历史事件表述与传统文化的“天人合一”思想相一致的，则是编写历史的视角的客观性；第二，日常组织的历史事件描述，契合当地社会的日常组织生活的风俗习惯，尽管在表现形式中存在差异，但所表达的言外之意和所展现的微观社会细节与口口相传的集体记忆相符合，也能从有意无意之间的当前社会存在中找到原型和证据，这是顺应自然之情的历史事实客观性。这样不仅在一定程度上较为完整地逼近和还原了历史，而且符合了研究历史事件顺应自然发展的初衷，也为指导当前组织实践提供现实依据，也许，这是科学客观性的本源（Krentz，1975）。违背了顺应自然之情的关系情态共通性，在具体情形下，亲历者情境性感受的差异导致各行其是的行动决策，进而失去组织共创性活动。

在日常生活中，人们更多地在意懂生活、爱生活和会生活的那种状态，即人之常情在日常生活习惯中起着决定性作用，很少强调个人的理性活动，而这是很多时候被我们视而不见的或“日用而不知”的。故而，在实际调研中为了对日常生活中“理所当然的”，不言而喻的和毋庸置疑的现象及问题进行反思性说明，从而揭示行动者日常交际中未曾言说、无法提及的潜在社会现实，这就要求我们不能以旁观者的视角去进入，而应该尽量由旁观者向顺应自然之情的亲历者身份转变。很显然，这种身份的转变也必须要遵循常人之道。为进入亲历者共通性感受之中，又不扰动亲历者行为建构的走向，研究者要想进入情境之中并有身临其境的感受（Israel et al，1992），首先，必须与情境之人在文化上是同源的，否则没法感知他们的内心真实感受；其次，让情境之人充分展现，这样可能获得更多相关信息；再次，更为重要的是，调研者也是情境之人的一部分，也不自觉地参与而不主导主题建构活动（Ozanne & Saatcioglu，2008）。这样可能会最大限度地避免了只从亲历者的语境中的字面意义去理解实践状态，尽可能地去捕捉常人日常行为的内在动力：即往往来自“话外之音”和“言外之意”的常人之道（Marcus et al，2014）。

在实地调研的过程中，调研者一方面，要围绕关系情态的起起落落而进行实地观察、走访和记录，尽量不带偏见地细致录制下现场的社会互动场景，从微观层面的会话（风俗习惯）中可以窥探关系情态的变化；另一方面，围绕关系情境中的人物关系变化来展开访谈和实地走访，了解现象和事件发生过程中的人物关系变化，及其与资源流动和关系情态之间的联系。在后续的资料整理中，因为观察历史的研究者与处在历史情境当中的亲历者，都在肩负着历史文化传承（Lucas，1985）。因此，对历史事件的处理，不仅要满足较完整地还原历史原貌的真实现状，既有事件链，又有人物关系变化的情节，而且还要满足所还原的整个历史故事能够打动读者，让读者产生一种身临其境的感受，而不是作为旁观者按照某一价值链去捕捉信息，其目的在于捕捉到亲历者们的日常实践中关系情态变化脉搏，与顺应自然之情的道法自然的社会客观性相契合。

对于资料的分类方法而言，因为一个日常组织活动的发展史，是群众在日常组织生活中不断建构出来的，因此，数据处理者依据关系情态变化的互动场景或者人情交往的人际关系推进来对原始素材类别化处理（Glynn & Navis，2013），这样既能较完整地还原历史原貌的真实现状，既有事件链，又有人物关系变化的情节，而且能打动其他人员（例如读者），使之产生一种身临其境的感受，换言之，我们更关注复述的故事的常人视角，在细微之处吸引人；另外，由于关系情态包括人情关系和关系情感（Trickett & Espino，2004），所以调研过程中着重关注人物关系变化和场景会话，Gioia（2013）的建构分析法在这方面具有突出的优势，故而采用其建构分析法对资料进行分析。因此，本书主要采用故事法和文化民族志法进行数据收集，至于数据分析方法，主要采用会话法和故事情节方法。例如，在研究对象的选取上，主要聚焦于企业日常交往的关系实践（如第二、三、四、五、七、八章），同时，也以体现中国传统文化的乡村组织日常活动为研究对象（第一、六章），需要说明的是，之所以选取中国古老的乡村组织来研究，正如本书导论第四部分的开篇所言一样，在于从理论上更显著地揭示中式管理理论的内在原理，这与强调人之通性的中国传统智慧是一致的，也与本书所建构的中式管理理论是自洽的。

（二）研究内容和结构安排

如前文所述，西方传统战略理论存在着致命的缺陷：设定了战略目标，一旦完成了战略目标，企业也就走到了尽头，至于重新设定战略目标，那是在二次创业情境下的组织管理；也就是说，以当前战略理论范式作为指导，企业组织不可能永续成长。同时，传统组织理论在研究概念和研究方法上也是漏洞百出，如资源观的同义反复、正式结构与非正式管理间的冲突、事后追溯的研究方法与预测之间的对立、以个人访谈与组织表现行为之间的不统一，以及研究对象上专注于最佳实践与成功不可复制的现实之间的矛盾等。但是，基于企业日常交往的战略实践观，旨在开辟一个看待组织管理日常实践的日常组织战略化行为视角，建构符合“以人为本”的中式管理理论，在日常组织管理层面上，并不是去否定现代西方管理理论，而是战略原理层面上提升和完善当前企业战略管理理论。

在很多时候，对身边发生的事情，我们真实的第一感受，首先关心的是，我们所在乎的人的感受是什么，至于其他的，往往还没有想好，或是来不及思考，或因不知如何思考，即使有看法，也没那么任性和笃定，并附和他人反应；如果迟迟没见他人反应，我们在尽可能顾及其感受的前提下做出探索性反应。因而，在现实生活中，人们在潜意识里注重共通性感受状态，调节和维护人际关系，尽量避免彼此遭受伤害。日常生活中的大多数人遵从趋利避害的“仓廪实而知礼节、衣食足而知荣辱”的人之常情，日常交往的组织管理实践活动遵从人之通性的关系本位所主导的关系交往规则（如图 5 所示）。人之常情没有什么两样，都是自然而然的感受状态，所以，日常交往的组织活动是可引导和调治的。[①] 在生活常识性原理的基础上，本书从日常交往行为层面对个人的关系化行为规律做出一般性界定，直接回避了多年来哲学界一直争论不休的“善”或“恶”的人性界定；从日常交往所遵从的礼义规则和关系本位，暗含了人性的主导面是向善的，但并不排斥、甚至还包括人性恶的一面存在，只不过，在具体的关系交往中，这种个人的“恶行”以不伤害人情往来为准则。

从日常组织活动中揭示什么样的组织化原理，就会得出有什么样的管理理论和相应的日常管理模式。遵从人之通性的人之常情，日常交往分为本位关系交往和人际交往，如图 6 所示，关系交往（relational）是超越于 A 和 B 个人动机的义务性关系，注重亲情性和恩情性的组织战略性，并包含了 A 和 B 之间社会交换关系的人际交往，强调情绪性和工具性的组织运营性；由礼义习俗和“日用而不知”所触动的个人行动是“一阴一阳之谓道”，而交往实践的组织创建过程遵循“道生一，一生二，二生三，三生万物”，在一起共通性感受生成后，当组织活动产生时，未来倾向性行动自然成为可能。在日常交往过程中，人们遵从关系本位的人之常情，本书的研究目的在于揭示中式组织的关系化行为原理和关系本位的战略实践观，构建出中式管理理论，并给出中式组织管理模式。

---

① 参见《管子·权修》：“人情不二，故民情可得而御也……观其交游，则其贤不肖可察也；二者不失，则民能可得而官也。”

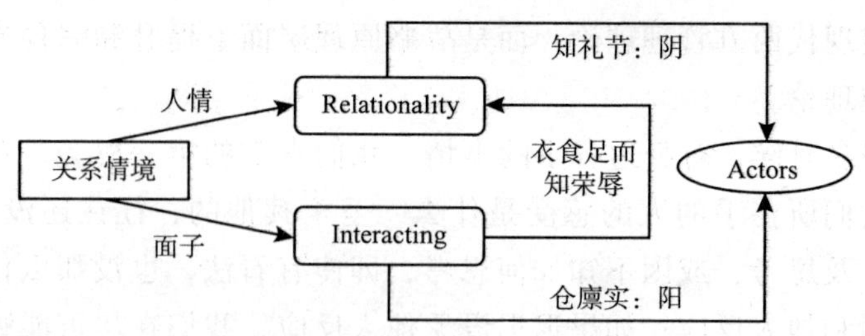

图6 人之常情与日常交往：一阴一阳谓之道

“君子从耕读之中谋求为人之道，而没有必要费尽心思去特地讨论如何解决温饱问题。耕作种田自然隐含了解决温饱问题；努力学习自然会得到俸禄。”① 因而，遵从关系规则的日常交往行为已寓意了行动价值，其中，人际情感反应展现了礼义规则对日常交往行为过程的约束和促进。因此，注重人情交往的情感反应行为，不仅在遵从了行为规范（制度）的行动过程中实现了维持共通性感受的行动价值，而且通过建立和维护人情关系激起带来的自我约束力，更利于组织管理。“事情做完了，价值不就实现了吗？能不能继续，那看你在做事情中为人处世情况了。”如果着重强调行动价值或最优化，自然激起行动者的私欲膨胀之为，当僭越现行制度边界的“钻空子”行为不断发生时，最终导致组织制度失效而逐步走向解体和衰败。日常交往行为原理根植于由“人之通性”所自动生成的“日用而不知”的个人行为和嵌入在“礼俗规约”之中的礼义规则，如果强化礼俗规约的人情交往，个人通过关系交往满足人之常情而自然成长，组织通过关系规则开展日常交往而形成战略性实践。因此，遵从关系规则的企业日常交往，可以产生中式组织管理的企业战略实践观研究框架（如图7所示）。本书在上篇讨论关系本位与中式组织，先从“昏、礼之本”探究日常组织创建和运行原理，然后再从找熟人和礼让来探究日常组织涌现出来，最后分析驱动日常组织活动的关系化原理；在中篇揭示中式组织的战略实践观。先回到当前中国文化语境下探究战略实践观和关系化组织原理，然后从“知恩图报”的关系规则探究千年乡村组织的战略性原理，再在关系本位上从互助行为和人际交往的分别探究组织恢复力和战略创业行为。在上述研究基础上，在下篇借助于“有之以为利、无之以为用”和“无为”决定“有为”高度的中国传统智慧，先从“无为”层面探究中式组织管理的道德准则和仁义礼规则等，再从日

① 参见《论语·卫灵公》：“君子谋道不谋食：耕也，馁在其中矣；学也，禄在其中矣。”

常管理者的“有为”之策给出关系建构与中式组织原理的一般原理和组织战略化管理体系。

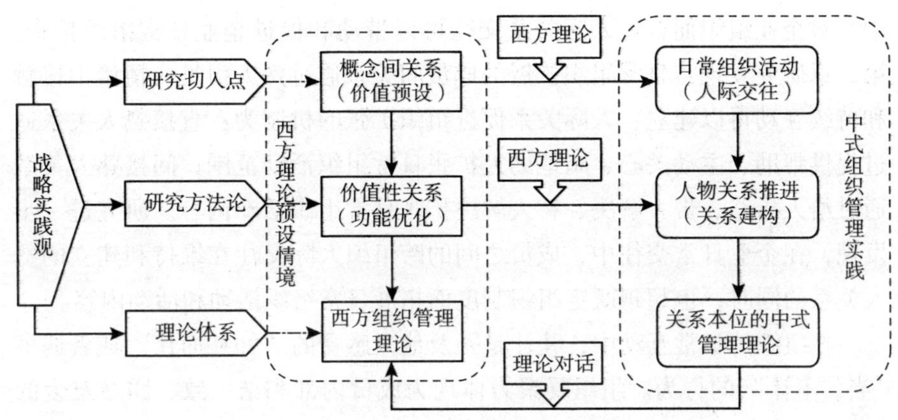

图7　企业日常交往与中式管理理论的研究框架

日常组织是看不见的社会事实，当日常人际交往活动发挥作用时，组织活动以合作性的个人行动方式呈现出来，组织创建在注重人际关系维持的人情交往活动中展开。对组织创建者来说，交情关系是组织活动边界，而资源性连接是组织结构；同时，日常性组织活动常常围绕创建者与周围人打交道而产生。日常组织管理活动常常是顺应当地风土人情和遵从当地礼俗规矩。① 第一章通过实地参与、跟踪和访谈安徽乡村的婚礼举办整个操办和组织过程，了解在农村注重“礼尚往来”的关系实践活动，研究发现：在操办婚礼的组织活动中，人们的关系化行为遵从习俗与礼节，综合关系亲疏远近来参与婚礼中（如随礼和帮忙），这种人情往来的关系实践保证了婚礼组织活动形成和顺利进行；当由家族成员、身边工作同事和心腹亲信所构成的常设性机构成立之后，婚礼举办所出现的常规性事务由常设性机构成员负责进程、落实和调配；对于意外状况发生则依赖于指定人员的社会身份来解决。研究还发现，在人情往来的关系实践中，受礼者的“回礼”是关系强化的，正是这种“回礼”行为使得组织活动随时都可能发生和组织建立起来。研究表明，在注重习俗和礼节的关系实践中，通过仪式性事件、机构角色和人物身份将闲散性资源组织起来，在相互帮忙中形成了组织创建的日常化行为。在注重习俗和礼节的组织创建的关系实践中，仪礼是社会结构的基础性节点，又是文化传承的桥梁；如重视人际关

① 参见《史记·齐太公世家》：“修政，因其俗，简其礼。”

系（Lévi－Strauss，1958，1963），日常组织之人是讲人之常情的，礼义规则在日常交往中展现出顺应自然之情的个人力量和组织潜力。

企业是一个熟人社会的日常组织，而日常组织活动嵌入在人际关系中，对企业组织而言，人际关系交往可以带动和促进企业日常组织扩张。第二章研究发现：日常组织扩展的成员间关系通过熟人引见、情境中接触和持续互动得以建立；人际关系促进组织扩张的机制为：直接熟人关系通过提供帮助、主动关心、暗地助人扩张日常组织活动范围；间接熟人关系通过给人指路、带人解决、替人解决扩张日常组织活动内容。研究进一步发现，在企业日常交往中，成员之间的跨组织人际交往在维持和建立的熟人关系的同时，也超越既定组织制度而拓展日常组织活动和活动内容。

在组织的日常互动中，礼让是顾及他人感受的“知礼而让”或者遇事“当仁不让”的行为。组织凝聚力体现为成员内部和谐一致、团结友爱的氛围，以及彼此协作迅速解决问题的能力。第三章通过跟踪调研一家高科技企业发现，礼让行为对人际关系的建立以及组织凝聚力的增强有促进作用。“知礼而让”增进了组织成员彼此的尊重，从而让组织成员处于融洽的氛围中并建立了良好的人际关系；“当仁不让”则让组织能够迅速地达成目标。同时，礼让在一定程度上会让一方觉得受人恩惠，在人情法则的约束下，一方面，保证了成员未来互动的可能性，为跨情境人际关系推进奠定了基础；另一方面，当对方遇到困难时，这种感觉还可以转化为组织凝聚力。研究表明，组织成员在礼让过程中建立的良好人际关系可以在组织面临困境时发挥积极作用，表现为成员团结一致共渡难关。

在情理文化背景下，由于日常组织（组织起来）是依存于关系本位的共创性活动（冯·皮尔森，1992），所以，任何日常性组织活动都是人们为了维护在一起而积极举事，特别是日常管理者更是依赖日常交往过程，与被管理者一道共创组织未来。第四章以微观民族志方法对LY机器人有限公司进行跟踪分析，研究发现，日常性组织创造性活动根植于个体潜意识状态中的关系情感与共通性感受变化之中，先后历经互动开启、承接行动、主题转换和情投意合的关系交往过程；其中，随着共通性感受维持和关系情感相合，这一交往行动分别在组织行动内容上产生了新想法和在组织行动策略上产生了新规则，进而拓宽了共识性范围和形成了价值性共创。研究表明，关系交往引发企业日常交往活动的共创性组织机理，不仅给出了组织新知识产生机理，而且提出了利于知识价值创造的新组织规则创建原理，以关系建构来推动企业日常组织实践发展。

遵从在“仓廪实而知礼节，衣食足而知荣辱”的人之常情，在关系本位的礼义规则指导下，依从人之通性的关系交往，当个人在“衣食足”之后，通过“予之为取”、“得道多助”和“顺时而为”的管理手段，可以逐渐使得组织“仓廪实”起来，于是，完成了中式组织的建构。显然，当组织在“仓廪实”之后，作为“德厚者为尊”的组织管理者以顺人心方式，通过“予之为取”、“得道多助”和“顺时而为”，以富余的资源能力带领大家创建新未来，这就是中式组织的管理战略化模式。接下来，用四章揭示中式组织的战略实践观，以为中式组织管理提供基础性理论指导。

“散买卖，不散交情”：以聚“心”的方式来散“财”，自然会获得意想不到的聚“财”。这是对“组织战略性思维”的简单而通俗的理解和表达。在日常交往中，人际关系的主导性内涵从资源性连接转向情感性连接，中国文化背景下，关系化组织可能利于探究战略实践观的行为原理。第五章以“中国知网”的资料数据作为证据，研究发现，注重情感性连接的关系交往包括人情“欠”与“报”、“留面子”与“给面子”；强调资源性连接的社会交换包括人情“舍”与“得”、“要面子”与“争面子”。研究还发现，以人情关系主导的组织日常活动产生成长优势和组织恢复力；以人脉关系主导的日常组织实践尽管存在效率优势，一旦遇到困境却十分脆弱。研究表明，重视人情交往的关系化组织既能激发组织内生活力，又能维持组织生存能力，进而形成组织持续成长的战略实践观。

日常交往的战略实践实际上是继往开来的日常组织管理，正所谓“不慕古，不留今，与时变，与俗化。”① 在日常生活中，尽管知恩图报在日常组织生活中被认为是普遍认可的关系交往法则。第6章认为，当遇到危急状况时，知恩图报关系交往规则下施恩和报恩行为能够将组织成员自发组织起来，从而塑造日常组织活动战略化。通过选取《记住乡愁》中的乡村故事进行质性分析，研究发现，在日常关系交往中，当感到他人身处困境时，组织成员立即伸出援助之手，特别是受过救助的感恩者更会乐意去施助，而施恩与报恩的行为内容和方式是由施助者的情境性感受所决定的；遵循知恩图报的关系交往活动，既有解决具体事务性问题的工具性资源，又有顾及他人感受的情感性资源，而工具性资源的利用与整合是以激活和维持双方共通性感受状态为目的；知恩图报的关系交往能提高相关者的关系身份和社会声望，可以为未来带来良好的社会性资源。研究表明，组织发展过程一旦遭遇危急状况，具体表现为组织成员遭遇困境，通过遵从知恩图报的关系交往行为，集体性力量自然被组织起来，直至危急状况

① 参见《管子·正世》。

解除，进而塑造日常组织活动持续的战略实践。

克鲁鲍特金在《互助论》一书中指出，互助是个人的本能，更是一个种群组织得以持久发展的根本。由“来而不往非礼也”的关系规则主导，组织成员间以照顾彼此感受、维持情感共通为主旨开展日常性互助行为，不仅从当前关系实践中获得所需要的，而且能够不断利用当前关系情态为下一刻的未知情境创造可用的资源及其获得的可能性。第七章以关系维持为切入点，采用质性研究方法，对 HW 公司进行为期一年的跟踪调研和民族志观察，探析了组织成员在面临危机和困境时的互助过程，揭示了关系主导下的互助行为塑造日常组织战略恢复力的形成机理。研究发现：首先，在企业日常交往中，互助行为是以关系本位为原则，既包括不违背关系规则的帮助行为，又包括关系维持的帮忙行为；在某种程度上，关系规则决定了互助行为的范围和内容，遵从关系规则的组织成员之间易发生互助行为，同时互助也增进了成员间关系基础。其次，互助行为促进关系维持下自发地、有针对性地参与资源投入，形成基于情境性的组织潜在资源能力。再次，在遭遇发展性困境时的互助行为，不仅能调用组织内外资源，还提供了情感支持，进而增强组织潜在恢复能力。研究表明，“得道多助”塑造了关系情境的组织战略恢复力。

通过不断地进行战略性创业，企业才能保持持续成长。战略实践观认为，战略性创业是以创业共识形成和实施为基础的机会发现和开发的关系实践活动。第八章对一家民营建筑企业进行实地调研。研究发现，在创业情境背景下，战略性创业活动根植于日常组织活动中人际交往的关系实践，并通过日常人际交往来推进企业创业活动。一方面，创业者通过交情关系来发现和利用创业机会，自发地形成创业共识；另一方面在创业情境中，创业共识是通过人际交往中的意义建构来达成的。研究表明，人际交往不仅塑造了创业共识，而且有助于创业共识行动的组织协调，进而开创了具有组织发展一致性的战略性创业活动。

正式组织和非正式组织共同构成企业日常交往的战略性组织整体性活动，关系交往规则和关系交往内容的“阴阳变通性”生成组织化行为及其日常管理活动。例如，维持关系规则的日常交往之中产生了具体的任务目标，于是，在正式组织中，日常行动内容常常围绕具体的行动目标，同时也在日常交往中产生了人情往来，以维持和支持正式组织规章制度的顺利进行；同时，在非正式组织中，人情往来的行动规则围绕因之而生的具体行动内容而产生潜在的目标和机会。与传统西方管理理论所强调的置身于事外的管理理念完全不同，中式管理思想注重管理者与被管理者在一起共创企业组织成长，管理者置身于具体事务中并以日常交往方式开展日常管理活动。

接下来，本书在下篇的序言部分，先从“萧规曹随”的故事中道出“无为而治”的根本，即从日常交往的礼义规则人手，“务积于人，不在盈其仓库”，任用贤德的管理者，有所为和有所不为，为人际之事，而不去一味地务求目的之事：“有事之为”利用“无事之为”的中式组织管理模式。第九章探究人之通性之下的中式组织管理原理，管理者通过“无事之为”的关系建构建立以人情交往为基础的非正式组织形式，为管理者开展日常组织活动铺平道路。首先，以“两小儿辩日”阐述自成语境的中国传统智慧，并给出中式管理理论的关系本位的基本内涵；然后，从人情交往的道德准则和仁义礼规则层面探究中式组织管理行为原理，以及从中整体性组织、组织战略化和日常管理原理层面上指出中式组织管理的关系建构理论；最后，在提出从“勤俭持家”到“家和万事兴”的中式组织管理原理模型的基础上，论述了中式组织管理与幸福生活之间关系。

第10章在“有事而为”的背景下，提出基于关系建构的中式组织管理原则，日常管理者开展组织活动所遵从关系化行为原理，在不破坏人之通性的日常组织活动中，带动被管理者在一起共同创造性地发展企业。首先，在总结中式组织管理的关系本位基础上，给出相关模型，和基于家文化的关系建构原理；然后，收集夫妻企业日常管理实践的相关数据，进一步阐述和论证了中式组织管理的“致中和”理论，以及“中正仁和”的组织管理原则和“中和位育”的创业管理原则；接下来，本章在给出了组织战略化的关系建构模式之后，在总结中式组织管理的基本原理过程中，阐述了中西方管理理论之间的根本性区别与内在性联系。

最后，为清晰地表达中式管理理论的立足点和出发点，“补记”补充了人情社会事实的当代普遍性和以人为本的管理发展必然性；同时，从中国传统文化视角讨论了中西方管理理论差异点，以及中国传统智慧对当前组织管理理论发展的时代紧迫性和必要性。

上篇

中式组织的关系化行为

用常者治，失常者乱[①]

关系本位贯穿日常交往的生活实践。如人们常常生活在父亲、母亲、妻子、丈夫、儿子、女儿、兄弟姐妹等称谓的家庭生活中，他们与这些称谓之人交往，首先遵从的是父子、母子、父女、母女和兄弟姐妹等的关系规则，并为了维护这种关系规则而不顾及自己的得失。又如，人们经常与自己人、熟人或陌生人打交道，而决定人际交往行为的是，所讲之人与这些人之间存在并彼此遵循的关系规则，并在交往中不断维护和增进彼此共通性感受。因此，在日常社会中，关系交往普遍存在于组织活动，而关系本位首先是历史文化规范下的人情法则，其中，个人在顾及他人感受的过程中已经考虑到了制度性组织关系，以及任务性目标关系。不难看出，关系交往实际上是由礼义规则主导人际交往活动，带动礼义规则之中的个人意识唤醒，进而产生的个人行动和社会交换行为。正如《淮南子》里所讲：

> “三个人在一起，其中，两个人相互竞争而各不相让，都认为自己有理，彼此谁也不听从对方。而第三个人，虽然没有表现出过多的个人看法，也没有非要让人听从自己的见解，但是，只要说出自己的观点，另两个人一定听从他的决策，他靠的不是个人的聪明才智去说服他们，而是遵守礼义规则之下不争之为。”[②]

从这一故事中，进一步可以得出，在没有达成共识之前，或者共识性还没形成，注重关系本位之人，方能首先成为组织的发起者和管理者，因而，“使民于不争之官者，使各为其所长也；使民各为其所长，

① 参见《管子·形势解》。

② 参见《淮南子》：“三人同舍，二人相与争，争者各自以为直，不能相听。一人虽愚，必从而决之，非以智也，以不争也。”

则用备。”①

> 刚来公司不久的人力资源部职员小张，要完成一个日常工作报告，需要员工信息，也知道向信息录入员工小陈去索取。小张说：“哎，咱那个要做个信息录入该怎么整啊，我手头上也没有员工信息啊”，他向小陈看了看，小陈感觉有人在看他，抬起头看了看又去干自己的事了。
>
> 过了一会，没有人回答，小张站起身来走向自己的师傅李主任，“师傅，我这个报告，缺一块信息，您看……”正忙的李主任停了下来：“你这个……你就照着那个样本写下来不就得了吗?”小张看着李主任，露出了无能为力的表情，“这……咋办?”李主任有点不耐烦，“要么，你自己去问问那个小陈吧。”“师傅，我和他不太熟啊，以前也没说过话，这样直接去找他……是不是不太好啊?”“有什么好不好的，这不都是为了工作吗?”小张无奈地笑了笑……。
>
> “瞧你这熊样，走，我带你去找他。”还没等到他们走近，小陈忙站起身笑着道：“李主任，有什么事需要我帮忙的啊，呵呵……”“哦，小陈在忙吧，不好意思，打扰一下……”“没有，没……”“是这样，小张要把员工的信息，好像你这儿……”“对对对，我这有，公司所有员工的信息我这儿都有”小陈并转向小张，“一会你把你的邮箱告诉我，我一会就给你发过去。”
>
> 李主任看了看他们俩说：“那行，麻烦小陈……”小陈笑着说：“不客气不客气，都是应该的，那李主任您先忙，一会我就给张师傅发过去哈。”小张忙接话道：“行，那真是太谢谢你了。”“以后这事，你支应一下，别见外……”小陈说完就在电脑上查阅。

在日常组织生活中，人们的交往行为往往围绕关系交往而带动的，常常并不强调共识性，或者很少提及到共识性。上述故事可以看出，办事人员卷入行为情境之后，深处情境中的办事行为，就会首先以与周围人的关系情态共通的前提下开展具体行动，同时围绕不会造成整个局势受阻的共通性感受激起（如避免造成尴尬或不好意思）来推进办事进度，所以，遵从情境性感受的人之通性的关系规则，这是深处情境之人的行动指南。在

---

① 参见《管子·牧民》，大意是，日常管理者的目的就是让组织成员维护关系本位，并在顾及他人感受的日常交往中，发挥各自特长，以备不时之需。

这个事上，小张考虑两人没有什么私交关系，便转求于他师傅人力资源部李主任，通过这三个人的关系交往而自然完成了合作性任务，也增进彼此的交情关系和沟通了关系情感。正在这个意义上，一个企业的日常组织实践活动，可能是员工们在一起努力地维护着人际情感共通的“和谐”状态所推动的。

在企业日常工作中，组织正常运行与人际关系是密不可分的，日常组织活动实际上是依存于人际关系规则而发生的。换句话说，如果人际关系在情态上是共通的，那么，组织就会正常运行，即使遇到障碍也会自发地去排除；或者，当已经完成正式任务时也会自发地去创造新想法或任务。因为一旦任务受阻或完成之后，就会造成关系成员心理紧张和不安，于是就会通过自发性活动来疏通关系情态交汇，关系规则之下的人不仅可以享受关系情态的那份自在，而且还可以在不触及他人感受情况下展现和完成小小的私欲。正在这个意义上，关系交往是组织运行的根本性单位，也是建立和维护人情关系的组织化活动。

在中国这样一个关系本位的社会文化中，人们的交往过程充满了非制度化的伦理规则（梁漱溟，1994）。相比较处于有意识状态中的“单向依恋”（或“单一内容连接”）都是不可靠的特性，伦理规则上的关系本位，包括潜意识和有意识两种状态共通的义务性关系（沈毅 2003），如亲情型义务/恩情型义务；有时候，在具体时点尽管存在彼此对对方的依恋力度不同，却也会随外部情境变化而自动调节能够产生共通性感受的整体性平衡状态；因而，这种围绕关系规则而产生的彼此联动，目的在于找到整体性平衡状态，从而带动个体心理回归自然状态，也产生共创性组织活动。

人情法则，又称人情逻辑，既是一种思维方式，也是一种行为准则。人情逻辑依托于人际关系，不同的关系内涵与特征，意味着不同的责任义务，也意味着不同的交往规则（金桥 2007）（如图 I－1 所示）。其中，关系交往，是遵从道德规范和礼俗规约，不破坏在一起的共通性感受，在于维持关系而让彼此内心感到自然而舒适；人际交往可以选择，但一旦选择之后就必须遵守共同约定的价值性规范，并带着一定的明显的目的性。一般情况下，在日常交往过程中，人与人之间会渐渐熟悉起来，初步建立了比较明晰的阶段性关系规则，于是，在接下来的交往实践中，就首先进入关系规则所认定的交往行为过程，这种义务性关系是不可违背的，倘若一方违背了之前的人情性，不仅令人讨厌，而且会影响接下来的交往实践，甚至会造成终止。在交往实践中，熟人之间的关系规则，既有保健作用，又有激励效应。而基于人情法则的日常交往活动，实际上是在人与人打交道中的组织化和被组织化过程。

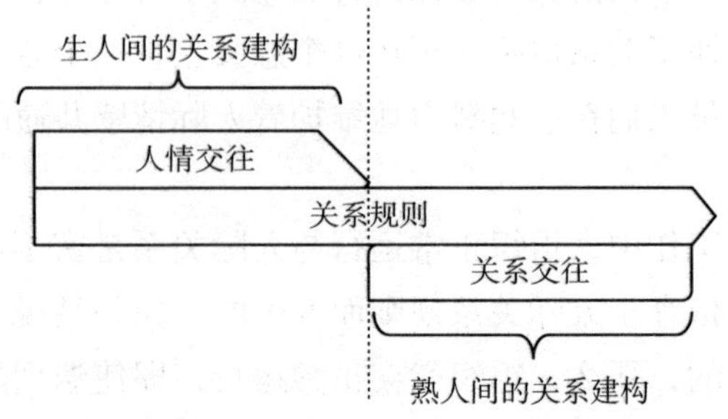

图Ⅰ-1 从“生人”到“熟人”的交往准则演变模型

一般情况下，推动组织行为前进的动力原理来自两个层面：一方面，随着群体性情感唤醒，也会激起不同阶层上的个人的情绪反应，常常可能表现为具体行动的情境性反应；另一方面，在组织进程的日常交往中，通过照顾他人感受，彼此寻找并强化共通性感受，激起组织奋进士气的组织情态生成。因此，围绕共通性感受而产生的个人情感能力，促使了人际交往中遵从关系交往，而仅仅只是个人价值层面上的社会交换。正在这个意义上，“关系”、“人情”与“面子”的日常概念尽管不见于儒家经典文献，却深受“仁”“义”“礼”之儒家思想的影响（沈毅，2007）。“关系”是联动的出发点又是“和合性”的归宿点，“人情”是手段，而“面子”是行为依据，三者构成了“合情合理”的日常组织运行与创造活动模式（如图Ⅰ-2）。在未行动之前很少有坚定的和明确的动机（即使有动机，中国人也会含蓄地表达在集体行为之中），这一原理揭示了中国人往往遵从通过目标调整来顺从的人情观（宋丽娜，2011），而非遵从兴趣的价值观。因此，无论作为影响他人的客体，还是作为接受影响的主体，一个人或一个组织的影响力不仅仅是依赖于其资源能力，更主要依赖于与他人或社会所积淀的共通性情态。

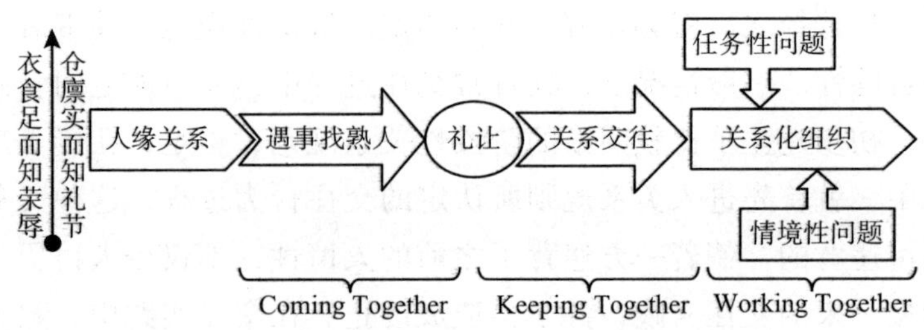

图Ⅰ-2 关系交往和塑造“共好”日常组织模式

日常组织管理者的为人处世往往比专业能力更重要的。“天地所以能长且久者，以其不自生，故能长生。”① 当人际交往的关系存在，功能不会缺失，如缺失关系本位的现代企业，只能是依赖于制度的临时性组织；当关系存在，而人际交往往往受阻，局部功能尽管会缺失，时效性会有影响，组织整体性推进却不受影响（Davis，2015）。

事实上，处于日常交往活动中的绝大多数人，在礼义规则面前是身不由己的，因为根植于人之常情的礼义规则，不遵守也不由自主，换句话说，如果违背了隐藏在彼此潜意识中并深嵌于历史文化之中的人情法则，必然会引起的后果是长远的。例如，一是引起相关人的内心反感，尽管暂时没有表现出来；二是导致在身边人心里中的社会声誉下降，并在有意无意之间容易被孤立起来；三是与别人合作的办事效率和外在评价也会随之一落千丈。因此，日常组织的关系交往，首先是遵从人情法则的行动之道，也是判断“意料之外”的互助性的情理标准。当遵从了礼义的人情法则，也就合情或通情了，总会得到不坏的评价，即使办事结果不怎么好。又因为，人情往来中的“礼物”在组织形成过程中转化为资源流动，也就是，人缘关系是将人情性礼物直接转化为功能性资源，当遇到问题时，再通过人情关系而自发组织起来。在此过程中，由人缘关系所建立起来的日常组织是一个什么样的组织模式？

由情境性感受主导的偏见产生，往往受到人们处境的情感性线索或暗示所左右的，即作为主观感受的感知活动依附在人际情感状态上，因而，人情关系的亲疏远近和社会地位等状况，往往在有意无意之间支配着当事人的感知变化、甚至情境性认识框的形成，进而在集体无意识之中影响了信息采集和编译以及判断力。因而，人情关系承载着影响集体力量组织起来的微观行为过程，于是，“遇事找熟人”便成为一种普遍的社会现象，也是人之常情的具体表现，那么，通过关系交往，又是如何让日常组织一步步发展壮大起来？

本质上，日常组织活动是在人与人之间的注重情感共通性感受，在从礼节而谦让的交往行为所产生的，所以，日常组织又是人们情感交汇的彼此依恋的场所。首先，当组织成员间在相互合作的交往过程中，彼此考虑对方感受而“不好意思”将那些理所当然应得的那部分归为己有；同时，对方也常常感到不好意思去过分追求“埋所应得的”，或者将这一部分通过小聪明而抢夺和带走。于是，这些被大家都不好意思所归为个人占有的

① 参见《道德经》，大意是，不为自己而生的，方可以长久不老。

财物，更多地隐含了人情性成分，进而形成了大家自愿在一起工作并可以分享利用的可得性组织资源，这也许就是日常组织资源产生的内在原理。当有了这些资源，又因为组织成员只有通过不断交往和互动才能维持在一起状态，所以，大家就会积极投身于创造新事业或新想法，并通过利用这些资源，以更好地营造在未来他们还能在一起并分享情境性共通感受；正在这个意义上，礼让行为逐渐形成了战略性组织存在和发展的社会心理机制，那么，礼让行为如何形成以人情关系推动日常组织机理的组织凝聚力?

通过上述两个故事，可以看出，随着情境变化而不断发生改变的关系情态，在关系本位的人之通性约束下，关系建构形成了日常组织的内在驱动机制；进一步地说，在日常组织活动中，两个人的联合力量（关系情态）远远超过任何一方（包括第三方）的事前动机所带来的驱动力的；同时，当关系情态发生作用时，第三方也会担心不采取配合行为，会导致其他成员不满，进而影响到属于他的关系情态起主导地位而得不到支持，甚至会遭到这个关系情态中另一方的不支持。因此，关系建构能塑造日常组织活动的内在原动力，关系本位又是如何塑造日常组织活动的动力机制呢?

第1章　由人缘带队伍：人情交往产生组织性力量

昏，礼之大体也（《礼记·昏义》）

看上去几十年不变的春运大潮，虽然早先行走在春运队伍里的人已经栖息下来，离开了春运之潮，但是，每年的春运依然涌起在中国普通老百姓的心头。每次，看到列队南归的一群群大雁，想到古诗里的描述，几千年不变的情怀，虽然大雁早已不是原来的大雁，但是，迁徙的旅程从未改变过他们群体传承的信念。每当看到多年未见的儿时伙伴变成了不再年轻的容颜，虽然原先的细胞和微观原子已经被新的所代谢了，但是一个人的长相和性格总是很少发生改变的。

历经春运大潮的几年奔波，长期调研南来北往的大雁迁徙，细致观察和感受几十年身上不变的疤痕，那么，你会自然发现，原来，人与人之间的关系不变，大雁之间依恋关系没有改变，细胞之间的微观连接没见发生变化；虽然春运的队伍人员、迁徙队伍的大雁以及疤痕上细胞等个体已经物是人非，但是，由于连接他们的关系没有发生变化，于是，关系规则之下的个体行为支撑了个体的更新过程并组织起来、形成了一代推进一代的组织传承，进而塑造出万象更新的代谢的没有止境的未来。

1.1　引　　言

在日常实践中，重“人情”是人际互动和社会秩序建立的根本准则（肖群忠，2003）。人情是人际情感分享状态，既是“人之常情”（黄光国，2010），又是“人之常理”的一种社会行为规范（金耀基，1993）。首先，作为“关系情态”的社会事实，人情包括人际情态（interpersonal affect），以及与人际情感相通的个人情态（emotion）和社会情态（social emotion）（黄光国，2010；Casciaro，2014）。其次，关系人情化是以维持和增进关系中的人际情感状态的组织化行为，在这个意义上，由讲人情而产生的社会行为会产生与情境变化一致的未来需求。再次，作为社会道义上的行为规范，人情超越了个体感受和认识范围，以关爱他人（caregiving）为行动出发点（Van Kleef，2009），互动双方遵循照顾对方感受的“仁”与“义”规则（沈毅，2012），而后在情感性授意（sensegiving）上依从“感受规则”（feeling rules）和“展现规则”（display rules）（Van Maanen & Kunda，1989）。显然，在关系情境的日常活动中，亲历者注重关系情态的共通性，不仅在乎社会理性，更讲究人之常情下的人际情感交流。日常活动中，处在关系情境中的人们往往都是有人情味之人（Lyon et al，2010），在照顾他人感受中注重关系情态的维持和增进，以便在互动过程中创造更多的可能性，也就是，在强调“关系本位”中遵从情境性感受共通性的“仁义礼”等社会规范（梁漱溟；Hsu，1971）。因此，落在具体情境的亲历者，是有血有肉的普通人，有私心但更重情义（Lyon et al，2010），其更多地强调的是一种社会规则的建构过程。

梁漱溟指出，“我们过去的社会组织构造，是形著于社会礼俗，不形著于国家法律，中国的一切一切，都是用一种由社会演成的习俗，靠此习俗作为大家所走之路（就是秩序）。”其中，“礼节”“习俗”通过约束和规范这一熟人社会中个体的行为来实现对乡土社会的秩序的构建（刘岩峰、齐晓亮，2011）。李义波等（2011）认为礼节是习俗是人的情感的投射、积淀与表达，习俗是讲人情的，不是冷冰冰的教条，在人情交往中可以灵活应用的原则，习俗包括人的情感成分，最直接的一种外在表现即为人与人之间的互助。因此，依据大家对礼节与礼俗的内在的遵从，礼义规则的人情交往具有将大家组织起来的潜在力量。

1.2　理论背景介绍

Collins（2014）指出，人际交往是社会化心态，组织日常活动是由具体情境驱动的互动礼仪所形成“共通性感受”上的共识性活动，Goffman（1967）则认为日常人际互动是情态共通和礼仪交往的结果，也就是说，日常组织活动推进实际上是情境性因果模式，而不仅仅是价值导向下的具体概念性因果律。所谓的情境，是指一些仪式互动性场景，包括周围环境和人际关系、以及由此激活的内心感受共通性状态及其产生的记忆内容

（Goffman，1959，1967）。由此不难理解日常组织实践不断发生的预期性事件主题漂移，可能是为了维持共通性感受存续而导致彼此注意力的转移。因此，具体情境下的情感与情感能量才是人际交往的动力源，并在注重社交礼义规则的社会互动之中得以滋生，以便形成感受共通的临时现实和建构出组织团结一致。其中，礼义规则不仅是约束微情境性行为的外在动力，也是互动中个人行动的内在动力源。

在日常社会生活中，目标往往是不明确的，或具体任务也无法明晰，或规章制度难以触及，即日常性组织活动要么不在合法性约束范围之内，要么组织合法性还未建立。在这种情况下，人们的行为都是采取情理逻辑，按照"情理之中"来为人做事和进行相关性判断，因此，情理逻辑既是基础性社会生活逻辑，又是支撑和推动我们开展日常实践的动力源。熟悉化是我们认识这个世界的过程，从熟悉的地方开始，去认识新事物和结识新人，然后再以新熟识的人和物去探索新的边界世界，也正是一层层边界的熟识化，即维持共通性感受的层层推进（Hinds & Cramton，2013）。最容易的开始地方往往是我们所熟悉的，这就是日常生活的行为决策逻辑（Hinds & Cramton，2013）。在这个意义上，注重人之常情的人往往依据最亲近的熟人作为决策参照系，而不是依据价值最大化方式。

婚礼仪式作为一种具体的实践仪式，不仅可以体现纵向的历史和传统的延续，也可以反映横向的社会关联；同样，作为一种重要的仪式，族亲、亲戚、工作中的同事以及近邻常常前来参与婚礼。对于参与的人，黄鹏进（2008）认为，可以分为亲缘、地缘、业缘三种。作为一种关系建构行为，婚礼意识中的参与有助于客人与主家之人的情感共通的状态的维持。在组织理论中，建构行为是指由情境变化驱动的自下而上的组织化过程，其中情境是被行为人所感知并关注的包括人情关系、组织制度以及任务目标等在内的社会文化意义（Gergen，2009）。显然，与结构主义的理性思维不同，建构主义认为，实体认识和实体存在是统一的，所以，在无明确预设和不做细致分析的前提下，建构行为是随着情境性机会和想法出现之后，而不断地产生想当然认识，并采取随后行动的系列过程（McNamee & Hosking，2012；Mair et al，2009）。当有良知的行为人进行关系决策时，建构行为则是一种组织创造性活动（Vadera et al，2013），与传统的建构范式不同（McNamee & Hosking，2012），这种建构行为一旦被打断或受阻，就会自然地涌现出更多新机会和新组织行为。

因此，在情谊融融的社会情态之中，人们之间已经成为一个有机的社会性组织，牵一发而动全身（McNamee & Hosking，2012）。一方面，对于身处其中的成员来说，具有社会性保障功能。当某一家庭（成员）落入困境，或者急需帮助时，集体性行动（有钱（财物）出钱（财物），没钱出人）会自发地产生，不计眼前回报地组织起来；另一方面，在应对外部环境变化时，为提高这个泛家族组织的社会情态和赢得声誉，将获得群体里成员的无私支持，这个组织所需的资源会自发地组织起来，分工协作、相互帮助、群策群力和同心同德。

1.3 研究设计

不同文化的思维模式在看待世界的问题切入点上、探寻世界的认知手段上（研究范式）、理解世界的分析类别上（问题分析），以及评价世界的价值标准上往往是存在很大差异的（Pettigrew，1979）。在实际生活中，人们更多地在意懂生活、爱生活和会生活的那种状态，即人之常情在日常生活习惯中起着决定性作用，很少强调个人的理性活动。在实地调研的过程中，调研者一方面，要围绕关系情态的起起落落而进行实地观察、走访和记录，尽量不带偏见地细致录制下现场的社会互动场景，从微观层面的会话（风俗习惯）中可以窥探关系情态的变化；另一方面，围绕关系情境中的人物关系变化来展开访谈和实地走访，了解现象和事件发生过程中的人物关系变化，及其与资源流动和关系情态之间的联系。因此，首先，研究者进入情境之中并有身临其境的感受，与情境之人在文化上是同源的；其次，让情境之人充分展现，这样可能获得更多相关信息；再次，更为重要的是，既然调研者也是情境之人的一部分，也不自觉地参与而不主导主题建构活动（Ozanne & Saatcioglu，2008），这样尽可能地去捕捉日常行为的关系动力。

本次调研的以及后续的资料处理过程如下：首先，在客观性原理和文化同源性遵循基础上，做到由旁观者向亲历者身份的转变，由出嫁者的妹妹进入情境调研，这样还能克服方言的障碍；其次，研究方法采用社会人类学的田野调查法，因为，田野调查法作为人类学主要的资料收集和分析方法，参与式的“融入”可以保证从实际的社会情境中观察人和理解人，并从当地人的立场出发来理解当地人（赵旭东，2009），从而从社会内部去揭示人们的行为模式（Layton，1997）及其人物之间的关系情态。本次的调研主要有两种途径：调研者参与到婚礼仪式中进行调研，用DV进行相关场景的拍摄、将录音笔放在新娘的父亲的身上，在不受约束的情况下记录他在整个婚礼仪式中与“关系”中人互动的过程。五个阶段：第一，2014 年 5 月 10 ~ 14 日，婚礼举行前关于该地婚礼仪式中相关习俗的预调研；第二，婚礼前以及婚礼进行中的参与调研；第三，回门前以及回门当天的参与调研；第四，整个婚礼结束后，对婚礼仪式中充当领导者身份的新娘的爸爸的深度访谈；第五，在后期的资料整理过程中，对一些录音比较模糊的地方对相关的人进行回忆式回访，将当时的场景进行整体描述，尽可能地让他（她）还原当时的情感状态，保证所获的资料尽可能的还原社会事实。

对于资料的分类方法而言，数据处理者依据关系情态的互动场景以及人情交往的人际关系推进来对原始素材类别化（Glynn & Navis, 2013），这样既能较完整地还原历史原貌的真实现状，既有事件链，又有人物关系变化的情节，而且能打动其他人员（例如读者），使之产生一种身临其境的感受，换言之，更关注复述的故事，在细微之处吸引人；另外由于关系情态包括人情关系和关系情感（Trickett & Espino, 2004），所以调研过程中着重关注人物关系变化和场景会话，Gioia 等（2013）的建构分析法在这方面具有突出的优势，故而采用其建构分析法对资料进行分析。

本案例的所在地王新庄某村位于安徽省阜阳市临泉县瓦店镇与姜寨镇交界处。据考西周开国功臣姜尚（字子牙，又称太公望）其先祖伯夷佐禹治水有功，虞夏之际封于新蔡（今河南新蔡）为古侯国，姜寨为古吕属地，吕侯之后姜子牙生于此，故名姜寨。1992 年 3 月撤区并乡，由原隶属于姜寨区的姜寨乡、杨寨乡、高城乡合并组建成姜寨镇。姜寨镇全境土地面积 55.9 平方公里，耕地面积 49457 亩，辖 28 个行政村、94 个自然村，14205 户，总人口 65976 人，其中农业人口 54721 人。而本次婚礼的所在地是在这样一个悠久文化传统的乡镇下的农村家庭。

在婚礼前，一方面，尽管婚礼举办一家已经做了相应的准备，但一场婚礼涉及的事情太多，故常常面临人手不够、资源准备等问题；另一方面，在婚礼仪式的进程中，存在有很多细节性的难以计划周全（例如具体的由谁接客人，敬酒等），或者一些突发性的情况（例如酒水、烟不够，座次的混乱等）。此时，出于彼此间关系情态的考虑，亲戚朋友们在礼俗与礼节遵从下前来参与并随礼，而这自然而然成了支撑婚礼进行的资源以及“帮忙”的来源。当不同的问题出现时，婚礼举办家庭或者是通过将客人送的礼物拿来用，从而使礼物转化为目标情境完成服务的资源，或者是通过参与者的帮忙来解决，在这样的参与与帮忙中彼此之间的关系得到维持与推进。此外，对于与婚礼仪式举办家庭中人拥有着不同的关系情态的参与者而言，在整个婚礼过程中，其与婚礼举办家庭中之人的互动过程是不同的，进而导致了具体情境下的问题的解决也有所不同。正是这些礼义规则性的参与和礼俗性的随礼，以及在不同的情境下，依托婚礼仪式举办方与客人集体性努力，最终推进了整个婚礼仪式得以顺利、圆满的完成。

1.4 研究发现

1. 婚礼仪式中的关系实践

人们在日常社会生活中的组织行为是一种关系实践的建构活动。一方面，活动所涉及的对象上，表现在不管是亲缘关系、地缘关系还是业缘关系，其内在的都具有一种“情”或“义”的关系本质，而也正是这样的或“情”或“义”的关系基础，人们才会内在服膺于仁义礼的日常行为规范（费孝通，1997；王铭铭，2009），并在长久的实践中内化为一种习惯性的行为；另一方面，一次次的共同行动中，相互之间的关系得以展现、维持并强化，这样又进一步强化了彼此之间的情感，从而为下一次的共同行动提供了更加坚实的“情感基础”。因而，讲人情的人们的组织活动其本质上是一种情感性关系的展现、维持与强化的关系实践与建构的过程。依据费孝通（1997）先生的“差序格局”理论，熟人社会中的人际关系存在有两种属性：一是关系之间的关系身份的不同（最明显的例如，将关系分为血缘，亲缘，地缘，业缘）；二是在关系内的关系情感的不同（例如，患难之交与一般的朋友），依据这两种属性，人们在礼的约束下进行关系实践的关系建构活动。在本案例中，依据婚礼的进程，婚礼前的准备，婚礼进行中和婚礼后，关系实践与建构的过程主要表现在三个阶段：婚礼仪式前的关系卷入；婚礼进行中的关系情态维持；婚礼仪式后的友谊加深。

（1）婚礼仪式前的关系卷入

在中国，以致任何其他的国家，任何一个重大的仪式（如婚丧嫁娶等生命仪式）都会牵动关系内人的心，人们会因为他人的喜事而高兴（例如婚礼的贺喜），同样也会因为他人的痛苦而感到难受（如丧事的吊唁），当一方发生变化，另一方常常会自动的联动起来。对于喜事而言，人们会在遵从仁义礼的基础上，综合自己与婚礼举办家庭中人的关系情态的考虑，参与到婚礼中并随礼。这样，婚礼仪式就成了亲缘、地缘和业缘关系所连接的人汇集的场合。通过仪式中的“在场”，彼此关系得以展现与确认（费孝通，1997），人情也得以集中释放。不同关系情态的人对于参与到婚礼中的时间是不同的，一般来说，关系较好的亲戚，朋友会提前参与其中，而关系情感一般或关系身份比较远（例如地缘关系的“邻居”和不经常走动的亲戚）则只会在一些正式的仪式中参与进去，和婚礼举办家庭中人之间的互动也比较少，只是遵照习俗去赴宴，彼此关系只是得以展现与确认而已。例如，本案例中王家的孩子们（新娘的兄弟姐妹）提前好几天就回到家中参与婚礼前的准备；亲缘关系的二叔、三叔一家在婚礼前一天来到王爸的家中；地缘关系所连接的钟老三和王二哥，和王爸关系很好，平时经常来往，在婚礼当天的早上就早早地过来；业缘关系所连接的王爸朋友则是在回门前一天下午和晚上陆续地到来，准备参加回门正宴，具体的婚礼仪式中的参与者的关系情态（关系身份和关系情感）、参与到婚礼中的时间见表 1－1。

表 1－1　　婚礼仪式前的关系卷入

人物	关系类型	参与特征	参与时间	备注
女儿和女婿、儿子和儿媳、女儿	血缘关系 关系很好	了解到要结婚后主动过来	结婚前	远在大连读研的小女儿特意请假回来 已经出嫁在外工作的大女儿带着自己的老公特意赶回来
三姨和她儿子	亲缘关系 关系很好	接到通知后就要求过来	结婚前	结婚正礼之后，就留了下来一直到回门后才回去
二叔一家	亲缘关系 关系很好	主动要求过来 “商量商量”	结婚前	结婚正礼之后，回门前与回门的时候都一直参与在其中 二叔女儿明天上午十点的飞机不得不走，但还是坚持上午去陪新娘化妆
三叔一家	亲缘关系 关系很好	主动要求过来 “商量商量”	结婚前	结婚正礼之后，回门前与回门的时候都一直参与在其中 三婶本来说好去练车，但还是决定不去了 三叔的女儿还有不到一个月高考，但还是坚持来参加
钟老三	地缘关系 关系较好	主动过来	结婚当天	结婚正礼之后，回门前与回门的时候都一直参与在其中

续表

人物	关系类型	参与特征	参与时间	备注
王二哥夫妇	地缘关系 关系较好	主动过来	结婚当天	结婚正礼之后，回门前与回门的时候都一直参与在其中
表大爷	亲缘关系 关系较好	主动过来	结婚当天	结婚正礼之后，回门前与回门的时候都一直参与在其中
表姑	亲缘关系 关系较好	主动过来	结婚当天	结婚正礼之后，回门前与回门的时候都一直参与在其中
新娘同学甲乙	业缘关系 关系较好	了解到结婚后主动要过来	结婚当天	结婚正礼之后，回门前与回门的时候都一直参与在其中
爷爷和奶奶	血缘关系 关系很好	了解到结婚后主动要过来	结婚当天	奶奶最近经常疼，但还是坚持要过来看看 结婚正礼之后，回门前与回门的时候都一直参与在其中
王爸的朋友（大概50人）	业缘关系 关系一般	间接或直接了解到之后就过来了	回礼	很多朋友都只是间接听说要结婚，但还是不辞辛苦的赶了过来参加
王爸老家亲戚（36人）	亲缘关系	接到王爸的通知后都来了	回礼	
同庄的人（大概30人）	地缘关系 关系一般	接到王爸的通知后都来了	回礼	尽管因为王爸“太忙了”没有一一通知，但很多老家的邻居还是前来参加了
姥家的人（大概30人）	亲缘关系 关系一般	接到王爸的通知后都来了	回礼后	

处于不同关系情态中的人，他们的行动是差异和独特的。例如，不同关系情态的人在婚礼中的随礼，种类和数量有所差异。此外，随礼不仅反应出关系情态，还受到一定时期内人们所普遍认可和共同遵守的惯例，俗语称之为“乡俗”。非常亲近的人会根据仪式中的所需来“随礼”，例如二叔的女儿的王冠和耳坠以及二叔儿子的香水。通常的，随礼多是以现金的形式，姑姑家结婚时给300元，回门时礼钱1000元，敬酒时还给了喜娘新郎红包；叔叔家在之前的婚礼中都是礼钱2000元，因为前些天三叔的儿子结婚的时候，业缘关系的老陈给了8000元，所以，王爸认为，“人家一个外人都给了8000元，咱自己人才给2000元太少了”，于是提出给1万元，并且，三兄弟做了个约定“这个钱新人自己掌握”，因为这些随礼以及彩礼更多的是一种美好的祝愿，“让她一顺百顺”；作为地缘关系的邻

居基本上给的都是500元，以求大家差不多，因为关系身份都差不多；而作为业缘关系的王爸朋友从3万元到几千元不等，这其中固然还有个人经济状况的原因，但是更多的是“因为有的人吧，和我关系（情感）好一点，所以就随的礼重一点，关系一般的就大概和人一样，意思意思就行，礼数到了就行”。上述各种关系身份，以及同一关系身份不同关系交情者所随礼的不同基本上符合黄鹏进（2008）所提出送礼金额的几种现象。

通过礼节性的参与与习俗下的随礼，展现与确认了创建仪式中的关系身份地位和交情深浅。但是这样的参与与随礼只是使得彼此之间的关系得到确认与展现，却未能进一步的深入，甚至若一直止步于仪式性的参与和随礼，随着时间的推进，彼此之间的关系会慢慢的淡化，甚至退出这种仪式中的关系卷入，最终可能会使得彼此之间的关系情态难以维持下去。

（2）婚礼仪式中的关系情态维持

在组织任务性情境里，当组织成员之间的人际感知（interpersonal perception）产生时，组织才开始存在；当组织情态共通性发生时，组织生命力才会出现，并发挥作用。在组织的关系实践中，关系化行为塑造组织日常行为，关系建构是发挥组织功能和增强自创生能力的基础性手段，也是日常性方式。但是，关系建构并不是凭空发生的，一般会随着礼物（人情）往来、相互帮忙、给面子，以及照顾他人感受的人际交往而产生。也就是说，正是这些强调人际情感交流的互帮互爱行为（遵循“仁义礼”的社会互动过程）推进关系建构的发生，从而使得关系情态得以维持。婚礼仪式中，参与者的帮忙常常发挥很大的作用（吉国秀，2005；费孝通，1997）。在婚礼仪式中，参与者在亲缘、地缘、业缘等亲密关系的基础上给予帮助，享受的是帮助他人时的人情交往过程，以及情感交汇得以维持的状态，在意的是情感相通的感受。通过婚礼仪式中的帮忙，使得双方之间的关系得到维持，关系维持既是一种目标性的约束，也是一种关系实践的结果。

在本案例中，我们发现在仪式中的两种帮忙特征：一种帮忙特征是参与者在遵从礼节与习俗，对自己与婚礼举办方之人的关系情态的综合考虑之后所提供的帮忙。这又有两种表现形式，首先，是参与者自己亲自帮忙。例如，在婚礼准备前亲缘关系的二叔夫妇、亲缘关系表大爷、地缘关系的钟老三一同帮忙贴喜字。其次，参与者通过自己私人关系的延伸之人来参与到婚礼仪式的帮忙。例如，在回门宴中，人巴车师傅之前没有办理相关的手续，车子开进阜阳的时驾照被扣，王爸把这事给王二哥说了之后，“王二哥就问在哪出的事，哪个路段，这阜阳市里边的所有的交警他都熟悉，然后就主动找人（帮忙）”。另一种帮忙特征是非参与到婚礼仪式中的人遵从习俗与礼节，在双方关系情态的潜在的作用下所提供的帮助。例如，回门当天王妈和小女儿去买展架时，小区的老板对于常年在外的“陌生的邻居”的小女儿的说话语气的生硬，“没有那种型号的，只有一米五的和两米的”，而当看到王妈这个熟人时的热情，“你嫁女儿用啊，拿去用吧”“真的，都是一个院的，拿去用吧”，而正是在这样的帮忙互动中使得双方之间的关系得以维持。值得注意的是关系展现中的帮忙或者被帮忙的首要原则并不是考虑资源的最优，而是针对具体的问题下的双方之间的关系最近，因为彼此相互熟悉，心理距离较短，但是这并不是说对方的资源不优。例如，对于驾照的事件并不是说王二哥能够最好的解决这件事情，而是因为他和王爸的关系很不错，同时，他又刚好还能够比较好的解决。在婚礼仪式中的帮忙行为中关系维持的关系实践（如图 1 –1 所示）。

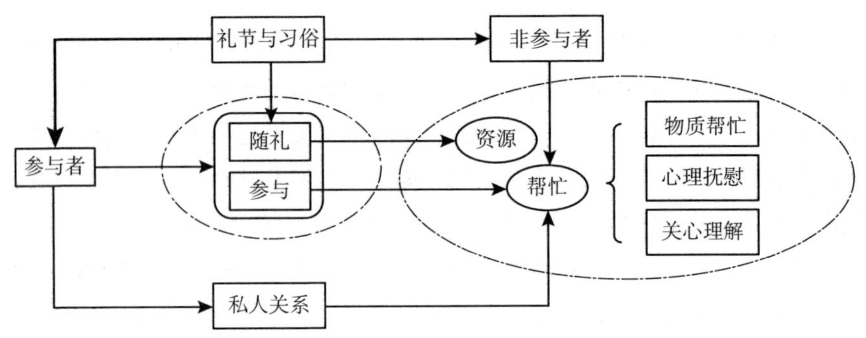

图 1 –1　婚礼仪式中的帮忙：关系维持的关系实践

另外，本研究也发现，帮忙不仅是物质或者人力上的帮忙，也可以是对于他人心理上的安慰：例如结婚当天，当大家都拍好照，新娘准备走的时候，王妈抑制不住情绪，哭着拉着王雪不让她走，众人都在一旁劝阻。当女儿走到门口的时候，王妈忍不住抱着新娘新郎抱头痛哭，此时其他人也被气氛感染，孩子儿媳、大女儿、小女儿也都在一旁掉眼泪边拉着妈妈边安慰，在场的亲戚三婶、小姑、二婶也都过来安慰王妈；同样也可以是出于照顾他人感受的关心理解他人：在回门宴中，王爸在敬“同庄”的人的酒时候，“不是我没有诚意，你们看有的亲戚都要离席了，大家一起来哈，对不住了……”，而大家也是表示理解的笑着道“好，好……”；最后亲戚回去的时候，也是很理解，“大家都知道我忙，都是打个电话说一声，我出来就不见人了，都开着车跑过了”“有些走的我都没送人家，我的天，有好几个走的我都没忙得迎送人家”，还有“俺这院里边的，院里边的人家辛辛苦苦的（来帮忙），饭都没来得及吃”。

通过集体的帮忙，一方面，婚礼得以顺利圆满隆重的举行，从而在某个方面为这个“临时性组织”赢得声誉、面子。另一方面，仪式中的帮忙也将双方之间的关系在参与与随礼的关系展现与确认的基础上使得关系得以维持，但是对于“不进则退”的人际关系来说，如果关系实践只是止步于单向的帮忙，那么关系只能停留在维持阶段，甚至如果长期处于这样的单向的“付出”的话，可能还是导致关系的疏远。

（3）婚礼仪式后的友谊加深

在中国情理社会中，人们所提供的帮忙只是在情理逻辑的影响下的情理之中的行为而已，并不要求回礼，但是作为接受帮助的人却有一种潜在的回礼的“义务性”，另外，如果不回礼的话他们自己会心里感到很愧疚。也即是一种“施恩勿念，受恩莫忘”，虽然提供帮忙的人并不要求回报，但社会客观上则可产生“报”之回应，来往之间，人际关系便得到了强化，与此同时，“回礼”的行为是基于人们的情感需求，并不是出于某种“私利”的目的，它在很大程度上是出于个人的自然情感。

对于提供帮忙的人，“回礼”的方式也收到礼节与习俗的约束，不同关系情态的人的回礼方式是不同的。对于血缘关系的人例如，自己孩子没有什么特别的，因为都是一家人。对于地缘和业缘关系的人，王爸在婚礼的回门宴结束之后，准备再单独摆一桌，“俺这院里边的，院里边的人家辛辛苦苦的，饭都没来得及吃，我阜阳的还有几个也喊着啊，阜阳的客户还有几个呢”；对于拟亲缘的干女儿，王爸则是说道“哎哟，干女儿，你辛苦了，晚上可有时间，我单请你”；而地缘关系、关系情感很好的钟老三和王二哥也是被王爸请到晚上的聚餐中，“咱去尝尝富丽华，富丽华那菜可不错，咱晚上就搁那（吃饭）”，因为“这几个帮忙的啥都没吃，没吃好”。特别的，在回门第二天，新娘和新郎来到王家，说按着习俗要去他们家看屋的时候，王爸认为要是真的有这个习俗的话“有咋能不去呢”，随后又问道“我带几个朋友去可管，我这有几个朋友一直想去你家那钓鱼”，因为新郎家旁边有很多池塘，很适合钓鱼，送日子的时候，钟老三跟新郎的父亲提过去那钓鱼的事情，且钟老三在平时闲聊时，几次跟王爸提出，等有时间去钓鱼，新郎觉得没有问题，所以王爸就打电话给钟老三和王二哥，但是他们俩都没有时间，随后又打电话给了其他人（二叔、三叔和一些朋友），但是依旧是没有时间，本来王爸想等两天他们有时间再去，但是因为新娘坚持说，“爸，明天去吧，他家把菜都买好了”，所以只能自己去，“下次有时间再叫上他们一起去”。另外，以后如果这些人需要帮忙，例如他们家也要举办婚礼，王爸去参与并回礼是肯定的，并且王爸一家肯定也会不予余力的去帮忙，对于生活中的人们而言，这是毋庸置疑。在“回礼”以及下一次的仪式中的参与、回礼以及帮忙中彼此之间的关系得到了强化。而这样出于心意的表达的“回礼”在某种程度上潜在的是对帮忙者的一种激励，同时，在帮忙者所发起的情境中婚礼举办方的参与式“回礼”是一种组织能力的体现。所以，在婚礼仪式后的“回礼”的关系强化的关系实践中，在一定程度上体现了关系的激励和组织功能（如图 1 - 2 所示）。

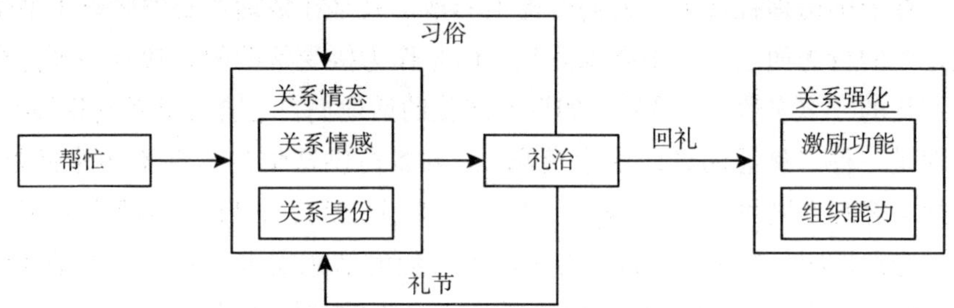

图 1 - 2　婚礼仪式后的回礼：关系强化的关系实践

2. 关系建构中的组织创建管理模式

从上面的案例的分析过程中，我们发现，日常的组织活动其本质上是关系的“展现—维持—强化”的关系实践为基础的关系建构过程。而正是在这样的以关系实践为基础的关系建构过程中，日常的活动得以组织。婚礼仪式是一项重大的仪式，想要办好整场婚礼酒席是不容易的，这就需要很多帮忙，婚礼举办方必定会因为愁着这件事而导致情绪的变化，此时人们的关系情态共通性发挥作用，关系内的人感受到这个变化之后而自动调整。尤其是在一个熟悉的环境里，当面临麻烦的时候，会自然而然地得到周围人的施助，以便走出困境，实现目标，值得注意的是此目标不是为了自己的私欲，否则就很难得到关系内人出于交情的无私的帮助或得付出相应的代价（交易）：如前所述，关系情态可以约束个人的私欲。

调研中发现，对于组织目标的圆满实现所要完成的事务主要通过以下三种途径解决：首先，在仪式性事件的影响下，关系内人的预设性的解决问题：其次，对于一些常规性的事务，主动提前参与其中的关系内人会在婚礼举办方的一位“领导者”的领导下组建一个常设性的机构来解决；最后，对于一些预设情境之外的事件（例如一些突发性事件）则通过特定的参与者（常设机构内与外的人）的社会身份来解决。需要特别说明的是，不管是为完成预设性的事务而组成的常设性机构中角色的担任，还是预设情境之外的事件依托指定人物的社会身份的解决，并不遵循资源的最优，而是依据婚礼举办方中人与该事务（件）的解决人的关系距离最短，即关系情感最好。

（1）预设性的解决问题：仪式性事件的影响力

关系展现与确认的关系卷入阶段，客人在清理逻辑的遵从下参与到婚礼中并随礼。根据以往的经验，一些关系比较近、关系情感比较好的亲戚朋友会针对婚礼中仪式中的习俗，进行一些预设性的随礼或预设性的为婚礼举办方解决一些问题：二叔的女儿在婚礼前一天来到王爸家的时候，带来了王冠和耳坠作为婚礼的礼物送给了和自己关系很好的新娘姐姐，这两样都是婚礼必需品；作为王爸邻居的钟老三，平常和王爸关系很好，在仪式前某一天，钟老三和王爸一起吃饭，提醒道，“就差一个这个（搓衣板）”，并且提出要给他一个机会“叫俺买一样（给新娘当嫁妆）啊”，并且争抢要用自己的钱买，“一张擦屁股纸我都不叫你（王爸）出”，而这也是婚礼中必须要使用的东西（新娘的嫁妆）；同样，对于一些关系情感较浅的地缘关系者，当了解到婚礼举办方要举办婚礼的时候，也会在仪式性事件的影响下给予帮忙，预设性的解决一些问题；例如，当王妈和小女儿去当王妈去一家日用品店买茶具的时候，愁着不知道婚礼该准备什么，老板欣然告知，并且“不是说想叫你在俺这买东西，这好多东西俺店里没有，咱只是说说这（结婚的）规矩。”在仪式性的事件的影响下，在彼此情感相通的基础上，彼一方会通过自己一些经验去忖度他人的心，进而进行相应的“随礼”，并在婚礼仪式这一情境下转变为支撑其顺利进行的资源，或者是通过预设性的提供一些建议（并实施）来帮忙解决问题。

对于关系展现的关系实践的阶段的客人的参与来说。首先，只要不是有非走不可的事，或者实在是抽不开身，就一定会抽空来参加；例如，二叔的女儿和新娘感情（关系情感）非常好，尽管明天上午十点必须去广州，但仍坚持“明天去陪你（新娘）化妆”，同样，三叔一家也提前过来，三婶推掉了昨天说好的“去练车”，他们的女儿尽管还有不到一个月就要参加高考，但还是坚持过来参加，因为“俺姐就结这一次婚，就请假来了”。其次，因为婚礼中要通知的人非常多，而且要准备的事情非常多，有的客人会因为婚礼举办方“太忙了”而忘了邀请或者没有正式邀请，但是他们还是会遵从礼节与习俗前来参与；例如，对于业缘身份的王爸的朋友来说，“我没有通知他们，就是有一次在跟他们在一起吃饭的时候，他问，问起我跟他讲了以后，他就在公共场所跟别的朋友讲，他们才知道，他们决定要来了……”；同样地缘关系的王爸老家“同庄”的人，因为有些没有接到通知的“同庄人”还是遵从礼节前来参加婚礼，而尽管他们的参与有点预料之外，但是在关系逻辑的礼治下，这也是情理之中。不管是预料之中还是预料之外的参与，都是情理之中的，由此可见，人们的行为都是采取情理逻辑，按照“情理之中”来进行为人做事和进行相关性判断，这就在一定程度上说明，情理逻辑既是基础性社会生活逻辑，又是支撑和推动我们开展日常实践的动力源（如图1－3所示）。这表现了关系展现的关系实践阶段，人们的情理逻辑的组织和被组织能力，而正是在这样仪式性事件的影响下的组织与被组织中的参与，为后面的婚礼中的问题的解决打下了基础，所以，在某种程度上来说，参与也是一种预设性的解决问题。

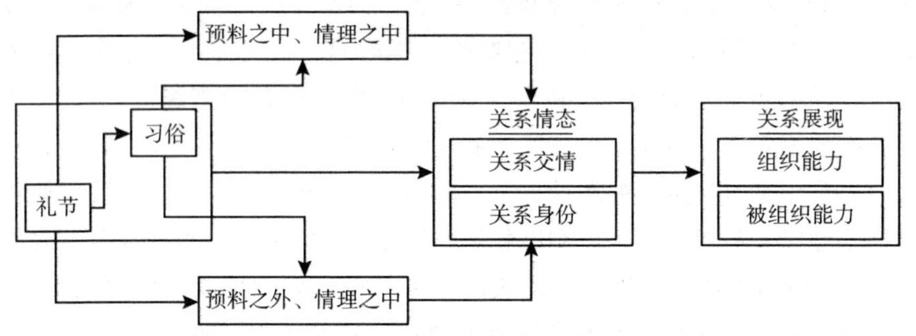

图1－3　婚礼仪式中的参与：关系展现的关系实践

（2）预设性的问题解决：常设性机构的建立与实施

基于彼此关系的考虑，人们参与到婚礼当中来，不管是预料之中还是预料之外的参与，都是在情理之中的。婚礼中要准备的相关事宜非常多，婚礼举办方通常会根据经验对婚礼中要解决的问题进行预设，但是，单凭婚礼举办方自己的力量还是无法全部解决。这个时候，在关系维持的关系实践阶段，出于维护彼此间共通性情感状态，参与者往往会根据关系情态的考虑，自发的围绕婚礼举办方的一位德高望重的领导者而组建一个常设性的机构，成为这一常设性的机构中的一员，在其中占据一个适合自己关系情态的角色，并在这位领导者的领导下以目标情境——婚礼仪式的顺利圆满完成而相互协作。对于常规性的事务，在整个常设性机构内，彼此在连在一起的感觉的基础上，各就各位，各守其道，通过调节自己来带动对方调整以促进常规性事务的完成，从而支撑组织目标的实现。

这一常设性的机构主要包括王爸、王妈，二叔和三叔、钟老三和王二哥、三婶和二婶、三姨和表姑、表大爷、王爸家的孩子、二叔和三叔的孩子、小王以及兰子等（如图1－4）。围绕领导者王爸，按照人情逻辑，常设性机构中的成员可以分为三类即：家族成员、身边的工作同事、心腹亲信。其中家族成员主要是私人关系，而身边的工作同事则只包含个体的正式关系所连接的他人，心腹亲信则兼而有之：越是靠近内圈，则在这个机构中的等级位置越高，也就是趋近于科级制度中的所谓的领导者和管理者的位置，但却不是真正的科级制度中的管理者，因为这一常设性的机构并没有一个明确的机制的划分，其中的“等级”的划分是内在的依据关系身份与关系情感而决定，也即由参与者与婚礼举办方（本案例中主要指的是王爸）的关系情态而决定。需要指明的是，尽管从整体上看，领导者与被领导者属于这样的划分，但是在具体的互动情境中，领导者与追随者的互动符合阴阳平衡的模式，即为了不失去感觉相通的平衡之态，阴阳之位会自发地发生转变，即领导者王爸也有可能是情境下的追随者。例如，当钟老三来到王爸家的时候，钟老三说咋没有准备烟灰缸呢，“你们这群不抽烟的人啊，你说你……”，而自我标榜为“不抽烟的人的王爸”在钟老三的指挥下也是亲自和自己的几个孩子去找烟灰缸。

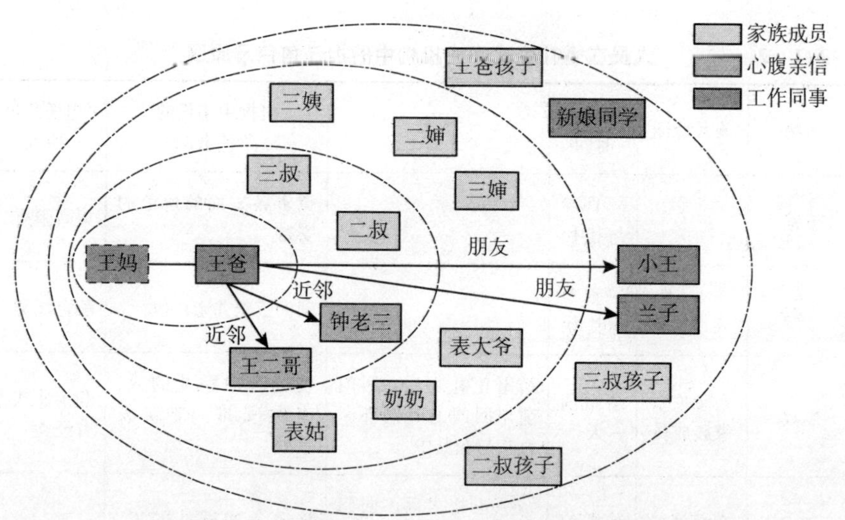

图 1-4　婚礼仪式中的常设性机构的成员构成

当常设性机构组建完之后，领导者会根据自己对成员的预设性了解来安排各个角色所要负责的事情。例如，婚礼前，王妈和小女儿负责一些小件嫁妆的采购以及化妆店的联系，因为王妈经验比较丰富，小女儿则负责陪同，且小女儿好不容易回来一次，刚好多和她妈待在一块；儿媳负责烟的购置，因为儿媳与地缘关系的小区美容店的老板娘是“关系还不错的熟人”，而老板娘的老公是烟厂老总的司机，“在闲时聊天时，老板娘主动提出可以提供出厂价格的烟”；在婚礼当天，当钟老三看到 DVD 没有碟子的时候，问王妈道，“你这可有电脑”，王妈告诉到有之后，钟老三立马想到让懂电脑的小孩调，“拿个手提电脑，教小孩调那玩意儿，小孩会那唢呐……”，而最后王妈就让在场的二叔的儿子负责了，因为他是“年轻人”，他懂这个；奶奶、二婶、三婶、三姨以及表姑和表大爷几人婚礼经历的婚礼比较多，所以负责婚礼相关的规矩的完善以及准备事宜，通过讨论来完善婚礼的规矩，而年轻人则负责并执行相应的物品的落实与准备，以及后续的在回门的准备以及回门宴中的各角色任务的安排也大抵如此。具体的人员在婚礼仪式完成机构中的担任角色及原因（见表1－2）。可以说，正是在王爸的领导以及二叔、三叔、钟老三和王二哥的管理下，对于所能够预想到的各方面的事情的预先安排好，在具体的实践过程中，个人努力地把自己在这一机构中所承担的角色所对应的常规性的事务解决好，各方面协作并有条不紊的进行，从而有力地支持了目标情境即婚礼仪式顺利、圆满、隆重的完成。

表1－2　　人员在婚礼仪式完成机构中的担任角色及原因

人物	关系特征	参与时间	备注	机构中担任的角色事例	担任角色原因
王爸		一直参与其中		负责各方面的角色的安排	德高望重
王妈		一直参与其中		辅助王爸并亲自执行	配合默契
二叔	亲缘关系家族成员	结婚前一天	结婚正礼之后，回门前与回门的时候都一直参与在其中	接送参加婚礼的人、座次安排、带新人敬酒	和亲戚熟悉有经验
三叔	亲缘关系家族成员	结婚前一天	结婚正礼之后，回门前与回门的时候都一直参与在其中	接送参加婚礼的人、带新人敬酒	和亲戚熟悉
钟老三	地缘关系心腹亲信	结婚当天早上	结婚正礼之后，回门前与回门的时候都一直参与在其中	完备婚礼“规矩”并执行事宜、接待王爸朋友、座次安排	经验较丰富和王爸朋友熟悉
王二哥	地缘关系心腹亲信	结婚当天早上	结婚正礼之后，回门前与回门的时候都一直参与在其中	完备婚礼“规矩”、接待亲戚朋友、座次安排	经验较丰富和王爸朋友熟悉
二婶	亲缘关系家族成员	结婚前一天	结婚正礼之后，回门前与回门的时候都一直参与在其中	完备婚礼“规矩”并执行事宜	经验较丰富

续表

人物	关系特征	参与时间	备注	机构中担任的角色事例	担任角色原因
三婶	亲缘关系 家族成员	结婚前一天	结婚正礼之后，回门前与回门的时候都一直参与在其中 三婶本来说好去练车，但是还是推了	完备婚礼“规矩”并执行事宜	经验较丰富
爷爷 奶奶	血缘关系 家族成员	结婚当天上午	奶奶最近身体疼，但还是坚持要过来看看 结婚正礼之后，回门前与回门的时候都一直参与在其中	完备婚礼“规矩”并执行事宜 替王妈对三婶说让她不要让婉婉当伴娘，因为规矩不允许	经验较丰富 身份地位高，说话有分量
表大爷	亲缘关系 家族成员	结婚当天早上	结婚正礼之后，回门前与回门的时候都一直参与在其中	完备婚礼“规矩”并执行事宜	经验较丰富
表姑	亲缘关系 家族成员	结婚当天上午	结婚正礼之后，回门前与回门的时候都一直参与在其中	完备婚礼“规矩”并执行事宜	经验较丰富
三姨	亲缘关系 家族成员	结婚前一天	结婚正礼之后，就留了下来一直到回门后才回去	完备婚礼“规矩”并执行事宜	经验较丰富
王爸孩子	血缘关系 家族成员	结婚前好几天	远在大连读研的小女儿特意请假回来 已经出嫁在外工作的大女儿带着自己的老公特意赶回来	小件嫁妆的购置、协助接送参加婚礼的人、婚礼“规矩”内的物品的购置和相关事务的执行、回门中烟酒的配送、接待王爸朋友	年轻人眼力好，做事灵活
二叔和 三叔孩子	亲缘关系 家族成员	结婚前一天	结婚正礼之后，回门前与回门时一直参与在其中 三叔女儿还有不到一个月高考，但还是坚持来参加 二叔女儿明天上午十点的飞机不得不走，但还是坚持上午去陪新娘化妆	婚礼“规矩”内的物品的购置和相关事务的执行（如伴娘和送亲）、回门中烟酒的配送	年轻人眼力好，做事灵活

续表

人物	关系特征	参与时间	备注	机构中担任的角色事例	担任角色原因
小王和兰子	身边工作同事	回门当天	他和王爸的朋友都比较熟，故回门当天负责记账	回门当天负责记账	和王爸的朋友都熟悉
新娘同学甲乙	业缘关系身边工作同事	结婚当天上午	结婚正礼之后，回门前与回门的时候都一直参与在其中	陪伴待出嫁的新娘	和新娘熟悉，给予她安慰与心理的陪伴

（3）预设情境外的问题解决：人物的身份性

尽管按着经验去做出相关的准备，根据自己预先对于成员的了解去让他们分担相应的角色，让他们分头或者合作去准备相应的事情，解决相应的常规性的事务。但是在组织实践的进程中，还是会发生很多预设情境之外的事情；同样，对于婚礼仪式的进程来说也是如此，即使早先常设性的机构中的成员准备的再充分，任务安排的再详细也是会有很多“预料之外”的事情发生，从而阻碍目标情境的达成。例如，本来王爸安排的是二叔、王二哥、钟老三负责客人的房间以及座位的安排，但是中间“啥也不懂的”三叔因为接亲戚回来之后，看到三楼的包间里面是空的，对王爸的小女儿说，“去奶奶的房间把亲戚叫下来吧，这都空着呢”，而当奶奶带着亲戚都下来之后，二叔被王二哥批了一句“你啥也不懂”，因为这是安排好给王爸的朋友坐的。那么当预设情境问题（困惑）产生时，清理逻辑下又依赖于怎样的组织机制来解决？

针对预设情境之外的问题或者事件，主要是通过指定人物的社会身份得以解决。本案例集中体现为通过参与者的私人关系来调用资源使之得到解决，而此处的参与者既可以是在上述常设性机构中担任一定的角色的人员，例如，因为缺乏经验，被三叔找来接亲戚的大巴车不知道自己的车不能进入阜阳，所以进入阜阳之后驾照被扣掉，尽管王爸让司机“先把客人接过来，驾照的事情等等再解决”，但是所有的机构内的各角色都“没有能力”亲自去解决。当王爸把这件事告诉王二哥之后，“王二哥就问在哪出的事，哪个路段，这阜阳市里边的所有的交警他都熟悉，然后就主动找人”，最后找到了交警的大队长，最后司机走的时候，“王二哥和他说好了，只要去拿就行”。所以通过王二哥自己的私人关系的延伸——和交警都很熟，找到交警队长使得问题得以在原则内（还是交了一部分的罚款）顺着人情得以解决；在日常的生活实践中，人们很容易的会表现出对与自己比较熟悉的人表现出友善的态度。在回门当天，新娘打来电话说婚纱照的大海报展架断了，让小女儿再去买一个。小女儿和王妈走在小区的时候，碰到熟人老鲍，老鲍说小区就有广告店；起初常年在外的"陌生的邻居"小女儿来到小区的一家广告店中，老板态度很生硬，"没有那种型号的，只有一米五的和两米的"，然后小女儿告诉王妈之后，王妈让王雪一会和老板说，当王妈来到店中的时候，老板一看"都是一个小区的"，忙道，"是你啊，你好啊，是要展架是吧，拿这个去用吧，这个是可以伸缩的，保证能用"，当王妈问多少钱的时候，老板忙说，"拿去用吧""真的，都是一个院的，拿去用吧"，最后，在王妈的坚持之下，老板只能"那就给 60 吧，成本价"，可以说正是因为王妈对于这位店的老板来说的身份性使得海报展架的问题得到了在原则范围内的很好的解决。

这种预设情境外的事件的解决也可能是该常设性机构外的人员。例如，正式婚礼仪式之后，因为婚礼中帮忙的人吃了个便饭，把之前准备的酒喝了一些，王爸正在愁着"酒不够"的时候，新娘提醒道，"回门时老梅（新郎）不是要带酒吗?"，王爸有点担心，"他的酒是不是和咱家一样的?"当新娘打电话回来告诉王爸，新娘带的酒"跟咱家的酒一样，他带六件"，并且"他的酒是他开饭店的舅舅提供的买的，他说只要 682 一件，比咱家的便宜""咱也让他从那买呗"，并最终愉快的决定了从他那买，可以说本来已经预先准备好了的酒，但是因为组织实践的进程，原先预设地出现了超越预设情境的问题——酒不够，而通过常设机构外人员——新娘或者说新娘的丈夫的私人关系延伸——新郎的舅舅得到了解决，并且是得到了很好的解决。所以当预设情境之外的事件或问题出现时，依赖于常设性机构内的成员角色无法完成时，机构内或者机构外的成员的身份性（本案例中主要是私人关系的延伸）则被激活并用来解决相应的突发事件。

不管是为完成预设性的事务而组成的常设性机构中角色的担任还是预设情境之外的事件的人物身份性去解决，个人在实践的过程中首先想到的是通过组织熟人的力量（例如通过前来参与的人组织间常设性的机构），最容易开始的地方往往是我们所熟悉的，熟悉的人、熟悉的物，这就是日常生活的行为决策逻辑。相对于那些潜在的、陌生的最优决策（如果有的话），熟悉的心理距离最近才是注重情理之人行为决策的基本逻辑，是普通大众的首选方案。其所奉行的原则并不是资源的最优，而是依据个体与该事务（件）的解决人的关系距离最短，或者说关系情感最好；例如，对于驾照被扣的事情来说，并不是说王二哥能够最完美的解决该事件，只是对于该事件来说，王爸和王二哥的关系最短、心理距离最近，所以他才会主动提出要帮忙解决。有可能在场的人中能够比他更好地去解决这件事情，但是王爸和他的关系不如和王二哥好。另外需要强调的是，关系最短并不是说资源不优，例如关系不错的王二哥最后还是很好地解决了驾照被扣这一事件。

在关系展现的关系实践阶段，一方面，众人遵从礼节与习俗、综合关系情态的考虑参与到婚礼的过程中，会在婚礼这一仪式性的事件影响下，依据自己的经验去为婚礼举办方预设性的解决一些问题（例如针对婚礼仪式中要用到的东西而“随礼”）；另一方面，参与者会自发的依据关系情态而围绕婚礼举办方的一位德高望重而被推选出来担当领导者的人而建立一个常设性机构，或者是领导者依据自己对成员的能力的预先的了解来分配角色（或者主动的依据自己的能力去承担一些角色）。在关系展现的关系实践过程中，对于顺利完成婚礼仪式这一目标所需完成的常规性的事务来说，在彼此之间的交情关系的连接下，人们通过分工协作，依靠常设性的机构，集体努力共同推进组织实践的进程；但是组织实践过程并不总是和我们预先设想的那样进行，当预设情境之外的事件发生时，已经无法依赖于这一机构的各个角色直接完成，此时就依赖于这一机构内成员的角色外的身份（办案例中表现为私人关系的延伸）或者机构外的成员身份性（本案例中也是私人关系的延伸），通过两者单独或者共同起作用而调用组织外的资源来使得问题得以解决，以支持组织目标的顺利圆满完成（如图1－5 所示）。

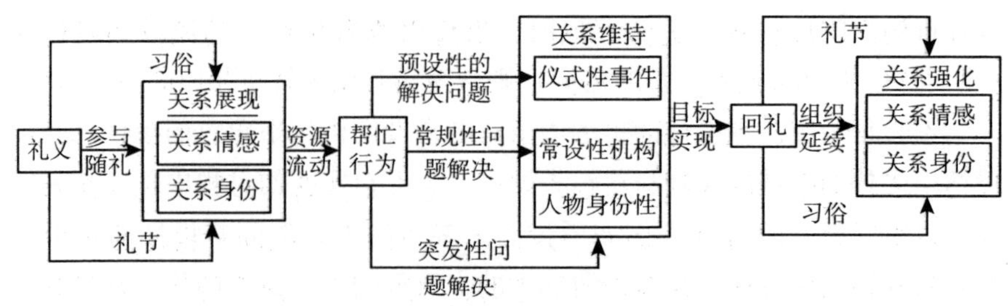

图1－5　关系规则与日常组织管理

在关系强化的关系实践阶段，当组织目标在大家的集体“帮忙”中顺利完成之后，领导者（婚礼举办方之人：本例的王爸）会对他们的辛苦而心存感激之心，因为本来婚礼仪式是大家开开心心的吃喝，但是因为他们和自己关系比较好而主要在婚礼仪式中忙于帮忙，而“没有吃好”，领导者通常会出于感激而心意的表达而回礼（尽管帮忙的人并没有要求甚至想过回礼）。一方面，这种基于心意的表达的回礼既有及时性的“单摆一桌”，也有“晚上单请你”，以及“带几个朋友一起去（你们那钓鱼）”。另一方面，在今后他人需要帮忙的时候（例如，也举办一些仪式性的事件如婚礼），婚礼举办方也会参与，在该情境中的常设性机构中担任某一角色，并在情境需要的时候依靠自己在该机构外的身份去调用组织外的资源来帮忙解决问题，支撑该情境的下的组织目标的完成。所以，关系强化的关系实践过程在某种程度上来说强化了关系的组织能力的同时，进而强化了组织存续的纽带——人情关系，进而成为组织延续的一个重要的基础、为未来提供了一个更大的可能性。

1.5 结论与讨论

任何一个社会性组织，是一种社会事实，并不像“看得见、摸得着”的实物一样，而是只有在人际互动过程中才能展现。因此，在现实社会的日常实践里，组织并不完全是一种静态的制度安排和组织结构，而是依存于人与人之间的交往行为而存在的（March & Simon，1958；Weick，1979）。由于组织中的日常交往活动缺失明晰的规章制度，也就是，日常组织活动的边界十分模糊，所以，遵从当地文化礼仪的关系实践可能是对创业性组织的有力补充和提供强有力的保障。

中国传统社会所强调的礼义规则，通过遏制私心膨胀的过程中，在积极地维护关系情态的人情法则本身（梁漱溟）。这与西方文化所讲的礼仪是通过个体私欲膨胀的社会规范，以达成在更大范围内和更好地发挥和满足私欲（Durkheim，1956；Goffman，1967），两者是截然不同的。特别地，在中国乡村社会里，人情交往可以塑造日常组织活动，即为日常性组织创建提供了关系实践逻辑。平凡的生活是没完没了的情境性顺承与推进（Hsu，1971），以通过注重礼义规则的人情交往的具体活动来定义和建构出组织创造性现实。通过实地参与、跟踪和访谈安徽乡村的婚礼举办整个操办和组织过程，了解在农村注重人情往来的关系实践活动。研究发现：在操办婚礼活动中，人们的关系化行为遵从习俗与礼节，综合关系亲疏远近来参与到婚礼当中（如随礼和帮忙），这种人情往来的关系实践保证了婚礼组织活动形成和顺利进行；当由家族成员、身边工作同事和心腹亲信所构成的常设性机构成立之后，婚礼举办所出现的常规性事务由常设性机构成员负责进程、落实和调配；对于意外状况发生则依赖于指定人员的社会身份来解决。研究还发现，在人情往来的关系实践中，受礼者的“回礼”是关系强化的，正是这种“回礼”行为使得组织活动随时都可能发生和组织建立起来。研究表明，在注重习俗和礼节的关系实践中，通过仪式性事件、机构角色和人物身份将闲散性资源组织起来，在相互帮忙中形成了组织创建的日常化行为。

在人情交往所形成的组织创建活动中，亲历者都是讲人之常情的，首先注重人情往来的交情行为，其次再考虑社会理性，常常把人情交往看作社会行动的原动力，以人情关系为规范原则，以关系情态为行动触发点和指南。在组织创建过程中，人是资源的看护人和监管者，需要这种资源就先要与他们打交道：如果是借调的话，用的是人情，欠下的也包括人情；如果是交换的话，用的也包括人情，欠的也不仅仅只是要归还之物了。这样会激发双方投入来积极地共同完成这一任务，甚至带有创造性执行，特别在遇到不确定性环境下。因此，人情与资源流动之间是紧密相关的，在提供工作流效率的情形下。期间发生的支出和努力是一种人情，而还情则遵从礼俗，并不简单的社会交换行为，更无须立即支付和承诺。另外，人情交往是没有尽头的。在这个意义上，组织创建者的日常组织化行为依存于在关系情态层面，进而建立起一个重人情的组织（Siqueira et al，2016），当内部人员的关系情态通达了，才会自发地产生强大的社会影响力和组织凝聚力，吸起其他人自愿加入进来。

有上述研究也获得了一些洞见，特别对当前西方管理理论研究来说。第一，从关系本位的礼义规则角度解释了日常组织创建活动，从日常组织实践活动中，提出并验证了日常交往遵从人之常情的行为准则，突破了传统组织理论对理性经济人的假说（March & Simon，1958；Weick，1979）。礼义规则并不否定资源不优化，这不仅发展了西方理论纯粹强调的利益最大化的理性决策模式，而且揭示了人情关系在日常组织创建和决策行为中的基础性作用（潘安成，李鹏飞，2014）。第二，与西方依靠外在强制性制度来规范组织成员的行为，并在此硬性制度规范的基础上构建以利益导向、目标导向的组织构建模式相比，在注重习俗与礼节的人际互动的情境下，日常组织活动的产生呈现为一种通过事件（仪式性）、机构（角色担任）和人物（身份性）的组织建构模式（Weber & Dacin，2011），这种超越组织制度边界的人情交往模式，不仅契合了日常性组织的关系交往实践，而且也拓展了注重机会开发和利用的决策逻辑范式下的传统创业理领域（Alvarez et al，2013）。最后，日常组织活动的形成和发生是依据情境变化的，又因为在人际交往中的关系情境起着主导性力量（Collins，2014；Goffman，1959；Hsu，1971），所以，以人际关系构成的关系情态则是人情交往推动组织创建的实践逻辑，为此，在数据采集、编排和归类上尝试性地采用了人际关系进行分类法，这与中国人讲究人之常情的情理逻辑是一致的（梁漱溟），也摆脱了传统西方理论的价值分类法，这种方法论对于后续关于中国传统文化的行为研究有重要的借鉴意义。

日常交往所遵从的礼义规则，是一种生产组织力量的根本机制。不同于产生于西方宗教信仰之下的传统组织管理理论，也就是，围绕日常生活的共同信仰而开展的日常交往的社交仪式；中国人在日常生活中更倾向于亲情、友情和爱情等关系规则，在乎与人交心所产生的共通性感受，而在日常组织生活中，维护关系情态的礼义规则直接决定了人与人之间日常交往的最终落脚点。因此，当人们比较普遍地注重人情往来的礼俗和礼节时，他们并不是不考虑价值性标准，而是更注重做事本身所维护的关系本位。从这一点来看，与西方理论的假设不一样，绝大多数的中国人所遵从的礼义规则，讲的是交往行动中的人情法则，而不是西方理论所推崇的价值规则，也就是事前或事后所分析出来的社会交换。正因为如此，日常交往的组织创建过程完全超出了西方传统管理理论的研究范围，而这也正是中式管理思想产生的根本所在。

在日常组织创建过程中，在关系情境里，或者在错综复杂的关系情境之间，如果遵从“中庸”之道，在于指导组织管理者的日常活动要维持组织共通性情态，趋于关系错落之间“致中和”，谓之“和而不同”。当组织情态发生变化时，有地位之人更多的是利用其声望，从之前具有“号召力”的、有社会规范约束力的威望地位的组织者，转变成有规章制度所界定的政治权力地位的创业者，换言之，新组织诞生实际上是创建者从由隐性威望社会影响力，一下子转变成被授予显性权力控制的合法性社会地位，组织者对被组织者有了控制一定资源的正式特权，也就标志着正是组织成立。从中国传统文化来说，一个企业或组织得以存在的首要条件：在于“和”，取道于“中”而“通上下之情”，即为“情通上下，而知损益否泰”，此间，始终贯穿东方人“与人为善”的处世原则：“亲望亲好，邻望邻好”。

第2章　遇事找熟人：人际关系与企业日常交往的组织扩张

亲望亲好，邻望邻好

“我不会改变你的世界，但我会让它因我的介入而变得更自然和美好。”在很多时候，我爱的你，是因为你爱了我，或是因为你拥有的值得我去爱，而不是我在乎与你在一起所产生的感觉，而这种共通性感觉，总产生于语言表达之前。所以，这种感觉在没有生成之前，再聪明人也是说不出来的。

每一次的认识，都是共同前行的一块落脚地。关系规则下的日常交往行为，在乎彼此在一起所产生的那份共通性感受，也许，这便是组织创生性逻辑的内涵。

2.1　引　　言

在企业内外环境不确定性变化的情况下，越来越多的企业试图借助于组织内部活动来扩张组织边界（Ancona，1990）和降低组织不确定性。已有研究多从制度理论（Williamson，1975；Tiwana，2008；Hite & Hesterly，2001；Zaheer et al，2000；欧阳桃花等，2012；冯华等，2013），强调企业组织边界取决于组织协调费用与市场交易费用；或者从社会嵌入理论的角度（Zhao & Anand，2013），认为企业依据与外部人员的关系维持来扩张组织活动。

在企业日常交往中，组织扩张是指在日常性任务完成过程中，由所卷入到具体关系情境中的相关人所带动的日常组织资源流动（Leifer & Delbecq，1978）。显而易见，在企业日常交往的熟人社区里，组织边界常常随关系情境变化而处于动态扩张中。然而，现有研究并未能从日常交往中有效揭示“组织扩张的完整图片”（Garrouste & Saussier，2005）。例如，以制度理论为基础的研究以企业“自制或外购”等行为为主要研究对象（董华、吴江，2010），探索企业制度性组织边界扩张。事实上，组织边界扩张既包括组织结构扩张（Ancona & Caldwell，1992；Schultze & Orlikowski，2004），更是包括基于成员间人际关系调用资源过程的组织行为扩张（Ramasamy，2006，Tiwana，2008）；然而，嵌入理论视角下相关研究（Zhao & Anand，2013）因强调从静态的关系利用入手而忽视了对于关系的维护与扩展，也就难以揭示在此过程中的组织扩张。

近年来，现有研究开始从人际关系视角探究组织扩张行为机制（Schultze & Orlikowski，2004）。日常组织活动嵌入于人际关系活动中（Granovetter，1973，1985；Uzzi，1997），组织间互动本质上是人际互动（Tsang，1998），人际关系先于组织间正式关系的建立而建立（Huang et al，2013）；企业日常交往的组织活动本身可以概念化为组织成员之间的关系连接（Nohria，1992），当面临本组织内无法解决的问题时，往往依赖于组织中特定成员沿着“关系的路径”（Briscoe & Tsai，2011），在人际关系的连接下扩张组织，带动组织内外“资源流”（Luo，2007；Pearce & Robinson，2000；Ramasamy et al，2006）、“信息流”（Luo et al，2012；Kotabe et al，2003；Ramasamy et al，2006）、“技术流”（Kogut，1988；Powell et al，1996），在不确定性环境下促进组织任务有效和及时的完成（Park & Luo，2001）。

事实上，在企业日常交往中，遇事总是先求助于身边的熟人，常常在企业的熟人社区将问题解决（Hite & Hesterly，2001；梁漱溟；费孝通，1998；黄光国，2005）。Bhide（1999）研究发现，从亲戚和关系较好的朋友那获得更多的原始资金支持；在中国企业活动中，“遇事找熟人”是极为普遍的事情（杨国枢，1992；黄光国，1988）。为此，本研究将选择一家民营制造企业进行参与式调研，探究企业内各组织成员间的人际关系促进组织扩张的行为机制。

2.2 理论基础

1. 组织扩张

扩张战略指一种以企业外部为导向的组织活动模式（Ancona & Caldwell，1992），其中，组织边界是指组织与组织所处环境的边界，由组织内部所形成的非竞争性资源的规模，以及通过市场交易从外部购买或企业内部生产竞争性资源的相对成本共同决定（Coase，1937；董华、吴江，1978）。一方面，组织扩张以战略联盟（Ancona，1990）、并购、纵向一体化等（Schultze & Orlikowski，2004；Levina & Vaast，2006）作为主要的方式。例如，Ancona 和 Caldwell（1992）探究了战略联盟过程中对象的选择；Schultze 和 Orlikowski 指出，基于信息技术的连接，企业能够将消费者纳入到组织产品生产中，从而扩张组织（Schultze & Orlikowski，2004）。Levina 和 Vaast 通过纵向追踪调研发现，企业通过引进信息技术能够促进组织扩张活动由"社会关系导向"（community-like）向"市场导向"（market-likely）的扩张实践转变（Levina & Vaast，2006）。但是，这些研究却忽视了合作达成前组织化关系行为的基础性作用（Granovetter，1973；Kraut et al，1999）。

另一方面，从社会嵌入理论着手，已有研究多集中于个人对组织扩张行为的影响机制研究（Tushman，1977；Zaheer et al，2000；Cross et al，2013）。例如 Zaheer 等（2000）研究指出，在组织实践中，成员应基于各种成本的分析来选择放弃或有目的搭建跨组织边界的社会关系，以促进组织从外界的资源获取，从而维持组织成长。而 Hite 的研究发现，随着新建企业从新建阶段向早期的发展阶段过渡，原有关系网络已经无法满足需求，常常会衡量维持已有关系的成本与收益以决定是放弃还是继续维持，或建立更多的新的关系（Hite & Hesterly，2001），来帮助企业发掘更多的机会（Gulati & Gargiulo，1999）。然而，这些研究往往忽视了扩张行为机理的探究，特别把关系简化为一种资源性的人脉关系（Collins，2014；Goffman，1959），难以解释在企业日常交往中所建立的人际关系对于组织扩张的动态行为过程。

2. 关系交往与组织扩张

在企业日常交往实践中，成员间的人际关系往往依托于各种形式的人际互动过程（Hinds & Cramton，2013）；（Liang et al，1995；Goodman & Leyden，1991）。企业日常交往由人际关系所驱动（Gergen，2009），而非正式的企业日常交往也是熟人关系的重要发生地（Hinds et al，2000）；或是在"一回生；二回熟"多次交往过程中所感觉到的对方的亲近感（Festinger et al，1950）；或是关系建立的基础在于彼此间持续不断的交往规则（乐国安等，2002）。事实上，促进企业日常交往的人际关系存在有直接熟人关系和间接熟人关系之分。直接熟人关系即交往双方彼此认识、熟悉的，具有一定的私交关系基础（杨国枢，1992；黄光国，1988）；间接熟人关系是指在具体的互动中，互动双方的交谈由某一个双方共同认识的熟人牵线搭桥，即共同熟悉关系的人这一节点，将两段直接关系连接在一起。

在企业日常交往中，人际关系通常是人们参与到社会活动的途径（杨国枢，1992；黄光国，1988），建立或维持关系本身往往比个人（组织）目标的达成更为重要（Yang，1998）。随着生活与工作的联系日益密切，人际关系已悄然改变了日常组织活动，从根本上改变着企业的实践（Casciaro，2014；Michel，2014），企业日常组织活动逐渐被认为是人际关系决定的（Mathieu et al，2008）。从人际关系角度出发，组织间互动本质上是不同组织成员的交往互动（Tsang，1998）。企业日常交往并不是一次次的独立离散事件（Gulati，1995；Doz & Prahalad，1991；Ring & Van de Ven，1992），成员在选择互动对象时往往倾向于与以往有过交往经历（Ring & Van de Ven，1992；Zajac & Olsen，1993），或有一定关系基础的人（Rogan & Sorenson，2014）；并在持续的交往互动中，注重彼此间有来有往、相互帮忙，从而在随后的合作中能够更加人性化、流畅的处理日常性事务（Huckman，Staats & Upton，2009）。另外，关系交往可以扩大到互动对象的组织范围。如 Gulati（1993）研究发现，当个体感觉自己不能直接帮忙时，会将他认为能够给以帮助的熟人推荐给对方，即由共同熟人将两段直接熟人关系（在某些情况下还存在有多段直接熟人关系的连接）连接起来。共同熟人的存在（Pearce & Robinson，2000），不仅能够降低搜索成本（Gulati，1993），同时还能降低背叛行为（罗家德，2012），这种在关系的连接下的调用组织外资源的合作行为。但是，现有研究却忽视了这种关系化行为事实上是一种组织扩张过程，也就是，在企业日常交往中，直接熟人关系和间接熟人关系是如何塑造扩张日常组织的行为机制？

2.3 研究设计

从组织日常活动中企业日常交往入手，探究企业内组织成员间的人际关系促进组织扩张的行为机制，需要长久的追踪调研，相类似的研究多采用参与式的追踪调研的方式（Ancona，1990；Tushman，1997）。本章将选择一家民营制造企业进行参与式调研，探究企业内各组织成员间的人际关系促进日常组织扩张的行为机制。为了探究组织成员间人际关系促进组织扩张的行为机制，研究选取了一个企业进行实时、纵向、探索性的案例研究（Eisenhardt，1989；Yin，2003）。本章采用的是解释性的研究路径，这样能够更好的使用一手数据来分析成员实际经历（VanMaanen，1979）。为了达到这一目的，调研者必须从调研者向情境经历者的身份转变，以情境中经历者的视角来收集数据，并进行后续的分析（VanMaanen，2011）。在此基础上进行二级编码以深入解释（VanMaanen，1979），然后结合情境因素和现有研究（Strauss & Corbin，1990），对其进行解释并建构一个粗略的扎根理论模型。

研究所选取的案例是一家民营制造企业集团。从2010年开始转型迎合国家绿色能源的号召制造调动汽车整车开始，企业就一直处于快速发展时期。一方面，作为一家民营制造企业，本案例企业内部分工较粗陋，很多任务难以依靠独立的部门组织完成，因此，不同成员间的任务性互动交往频繁；另一方面，民营企业所具有的制度不太完善，日常组织实践中，由私交关系所带动的非正式的互动交往极为普遍，很多成员都与其他部门组织成员具有较好的私交关系，从而有利于组织扩张活动的进行，也有利于本部分研究的相关数据的获取，因此本研究所选取的案例能够符合本次研究的要求。研究团队成员正式工作者身份进入该企业集团的综合办公室部门工作，进行了为期近一年的调研。

本次研究数据的获取分为两个阶段（如表2－1所示），方式主要有正式访谈、非正式访谈、非参与式现场观察以及二手数据的收集。研究团队成员以正式员工的身份进入该企业集团公司的综合办公室部门，并以此为依托对整个企业进行参与式调研。入职之后跟部门领导说明自己调研的意图，承诺调研资料只用于学术研究，得到了领导的同意。在入职之初，企业中的一位老员工——即团队成员的“师傅”，带着成员熟悉日常的工作，以及企业中相关的一些人员。在这个过程中，重点对师傅的介绍、与师傅的聊天中，以及与师傅介绍的熟人的闲聊如走在路上，饭间的闲聊，分析发现对于该集团的历史发展整体概况（如表2－2所示）以及主要部门领导者的相关信息进行整理（如表2－3所示）。

表2－1　　　　数据收集阶段

阶段	资料来源
阶段一	公开宣传资料、新闻媒体报道、文献资料
	正式访谈：企业一些大事件中的参与者，及其解决问题或推行措施的路径
	非正式访谈：与经历和工作人员在会议前后以及工作间隙的非正式谈话
	非参与式现场观察：社会互动场景、对话的记录、会议现场笔记
	二手数据：内部刊物、新人手册、宣传手册、会议纪要、施工手册、内部规章制度

续表

阶段	资料来源
阶段二	非正式访谈：典型互动情境中的参与者及其他相关经历者的跟踪闲聊
	非参与式现场观察：工作现场情景、内部会议、客户谈判和参加展会
	二手资料：会议报告、内训资料、变革进度资料

表 2－2　　企业发展历程及其大事件

时间	大事件	生产方式
2001	公司成立	以初期零部件制造为基础
2002	引进核心技术人才，建立技术中心	自主研发产品并取得成功
2003	企业名称变更	新产品试生产
2004	公司产品获得国家认证	
2005	新生产基地破土动工，员工 300 多人	公司全面通过 ISO9000 认证
2005～2007	公司被认定为“技术型企业”	
2008～2009	成立新产品项目组	

表 2－3　　企业各部门主要领导人之间的关系

	人物	人物简介
老板	董事长 A	创业之前是体制内人员，把员工道德品质作为选择的招人的首位
副总	公司副总 B	通过熟人介绍从别的企业挖过来的人，年轻有魄力，口碑不错
	公司副总 C	A 原来的老同事，在企业德高望重，负责综合事务，老板不在时说了算
	公司副总 D	从外地招来的，其手下也都是外地招聘而来，彼此不熟悉，为人和善
行政部门	行政部长 1	和 A 同乡，且与 A 和 B 的一位共同公务员朋友熟，会做人且在公司熟人多
	行政部长 2	与 A 和 B 是老同事，好大喜功但却受信任，员工反应不太好
	行政部长 3	本地人，地位较低，没有话语权
办公室	办公室主任 S	公司一位技术工程师介绍进来，有亲属在当地政府部门工作，老员工，受领导尊重
	办公室副主任	公司早期就来到公司，进入企业后就一直跟着老板
培训部	培训主管 Y	通过各种关系渠道找的 Y，对内而言基本属于空降

续表

	人物	人物简介
技术工艺部	技术部长	刚来不到一年，和副总 A 很熟，是他介绍来的，将以前的技术人员基本上全换了
	技术副部长 P	前部长离职，作为元老级人员升职，与企业其他人员关系少
	工艺部长	公司内人员刚介绍过来，经验丰富，行业内熟人很多，在企业比较有话语权
事业部	事业部部长	与老板在一次偶然的机会认识，在企业转型期间进入企业，与老板有一定关系
质量部门	质量部长	通过关系聘请来的专家，和企业内人员沟通少
	质量副部长 1	主要负责人，内部员工刚推荐过来的，经常给企业推荐自己以前的朋友，后被警告
	质量副部长 2	比副部长 1 来得早，最开始也常推荐熟人，后来 1 来了就收敛了
生产部门	生产部长 1	近几年才挖过来的，企业内关系少，和企业其他领导也相识
	生产副部长 Z	老总一次在会议上认识的，公司需要就请过来了
	车间主任 A	依靠企业内人员的关系从别的企业挖过来的，脾气暴，雷厉风行，比较难沟通
	车间副主任 P	车间员工介绍来的，副总 B 的老部下，和公司很多工人、管理者和员工都很熟
后勤部门	后勤部长 A	副总 C 老下属，由他带进企业

对于企业内部而言，底层员工的跨组织活动的任务完成更为重要，因为他们能直接解决组织操作层面的问题（Huang et al，2013）。团队成员在日常的工作之余与组织内、外成员的聊天中注重对所记录情境中将往双方的关系的“打听”，以最大限度保证记录的完整性、准确性，从而更完整的还原所记录的企业日常交往过程，如将情境中的主要线索用一些关键词来定义，并争取当天转录成文本文档。二手资料方面，对部分企业规章制度、宣传资料和内部刊物进行收集。针对正式场合中的成员间互动记录进行翻阅，包括接待外来人员、内部会议、人员沟通和活动组织等，并进行了现场记录。调研期间以周为单位，持续地将转录的数据发给在校的其他团队成员。

本章使用多种方法来保证数据满足可信度标准（lincoln & Guba，1985）。在企业内部调研的研究成员边调研边记录自己的发现以及在调研过程中所发现的问题，并在每周六前将本周内所调研的资料整体阅读，记录发现。同时将本周内所记录的数据发给在校内的团队其他成员。在团队成员结合相关的文献阅读，仔细阅读调研资料，记录自己的发现及问题，并及时的与调研者交流彼此之间的想法。并通过三角验证来进一步保证数据的可行性。此外，其他的数据收集手段还包括对该企业部分管理者以及员工所进行的半结构化访谈和通过网络以及一些档案的查阅所记录的企业相关信息。调研者每周大约整理将近一万字的调研数据，在为其一年的调研期间内整理收集了大约50万字的数据。

采用两种方式对原始数据进行分析：首先，以调研资料收集时间为主线，对调研者所调研的数据整体性情境的编码（Lincoln & Guba，1985），并在编码的过程中进行反复迭代和理论抽样（Glaser & Strauss，1967）。反复在数据、初始理论和相关文献中循环研究，以期对不同组织成员的企业日常交往促进组织边界扩张的机制有一个更加深刻的理解。其次，以人物线为主线，按照纪传体的方式对数据进行编码，围绕人物所发生的事情进行编码，以发现人物之间跨越情境的企业日常交往。通过最初的一级编码（Van Maanen，1979），包括对访谈、参与和非参与式的调研数据的整体、彻底地编码，整理出其中的整体性互动情境。并在此基础上通过借助反复迭代方法，以及与被调研者的方法协商，得出14个调研者为中心的构念，也就是一阶主题（Strauss & Corbin，1990）。为与一阶主题类似，此处同样借助反复迭代的方法来辅助二阶主题的归纳（Strauss，1987），经过反复的比较和重复类别排除之后得到了九个二阶主题：熟人引见、情境性接触、持续互动、提供帮助、主动关心、暗地助人、给人指路、带人解决、替人解决。

在第三阶的整理分析中，对前一阶段所得到的8个主要主题进行主范畴的归纳。在此过程中，主要是针对一阶主题和二阶主题之间关系的分析，并据此将他们归纳为几个更加简单的、互补性的类别。将这些主题整合成为能够较为完整的表述企业日常交往促进组织间活动扩张机制的一般分析维度；得出了三个主范畴：跨组织人际关系建立、直接熟人关系扩张组织行为和间接熟人关系扩张组织行为；将这些初步发现让被调研者进行确认，以确保本研究构念表达了接近企业日常交往实践（如图2-1所示）。

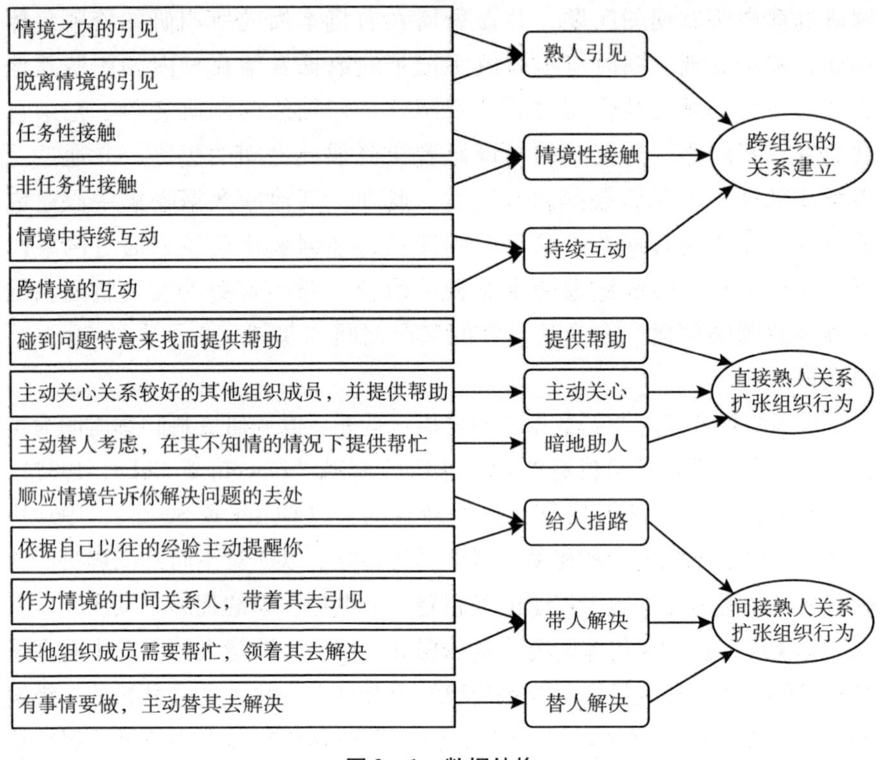

图 2－1　数据结构

2.4　研究发现

图 2－1 展示了本文研究发现的数据结构。它展示了本研究通过分析所得到的三个聚类维度，以及构成它们的二阶主题，以及构成二阶主题的一阶概念。该图内容包括跨组织行为关系的建立，以及直接熟人关系扩张组织行为和间接熟人关系扩张组织行为。

1. 跨组织的人际关系建立

组织扩张依赖于不同组织成员间的私人关系作为连接，人际关系建立的基础是彼此之间企业日常交往过程（乐国安等，2002）。在日常组织活动中，组织成员间关系的建立往往依托于各种形式的互动交往活动（Jehn & Shah，1997；Hinds & Cramton，2013）。通过对数据的分析表明，不同组织的成员间跨组织关系的建立有三种方式：熟人引见、情境性接触和持续互动。

（1）熟人引见

制造业的高流动率使得企业常常需要招聘新员工，同时，案例企业在调研期间处于转型发展阶段，需要招聘很多新员工，而内部人员推荐自己的熟人的招聘方式一直是企业满足其人员需求的主要方式。当企业内部员工所推荐的熟人进到企业之后，其往往会“带着他去转一转”认识一下以后将要一起工作的人员，比如办公室员工 C 介绍了一个工人来工作，他带着去见工段长，“这不来了，来了个人”；新员工进入组织之后，相关的负责人（相关领导，或负责新人相关事宜者）往往也会通过新员工在本企业内的朋友将新人召集过来，认识一下：“对，你给找一找，我认识一下”。S 看到一个说：“这这这，这有一个。然后过去拉着新来的学生 ZJ 过来。”通过熟人的介绍，二者的企业日常交往得以建立，为进一步人际关系的建立打下了基础。

另外，熟人引见下，被引见者既可以在场也可以不在场（即脱离情境的引见）。例如，办公室职员要招新人问问节目准备的事情，办公室员工 I 来到车间后看到刚来的一个工人 H 也坐在那玩手机游戏，可能和其他的工友熟。I 就和他聊了起来。I 说：“你认识你们的一个校友吧，L?”。然后 H 就向 I 介绍其 L，告诉他 L 相关的信息，使得其对 L 有相关的了解，在下一次碰见之后的互动能够更加顺利的进行。特别的，假如 I 和 L 提起他跟 I 说起过他时，二者的互动将会更加的顺利进行。

（2）情境性接触

大部分时候，在本案例中发现，新来的员工都在本企业组织中有熟人，并在其进入企业和刚进入企业发挥着重要的作用。当熟人领进之后，在日常的实践中员工常常要与其他组织的成员有接触、交往。一方面，这样的互动过程可能是因为任务性的要求而与组织外人员进行交流，如之前技术部长 W 计划调到新产品仍继续做部长，其他部分员工由于学历比较低，计划过去后也做跟着继续做技术工程师，技术部长 W 在操作此事情的过程中，只同事业部长 S 进行了沟通，但事业部长 S 只是刚过来，同新产品的技术并不熟悉，技术部长 W 只好自己去和相关的技术人员沟通，从而开启企业日常交往过程。

另一方面，在本案例中，民营制造企业所具有的特性使得人员之间非正式的企业日常交往表现明显，例如，车间之间工作中间的小憩的搭话、接话，饭后的闲聊，走在路上的闲谈等。特别的，本研究发现，在组织任务性互动过程中，往往由那些与任务无关的话语先打开与目标人物之间的交流，随后在交流的过程中转向任务性的互动，并掺杂一些玩笑、调侃、幽默的话语。在最后还有一些为下一次互动开启的话语如“有机会一起聚聚”“下次有事直接找我就行哈，别怕麻烦我”等的话语，为以后的互动提打下基础。

（3）持续互动

在具体的情境中，当熟人相互引见（情境中引见）、互动双方因为任务性或非任务性原因开启互动之后往往会将互动持续下去，维持企业日常交往；在任务性的互动中，新员工的负责人找来新人面对面的询问一些个人信息等，新员工负责人将新来的人召集起来，举行一个新人见面会，一一交流的同时还不忘记记住一些相关的信息，遇到不确定的时候还再次进行确认：“刚才王没有听得太清，又问了一遍：你叫什么?”。

当然，也有新员工主动找相关的负责人，通过交流了解一些相关的信息，也将自己的一些“透露”给他，让负责人对自己有所了解，如有一次，车间新来的工人 C 看到主任忙完，走过去说：“主任，我是新来的工人，找你沟通一下”。而后，主任询问 C 相关的个人信息：“你之前干过什么?”……“你在西门子干了多久啊?”……“现在为什么不自己干了?”等，在这样一种情境内的持续互动过程中，二者在基于认知的了解上，同时加上一些情感的互动变得慢慢熟悉起来，如在互动过程中发现彼此具有一些相同的身份，共同认识的熟人、老乡、校友，或者是简单的具有相同的兴趣爱好等会促进彼此之间进一步的企业日常交往（Zenger & Lawrence，1989）和互动（O'Reilly et al，1989）的可能性。有时为了一个话题的开启，期间会有一些“故意”的寻找共同的话题的行为，一次办公室员工 I 走到第二休息处，当具体的任务性互动之后，I 觉得没法继续这个话题了，转而说了句：“看细节决定成败，有追求啊”，顺应了情境，又开启了另外一个互动的话题，从而将情境中的互动持续下去，并在此持续的互动过程中建立关系。

互动不会永远在一个情景中持续下去，人们会在一些客气性的话语中结束本次的交流。特别的，客气的话语通常表达着双方未来继续交流的愿望，如“再见”“以后有机会再聊”“再聚……”等。而当下次再相遇的时似曾相识的感觉立马浮现起来，打个招呼是最起码的，一句“好一阵子没见到你了”能够很好的开启互动；一句略带埋怨的话如“这时又过来一位员工看着 B 说：“早知道你今天过来，我就不加班了，今天好和你一块出去聊聊，你看你不早说一声。”能够迅速将二者之间的心的距离拉近；而具体的帮忙行为，更是能够有力的促进彼此之间的关系建立。

在经过熟人引见之后，同时通过在具体的情境中不同组织成员间因为任务性或者非任务性的接触中开启了企业日常交往过程，并进而在随后的情境性或跨越情境的持续互动过程中在彼此之间建立起一定的私人关系。并在持续的企业日常交往过程中，促进关系的进一步发展（Luo，2007），进而为组织行为扩张奠定基础。

2. 直接熟人关系与组织扩张

在企业日常交往实践中，组织内的成员往往会面临一些无法依赖本组织的力量完成的任务，而需要通过跨越组织从组织外获得帮助。找关系，找熟人的“关系化途径”（Briscoe & Tsai，2011）在日常组织活动中是最为普遍的方式。通过案例的分析发现，通过存在于不同组织成员间的直接熟人关系扩张组织的途径主要有：提供帮助、主动关心和暗地助人。

（1）提供帮助

在企业内的日常组织活动中，一段时间后，组织成员往往都与一些其他组织内的成员结识，建立起一定的私人关系。当成员遇到一些在本组织内无法解决的问题或任务时，往往会去寻求其他组织内成员的帮忙。一方面，所遇到的问题既可以是成员自己的“私事”。例如，事业部员工C刚来企业不久，外地人需要办理临时居住证，苦于人生地不熟，一次在和校友车间员工A闲聊中，得知他也刚好办了一个，某一天在食堂看到他后就走上前去问了问员工A说：“对了，你的那个证是怎么办理的?”员工A看了一眼员工C（刚才没注意到）笑了笑说：“就是拿着公司给开一个证明说在这里工作，然后去当地派出所，让他们给你办一个就行了”。此后，员工C就直接去找当地派出所办理了。工程师C想给女朋友换个轻松点的工作，特意找到办公室职员B“哥，给你打听个事”。因为“也知道不好办”所以特意来“找你（职员B）给看看。”职员B也是答应道“那我找找看看……到时看看带你去面试一下看看。”在已有关系的连接下，成员遇到问题时，“特意”来找跟自己关系较好的员工的帮忙，跨越组织行为边界使得自己的私人事情得到解决。需要指出的是尽管是组织成员的“私人问题”，但是这些问题加入没有得到解决，必定会影响到成员的组织任务的完成，同时，这些问题的及时有效的解决能够促进成员更好的完成组织任务。

另一方面，企业日常交往的良好运转离不开与其他组织之间的协调，负责协调的人员与其他组织内成员，尤其是相关负责人之间良好的私人关系基础是促进有效协调的有利因素，甚至有时是决定性因素。例如，由于公司最近开始招学生作为公司的后备力量，但之前没有相关的经验，一开始应届生过来以后都是在车间实习，但由于车间主任A很强势，放到他那

边的人都不愿意放出来，尽管之前管理者 A 和车间主任说好了，但是当事业部员工 C 去和车间主任商量调整的事情时，

“车间主任 A 根本就不给调。”

主管 S 了解到此事情之后，打电话给车间主任 A，一听到是员工调走的事，立刻在电话那边骂了起来，主管 S 觉得有必要去找他一趟，“那我等会去找你去”，最后主管 S 便带着表格去了车间。

不一会从车间里回来，员工 C 着急地问：怎么样了？

主管 S：“我带着这些人去了其他部门，都签过字了。”

员工 C 吃惊地问：“车间主任 A 也签了？”

主管 S 拿着手里的表说：“是啊，你看看”。

正如车间主任解释的原因，“还好我们认识很长时间了，都很熟悉，要不按之前的个性（彼此不认识，没关系），他早就不说那么多，把电话就给撂了。”正是因为主管 S 和车间主任 A 私下关系比较好，当遇到问题时，主管 S 跨越组织行为边界“特意”去找他才使得问题得到解决，推进了新员工培养模式的推进。

（2）主动关心

在企业日常交往过程中，成员往往会在交谈的过程中表达自己对对方的关心，“最近怎么样？”“最近还好吧”“最近忙不忙”等。而随着交谈的进行，在一方的主动关心的问询下得知对另一方遇到了困难需要帮助时，往往会主动给以建议或者是询问是否需要帮助。例如，案例企业在调研期间出于高速发展时期，各车间部门需要大量的人员，因此，如何高效率的招到合适的人员就成为各车间任务的完成。其他部门的成员往往会主动帮忙介绍人员：“找哪些方面的啊？会电这方面的？（维修工 L 与车间工程师这时听到说）……我给你们说，我有几个朋友就是干这方面的，我给找找啊”“你们还到我们那里去找吗……我给你说哪里有，职教中心有，有机械加工什么的（这时应届生 W 与办公室职员 C 过来说）”“这边是不是需要人啊，我给介绍一个，说着把这个人带到身边。（车间员工 Z 与办公室员工 A）”。尽管企业会给予推荐者相应的报酬，但“倒不是钱不钱的事，主要是咱们（你们车间）这还缺人啊。（统计员 A 与车间员工 B 聊天）”。可以说，成员在与企业内其他组织的成员的企业日常交往过程中，基于主动问候、关心所了解的信息所提供的帮忙（推荐人员进入企业）对于对方所在组织的任务的完成起着重要的作用。

在企业日常的交往过程中，组织外成员，基于关心对方考虑下，所提供的一些信息的对于与其关系较好的个人的成长也极为重要，“你看着那个了吗（指了一下旁边的工人），他的技能很高，多跟着他学一学。（语重心长地说）（职员 W 与应届生车间员工 WM）”“唉，对了，你有上岗证吗？……没有……赶紧的去办一个去。（办公室员工 C 与车间员工 A）”。组织成员自身能力的成长能够有效的促进组织任务的更好完成。

（3）暗地助人

当关系较好的情况下，“推己及人”的交往方式使得组织成员在了解到其熟人遇到问题而暗中给予帮助。例如，企业为了举办一个大型的活动，因为主管 Z 所在部门没有人参与过，公司特别从外部请来了以为老板原来的老同事，这引起了主管 Z 的抱怨：“这个部长 Y 来了以后就天天这个事，那个事，我说的每一样行的，这些事只有他说了才算”，“不是说他不行，每次有事他就说按照他说的去做，做了以后有不对，不对了又说这个说那个的问题。都是他自己的事，都不知道他要干什么”。副主任是 Y 的徒弟，“最早到公司的时候就是跟着他学”，听到 Z 的抱怨后说道：“部长 Y 之前就是我的师傅啊，我最早到公司的时候就是跟着他学，就做培训这块，他还是很厉害的”，并且劝解说“没事，他说怎么办，你就怎么办就行，你有争不过他。”最后 Z 也连连说道：“是，我也不管那么多了，跟着干吧”。尽管 Y 不在场，但是其徒弟副主任 W 听到主管 Z 对其抱怨后，主动帮助他去缓解主管 Z 对他的不满，从而促进了班长 Y 的组织任务的完成（节目得以圆满的举办）。

组织外成员的预见性的帮忙行为，尽管对于帮助者而言可能只是分内之事，但是对于被帮助者而言，却是促进了其所属组织的行为边界得到扩张，促进了其更好的完成本组织的任务。例如，统计员知道车间主任会来找维修工的工段长，就早早的给工段长打了电话告诉了他，当工段长说：“那个谁啊，你打电话让维修工的工段长过来一下。”统计员告诉他：“（工段长）马上就过来了”。在也组织成员有直接关系的其他组织的成员的帮忙下，组织成员得以跨越组织完成任务。

3. 间接熟人关系扩张组织行为

（1）给人指路

在日常的组织活动过程中，常常会碰到他人的问题自己无法直给以帮忙的情况，此时，人们会给以其解决问题的去处，例如，告知他要想解决当前的问题应该去找谁，通常，这个能够帮忙解决的问题的人是指引者较为熟悉，有一定的关系的人，从而促进需要帮助的组织成员来促进组织任务的完成，也即是通过给人指路来在不同的组织间搭建关系的桥梁，指路者作为连接两个组织中的人的中介的关系，将两段直接熟人关系连接起来，促进组织扩张。例如因为要举办活动需要制作广告展牌，由办公室员工 C 负责，员工 D 因为以前经常做类似的广告，知道该制作员 F 能做，所以提醒 C："F（制作员）不是能做嘛，去找他做一个，之前我让他给做过"，并且主动帮忙（打电话）联系制作广告的 F，促进 C 所属组织的行为扩张，进而促进其所面临的问题的解决。

（2）带人解决

出于关系情感的考虑，当成员了解到跟其关系较好的其他组织成员（同一组织或者是不同组织）需要帮助时，个人不只止步于告诉他该去找谁（给人指路），还会亲自带着其去找那个潜在的施助者，从而进一步的保障其所面临问题的解决（带人解决）。例如，办公室员工 I 需要去车间了解一下员工们的节目排练情况，他首先在车间内遇到员工 S，问了问他相关的排练情况之后，并想要准备周日排练节目，说完之后就要去找其他的人了解情况："那你忙，我去通知他们去，他们都在哪"，员工 S 忙说道："我带着你去找他们都通知去。" I 见 S 在忙便忙说："不用，你忙吧，我去找就行。" S 停下手里的活说："装完这就没什么活了，晚上加班再装。"说着便收拾了一下手里的东西，带着 I 去找其他人。也是幸好在 S 的中间关系者的存在，促进了办公室员工 I 与其他车间员工之间的交流，例如相比于最开始 N 尽管 N 看到了 I 却没有和他打招呼，还是 S 走到 N 身后，拍了拍 N 的肩膀说："明天彩排，7 点，在一楼活动厅。" N 很客气的"噢"了一声，S 看到 N 在忙也蹲下身来帮忙修理零件。通过有直接关系者的带引，促进问题的解决或组织任务的完成。

（3）替人解决

随着情感性关系的加深，组织成员当了解到其遇到组织内无法解决的问题而帮不上忙时，其往往会主动承担帮忙解决这件事的"责任"，例如，"包在我身上""你就不用操心了"等，而替他去找自己认识的人来帮忙解决问题。通常的，作为中间熟人的成员和求助者与潜在的施助者都有着较好的关系，在双方的良好的直接关系连接之下，施助者的帮忙行为促进了求助者所在组织的行为扩张，从而促进了其所属组织任务的完成。例如在广告展牌的制作中，或许因为两人关系不太好，当 D 联系制作员 F 后回来抱怨道"就那几张纸就要好几十块钱，以后别找他了"并且觉得制作员 F 可能有意不给做，"估计就是不想给做"。员工 C 便是很无奈，但是还是想试试，过了一会儿刚好碰到员工L和后勤管理员Z（C之前活动组织中帮助过后勤管理员Z，和他关系还不错），便走过去问“对了，你们那还有广告纸或红纸吗，帮我们写几个字?”，员工L还没开口，后勤管理员Z看到是员工C，便说：“你要做展牌是吧?”“你让制作部门的职员F给你做一个不就行了”，等到员工C告诉他说：“他们（F）说现在做不了了”“现在外面公司都放假了，制作广告的材料没了，只能等过了年”，后勤管理员立马说：“你等等，我找找他（F）（由于广告公司和后勤部经常有业务联系，其中很多都是Z给联系，之间关系很好，Z和F接触比较多，平常没事经常一块吃饭、喝酒）”，说完给F打电话让他“现在给做一张展牌，就是春节用的，之前我们这的员工C给你说过了”，并且主动提供材料上的帮助，“缺什么材料，到我这取，我这有，赶紧给做好，下午下班前送过来”。电话那边连说了几声：“行，我去你拿材料。”在下午制作员F便来办公室送展板，“这不饭都没吃就给送来了”（制作员F）。

在熟人关系的连接之下，当关系所连接的彼一方在诉说中表述，或者是直接求助于另一方自己遇到了在本组织内无法解决的问题之后，或者给他指明应该去找谁获得帮助——给人指路，或者自己亲自带着他去寻找潜在的帮忙者获得帮忙——带人解决，亦或者是个体替他人找寻那个潜在的帮忙提供者——替人解决。不管是何种形式的帮忙，共同熟人作为组织扩张的关系桥梁。

4. 熟人关系促进企业日常交往的组织扩张模型

作为组织扩张的微观企业日常交往行为，通过熟人的引见、在具体的任务性或者是非任务性的情境性互动以及在互动开启后的同一情境中的持续互动、跨越情境的互动中，交往双方之间建立起一定的私交关系。在组织实践中，成员难免会遇到本组织无法解决的问题或任务，此时，熟人关系的路径依赖性使得其倾向于跨组织活动，首先求助于其他组织中和自己关系较好的成员，在其帮助下解决问题，完成任务（提供帮助）。或在其他组织成员的关心问候下，所主动提供的帮助（主动关心），使问题得到解决。良好关系的存在，使得其他组织的成员会“推己及人”的在你需要帮忙之前，或从其他的途径间接了解到你需要帮助时在你不知情的情况下帮忙解决一些问题（暗地助人）；进一步的，当关系较好的其他组织的成员无法直接给以帮忙时，他往往会告诉你应该去找谁（通常是和他关系比较好之人），并且会帮你先打个招呼（给人指路），在具体情境中成员往往不止停留在告诉你应该找谁，还会自己亲自带着你找他（带人解决），甚至是直接帮你从潜在的能够帮助你的其他组织成员那里获得帮助，替你去解决所面临的问题或者完成组织任务（替人解决）。

图 2 -2 所示为企业内部的组织成员之间的熟人关系，促进组织扩张的行为机理图。图 2 -2 中不仅给出了在日常的组织活动中熟人关系促进组织扩张行为机制，还给出了不同组织成员间熟人关系的建立的途径。特别的，企业日常交往对于组织扩张的重要性——即企业日常交往所建立的熟人关系。

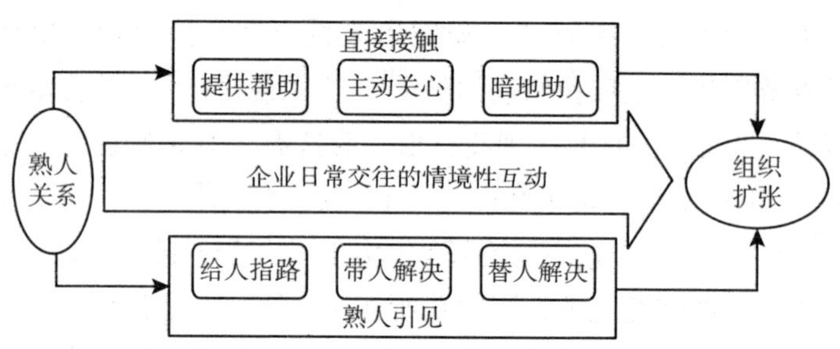

图 2 -2　熟人关系促进组织扩张模型

在企业日常交往的组织实践中，无论求助于其他组织成员而获得其的提供帮助、其他组织成员的主动关心下的帮忙行为、还是其他组织成员的暗中帮忙行为，或其他成员（本组织或其他组织）因为无法直接帮忙而给人指路、带人解决或替人解决，对于被帮助者而言，促进了企业日常组织扩张，并在此过程中促进其从其他组织中获得资源、知识和技术性的支持，从而促进日常组织任务的完成（Park & Luo，2001）。熟人关系作为连接组织与其他组织之间的“桥梁”（Cross et al，2013；Zhao & Anand，2013），塑造着组织行为扩张的本质，其能否得到有效的维持决定着企业能否获得持久性的成长。

2.5　结论与讨论

在关系本位的中国企业情境下，组织日常活动嵌入在熟人关系活动中。在企业日常交往中，日常组织活动依存于人与人之间的交往行为而存在的。一方面，日常组织依托于成员间关系的存在而存在；另一方面，本质上，组织扩张体现在组织间成员的企业日常交往（Tsang，1998），不同组织成员间的私人关系也先于组织间正式关系的建立而建立。企业组织的日常活动实践往往依托于一定的文化社区，作为关系本位的中国而言，这样的文化社区常常是熟人社区，熟人讲究关系，“遇事找熟人”有利于揭开组织边界的日常组织行为本质。

日常组织活动作为一个熟人社区，当面临无法依靠本组织单独解决的任务或问题时，组织成员“关系路径”（Briscoe & Tsai，2011）的选择，为关系交往促进组织扩张提供实践基础。日常组织的微观行为出发，通过长达一年的参与、跟踪和访谈一家民营制造企业的日常组织活动实践，研究发现：成员间跨组织的私人关系建立主要通过三种途径得以实现：熟人引见、情境中相遇和持续互动。直接熟人关系促进组织扩张行为机制为：提供帮助、主动关心、暗地助人；在直接求助组织外成员，或组织外成员直接提供帮忙的过程中，促进组织扩张中间接熟人关系通过“给人指路、带人解决、替你解决”扩张组织，也就是间接熟人关系的组织扩张是在直接熟人关系基础之上。

通过探索了熟人关系促进组织扩张的行为机理，具有三点理论贡献：首先，本研究从文化社区的熟人关系实践出发，对组织扩张理论研究进行了新拓展。例如，以往关于组织边界的研究多从制度层面出发（Williamson，1975），认为企业边界决定于组织协调费用与市场交易费用（Coase，1937）；然而，随着生活与工作的联系日益密切，熟人关系已悄然改变了日常组织活动（Casciaro，2014；Michel，2014），组织成员在遇到组织内无法完成的任务时越来越多的依赖于“关系化”行为路径来寻求组织外成员的帮助，以此扩展了组织边界。本研究指出，组织成员的关系化路径的选择，日常组织活动能够扩张（Chen et al，2004）。

其次，本研究发现了基于熟人社区的关系交往对于组织扩张的行为机制。在日常的组织活动中，组织成员往往能够获得跟他关系较好的其他组织的成员的帮忙，如成员向他（们）求助、对方主动关心下依据情境性帮忙，以及对方暗地里替成员解决的问题；又如将跟他关系较好、并且他觉得合适的人引见给成员认识，并请他给以帮忙，从而进一步的扩张日常组织行为。这一发现，发展了社会关系对组织扩张理论研究（Ramasamy，2006；Tiwana，2008；Zaheer et al，2000；Cross et al，2013）。

最后，本研究表明“关系路径”的依赖性不仅能够促进组织的成长，同时还能促进成员关系的扩张，突破了Granovetter（1973）所提出的“关系惯性下的关系路径选择会阻碍员工新关系的建立”的相关研究。通过熟人关系的中介，成员确实能够扩张其情境性关系，关系化的路径作为一种自然的选择（乐国安等，2002；杨国枢，1992；黄光国，1988；Yang，

2000；Luo et al，2012；Su & Littlefield，2001；Wong & Chan，1999），在熟人引见的关系建立基础上，新建立的关系能够为组织带来更多的异质性的资源，同时因为中间熟人的存在还能有效的提高协调效率，从而促进组织的成长。

作为探索研究，本章从熟人之间关系理论出发分析组织日常事件，揭示了在企业日常交往活动中的人际关系促进企业组织扩张行为机理。

第3章 “让”出共同美好：礼让行为与组织凝聚力

辞让之心，礼之端也（《孟子》）

有一次，听工会的一位老同事说，现在的集体活动是很难组织的。以前，一听说要有活动组织，大家都会踊跃参加，甚至前几天就在家做准备，带上好吃好用的，生怕在其他人面前闹笑话，给大家拉后腿；每次组织活动，大家彼此攀谈都很投入，即使活动结束之后，也会意犹未尽，彼此友谊也进一步得到加深。可是，现在的集体活动，主动参加组织的人越来越少，常常组织不起来；于是，组织者就开始用发放礼品的方式来鼓励更多人参与，然而，即便这样，参加人还是不多，来的大都是妇女和老人，来也匆匆，拿完礼品便匆匆离去。

一个日常组织活动，往往并不是因为参与人感到有利可图；或者说，在大多数情况下，大家走到一起开展日常交往活动，更多的可能还是因为他们被组织活动本身激活的彼此共通性感受状态所吸引着，也正是这种人之通性，往往在有意无意间将人们组织起来。

改革开放30多年来，一大批中国企业，相对于发达国家的大企业，尽管缺乏完善制度与先进技术，却一步步地发展壮大起来。维持良好人际关系的“抱团”解决问题，是组织其生存与发展的根本之道。作为注重个人威望和社会评价的“抱团”活动（Owens et al，2016；Fast et al，2012），组织凝聚力是围绕关系交往规则的日常组织活动所产生的集体性力量（Simons et al，2016；Bollen & Hoyle，1990），这种关系规则主导了日常交往的礼让行为。如表现为沟通交流时委婉的语气（Fragale et al，2012）、待人接物上的谦让退让，或者责任义务上的当仁不让等。作为“日用而不知”的日常交往形式，礼让行为在企业成员的日常性合作中普遍存在，不仅是促进组织成员彼此认同、迅速达成一致意见的关键，而且可以保证双方的持续互动（Harun & Mahmood，2012）。

近年来，组织凝聚力集中在组织绩效方面研究（Castaño et al，2013；Beal et al，2003；Gully et al，1995），如保证企业员工在遇到困境时齐心协力解决问题（李海、张勉，2008），提高组织绩效（Campbell et al，1993），并避免人心涣散导致企业失败。然而，Mullen 和 Copper（1994）认为，组织凝聚力起源于人际吸引和带来归属感的人际关系，依赖于关系维持和推进（Thye et al，2002；Lawler & Yoon，1993）。作为企业日常交往行为的礼让，可以让对方获得尊重感（Tyler，1999），并可以通过有效避免人际冲突，拉近心理距离和增进彼此友谊；同时，礼让的关系化行为让成员在持续交往中体验到积极情绪的“组织性”（Lawler et al，2000）。因此，礼让行为是有利于组织凝聚力塑造的日常交往过程（Campbell et al，1993）。事实上，如果把礼让行为既作为交往规则，又作为行为内容进行研究，那么，既可以摆脱行动结果与行动过程间的理论困境，又利于日常实践的理论化开发（Mena & Suddaby，2016）。

3.1 理论背景

1. 礼让行为与人际关系

日常生活中，在趋利避害的人之常情驱动下，人们在日常交往过程中以“避害”为前提进行趋利行为，换言之，趋利行为尽量避免招来伤害，于是，人们会自觉地遵从规矩礼节和规章制度（Fast et al，2012；Brooks et al，2016）。一方面，作为普遍且典型的礼节规矩，礼让行为是一种谦辞和克己让人的关系规则。在日常组织的交往实践中，礼让往往是人们出于对彼此关系的关注，围绕“人情”“面子”进行的交情行为。这种“让”是在功名利禄上的谦让以及在责任和义务面前当仁不让，在顾及彼此感受的相互礼让过程中获得“衣食足”，让人们可以“从心所欲不逾矩”（陈柏峰，2011），以达到彼此之间的爱敬之心。另一方面，作为一种道德规范（张利、张向群，2005），礼让行为是受传统教化的影响，对他人表示尊重的一种行为准则，是为了维持彼此共通情感展开的遵从礼节规矩、顾及他人面子的交往行为（杨国枢，1988）。Costa - Lopes（2013）等指出，人们遵从一定的社会秩序与规则的根本原因是“知荣辱”，也就是，更在乎其社会身份（Hogg & Terry，2000），因此，礼让行为是由知荣辱或知礼节的社会动机所驱使的。显然，礼让虽然在表面上具有一定的亲社会行为特征（Bolino & Grant，2016），但是，不同利他的亲社会动机，礼让行为的根本动机是趋利避害的人之常情，正如管子所讲的“仓廪实则知礼节、衣食足则知荣辱”。

基于“知荣辱”和“知礼节”，在“趋利避害”的潜意识活动中，礼让普遍存在于组织的日常实践中。第一，在企业日常交往中，为了人际交往的开启互动持续进行，人们常常在顾及他人感受的关系化行为中会避免破坏彼此间相处的自然之情共通性状态，于是，在习惯成自然的基础上遵从关系规则，如克己守礼，遵礼做事。第二，在日常交往中，人们常常爱面子（Liao & Bond，2010）和怕丢面子，并视不给人面子作为对人冒犯的无礼行为（陈之昭，1982），同时也不希望由于行为举止的不合常礼而让自己在大众场合下丢脸，显然，在熟人社会的企业日常交往过程中，人们往往在有意无意之间会于顾全对方的面子而自动地调整行为（Goffman，1955）。第三，基于亲社会动机的“让”，常常因忽视关系规则而将个体想法强加于他人，甚至模式伦理原则，从而导致了不顾及他人感受的辱虐行为（abusive behavior）或攻击性行为（aggressive behavior）（Courtright et al，2016；Tepper，2007）。关系规则是指维持人与人之间内心感受共通的礼节规矩；相反地，去个人化和自我心理消退，或者注重组织认同和加强人际吸引的礼让行为，可以消除辱虐行为所带来的负面作用（Costa – Lopes et al，2013；Hogg & Terry，2000），同时对人际关系维持起着决定性作用（王晓霞，2000；曲卫国、陈流芳，1999）。在特定的关系情境中，这种维护关系规则的礼让行为常常表现为关系无意识（Tyler，1999）。当遵从和维护关系规则的礼让行为使日常组织活动能持久地组织起来时（Tyler，2011），组织凝聚力有可能展现出来。

礼让行为不仅能让人们容易走到一起，而且发挥关系规则可以增强组织凝聚力（Tyler，2011）。中国传统文化中，“礼”不但可以获得他人的尊重，又可以体现对他人的恭敬；“让”包含的道德意蕴上的谦让、退让以及客套成分上的辞让与推让（吕耀怀，2000），也体现了传统礼仪中谦卑和尊重他人的精神。在企业日常交往的组织实践中，不论作为交往内容和形式，常常都在遵循照顾他人感受和不破坏关系情态的礼让行为（Shulman，1986）。在一定程度上，礼让为可以满足人们对于尊重的需要，其中，相互尊重可以让组织成员互持积极态度，增强彼此间持续性交往的驱动力，并自觉地化解或避免人际冲突（Ting – Toomey & Kurogi，1998）。所以，礼让行为在维系并修复人际关系（何友晖等，2007）中，有利于组织塑造和谐氛围，吸引成员留在组织内部，维持在一起的意愿（Joshi &

Knight，2015），塑造关系化组织凝聚力（Thye et al，2002）。

2. 日常交往与组织凝聚力

日常交往本质上是以关系维持为基础的一种共创性组织活动（Sandelands，1988），无论是组织结构、活动，还是组织绩效表现，都是在注重关系维持的日常交往过程中产生和形成的，个人行为通过建立和维持关系得以展现，并在日常交往中构建出组织形态。在日常组织实践下，组织成员跟随情境变化和彼此关系情态，互通有无地开展日常性交流、帮忙和合作等积极性组织行为，以达成集体性目标或者增进人际情感交汇状态（Schuh et al，2016）。组织凝聚力指的是一种情感维系，是成员维持与其他成员间关系的意愿（Festinger et al，1950）。在日常情境下，组织凝聚力表现为成员间相处融洽、互帮互助以及团结合作（Molm et al，2012）；当企业遇到困境时，组织凝聚力则表现为成员积极主动照顾彼此的感受并维持组织的共通情感，成员间相互信任，齐心协力共同解决问题（李海、张勉，2008）。较高的组织凝聚力水平不仅能够有效提高组织绩效（Van Woerkom & Sanders，2010；Mullen & Copper，1994），还可以避免由于成员的机会主义和不作为所带来的人心涣散，从而维持企业的生存。

关系维持是组织凝聚力产生的日常行为机制（冯，1992），关系规则上的人际来往塑造中国传统文化的日常交往行为，“它的结构是不断改变的，然而总是以同样的相对状态作为它的中心和核心”。哈贝马斯（1994）认为，真正的合理性是内生于交往行为中，因而社会整合只能建立在交往理性之上，只有通过理性交往才能形成社会团结和个性人格。Hogg 和 Terry（2000）认为去个体化的交往互动和人际吸引有利于组织凝聚力形成。日常交往互动中建立的友谊（Thye et al，2002），能够在群体之间形成一种“团队性”（Lawler et al，2000），进而促进组织凝聚力的产生（Lawler et al，2000；Rabbie & Horwitz，1988）；于双边联合的共同参与行动中产生的积极情绪与情感依赖亦有利于组织凝聚力的生成（Kuwabara，2011）。Decoster 等（2013）研究表明，遵从关系规则是让组织凝聚力产生的根本所在。

组织日常互动过程中，良好的人际关系往往意味着较低水平的破坏性人际冲突，由此带来的亲密感与承诺感有利于建立一种和谐的组织氛围（Schaefer & Kornienko，2009），在成员对此氛围进行感知的过程中组织凝聚力逐渐形成（Molm et al，2012）。良好人际关系激发的积极情感状态可以增强组织成员对组织的情感依赖，当个体体验到共同情感或者情绪时，组织的稳定性会再次得到肯定（刘林平，2001）。同时，身处熟人社会，积极的人际关系往往会在组织或者个体遭遇困境时发挥其保障作用（Abramson & Ai，1999），并且彼此的关系越紧密，这种保障作用越强。关系本位下，人们总是基于对与他人建立的人际关系的感知调整自己的行为。作为人之常情，当人们感知到与自己关系密切之人的不自然状态时，便会感同身受，在情感纽带的推动下，提供情感或者物质上的支持，帮助其渡过难关。组织凝聚力既可以表现为一种人际关系（Van Woerkom & Sanders，2010），又伴随组织成员在互动中形成的人际关系而发展（Lawler et al，2000），礼让展现出的“以礼相待”，能够让组织处于和谐的氛围中，礼让、人际关系与组织凝聚力存在某种内在联系在理论上是成立的（Schaefer & Kornienko，2009）。

3.2 研究设计

礼让，作为一种日常交往方式，不但源于个人发展过程中传统礼俗文化的长期熏陶，而且往往遵从超出个人意识之外的关系规则；在日常组织实践中常常处于无意识状态之中（Sandelands，1988）。组织凝聚力作为一种组织日常状态，往往易被成员忽视；通过礼让与互帮互助等人际交往形式共同解决组织日常性问题，也会被视为工作需要，而忽略情境性感受与关系等“潜规则”的影响。同时，情理文化背景下，人际关系更是复杂且不易察觉，隐藏于客观现象背后，展现在特定的场景中。虽然大部分情况下当事人更能体会彼此人际关系的微妙变化，但是不乏“当局者迷，旁观者清”的现象发生，尤其在脱离情境的事后回忆中，通常会受到个体主观意识的影响而扭曲现实真相，情境的即时性也会让个体在事后难以复制当时的具体心理感受。因此，传统的通过事后访谈方法难以获取较为客观的现实场景的相关数据，更有可能丢失了具体发生情境里的无意识关系化行为数据，以及将合情合理的情理逻辑误以为是理所当然的价值逻辑的数据资料（Mena et al，2015；Kisfalvi，2006）。关系情感与情境的变化很难量化，出于“情”的人际互动有时更是难以通过理性分析来判断。因此，为了发掘“情礼（理）合一”的礼让行为与组织凝聚力之间的关系，采用质性研究方法（Edmondson & McManus，2007）。

本章研究的礼让行为表现语言或动作，组织凝聚力也可体现于具体的人际沟通，而且通过民族志方法收集的数据大部分都是以人物对话的方式展现，为了更好地分析民族志数据材料，本章主要采用归纳法进行数据整理，应用人际沟通会话分析法（Bisel，2010）对特定情境中的对话中展示的连续过程进行分析。语言是社会化行为的基本内容和表现形式，语言的社会化是人际情感产生的前提。情理文化背景下，人际交往过程中，人们通过对语言所特有的意义生成和解析策略获得“言外之意”。具体行动的展开，不易被他人识别的内心感受，更是需要通过言语向对方传达（Haidt，2001）。

本章选取某企业的传统性组织活动作为研究对象。该企业成立于2003年，是集产、学、研、科、工、贸于一体的综合性企业。企业日常交往的组织实践中，当组织或成员出现问题时，员工总是团结协作共同面对，积极提供自己的物品与想法，并对他人进行情感性支持与安慰，促使该企业迅速达成设定的目标，或者顺利突破困境。研究成员作为员工积极参与组织的日常活动，与管理者及基层员工展开人际交流，以保证数据的真实可靠性。例如，不带个人情感色彩的详细记录组织成员互动过程中的语言、行为、关系以及情境氛围等方面的内容（Emerson et al，1995）。在此过程中，调研者一定要保证中立的态度，以冷静理性的思维进行记录。研究者在调研期间亦对该企业部分管理者以及员工进行非正式访谈，以补充验证收集的民族志材料。个体对正式的结构或者半结构化访谈往往存在思维定式，并且在访谈过程中会有意无意的修饰自己的答案，掩饰自己的真实想法。为了让收集的数据更具真实自然性，调研者的非正式访谈，是在事后或者私交过程中，通过“调研者有意识，访谈对象无意识”的人际交流方式进行。让受访者在无压力的情境中表达自己最真实的想法，包括他们采取相关行为的原因，行动过程中的感受以及行动结果对他们的影响等。

调研者每日将实地调研获得的观察记录进行逐字转录，共记350多个互动场景，近44万字。一方面，由于实地调查与研究撰写存在着时间间隔，调研者往往难以凭记忆把握所有的场景；另一方面，在通过民族志方法收集数据时，调研者大部分是无针对性的记录客观的组织日常活动与人际交往过程。因此，在具体分析数据前，研究者通过反复阅读实地材料对数据将自己再次带入到情境中，尽力回忆当时的情感体会（Miles et al，1994）。同时，在有意无意间搜寻礼让、人际关系与组织创造力的相关场景，不断发掘论文的切入点。随后，数据分析通过两个阶段进行：

第一阶段，梳理相关概念，抽取场景。通过对数据的整体把握，并结合前人对礼让与组织创造力具体内涵的解析，有目的的在民族志材料中选取相关场景（N=213，礼让=119，组织凝聚力=94），逐步形成更完整的、分析性的研究数据（Pratt，2000）。随后，对选取的场景进行精炼，共抽取相关度较高的149个互动场景（礼让=85，组织凝聚力=64）。为了探究礼让行为的产生过程，不仅关注特定的礼让行为，同时关注前后情境，既整个互动过程。随后将互动过程分解为细小片段，对各个片段进行整理，发现礼让行为的发生均经过四个阶段：遵礼造事，从礼而为，依礼而让以及守礼系情。为了具体分析礼让、人际关系与组织创造力的关系，根据内涵将礼让与组织凝聚力展现场景进行分类归纳。礼让细分为交往行为（克己守礼、给留面子；N=40）与关系规则（人情交往、面子行为与道义性支持；N=45），具体展现为谦让、退让、推让以及责任和义务的当仁不让（详情见表3-1）；组织凝聚力划分为问题解决（N=34）与和谐氛围（N=30）（详情见表3-2）。值得说明的是，由于人际关系变化的微妙性，影响的长久性以及往往需要事后体会并且体现于所有的互动场景中，因此，研究者并未特意抽取人际关系的场景，但是结合具体互动情境将关系演进分为建立、维持与增进。

表3-1　礼让的类型、行为体现以及互动形式

行为体现	退让　推让	谦让　当仁不让
类型	交往行为	关系规则
互动形式	克己守礼	人情往来
	给面子	面子行为
	留面子	道义性支持

表3-2　组织凝聚力的类型及具体展现

类型	和谐氛围	问题解决
具体展现	良好氛围	社会性支持
	友谊深厚	资源性支持
	内部一致性	

第二阶段，构建“故事线”，检验饱和性。首先，以人物情境推进事件发展的“故事线”将各类场景加以联系，关注每个场景中相关人物的对话和具体的情境展现，通过日常互动中的人际交流探究礼让行为的具体产生过程，组织成员间人际关系的微妙变化（Hernes & Weik，2007；Cooren，2012）。其次，根据礼让行为的“具体情境—表现形式—影响组织凝聚力”的“典范模型”，探究礼让行为对组织凝聚力的作用机制，完整

礼让行为与组织凝聚力之间的“故事线”。最后，通过对留取的一部分互动场景进行检验，并没有得出新的构念和范畴，验证了本研究数据在理论上的饱和性。

3.3 研究发现

本研究意在分析组织日常交往互动中的礼让行为，并探究其对人际关系以及组织凝聚力的影响作用。因此，本研究首先，分析组织成员的日常人际互动，探究礼让行为的产生及其普遍性。其次，分析礼让行为与组织凝聚力、人际关系间的联系。

1. 礼让产生于组织日常交往中的人际互动

通过深入分析收集的民族志材料发现，礼让行为普遍存在于组织的日常交往实践中。一方面，日常互动中，在“知礼节”“知荣辱”的驱动因素下，人们会照顾他人感受采取合礼（理）行为；另一方面，关系背景下，为了避免彼此间的共通性情感状态受阻或维持人际关系，会展现出人情交往、给留面子或进行道义性支持等行为，有意无意间开展礼让。

组织伴随人际关系的互动而存在。作为组织日常交往实践的基础，有效的人际互动不仅能够保证组织快速解决当前面临的问题，实现组织目标，而且还能加强内部成员间的情感交流，推进人际关系发展，并通过他人对待自己的方式获得关系身份信息（Tyler，1999）。大部分情况下，人际互动是无意识开启的，是为了维系彼此关系与情境性感受的真情表露，是一种无目的性顺应情境之为。在组织内部，受传统礼仪文化熏陶，员工不论“生”还是“熟”，见面总会礼节性的微笑或者点头示意；作为追求“群体性”的社会人总是有意无意地“没话找话”；甚至个体的自言自语也会引起周围人的关注。有时，个体也会为了寻求物质或者情感上的支持有目的开启互动。互动的开启方式有些是显性的，能够直接通过语言或者肢体行动展现，例如打招呼；有些则是隐性的，作为情境中人，即使此刻没有参与到互动中，也会自然在内心识别定位出潜在的互动对象，并关注对方的一举一动，捕捉互动开启的切入点，以便在恰当的时机以恰当的方式参与其中。如果互动开启者不依礼做事，往往不会赢得他人的尊重，甚至会令人反感，便可能得不到情境中其他人的回应，互动也就无法开启，礼让更是无从进行，在趋利避害的人之常情驱动下，人们会自觉地遵从礼节规矩。因此，遵礼造事是礼让发生的基础，让他人感到被重视，抬高他人中让自己感到更自然。

组织作为一个熟人社区，当互动开启者以正确的待人态度和方式开启互动后，在礼俗规约与关系规则的约束下，处于情境中的其他人也会以礼相待，进行相应的承接行为，以避免互动双方情感受阻而出现不自然的状态，保证日常组织活动持续顺利地进行（Bolino & Grant，2016）。互动承接者可以通过在具体情境下感知互动开启者的心理态度与行为表现来选择恰当的承接方式，比如，在他人情绪低落的时候予以安慰，在他人进行问话或咨询的时候则予以及时的回应。随着双方沟通互动的进一步深入，彼此之间交流信息的广度与深度也得到不断拓展。在这种“你来我往”“你敬我一尺，我敬你一丈”的过程中，组织或者个人所面临的新问题也会越加清晰的呈现出来，进而形成与双方利益密切相关的新聚焦点，引起互动双方共同关注，并推动他们朝着解决问题的一致目标共同努力。例如，X与L1在日常互动中引出L1正面临会计证没有年检的问题，在双方后续一问一答的过程中，双方都对该问题有了进一步的了解。与此同时，情感资源往往也在互相关心、彼此安慰的关系交往过程中从一方流向另一方。基于人情法则的情绪与情感分享激活了潜在的共通性情态，推动了互动双方情感性关系的建立。共同关注与关系情感的产生是礼让发生的主要推动力。

在共同关注与关系情感的推动作用下，互动双方将注意力都聚焦于同一问题或者事件。为了应对和解决这一问题或事件，需要进一步探讨产生于约定俗成的礼节规矩中的“让”的具体行为。例如，“先人后己”“厚人薄己”与“卑己尊人”等。这些包括推让、谦让和辞让等内容的礼让行为都是互动双方在关系情感的驱动下出于共通性感受自然展开的。首先，作为一种交往行为，互动一方采取礼让是避免已激活的共通性情态受阻、互动参与者产生不自然或消极情绪，积极维持共通性感受的行动，往往是在“情”的推动下，“话赶话”“事赶事”发生。例如大家积极讨论发票时，C作为组织的一员，考虑到集体的共通性感受，采用商量的方式进行共同决策，让他人充分发表意见，不独断专行。其次，身处情境中，人们往往会受到对方情绪的感染，作为善良之人，在关系情感的推动下，互动者会不自觉地考虑对方的心理状况与情感状态，在顾及对方感受的基础上尽自己所能提供必要的支援或者满足其要求，这样做不仅可以帮助他人排忧解难，也能让自己在帮助他人的过程中获得内心的快乐与平静。最后，身处熟人社会与情理文化中，基于“仁义礼”的关系交往规则，出于维护人际关系或者保证日后交往的目的，往往会进行“理中有情”的礼让行为。因此，礼让是在基于礼节规矩展开的互动过程中，在特定情境的推动下，一方为了维护共通性感受或维系彼此关系不由自主采取的行动。此外，一方进行礼让后，随着“共情”的打通，其他人出于维护关系情感或情境性关系也会进行礼让，如相互“拉扯”的推让。

伴随着情感资源与物质资源的流动，礼让的互动双方在和谐的氛围下将共同聚焦的问题解决，彼此的情感都回归自然状态。这虽然意味着当前人际互动的结束，但也是未来潜在互动开展的基础。互动参与者在礼让的前三个阶段中，深入的人际交流与问题的解决，让彼此达到了心意相通的状态，建立了情境性关系，互动双方更加熟悉，友谊更加深厚。良好的人际关系不仅可以给予个体情感性支持，还能帮助个人在自然状态中获得幸福感，因此，当人们感知到这些积极情绪来源于人际关系时，便会更加积极主动地遵循人际关系交往规则，在特定的情境下约束自身行为，通过遵从礼节规矩做出让步，起到顾及他人感受、维系关系的作用。

研究表明，存在交情的组织成员在互动过程中更倾向于照顾彼此的感受与面子，产生礼让行为。同时，礼让行为也是人情的一种体现。当一方意识到对方为了照顾自己的感受做出了“牺牲”或者维护了自己的面子后，会觉得欠了对方的人情，便心存感激。根据中国人“报”的特性及原则（杨国枢，1988），受让方日后会进行回报性行动。当感知到对方存在物质需要时，在自身“衣食足”“仓廪实”的前提下，会主动让渡自己的财、物、信息等资源；当体会到对方需要情感上的支持时，在情感连带的作用下，进行“你中有我”“我中有你”的感同身受后，会不遗余力地给予对方最大的精神鼓励与心理安慰。日常组织实践中，这些礼节性的人情往来于无形中让你我“关系常在”“情意更浓”，为组织凝聚力的生成与巩固奠定了坚实的基础。

2. 礼让行为与人际关系

在日常组织活动中，礼让既是一种“日用而不知”的交往行为，又是维系情感的关系规则。作为交往行为，是出于遵守礼节规矩与照顾他人面子；作为关系规则，表现为人情交往、面子行为与道义性支持（见表3－3）。礼让的互动形式具体展现为谦让、退让、推让以及当仁不让（见表3－4）。

表 3-3 礼让的类型、分类及具体内涵

礼让类型	分类	具体内涵
交往行为	克己守礼	遵从礼节规矩，照顾他人感受或维持集体共通性情感状态
	给面子	一方照顾对方的面子，积极主动给予对方恰当的甚至超出对方期望的待遇
	留面子	当一方的面子受到威胁时，另一方做出的维护面子或者尽量不伤害面子
关系规则	人情交往	关系演进过程中的人情流动，包括人情的“欠”与“还”
	面子行为	基于“万事和为贵”的交往逻辑，为了“日后好相见”采取的行动
	道义性支持	作为“仁者”，出于“义”，采取“合情”的行为

表 3-4 礼让的互动形式及具体内涵

礼让形式	具体内涵
谦让	资源上的让渡，交流过程中以谦卑的态度让对方充分表达意见
推让	接受他人帮助时承“重”让“轻”（工作），为了不给他人添麻烦进行推辞，接受“礼物”时相互“拉扯”
退让	发生情感矛盾时不与之争，意见不一致时主动让步，他人存在过错时采取包容的态度不轻易指责
当仁不让	主动承担他人或繁重的工作，积极扮演组织角色并承担任务

组织凝聚力是组织展现出的一种状态，可以用组织的整合与士气来代替，目的是为了维持内部结构的稳定性。结合该凝聚力的定义以及调研数据，本章将凝聚力划分为组织日常和谐的氛围与团队成员齐心协力解决问题（见表 3-5）。

表 3-5 组织凝聚力表现形式

组织凝聚力		表现形式
和谐氛围	良好氛围	成员互相关心，彼此理解包容，遇事首先站在对方的角度考虑问题
	内部一致性	组织成员在行动、意见、态度以及情感上的一致性
	友谊深厚	成员间对彼此信任，相互认可，成员间社交活动频繁
解决问题	社会性支持	安慰，鼓励，体谅他人
	资源性支持	提供人力资源，资金支持，实物资源以及知识、信息资源

日常交往本质上是以关系维持为基础的一种组织活动。随着互动的深入，在共通性情态的推动下，互动参与者顺应关系情境克己守礼进行礼让，通过维持共通性感受来促进情感交流以维护人际关系。在组织集体讨论中，领导者即便可以独自做出决定，但也会出于照顾他人感受和尊重他人意见的考虑，以谦虚的态度与其他组织成员进行商讨。其他组织成员在获得“面子”的基础上会感到个人关系身份得到提高，进而有利于维持大家之间持久的联系与互动。在讨论发票的情境中，C 通过参考其他人的看法，根据大家的意愿对其初始决策做出了让步和调整。避免情境中人共通性感受受阻，大家纷纷说“可以”，并随即探讨起了共同吃午饭的问题，为推进人际关系发展提供了可能性。出于照顾他人感受而非个人表现目的的主动承担，可以通过在某些情境下展现对他人的恭敬与支持，获得对方的认可与好感。此时，双方因各自对尊重的需要得到满足而感到愉悦，从而有利于双方推进人际关系的发展。

这种礼让行为通常发生在组织成员的互助情境中；突出体现于下级积极完成上级布置的任务、为了支持领导工作对未布置工作的主动承担。例如，领导 C 让 F 和 O 在没有事的情况下去工作组帮忙，O 很爽快便答应了承担自己本职之外的工作，表现出其对领导 C 的支持与尊重。当上级感知到下级对其的尊敬与认可时，会对下级产生积极的情感，这种积极情感有助于上下级间建立和谐融洽的人际关系。

给面子是指一方照顾对方的面子，积极主动给予对方恰当的甚至超出对方期望的待遇，满足其尊严以及自我意识的需要，使其面子有所增加的礼让行为。待人谦让，也就是以他人事为先的资源（包括时间、金钱、实物等）让渡，可以看作为一种“给面子”行为。面子反映了一个人的身份地位，给面子的程度决定他人对自己的接纳程度与认可程度，给面子的程度越高、态度越谦卑，越能让个体感知到自己在他人心中的社会地位与威望，这种被他人敬畏与顺从的感觉有利于强化双方人际关系。例如，H 着急弄教材的投标文件，找 S 帮忙，S 虽然还有自己的工作要忙，但还是答应了给予 H 帮助。S 这一行为让 H 心存感激，增进了两人之间的情感沟通与交往情谊。在关系实践中，互动一方的行为往往会对另一方心理状态造成影响，或积极或消极。消极情绪不仅会耽误本职工作，还会破坏人际间的情感关系，给面子则能满足对方情感需求，及时给予对方行为上的支持，在激发他人积极情绪的基础上化解矛盾、强化情感交流、增进彼此“情分”。

留面子是当一方的面子受到威胁时，为了照顾其感受，对方做出的维护面子或者尽量不伤害面子的礼让行为。留面子在本质上是以己度人，是站在对方角度体会其处境、充分考虑对方的心理感受而做出的人情行动。如当对方由于合理的原因未实现对自己的承诺时，为了日后的交往，人们往往不会无理取闹、不依不饶，而是抱着宽容之心原谅对方；当对方出现过错时，也会进行一定的退让，表现为不在公众场合指责对方，避免给他人难堪。不伤他人面子可以维护他人尊严与社会威望，不给他人难堪则能有效的避免尴尬与矛盾。当一方感知到对方给自己“留面子”时，会出于人情中的“欠”而心存感激，并会在以后的交往中回报对方，即“给面子”。在“留面子”与“给面子”的往复过程中，彼此好感度不断增强，双方之间的情感关系也变得越加融洽和谐。在案例中，S 的失误导致 X 的工资一直没发，因此，S 非常自责。X 得知之后并未指责 S，而是出于共通性感受将责任揽在自己身上以安慰 S。这一行为不仅顾及了 S 的面子，也抚平了 S 的消极情绪，作为人之常情，S 自然对 X 产生亲近感，由此推进了双方之间的关系。“S 感觉心里暖暖的。”

人情社会，如果一方毫不客气地直接接受他人的好意或心意，不仅会因为缺少互动环节导致彼此情感受阻，感觉“少了点意思”，而且会被视为把对方定位在低自己一等的位置，这被看作是不礼貌的行为（曲卫国、陈流芳，1999）。互动双方遵从礼节相互“拉扯”展开的推让过程，一方面展现了对彼此的尊重与敬畏，另一方面使互动过程更加完整。在“一来一往”的礼让过程中，双方在心理上让渡出一定的空间来承载彼此的情感，心理上的联通使人际关系得到进一步推进。例如，S 在运动会时借了 A 的衣服，因为担心 A 会急用，所以就很快归还了衣服，“这都是应该的，你万一突然用了呢”，A 出于礼节规矩进行第一次推让，“啊，不着急啊”，当得知 S 将衣服清洗后，双方进行了第二次推让：A 说道：“哎呀，还给洗了啊，不是说了不用洗吗，呵呵!”，S 笑着说：穿了好几天肯定得给洗洗啊，哈哈。”人之常情，彼此推让后的结果就是接受对方的心意，如果不接受，就会被对方视为你看不起他，会伤害对方的面子，A：“哎呀，太好了，我自己都没洗”，S 也是再次的感谢地说道：“没事儿，应该的。”推让过程中，互动氛围融洽，充满欢乐，之前还不是很熟识的 S 和 A 竟然开始聊起各自的生活。

在具体的互动情境中，礼让是出于对他人的体谅与包容，展开的积极维护彼此情境性感受的行为，带动了关系的演进。人际关系的好坏，代表着组织关系网的紧密程度，而组织内部成员间人际关系的协调程度可以作为组织凝聚力强弱的衡量指标。良好的人际关系作为一种情感上纽带

（Schaefer & Kornienko，2009），在某种程度上代表深厚的友谊与和谐的人际氛围，表示个体之间在心理上的紧密感与行动上积极的联动性，意味着成员间互相关心、彼此理解、团结互助以及高度的相互依赖性。关系在人际交往和组织活动中起到重要的纽带作用。作为“知礼人”与“性情人”，由人际关系产生的情感认同（Bolino & Grant，2016），“如果一个人在比较尴尬的情况下对我进行礼让，我会觉得他很重视我，把我当作朋友，不想让我感到难堪，那我自然也会把他视为朋友，我也愿意跟他接触”，可以让受让方在情境转变时主动提供额外的付出，并且额外付出的可能性与其所感知到的被认可程度成正比。首先，受让方会主动站在对方的角度看待问题，并充分考虑对方的情绪状态，尽最大的努力维持彼此间和谐的氛围和友谊。例如，在讨论放假排班的场景中，Q 鉴于 X 的家里情况，对其进行特殊照顾，提出不在过年期间给 X 安排工作，而是让其过完年再回来。其次，会更加关注礼让方的情绪状态，当感知到对方处于不良境况时，在情感连带作用下，会采取积极而非漠视的态度，给予对方情感或者资源上的支持，助其解决问题，于组织实践中，意味着组织效率的提高。

3. 关系规则与组织凝聚力

关系是指人际互动过程中的心理联系，关系规则是指维持人与人之间内心感受共通的礼节规矩。企业可以看作是一个小型的“熟人社会”，组织成员在日常的交流与互动中逐渐编织了一个大型的关系网。维系关系是人们进行社会交往与互动的出发点，日常交往中，参与人会受制于自己对他人和群体的情感依恋，不自觉的考虑对方感受，按照双方长久交往形成的关系规则展现出人情与面子行为，并在情感纽带的作用下对“熟人”进行道义性支持，从而展现出礼让行为，维持彼此间的共通性情感状态以及良好的交往氛围，避免破坏熟人关系。

当组织需要资源支持时（人、财、物等），作为“仁者”，出于“道义”或遵守关系规则采取的“合情合理”的“争而不让”、积极做事，一方面，有利于打破组织尴尬的局面，并对其他个体的心理状态产生影响。制度外的礼让，会让人感觉到人情温暖，激发个体对当前情境与自我身份的重新认知，增强了个体对组织的归属感。在关系规则的约束下，为了维持“在一起”的情绪体验，也会采取相应的行动，“其他人纷纷说自己来也行”。集体的相互礼让，不但让互动参与者重新达到情感共通状态，带动了问题的解决，“如果有事的话，S 来”（ZC－1－1）；还促进了成员间好感度的提升，让双方都愿意保持持久的联系和互动。另一方面，带动组织内部资源的流动。如责任义务面前的当仁不让带动人力资源的重新分配，在“衣食足”“仓廪实”前提下，出于“知礼节”“知荣辱”上的物质资源让渡，以及沟通交流过程中的信息资源流动，可以减少组织决策时间，快速完成任务或冲出困境。在有关公司公众形象的运动会走方队问题中，X虽然有病在身，但还是积极扮演组织成员的角色，并勇于承担任务，“那我去吧”。作为人之常情，Z关心地说道：“感冒了别去了”“没事儿，反正已经感冒了”（ZC-3-2），X回答道。礼让在有效解决组织当前问题的同时，也增强了情境中其他人的集体意识，让大家从心底产生一种组织归属感，促进了组织凝聚力的生成。

关系演进过程中伴随着人情的流动，人情行为既是长久交往的保证，又是组织成员协同合作解决问题的基础。“受人点滴之恩，需当涌泉以报”，人们往往会以新的形式加重分量报答“人情”，造成对方反欠人情，再次诱发人情归还行为，从而造就了算不清欠不完的人情。人情往来保证了旷日持久的人际互动，频繁的互动不但增进彼此之间的熟悉感与情感依赖，而且成员间通过不断地磨合，沟通更加和谐，行动或者思维方式趋于一致。在讨论培训会议签到表的问题时，大家想到共同的解决办法，S：“咱们可以在签到表后面加一列选项，吃就打个钩”，C：“对，可以，签到的时候他们自己就顺手签了”。依靠人情等“潜规则”往往比按章办事更有效率，礼让作为“欠人情”的过程与“还人情”的方式，可以让闲置的人力资源流向更需要的地方，让组织迅速完成任务。例如，学校组织党员群众路线答题，X在了解到S工作不顺利后，主动帮助其分担答题任务。这一做法不仅使S工作提前半天完成，也使S欠了X一份人情，因此，当S知道X不适应公司时，也对其进行了鼓励和安慰（SN-1-2-1）。社会性支持，可以让身处困境的人们感受到人情温暖，伴随着他人的鼓励与安慰，人们会积极调整自己的情绪状态，让自己恢复平静并勇于面对问题。于此过程中，伴随着人际情感的流动，组织成员间的人际吸引力显著提高，友谊得到深化。在人情社会，每个人本质上都渴望得到亲情友情，精神上的寄托成为成员渴望留在组织的主要原因。

作为独立个体的组织成员在思想或者见解上难免存在差异，而熟人社会又讲究“万事和为贵”的交往逻辑。为了给对方面子采取谦让的态度，一方面不但可以通过展现个人品质提升他人对自己的好感度，而且也代表着对他人的尊重与认可，可以提高团队成员间的人际吸引力，增进彼此的友谊，巩固组织的稳定性。另一方面可以为彼此的交往营造一个和谐的氛围，激发互动者积极的情绪，建立较强的社会连接（Collins，2004），维持彼此在一起的意愿。作为普通人，在组织的日常工作中难免出现失误，组织作为小型的熟人社会，在关系规则下，为人处世都基于“仁、义、礼”的原则，讲究凡事“打人不打脸”，人们为了“日后好相见”采取的留面子的退让，或是他人未实现承诺而不与之争，Z 欠 M 钱的情境中，M 的礼让“你知道了就行啦”（LM－1－1），可以避免由于在公众场合“打对方脸”激发的矛盾，维护彼此间的深厚情谊；也可以通过抚平对方情绪达到彼此心意相通的状态，进而塑造组织内部的和谐氛围（王晓霞，2000），组织内部的和谐一致程度可以很好地诠释组织整合度，为组织凝聚力生成提供保证。

在组织的日常实践中，沟通是不可缺少的互动环节，良好的沟通可以激活处于闲置状态的潜在资源，潜在资源嵌入于关系网络，通过关系情境为企业所用，或者让现有资源流向组织更需要的地方，为组织创造性地解决问题奠定基础（Andersen，2007；Chaharbaghi & Lynch，1999）。而为了不拂他人的面子采取的谦让，恰恰是顺利人际沟通的基础，便于互动参与者各抒己见。同时，谦逊态度激发的良好情绪也会对个体的思维产生积极的作用，有利于知识激活与共享，从而产生意料之外的结果，发挥组织“共创性”：讨论过程中，C 基于原来的问题对 M 提醒：“还有培训中心大堂的指示签到的标识”，引发了 M 顺应情境对问题的解决，“对，那个得在它的北侧摆上”。当双方出现情感上的矛盾或观点上的不一致时，两方相争必然引发冲突，不利于问题的解决。而一方照顾对方面子的主动让步，或者双方彼此包容的共同退让，可以让双方在行动或意见上达成一致，快速落实决策方案。案例中：W 与 M 讨论办公室打桌板的实施方案，虽然二人意见不一致，但 M 为了照顾 W 的面子，还是在一定程度上表达了对 W 想法的认可。不但使问题顺利解决，而并有效维护了彼此间的人际关系，于和谐的氛围中展现组织困境下的“聚合性”。

3.4 结论与讨论

中国的情理文化背景下，企业作为一个熟人社区，组织成员为了更好地“在一起”，在日常人际互动过程中，会有意无意遵从长期交往沿袭下来的关系规则和礼节，进行人情交往、面子行为或道义性支持，展开礼让行为，维持彼此的情感共通状态。无论中国传统文化，还是传统智慧都是根植于心；曾经的“传统”，在逐渐遗忘中变得愈加珍贵，倒并不因稀有而轻视。然而，所谓传统的文化和智慧，不仅只是日常行动的具体内容（资源能力）和目标价值，更多的是坚守礼义的关系规则（De Massis et al，2016）。无论企业大小，如果过分注重技术先进和制度完善，或者过分注重所预知的未来，而忽视日常交往的关系规则，都会迟早走向衰败（Vuori & Huy，2016；Greenstein，2017），如"善游者死于梁池，善射者死于中野"。作为日常交往行为，礼让首先是一种关系交往规则，所以，基于礼让的理论化不仅注重行动功能的结果表现，而且在根本上以维护关系规则为前提的；在此过程中，围绕礼让为的组织凝聚力形成过程，自带了行为内容创新多样性的和多重价值标准（Mena & Suddaby，2016）。正在这个意义上，本章选取企业日常交往实践中的礼让现象进行实地跟踪调研。

研究发现，在日常组织活动中，礼让行为经历了"造事"、"顺为"、"承让"和"合情"的四个交往活动，并在维持人情交往中不断地塑造关系化组织凝聚力。研究也发现，一方面，在礼让行为的交往内容层面，礼让具体表现为在礼节规矩之下克己守礼、给人面子或为人挣面子的行为，通过实现人情温暖的传递或者规避潜在冲突，推动成员间的关系演进（关系建立、维持与增进）；另一方面，在礼让的关系规则层面，礼让表现为注重人情法则的日常交往、考虑他人感受的面子行为和在社会文化上的道义性支持的规则，并在关系规则的约束和促进之下，促使彼此在行动、观念和情感上保持一致，通过关系维持形成组织和谐氛围，在人际互动之中不断解决日常组织中的问题。研究表明，遵从关系规则的人际互动，进一步维护了日常交往中的礼让行为，同时，人际交往与关系演进是同步的，因而，礼让是通过关系维持来形成组织凝聚力。

本研究立足于日常交往的礼让，探究了组织凝聚力形成机理，具有一定的理论贡献。首先，现有研究关注于组织凝聚力的影响机制，提出了形成组织凝聚力的人际关系基础，于是，本章以日常交往的礼让为视角，给出了组织凝聚力塑造和表现的行为机理，不仅揭示了 Decoster 等（2013）关于组织凝聚力依存于组织认同的根本原理，而且丰富了关系维度上组织凝聚力产生的行为意涵（Simons et al，2016）。其次，本章立足于中国传统文化的关系本位，给出了礼让行为的礼义规则，趋利避害的人之常情驱动了礼让行为的发生，企业日常交往的组织实践之所以能存续，往往是依存于因在乎身份而知荣辱的社会心理（Tyler，1999），所以，明确地给出了礼让行为与亲社会行为之间的动机差异（Bolino & Grant，2016）；同时，在日常交往中，情境性感受共通与人际互动之间的礼让行为，遵从了整体性思维的阴阳变通逻辑①，本研究为中式管理理论的本土化研究提供了一种可能的行为假设，也从根本上摆脱了理性人假设在理论上不可能实现合作的社会困境（social dilemma）（Tyler，2011）。最后，不同于传统管理研究过分关注资源能力和制度性价值的行动内容，本研究以礼让的关系规则为基础，揭示了塑造组织凝聚力的过程机理，给出了推动组织凝聚力形成的日常交往行为及其关系规则，不仅从礼义层面弥补了制度性不足，而且也摆脱了将组织凝聚力划分为行为和结果的二分法困境（Mena & Suddaby，2016）。当然，本章将礼让这一传统文化与组织实践管理联系在一起，注重关系规则在战略性组织的熟人社会里也是普遍的，这为中式管理研究提供新视角。

总之，本研究分析了组织日常互动过程中的礼让行为，拓展了中国传统文化背景下日常组织的关系规则内涵，探究了企业日常交往与组织凝聚力之间联系，揭示了礼让塑造组织凝聚力的日常行为机理。

① 参见《管子·枢言》："凡万物，阴阳两生而参视，先王因其参而慎所入所出。"

第4章 “话赶话”：关系交往“赶”出组织共创性活动

人之通性：互欠着的人情

第3章讨论了礼让行为形成日常性组织凝聚力，也进一步表明，组织情态共通性是日常组织存续的根本所在，更是让人们自发地走到一起而形成日常组织活动的社会心理。

小时候，家里开了一个日杂店，俗名代销店，店面不大，货物比较齐全，比不上现在的城里小超市，但能与现在农村里散布的中等规模的代销店相媲美。记得从上小学三年级开始，放假在家，每次父母去城里进货，或走亲戚，店面便由我照看。还好，家里琳琅满目的货物的单价我也记得；也没有一次因算错账或买错价格，被家人责骂过。然而，那时最令我头大的是，有人来赊账；因为，街坊邻居的大人，我也不知道他们的名字，以及和我家的关系。那时，一旦有人来赊账，除非对门的，或经常晚上到我家串门的，我就应允他们赊账；其他赊账的，我就告诉他们等父母回来再说吧。

那时候，小店的抽屉里，总有两三本账本，一天有人还账的，父亲便从中划去他的名字，新赊账的，要么在他们名字后面加上一笔，要么先检查他们有没有旧账，然后重新给他们新户头。回想起来，那些赊账的，有的是季节交换时期钱周转不开，有的是临时差钱，有的是忘了带钱，等等；他们大都会到时就来销账的。当然，也有的明知他们还不了，父母也会赊给他们，按照父母的话说，毕竟是乡里乡亲的，总不能在别人困难的时候袖手旁观，而不去帮助他们一把。

到了我上大学之前，尽管人们去城里购物越来越方便，但是，家里的小店还算不错，赊账的和还账的还是络绎不绝，账本还是那么厚，父亲隔一段时间就誊抄一次。上大学之后，随着父亲年迈而很少进行赊账，小店也开始越来越不景气了，或许也是街头又开了几家代销店的缘故。每次回家看到的账本越来越薄了，尽管里面的呆账成了死账，一直到了十年前，就再也没见到父亲的账本，小店也就关门了。父亲去世那年，账本也没有见过，母亲告诉我，生意不好，我爸岁数大，别人也不好意思来赊账，以往欠账的还清了，就很少来买东西了；偶尔有一两笔比较大的欠账，父亲生前也向他们提过，他们说记不得了，父亲也就没有再追究了。

互欠着，无意拖欠，便是人之通性所展现的人情，是我们在一起活下去的温暖。一个乡村的小店，在乡里乡亲遵循人情交往的过程中发展起来。在互欠着人情的呵护下，见证了一个小店的成长；没有这份欠着的人情，也许小店是没法维持下去；也随着这份人情在市场竞争中的凋零，我家的小店也走进了历史。

毫无疑问，上述亲身经历的真实故事，展现了一个单位与外部人员在日常交往所遵从的人情法则，也表明了在日常交往中，通过礼义规则的关系建构行为塑造了一个组织兴衰的整个过程。可以进一步地说，人情法则可能是保证日常组织共创性活动和持续成长的内在组织机制，在日常交往中，遵循礼义规则的关系交往可能是隐藏在日常组织共创性活动中的原始动力。

4.1 问题提出

在不确定性环境变化之下，企业未来发展常常会出现“意料之外”的危机和威胁，企业日常交往的组织管理活动如果不能产生组织性创造力，以及时化解所面临的企业困境和把握企业发展机遇，那么企业战略所依存的日常组织活动也无以继续，换言之，企业战略实践观离不开日常交往的创造性活动（Malmelin & Virta，2016；Jarzabkowski et al，2012）。近年来，关于组织创造力的理论研究越来越引起当前学界普遍的关注（Miron - Spektor，2011；Amabile et al，2005；Bledow et al，2013；Woodman et al，1993）。然而，由于新知识的未知性和不确定性（Goncalo et al，2015；Ende et al，2015），在企业日常交往的组织性创造活动中，既没有现成的价值标准及时地判断新知识涌现的有用性（Goncalo et al，2010），又不能避免创造力所带来的潜在危害（Goncalo et al，2015；Miron - Spektor et al，2015；Agostineli et al，1992）。同时，传统基于个体理性的组织创造力研究集中于个体层面和组织层面，常常会导致失败时抱成一团，而成功时却各奔东西的管理困境（Sosa，2011；Susanne et al，2012；Petriglieri，2015）。在这种背景下，一些学者开始考虑到新知识在实施过程中的整合与协调机制，于是转向基于人际关系来探究组织创造性活动（Harrison & Rouse，2014；Harrison & Wagner，2016；Milosevic et al，2015；Goncalo et al，2015）。

组织性创造活动往往超越了现有的组织认知结构和判断标准，而社会事实顺应自然之情可能是创造性想法和创造性过程被接受的根据（Grant & Sandberg，2016）。任何组织性创造活动都离不开日常生活之中的当地文化传统，当人们在日常交往中遵从了人之通性和顺应人之常情，人情法则成为了人们趋利避害的自然规则（Baumeister et al，2001；梁漱溟，1990），在日常交往中，个人的行为底线是不能破坏既定的关系规则。于是，问题出现或危机涌现，是日常组织活动的初始触动器，由于触动了关系情境发生改变，所以，日常组织活动的根本性动力来源于共同维护关系规则，当感到关系情态没受到损害，遵从关系规则的日常交往行为内容，自然会呵护和增进关系情态共通性，“止于好感，见好就收”（Baumeister et al，2001）和相互默契的相处之道（Zheng et al，2017）。由于日常行为常常发生于有意无意之间的自我意识未完全唤醒状态，个人卷入在关系情境之中更多是行动承担和感受承载的角色，在“得体”中让双方顺应自然之情。因而，以人之通性为基础的日常组织首先强调的是关系和谐性和组织创造性，即“万物生于有，而有生于无”。日常组织活动是整体性共创，新的关系与事物的功能，并不是根据事先的价值规则来判定的有没有用，而是通过自发形成的组织化过程，并执行中得以实现的价值性来体现的，这就以新东西的真实有用，改变了以价值规则的主观性判断（Goncalo et al，2010）。因此，社会事实的客观性，是在具体情境下的意识之外的，却又发挥作用的普遍性，常常表现为彼此在感觉上是共通的，合乎人之常情、又合乎大多数人所墨守的常理之下所生成的即时性共识，因而，在一定程度上，社会事实的客观性和人情交往的自然性包含了价值客观性，更关注的是“传统性学说”（traditional theory）（Horkheimer，1937，1976）。

在日常交往中，人们在无意识的空间里施展有意识的行动，在由“有”与“无”所共同构成的完整性有机世界里（Gerson，2004），自然而然地推进日常交往行为，“苟日新，日日新”。关系规则，在日常交往的“话赶话”过程中，可以使新的行动策略被接受，产生具有防御性和自组织性的临时性组织形式：一个是能让可使用的新想法更好地发挥其价值性，另一个是能让在用的潜在想法创造出新价值，即“变废为宝”。由于新想法在评价标准上是不成熟的，也是超越制度逻辑的（Willmott，2015），因而，其有用性在日常交往中更多地依靠当事人双方的关系情感所决定的，也即是维持彼此之间的自然之情而给予支持性（Pennebaker et al，2001）。例如，在双方不能笃定将要发生的关系情境下，当一方询问怎么办时，对方常常会随口说："随便"。如果在不违背关系情态下，一方在考虑对方感受的行动之后，一般会探询一下，后者会看了看说："还行吧，看一看这么调整一下，是不是更好一点，我就这么一说，你看着办吧。"显然，这种共同行动的结果既具有双方事前无法料想的新颖性，又具有维持关系情感而被双方接受的有用性（Anderson et al，2003）。由此可以看出，在日常的关系交往中，关系情境变化常常让人处于个体无意识状态（Lyons - Ruth，1999）和关系无意识状态（Gerson，2004）之中，双方在"话赶话"过程中塑造了共创性组织活动（Zubizarreta，2013；Bledow et al，2013）。

作为从"无"到"有"的企业知识产生，组织共创性活动实际上根植在人际交往过程中能激起共通性感受状态的企业日常交往行为。其中，关系交往中的共通性情态隐藏在潜意识层次的日常生活中，含有人情法则的日常组织活动是普遍存在的（Barsade & O'Neill，2014）。随着关系交往的情境变化，在不破坏或维持共通性情态的"情理之中"，不断地试图激起共通性感受而产生"意料之外"的互动结果（Amabile et al，2005）。因此，组织性创造力是以关系情感变化为基础，又是终于关系情态维持的组织共创性活动（Tronick，2003；Frow et al，2015；Malmelin & Virta，2016）。在企业日常交往中，关系情感是指存在于人与人之间的、处于双方潜意识状态的共通性情态（Gerson，2004）。一方面，关系情感隐藏在日常组织变革活动之中（Gerson，2004；Messer，2012），依存于企业日常组织和管理活动中的非正式交往规则，在推进共创性活动中也产生了彼此默契的亲近关系和相互尊重的主观判断依据（Carmeli et al，2015；Conroy et al，2016；Zheng et al，2017）。另一方面，不同于关系规则，关系情态随着日常交往行为推进而发生有规律的变化，这种演进隐于潜意识状态并顺应自然之情（Baumeister & Leary，1995），例如，关系情态变化遵从启动、培育、分离和再定义的四个阶段（Snoeren et al，2016；Higgins & Kram，2001）。因此，在日常交往的关系本位之下，在关系情感变化形成"话赶话"的组织共创性活动。目前很少研究在关注共通性情态支配下的关系交往在组织共创性活动的基础性作用（Knight，2015；Menges & Kilduff，2015）。

不同于依据特定概念导向的组织共建性活动（co-construction），依存于关系情境变化的"共创性活动"（co-creativity）在日常组织活动中是非常普遍，共创性活动是依据以激活潜意识状态上共通性情态为前提，产生有用的新知识和新过程（Tronick，2003）。本研究目标在于回答两个主要问题：一是在关系情感驱动下，以激活到激起共通性感受自然变化的关系交往行为机理是什么？二是在遵从人情法则的关系交往过程中，关系情感是如何促进关系双方共同创造新知识？

4.2 理论基础

常常地，关系本位既是日常组织活动的根本驱动力，又是可以提高成员身心健康的免疫力（Cohen & Herbert 1996；Kiecolt - Glaser et al，1984），因而，关系情感变化带动了个人行为改变而塑造组织性创造活动，进而形成了组织性创造力产生的共创性机理（Tronick，2003；Frow et al，2015）。在关系本位的趋利避害行为中，从顺应自然之情的日常交往行为过程中所产生的组织共创性机制，也会受到关系情态变化的规则性约束。一方面，在情境性感受共通性层面产生了正负情态自然转换，不仅激发双方的个体创造力，还是让双方共通性感受作为彼此的价值判断依据，充分开发组织性创造力；而且也能为双方提供避害和获得温暖和安全感，在日常交往中偷闲而舒适。另一方面，在关系规则支配下，在冲突阶段可以激发个体创造力，而在实施阶段又自然进行整合；同时因彼此照顾对方感受和支撑彼此共有的关系身份，在不违背关系情态共通性前提下接受任何新知识产生，“两好，才是真好”（O'Toole et al，2002）。

1. 组织性共创活动

在企业日常交往中，组织性共创活动（organizing co-creativity）是指产生有价值的新想法过程（Amabile et al，2005；Malmelin & Virta，2016），包括新知识和新知识价值实现的新组织形式。在关系规则主导下的组织共创性活动，不仅包括个体创造力的新想法产生和组织创造力（organizational creativity）的新知识创造（Woodman et al，1993），即结果性创造力；而且包括由关系情境变化而引起关系创造力的新认知标准，如新组织形式和新目标结构；即过程性创造力。在日常交往中，关系维持是组织性创造力产生的根本动机，例如，Chen 等（2015）指出，和谐关系维持可以从人际交往中产生创造性行为；Miron - Spektor 等（2015）研究发现，对不同文化背景的人来说，不丢面子是组织共创性活动的内在驱动力。在此基础上，关系规则促使企业在日常交往中提升组织整体性创造活动（Ramaswamy & Gouillart, 2010)，在共创性活动中，任何一方的创造性活动不仅及时得到分享与接受，一方会带动另一方卷入创造性工作，而且可能因任务环境不同，一方负责新知识产生，另一方负责新知识实施，共同完成组织性创造活动。例如，Harrison 等（2014）研究指出，在关系规则上的协调可以促进新想法的整合和原想法的解构，也就是，任务相同就同心协力，而任务不同则彼此照应；避免关系破坏推进了组织创造性行为（Chen et al, 2015）；Susanne 等（2012）发现，共创性活动常常依赖于日常沟通中的情感交流得以成为组织战略化。因此，共创性活动是以彼此相互依恋的关系情感为基础，共同塑造出结果性创造力。

另外，在共创性活动的日常交往过程中，围绕关系情态变化，企业员工在顾及对方感受的过程中调整各自行动（mutual regulation model），以产生新过程（Fosshage, 2011）。例如，以绩效表现为导向的创造性活动，产生了新知识来调整比行动，也是以乐于其中的过程导向的创造性活动（Martin et al, 1993）。前者是通过改变行动情境而产生共通性感受，以接受新知识；而后者是通过引入新知识而激起共通性感受，以重新调整彼此行动（Tronick, 2003; Lyons - Ruth, 1999）。显然，这两种创造性活动与传统创造性活动在行为机制上存在明显区别，后者过分注重创造性结果上的区分，如 Richards（2007）所给出的渐进性创造力和破性创造力；又如 Kaufman 和 Beghetto（2009）发现，以调整行动为目的的新知识产生则是 C - 创造力，而以解决问题的新知识产生则是一种 C - 创造力。此外，与传统创造力理论只注重新知识产生不一样（Amabile et al, 2005; Bledow et al, 2013），共创性活动不仅强调新知识产生，更主要的还是关系倾向性的维系，情感加深以及组织形式再造的过程性创造力（Tronick, 2003），即共创性活动不仅是面向问题解决的知识创造，而且更注重关系性组织的再创造（Petriglieri, 2015）。从这个意义上来讲，遵从人情法则的共创性活动更利于组织战略性创造。

2. 关系情感与组织性创造行为

共创性活动为组织管理者提供了改进创新能力的机会，并通过日常交往行为来与其他员工一起共创组织未来，而不仅仅是对现有目标任务执行的考评和监管（Frow et al, 2015）。在日常交往中，当感到伤及到对方感受时，就会有意中止会话或改变话题，以便呵护关系情感这一底线，如亲友之间、同学和同事之间日常交往都以不会伤及到关系情感为前提（Wang et al, 2014），因而，组织性共创活动服从于习惯成自然的正负情绪起落变化（Bledow et al, 2013）。一方面，关系情态是由个人的内心感受共通性状态，由于个人情绪状态的正负都会影响到关系情态变化，所以，无论正情还是负情都会影响组织创造性行为。现有学者主要关注个人情绪和组织情感的正负情调（Baas et al，2008；De Dreu et al，2008；George & Zhou，2007；Martin et al，1993；Perry – Smith & Shalley，2014），如积极情感（如兴奋、愉悦等）（Fredrickson & Losada，2005）或消极情感（如焦虑、沮丧等）促使个体创造性解决问题（Foo et al，2009；George & Zhou，2002）。另一方面，由于共通性感受状态随着情境变化而发生改变，所以，关系情态变化整体感受层面上往往表现为启动、起承转合的自然之情（Wang et al，2014），也就是说，在具体情境下的自然感受力是整体性的，表现为阴阳变化，其中阴阳变化又随着情境变化而呈现出"元亨利贞"① 的自然变化，正如《黄帝内经》曰："阴阳四时，万物之本也"。正在这意义上，Kram（1983）发现，在日常交往中的师徒关系变化经历了启动、培育、分离和再定义的四个阶段；Higgin 和 Kram（2001）进一步发展了工作过程中的良师益友之间关系变化的具体行为内涵；而 Snoeren 等（2016）发现，师承关系让日常交往中参与人学习经历了守中、关心、信任和相互影响等关系化过程。

因此，关系情感不仅存在于共通性感受的人际情感连接及其情感反应（Casciaro，2014）之中，而且隐藏于潜意识状态的共通性情态（Fuchs，2012；Boston Change Process Study Group，2013）。一方面，作为关系情感的有机整体性基础部分，共通性情态是指在具体情境下，存在于人与人之间所共有的潜意识状态（Messer，2012），往往来源于彼此共有的生理反应（Martindale，1999）、历史交往所带来的共同遵守的交往规则（Barsade & O'Neill，2014），以及在"你中有我，我中有你"的共存情境性感受（Menges & Kilduff，2015），正如 Gerson（2004）指出，这种共通性情态是一种关系无意识状态，也就是说，相对于已感知到的显意识，潜意识是感知不到的，往往随情境变化而感到不自在时，会感知到其存在性："做了之后感觉不好才感知其存在性，没做之前是无法感知到的"。由于共通性感受隐藏在潜意识中，所以，当关注关系情感时，当事人常常依赖于一种关系默契和礼节规矩来判断新知识的有用性（Carmeli et al，2015；Conroy et al，2016；Zheng et al，2017），正如 Dokko 等（2014）指出，良好的私交有利于对创造性行为的接受，Rogers 和 Ashforth（2014）指出，尊重他人会赢得其更高的评价，甚至当自己人看待（Ellemers et al，2013）。

① "元，始也；亨，通也；利，和也；贞，正也。"出自《周易·乾》。

在人际互动中，双方遵从不违背共通性情态的评价和唤醒共通性感受的“情感规则”（emotional norms）（Menges & Kilduff，2015），双方往往是遵从情感规范来接受新知识。如Collins（2004）指出，人际情感交流可能通过互动仪式来进行观察分析，Goffman（1963）提出注重面子规则来探究日常人际互动。

在企业日常交往中，关系情感一直处于不断变化的关系情境，不断共创性发展和传承，会产生整体性组织演进（Menges & Kilduff，2015）。Lyons - Ruth（1999）认为，而共通性情态是一种关系性体验，使得共通性感受成为可能，而共通性感受是扩张意识空间过程的一种新规则，促进和约束双方所开展的人际互动。Frank（2005）进一步指出，随着关系情境变化，共通性情态的不断激活使得新关系在继承旧关系中得以维持，以避免和歪曲关系情感的真实性和自然性。因此。在一定意义上，人际关系是以共通性情态为基础的，而人际互动则是共通性感受为基础的（Barsade & Knight，2015）。因此，在企业日常交往的情境变化中，共通性感受状态起伏变化的自然之情引起评价或认知发生变化，双方积极投入和默契配合，积极维护共通性感受和激发关系情态，进而激活潜意识当中的临时共识，同时，在产生新的组织情境过程中解决问题和创造机会（如图4 -1所示）。

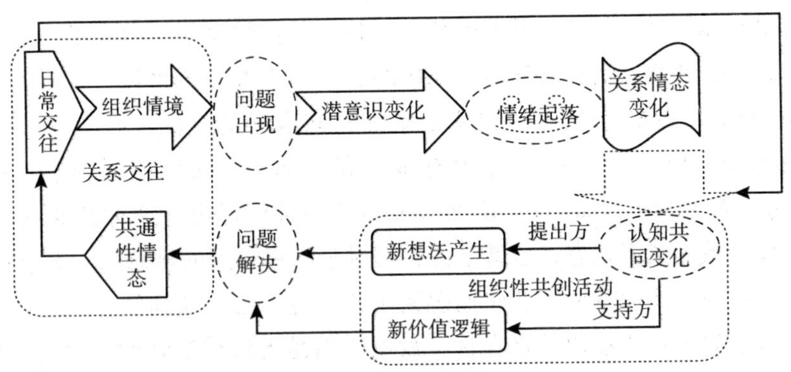

图4 -1　关系交往、情态变化和组织性创造活动

4.3　研究设计

1. 研究方法

组织共创性产生依赖于一定的日常组织的关系情境变化（Woodman et al,

1993），展现在组织成员间的社会互动中（Collins，2004；Casciaro，2014）。本研究采用质性研究方法，深入分析民族志调研材料。如前所述，关系情感很难从个人情绪反应上进行观察，而是根植于双方所遵守的情感规则和具体展现的关系交往活动等（Menges & Kilduff，2015），如“你傻不傻呀！正因为你是老朋友，我才会这样对你说话，不来虚的那一套，难道，你要我对你像他一样客客气气？”

2. 研究环境

LY 机器人有限公司（以下简称“LY 机器人”），成立于 1995 年底，是一家从事专业工业设备设计、开发和销售，为装备制造业提供个性化工业装备设计和自动化系统解决方案的科技型企业。企业与德国 Neugart 公司、Roboworker 公司和 Berger Lahr 公司等多家企业合作，借鉴德国在电机和工业机器人方面的先进技术，企业所设计的去毛刺机器人、搬运机器人、直角坐标机器人等产品受到业内的广泛认可。作为一家中德合作的科技型企业，该企业的主要业务：首先，企业旨在是向客户提供个性化专业工业装备，工作内容创新性强。其次，为完成机器人的机械设计和电气设计，企业内部不同部门、专业员工之间日常联系密切、互动频繁，便于从互动过程中识别出组织集体性的创造成果。最后，企业为员工关系建立提供了良好氛围，互相帮助、空闲时沟通交流的现象十分普遍，员工间建立起良好的人际关系。

3. 数据收集

进入企业进行为期三个月的实地跟踪调研，记录企业组织成员的互动过程和情感变化数据资料：以深入企业实地的民族志观察为主，辅以半结构化访谈部分员工和相关档案、网站信息等。在调研期间，研究人员先后进入电气设计部、机械设计部和加工组装车间进行观察和访谈，跟随部门成员从部门办公室到车间、会议室、活动室、食堂，观察部门内部活动以及与其他部门员工的互动过程，特别注意员工语言、行为、关系、情绪变化等方面内容。由于各部门任务联系紧密，互动频繁，因此观察并未明显集中在某个部门内。为能完整记录互动过程，研究人员以观察笔记和录音的形式详细记录员工互动持续时间、人物关系、场景变化、事件发展等情况。研究人员不断将笔记和录音逐字转录和笔记整理归纳，还围绕相关问题以及观察方法进行讨论和交流，以明确下一步观察方向。最初，研究者的观察范围较广，主要围绕：“人际互动如何发生？”“互动中关系情感如何展现？”以及“新想法在什么时候出现？”等。一段时间后，随着对相关问题理解的逐步深化，问题也聚焦和更具体。

4. 数据分析

在数据分析阶段，利用扎根技术对民族志观察材料进行编码（Glaser & Strauss，2009）。如当遇到因记录不完善，研究人员会找到与该问题相关的访谈记录和文件材料，加以补充和完善。如此归类数据，直到分析中所采集的数据已达到饱和状态（Gioia et al，2013）。同时，聚焦人际互动过程，采集产生创造性想法的问题出现与解决的相关事件的发展经过，共整理出 133 个相关独立事件互动过程，每个事件由多个互动微片段构成，样本容量能够满足研究要求（Colby et al，1991）。

（1）日常交往行为及关系情感展现

这一部分主要对所整理的互动数据进行编码，以还原整个互动过程。

阶段 1：开放片段编码。通过开放式编码，将全部互动材料中的独立事件分解成若干个具体互动的“微片段”（micro episodes）。一个互动的“微片段”中包含互动个体具体的行动内容。例如，经理 LG 走进办公室，看见 K 正在画图，说道：“K，昨天 × ×那个没画完，你先等一等，你那个反正合同也没签。”K 答道：“好。”

阶段 2：形成互动行动分类。将互动微片段以及参与者的具体行为进行归类，形成具体的互动行动类别。例如，W 对 L 说（语气生硬）：“你给挪地方，你把你的显示器放到这边来，把你桌上的东西都给放这边来”，说着指了指旁边的桌子，“我这人来人往的，烦不烦人啊。”这一互动行动意味着互动中一方的抱怨行为；经理 LG：“也不用这样，就把那什么就完事了，Z 轴就不改了”代表对他人提供信息和想法作出判断。在编码过程中，为防止编码差异，对存在疑问的互动片段进行讨论和分析，直到研究人员的理解无异议为止。共识别出 15 种“一般化行为”、8 种因激活共通性情态而引发的“情感资源流动”，以及因共通性感受反应而导致的“认知资源流动”（如表 4－1 所示）。

表 4－1　人际互动行为及阶段

互动行动		简写	发生次数		发生阶段
			互动发起者	互动参与者	
一般化行为	对象识别和定位	定位	133	0	互动开启
	问候	问候	17	0	互动开启
	求助	求助	44	0	互动开启
	抱怨	抱怨	25	0	互动开启；承接行动

续表

互动行动		简写	发生次数		发生阶段
			互动发起者	互动参与者	
一般化行为	发起询问	询问	67	36	互动开启；承接行动
	作出回应	回应	0	133	承接行动
	主动接话	接话	0	133	承接行动
	提出疑问	提问	43	145	承接行动；主题转换
	作出解释	解释	194	215	承接行动；主题转换
	判断信息	判断	118	142	主题转换
	转移话题	转移	23	26	主题转换
	表示认同	认同	41	145	主题转换；情投意合
	作出决定	决定	104	29	情投意合
	展示愉悦	愉悦	28	23	情投意合
	表达感激	感激	34	11	情投意合
认知资源流动	分享信息	信息	64	22	承接行动；主题转换
	提出建议	建议	197	163	承接行动；主题转换；
	传递经验	经验	41	46	承接行动；主题转换
情感资源流动	表达关心	关心	15	34	承接行动
	给予安慰	安慰	13	46	承接行动
	退让	退让	44	109	承接行动；主题转换
	施助	施助	0	44	主题转换
	提醒	提醒	27	49	主题转换

阶段3：还原整个互动过程。在这一阶段，从互动过程整体出发，关注互动中主题转移和关系情感走向；强调焦点转移和情感变化在何时发生以及如何展现的问题。

（2）认知资源和情感资源

鼓励他人持续投入互动关注，往往引导互动主体共同解决问题（Grodal et al，2014），将个体认知转化为集体性认知过程，形成组织认知资源流动。其中，认知资源流动是互动双方基于情感共通状态而共同关注的结果，高度共同关注而形成认知增进活动。例如，经理LG："WPLE40的（减速机），咱们自己订的话，得13周……（来不及）"ZWB："一个国产的，叫什么，纽斯达特，样本上有……"这种"信息分享"行为，在互动双方形成高度共同关注的情况下产生，在引发他人持续投入的同时，为组织决策带来有用信息。

“情感状态”（affective states）是行为展现的基础（Collins，2004），互动行为直接或间接地受到这种人际情感状态的影响（Barsade & Gibson，2007），能够激发出互动中的情感资源。于是，情感资源流动是双方的共通性情态在激活过程中所采取的具体行动，这种情感反应往往包含了由高度“情感连带”而推动的认知增进活动。例如，ZY 正在画设计图，说：“我现在就差这部分了，脑袋疼（揉揉眉心）”J：“恩，别急，到生产时候再细化呗，我帮你看看……”这种“施助”行为是由互动双方的情感因素驱动的，在双方建立起高度“情感连带”下触发的行为表现，包含了情感资源流动（如表4-2所示）。

表4-2　认知资源和情感资源流动行为实例

认知资源流动	
行为	实例
分享信息	SUN：“这个电极是自己做的?”LG：“自己做的。”SUN：“别做！有卖这种电极的！标准件！这种电极啊，电极里面。本身就带……（用手去指电极）这种弹簧”
	J：“你记不记得以前有一个冲床的那个不？凸轮转动这个，像火车那种凸轮的。”X：“那个叫四杆结构也叫双摇杆结构吧”
提出建议	J：“（联轴器）加长一点，不行的话这个整体用滑罐，整四个滑罐加上，给机子整体固定在滑罐上”
	B笑了笑说：“没事，你带出来几个徒弟来不就行了，前段时间不是来了几新人嘛，你给主任说一声让他们去跟着你去学啊”
传递经验	k：“这个轴，垂直距离，整个长度就完事了。点这个，翻管，旋转，就再点一下……要是出现这种情况，（一步一步教），（看）检出平面，再拉到……”
	ZY：“（轮子）大了，必须得小间距大点，这边才能转圈，这个相当于曲轴一样，就是，就是那个自动……机曲轴的原理，波轮结构……”
情感资源流动	
行为	实例
表达关心	C看到S的手有碰伤问道：“手怎么弄的，碰伤了?”
	S吃惊地说：“你怎么要走（离职）了，开始的时候多难才进来的，你这岗位多好啊?”

续表

情感资源流动	
行为	实例
给予安慰	ZY 改着设计图："现在这……联动转，那个没思路（叹气）。"J：没事，"这个按他那个工装整，实在不行采用他那样的"
	L："我今天上班还没进入状态，我今天都做错了好几件事了。总算是找着了。"这时 B 笑着说："你不行就休息一下啊"
退让	ZY："啊，对，我看看啊，啊，其实这样（设计）也可以的"
	C："不占你们编制啊……"D 想了想："那行吧，到时候给我这安排两个（新人）就是"
施助	J："那谁，ZY 啊，你帮我看看这个（设计图）来？"
	C 看到操作员 E 正在修理工具，见操作员 E 不太方便，便帮着开始修理
提醒	ZHB："就来 70 个，他来 80 个，他万一不行是不是最后还是落到你头上。"F："是。"ZHB："你一点儿没有准备当然后悔的是你，没来前赶紧准备准备吧，你得准备他不行那个……"
	C 对统计员 Z 说："你别回去了，要是回去了还真不好回来了，你现在的活多轻松啊"

（3）识别组织共创活动

依存于关系情感变化的"共创性活动"（co-creativity）在日常组织生活中是非常普遍。在激活潜意识活动之后，双方围绕共通性感受而产生有用的新知识和新想法（Tronick，2003），包含行动结果的新颖性（novelty）和有用性（usefulness）（Amabile，1996）。新颖性通常来源于对现有认知范围的拓展，而有用性则是与情境性感受的契合程度（Godart et al，2014）。显然，关系交往带来的行动结果，一是依赖于双方潜意识状态被激活而自发产生的新共识，这一共识产生维护了在一起感受状态；二是依赖于为了生成共通性感受而接受的工具性共识，这一共识是为解决问题而避免在一起感受状态受损。于是，围绕这两种类型的创造性活动，分别识别出，一种是以顺通共通性情态为主导的过程导向创造性活动，通过引入新知识而激起共通性感受，以重新调整彼此行动；另一种是为解决具体问题而开展的结果导向创造性活动，通过改变行动情境而产生共通性感受，以接受新知识。

4.4 研究发现

本部分先分析组织成员的关系交往过程，探析关系情感的行为机理；再从主题转换过程中捕捉组织共创性活动。

1. 日常交往与关系情感

(1) 关系交往

与 McPhee 和 Zaug（2009）的交往建构的组织活动一样，通过对互动场景的深入分析，本研究发现，完整的互动过程主要包含四个阶段：互动开启、承接行动、主题转换以及情投意合。这四个阶段均有若干个具体行为表现所构成。显然，每一阶段与具体行为之间往往不是一一对应的，一些具体行为发生在多个阶段（如图 4－2 所示）。

互动场景 2a：（公司参加展会做产品宣传，主管 G 临时有事，想找其他人代为参加）主管 G 与员工 C 展开互动，经过求助、施助、退让等一系列行为，互动主题从找人帮忙参加展会到如何去车站问题上，双方达成一致，由招聘主管 G 开车送 C 去车站。（情境 6）

主管 G	识别	定位	询问		求助			解释		建议		认同		决定	
员工 C				回应		关心	施助		判断		退让		认同		愉悦
互动阶段	互动开启			承接行动			主题转换					情投意合			

互动场景 2b：（ZHB 走进办公室，看见 K 在看电脑）ZHB 与 K 展开互动，通过提醒、解释、建议等一系列行为，互动主题从询问设计进度到提醒 K 提早准备设计图上，K 表示感谢。（情境 111）

工程师 ZHB	识别	定位	询问		解释	提问		信息		提醒		建议			
工程师 K				回应			解释		解释		认同		判断	决定	感激
互动阶段	互动开启			承接行动				主题转换						情投意合	

图 4－2　人际互动过程实例

第一阶段：互动开启。互动开启过程首先需要满足互动对象的“情境共存”（situational co-presence），并且实现由“情境共存”转变为“聚焦互动”（focused interaction）（Goffman，2005）。互动发起者采取一系列行动，吸引他人注意以展开互动过程。在这一过程中，一些行动是显性的，能够通过语言明显表现出来（如打招呼、提问题等），然而一些行动则是隐性的，不能直接通过语言探查，但是却是开启互动的重要步骤（如识别出潜在互动对象、定位潜在互动对象等）。例如，（W 到车间找人修理工具，到车间看到三位员工正在工段上用电暖气取暖，其中一位是之前有过接触的C）W问道："你怎么到这个工段来了？"（C作出回应）在这一情境中，发起者通过识别、定位潜在互动对象、发起询问等行动开启互动过程。

第二阶段：承接行动。当发起者开启互动，参与者予以回应，并且进一步推动互动持续进行，就建立起关系情境。在这一阶段中，参与者对发起者的行为和情感进行回应和承接，在关系情境下形成彼此间的情感性关系（expressive ties）。例如，（机械设计部办公室）ZY："F，你看看这个图片"。F："等一会儿，我发完的"，（ZY拄着头看着电脑等待）F："ZY哥，我看看……这个图我看过……"ZY："看过呀，这个螺母……"在这一情境中，发起者通过问询开启互动，而参与者通过主动搭话与发起者建立起关系情境，引发进一步关系交往。

第三阶段：主题转换。共通性感受产生的核心机制是发起者与参与者间的相互关注和情感连带（Collins，2004）。当发起者与参与者间建立起关系情境后，他们注意力会转到共同的对象或活动上，并通过相互传达该关注焦点，而使彼此了解。同时，发起者与参与者间还分享共同的情绪或情感体验。在这一过程中，由于关注焦点和情感状态不断转变，发起者和参与者间的互动内容也随之不断调整。例如，（机械设计部J、ZY等讨论手抓设计）……J："想起来了，看看这个，我给你来点儿灵感，我给你拿视频，结合这个工装整。"ZY："太好了，我就要做这个，有两个X轴，加3个Z轴……"J："这边加工轴，可以这么走，每个Z轴下面，刚才看那个视频……"ZY："嗯，行，对了，这个台咱们也得作一个架子对吧，就是这部分有个摇柄，有个架子，然后架子放上去……"在关系情境中，随着交往深入，双方关注焦点和情感状态发生变化，通过作出解释、转移话题等一系列行动，互动主题从根据视频修改手抓到增加架子保持稳定问题上，推进交往行为本身的持续发展。

第四阶段，情投意合。随着主题发生转换，双方关注焦点自发地趋向一致，各自感到共通性感受状态。当行动一致而激活共通性情态，达到情感状态平衡时，互动双方共同构建出新的认知框架与评价体系，达成了包含认知上共识和情境性感受共通的行动一致。例如，（K和LDN讨论联轴器图纸）……K："其实还得是用机械那个，他现在就差前后蹿，知道不？左右蹿拿小槽一卡一定位就完事了，你看咱都没想到啊（笑了笑）"LDN松了口气："嗯，确实，你看这不是一个面嘛，这是箱嘛，这中间有一个这个……"K："嗯，先这么定。"在这一情境中双方观点趋于一致，情感状态共通，一起行动达到平衡。于是，在作出评价和决定之后，双方达成初步意向，在情感上分享新的在一起共事状态。

一般地，完整的互动过程包含以上四个阶段，事实上，并不是所有互动均能经历这一过程。例如，当互动发起者开启互动时，对方没有予以回应或仅仅以应付式的语言承接，这时双方没有形成共同焦点，而互动发起者的情感也将迅速跌落，可能会提前终止互动；在主题转换阶段，如果双方不能站在对方的角度思考问题，使情感状态不能共通，关注点不能聚焦，就很难达到意合阶段。例如，ZHB："把所有活都积压（停一下）你画怎么样了，加班?" K："没加呀。" ZHB："那你（小笑）哎，我真服你了，就给咱一个月时间，你看画多长时间了。" K："你前面不是说不急么?（不高兴）" 在这一情境中，由于双方情感状态受阻，互动焦点也由针对"事"转向针对"人"，因而没能进入情投意合阶段，互动也即刻终止。

在互动过程中，多人互动情境也经常出现。一种是发起者预先识别的潜在互动对象并非一人，而是一个群体；于是，在互动开启阶段，发起者的行为是面向群体发出的，自然而然地得到群体成员的回应，建立起多人的关系情境，展开互动过程（如图 4－3 中互动场景 3a）。另一种是在互动开启后，加入新的参与者，形成多人互动。如新参与者通过搭话方式主动加入，或通过原参与者的问询行动被动加入。但是，无论是主动还是被动，新的参与者都与其他个体建立起关系情境，加入到互动过程中（如图 4－3 中 3b）。图 4－3 展示了多人互动的两种典型情况。

（2）关系情感

根据 Collins 的观点，人际互动是参与者开发共同的关注焦点，并彼此相应感受到对方情感状态的过程（2004）。共同关注和情感连带是互动的核心机制。人际互动则围绕着共通性感受而展现的个体有意识活动（Barsade & Knight，2015）。在组织日常生活中，在维系共通性感受前提下，自发地建立共同关注建立事务性连接，表现为针对"事"，而高度的情感连带建立起关系性的情感连接（Casciaro & Lobo，2014）。在实地调研中发现，互动参与者关系情感的变化以及关注焦点的转换，关系情感也随之发生变化（如图 4－4 所示）。

互动场景3a：（公司新项目即将启动，但是人员不足，工程师K呼吁大家想办法）工程师K开启互动，维修工L和工程师H纷纷加入进来，互动主题从介绍外部人员到开发内部员工转换，最终达成一致意见，内外兼顾。（情境31）

工程师K	识别	定位	抱怨		解释						建议		建议				决定		愉悦
维修工L				回应			信息		判断			认同		判断	建议			认同	
工程师H						提问		经验		解释						认同			
互动阶段	互动开启			承接行动			主题转换										情投意合		

互动场景3b：（J向ZY请教修改设计图的问题）J和ZY讨论设计图修改方案，在齿轮修改问题上出现分歧，X也加入到互动中，提出使用联动结构，这一方案受到认可。（情境126）

工程师J	识别	定位	求助			解释			判断				解释		解释				判断	决定	
工程师ZY				回应	提问		施助	建议		解释							经验				认同
											X	搭话		提问		建议		解释			
互动阶段	互动开启			承接行动			主题转换					关系情境		主题转换						情投意合	

图4-3　多人互动两种典型实例

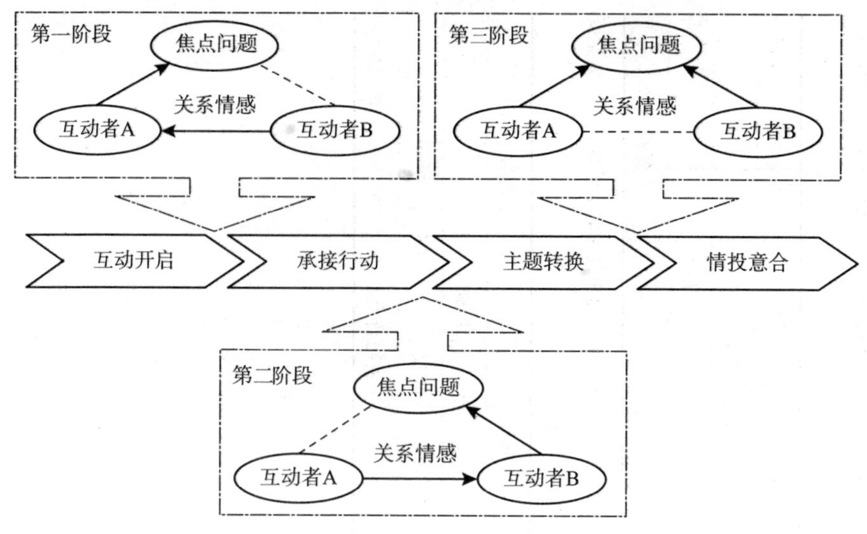

图4－4　人际互动中的关系情感涌现过程

①第一阶段：从互动开启到承接行动。在这一阶段中，互动发起者基于一定关注焦点开启互动，引出话题，而互动参与者则是根据情境性感受作出回应和承接。当互动开启，互动发起者做出回应和承接的行动，为与其建立情境性或关系性情感的过程。例如，（W 检查零件，几组零件卡在一起）W：“这个上面的卡口没什么东西，就是拿不下来。”（很着急，开始数卡套的数量）在一旁的 J 看了看没有说话。Z 正在弄票据，说：“怎么了呀，我给你看看。”……在这一情境中，发起者 W 的关注焦点集中在零件处理问题上，发出的互动信号虽然并没有针对某一特定个体，但是与 W 关系不错的 Z 主动作出回应和承接，激起具体关系情感。

②第二阶段：从承接行动到主题转换。承接行动之后，互动发起者与参与者的界限不明晰，于是，主导方更多的是根据互动内容进行转换。在这一阶段，为建立共同关注焦点推进互动持续进行，一方的注意力转向互动发起者提出的互动主题上。同时，在情感层面上，另一方也感受到对方情感反应，为建立起共通性感受，而将关注焦点聚到如何承接对方情感反应的问题上，以维系潜意识中的共通性情态。例如，（B 带新员工面试，进到办公室后与 A 交谈起来）……A 问：“咱们这还需要人不？我带了一个。”B：“那好啊，咱们这欢迎啊，而且还有奖励。”A 连忙解释到：“倒不是钱不钱的事，主要是咱们这还缺人啊。”B 感觉说错了赶紧说：“对，主要是给咱们组能增加人，这都是好事啊。”……该关系交往中，为建立共同关注和情感连接，互动双方的关注焦点首先聚焦在招人问题上。在互

动中，关注焦点转向奖励时，A 的情感状态发生变化，而 B 感受到这种情感变化，及时调整互动内容，以维系彼此间的情感共通状态。因此，互动主题的不断转换过程引发互动者间关系情感变化。

③第三阶段：从主题转换到情投意合。在这一阶段，经过双方一系列的互动内容调整和转换，双方关注焦点逐渐聚焦，并与潜意识中的共通性情态相合。其中，双方共同构建出新的认知框架与评价体系，以连接彼此间的关系情感，从而在行动上体现出与认知状态一致，即“言行合一”。例如，（L 来到设计部拿图纸，见到熟人 Z）……L：“对了，我听说你们口罩不够用是吧?”Z：“……我们人多呢，都不够分的。”L：“……那些搞电焊的也应该多给一点嘛。”Z：“是啊，那个十二层的口罩就是给他们用的。”L：“嗯，不行就来找我，我跟统计员说说。”Z 笑笑说：“行，下个月的啊。”经过主题转换阶段，双方共同的焦点转向 Z 车间口罩短缺问题：L 主动提出施助，而 Z 予以承接，双方自然发生情感交汇，并在相互承接中产生共通性感受，最终使得双方的共同认知和关系情感在行动上达成一致。

2. 组织共创活动

（1）关系情感下认知资源与情感资源流动

在关系交往过程中，互动者的行为直接或间接地受到关系情感状态的影响（Barsade & Gibson，2007），互动双方的关系情感激活了认知和情感的投入行为。共创性活动是以彼此相互依恋的关系情感为基础，共同塑造有价值的新知识，认知和情感资源流动是互动过程中频繁出现的行为表现形式（如图 4 –5 所示）。

①认知资源流动：数据分析发现，三种引发认知资源流动并且影响组织创造过程的行为，包括分享信息、提出建议和传递经验。在互动过程中，互动发起者与参与者的认知投入以共同关注为基础。双方在形成共同关注焦点后，受到彼此关系情感的刺激，激发出分享信息、提出建议以及传递经验等认知资源，以维系彼此间关系情感一致。例如，（机械设计部 LDN 修改设计图纸）……LDN：“这个闹心啊（打了个哈欠）……这么画不对称呀，全整也没啥用……闹心。”K：“别急，这么着，贴着这块板，拉着斜线……”LDN：“对啊，这垫个板……”K：“把这个往后移，他俩之间加一个平台……”在这一情境中，K 接收到 LDN 的情感信号，通过提出建议的方式积极投入认知，在互动过程中使认知从个体转化到关系层面上，在互动主题不断聚焦过程中增进组织认知能力。

互动场景 5a：（ZY 和 J 在办公室讨论图纸）ZY 没有思路向 J 抱怨，引发互动，双方不断提出建议、分享信息、作出判断，并互相妥协退让，最终确定修改方案（情境 124）

工程师 ZY	识别	定位	抱怨		解释		解释	判断		信息		认同		判断		建议		退让	续下
工程师 J				安慰		提问			解释		建议		建议		解释		退让		
互动阶段	互动开启			承接行动				主题转换											

工程师 ZY		建议		解释		转移		经验		建议		决定	
工程师 J	认同		判断		退让		建议		判断		退让		认同
互动阶段	（主题转换）											情投意合	

互动场景 5b：（ZY 作图遇到问题，向 F 求助）ZY 和 F 展开互动，F 询问问题，ZY 予以解释，两人对于设计提出自己的想法并进行讨论和判断，经过提出建议、分析信息、提醒和退让等一系列行为，确定方案。（情境 113）

工程师 ZY	识别	定位	求助			解释	经验		解释		建议		提问		建议		建议		续下
工程师 F				回应	提问			判断		提醒		提醒		解释		判断		建议	
互动阶段	互动开启			承接行动			主题转换												

工程师 ZY	判断		解释		信息		判断	退让	认同	决定	
工程师 F		提问		退让		建议					认同
互动阶段	（主题转换）									情投意合	

（浅灰色）表示认知资源流动行为　（深灰色）表示情感资源流动行为

图 4－5　人际互动中的认知资源和情感资源流动

此外，互动参与者并不是在所有阶段都会投入认知活动。三种认知投入行为主要集中在承接行动和主题转换阶段（如表4－2所示）。在承接行动阶段，互动参与者对发起者的行为和情感进行回应和承接，在关系情境下激起共通性感受，改变了关系情感。这时，双方形成初步的关注焦点，并且针对这一焦点展开由彼此间关系情感驱动的认知活动，如提出建议等。在主题转换阶段，随着互动情境的深入，双方随着关系情感变化带动关注焦点和互动主题不断转换，进而激活与互动主题相关的认知范围。

②情感资源流动：情感投入行为是互动双方高度情感连带的结果，既反映出双方的关系情感状态，又增强了互动中的共同关注（Collins，2004）。从数据中共识别出6种反映情感资源投入的行为，分别是表达关心、给予安慰、退让、施助、提醒。其中，表达关心、给予安慰以及退让的行动显示出互动一方感知到对方的情感状态，与之产生关系情感，并在关系情感驱动下触发出一系列行为表现以维系情感状态。这些行为由互动双方的关系情感状态激发出来，又进一步加深彼此间的关系情感。例如，（电气设计部办公室内，D来取图纸）……L这时突然说："我找着了，找着了。"（松了口气）L接着说，"今天上班还没进入状态，都做错了好几件事了，总算是找着了。"B笑着说："你不行就休息一下啊。"显然，B感知到同事L的情感反应状态，并基于共通性情态的自发行动或共通性感受的感知状态，给予关心和安慰，这种由关系情感触发的行为，为L提供了情感性支持并推动互动进行。

另外，情感投入行为由互动双方的关系情感状态所激发出来，在加深关系情感的同时，还带来共同认知能力的增进，如施助、提醒。在互动过程中，这些行为往往伴随着组织信息、资源以及新想法的流动，从而突破原先的认知能力局限，推动组织认知增进。（ZY修改设计图，不知如何将英寸改成毫米）ZY："英寸能改成毫米不?"K："只能在设置里边找。"ZY："设置里面没有英寸，但是一整全是英寸……"X（坐在自己的座位上）："你画的啥呀?"ZY："画的电轮。"X："电轮别用美国那做呀，搁中国的做，ISO国际的那个就行……"ZY："找美国去了啊。"不难看出，K和X主动加入到互动中，帮助ZY解决问题，与其建立起情感性关系。这时，这种基于关系情感的施助行动虽然是由情感触发，但也带来个体经验和组织信息传递，间接带动个体的认知投入行为，进而在互动中激活组织认知活动。

因此，互动双方的关系情感促使其投入更多的认知活动和情感活动。认知资源和情感资源常常交织在一起。情感资源流动的目的，可能是维系互动双方潜意识状态中的共通性情态，但是，这种密集的关系交往，同时也激活了互动双方各自在共通性感受反应的有意识活动。因此，在关系情感作用下，认知和情感资源流动塑造了组织共创性活动。

（2）认知与情感资源流动激活组织共创活动

通过对调研材料的深入分析，互动中认知和情感资源流动主要通过两种方式影响组织日常创造活动。一是，克服“认知局限”（cognitive limitation）。互动中关系情感触发下，促使信息、建议等认知资源在组织成员间流动和传递，突破了自身知识结构和能力局限，打破思维惯性而产生新知识。二是，建立“评价体系”（evaluation system）。在社会互动中，互动双方将会产生两种价值评判：基于共通性感受的“工具性价值”（instrumental value）和基于共通性情态的“情感性价值”（affective value）。显然，产生于潜意识的情感性价值，往往比源自于显意识的工具性价值建立起来更迅速，并影响工具性价值的建立过程（Casciaro & Lobo，2008）。因此，情感资源流动能够激发互动双方的情感性价值评价，使双方建立起良好的关系情感，影响工具性价值评价过程，增加接受新想法的可能性（Fleming et al，2007）。

①组织知识的结果性创造活动：这种创造活动聚焦于行动结果，通过互动参与者不断调整行为对现有想法进行重新整合，修正和完善现有方案，形成解决事前问题的创造性新方案。这种活动主要发生在承接行动和主题转换阶段。在承接行动和主题转换阶段，互动发起者和参与者共同建立起关系情境，形成初步的关注焦点，并根据互动双方的情感变化调整焦点和主题。这一过程往往通过提出建议、分享信息以及关心、施助等行为带来组织认知资源和情感资源的流动和转化。一方面，互动过程产生的建议和信息能够扩展互动参与者的思维，促使其不断投入认知资源，克服个体认知局限。在互动双方持续提出建议的过程中，互动中不断渐进式的涌现出改进现有问题的新想法。

另一方面，互动中不断涌现出情感投入行为（如关心、退让、提醒等）也促使互动参与者投入更多的情感资源，为承接互动中的共通情感而加入到共同判断互动信息和分析建议过程中，建立当前情境下的评判体系，影响互动参与者对于新想法等创造性成果的接受程度。例如，工作任务中一项重要内容就是根据客户需求对原设计图纸进行不断修正和改进。同时，新的设计方案既要满足客户的功能要求，又要使工业装备符合末端操作器、气动、液压和运动控制等方面的设计要求。在这种任务特征下，日常联系密切和互动频繁，不断对原有设计进行改良，在关系交往中发生结果型创造活动的现象十分普遍。例如，设计部员工在商讨车床自动上下料机器人设计的互动中，不断涌现出改进现有设计的新想法、新方案。

(ZY改设计图，J过来讨论修改方案) ZY：“现在这联动……，没思路，怎么改?”

J：“没事，这个按那个工装整，实在不行采用他那样的（安慰）你那边画一个工具上料机构，就下料车下料。”（提出建议）

ZY：“下料那样的话容易误解……，这我要整滑动的话更费劲。”（判断）

J：“不滑动，……把这个加工区的位置和我这上料区的位置等距的，……采用滑罐等距……完在滑罐底下加气缸。”（提出建议）

ZY：“滑罐对啊，对了，我不一定整四个，到时候具体看它重量，选几个，稳稳当当的（新想法）要是这种联动的话，联动……所以就没有必要整气缸顶着了……”（提出建议）

J：“实现也能实现，只不过就是说，这……”（妥协和退让）

ZY：“我看看啊，其实也可以这样……那就还整气缸，这面也是上料下料区。”（退让调整）

J：“对，来回滑。”

ZY的问询行动引发参与者的共同关注，围绕能激起共通性感受而承接彼此行动。ZY、J纷纷投入认知资源（如提出建议）和情感资源（如退让等）。互动中认知资源流动促使个体认知向集体认知转化，在原有方案基础上进行不断修正和调整（如采用滑罐等距结构、加气缸等）。在关系情感作用下，二人建立起当前情境下的评判体系，互相妥协退让，并逐步达成一致，形成双方均接受的改进方案。因此，伴随认知资源和情感资源流动不断涌现出改进现有方案的新想法。

②组织形式的过程性创造活动：这种创造性活动起源于互动双方在意在一起状态的行动过程，在互动中产生新知识不断突破原有思维限制，打破认知框架，激发出前所未有的新想法。随着新知识（认知）的涌入，参与者集中于情境性认知，可能会突破原先的认知框而引入新视角的价值评价标准。这种活动通常发生在主题转换和情投意合阶段。在主题转换阶段，由于互动双方关注焦点和情感状态不断转变，互动内容也随之不断调整。当互动双方针对同一问题从不同角度转换互动内容时，可能产生突破性创造方案。在情投意合阶段，经过主题转换阶段的不断调整，互动双方

的关注焦点更为集中。在主题转换阶段积累的认知资源很可能在这一阶段实现突破，产生出超出现有认知框架的创造性想法。

关系情感激发个体投入认知和情感的行为（如提出建议、分享信息、退让等）同样影响这种创造活动的产生过程。随着双方的关注点逐步聚焦，不断积累认知资源，为克服固有的认知局限和产生新想法提供形成新认知框基础。情感投入带来的情感资源也影响双方对于相关问题的感知过程（Casciaro & Lobo，2008），使双方基于彼此的关系情感进行进一步的思考，为维持关系情感而不断向关系情境里注入新知识，同时也产生新的评价标准，从而增加接受互动产生突破新想法的可能性。例如，在不断商讨方案过程中，有时不会拘泥于之前的设计形式，而是大胆的跳出原有框架，另辟蹊径，产生创造性的新方案。例如，设计部员工在解决机器人动力性不足问题的互动中突破认知框架，产生创造性的新想法。

（LG 等试验产品并讨论方案）LG：“这个转，咱们需不需要提速，提速这个好办。换电机，或者换减速机哈。”

SUN：“加××器吧！电机正常，加××器速度就提上来了。”（提出建议）

LG：“从这到这走三秒，按照你们的经验，要多长时间完事？”边说边在试验品上比画。

SUN：“从这到这……，用不了 3 秒……”

LG：“然后呢，……不然咱们换个减速机就完事。”（提出建议）

SUN：“这个力矩，减速比，加上你那个××器应该不用那么大的。”（传递经验）

LG：“啊——，××对称，这个（试验品）呢，××重心没对称，你看我就是说，就是现在咱们住的地方有那个大轮子，那多沉！一给点劲就走，因为什么呢，它是对称的。”

LIU（轻声说）：“啊，对！”

LG：“所以说，有点劲就行，不重。咱这个减速比吧，换成小的……，肯定没问题。”

LIU：“电机应该也可以换，1500 换成 3000 的，速度不就提高一倍……”

LG：“那也行，先把对称和××器做好，看看效果，不行就换电机。”（退让、调整）

LG、SUN、LIU 在讨论中提出建议，传递经验，寻求合适的解决方案。这些行为在互动中形成了认知资源的不断累积，触发 LG 等人的创造性思考，发现对称能够缓解动机不足的问题，突破现有方案换电机或减速机的认识框架。同时，在关系情感作用下，为维持互动中的情感状态，LG 等人对新方案进行调整和达成一致行动。

此外，在组织日常活动中，很多问题虽然没能在当前互动情境下得以解决，但是互动过程中投入的认知资源和情感资源却能引发互动参与者的进一步思考，进而带来跨情境的组织创造成果。这种创造成果的产生离不开在前期互动中相关人员持续的认知投入和情感投入。一方面，组织中许多问题是在互动过程中得以发现，前期互动可能引发组织成员对于相关问题的关注。另一方面，在前期互动中投入的认知资源和情感资源，为跨情境问题的改进和完善提供了方向。例如，（K 正在改联轴器图纸，LDN 走过来）K（笑着说）："昨天你猜梁哥跟我说想用什么？" LDN："嗯，说什么？" K："其实还得是用机械那个……，左右蹿拿小槽一卡一定位就完事了……你看咱都没想到啊（笑着说），后来想，我这样像是，你看这不是一个面嘛，这是箱嘛，这中间有一个这个，这是面，正常这块有一个这压着，正常推的时候，这么压……就行了。" K 提到与同事之前的互动无意间激活其创造想法，使其对自己设计方案进行修正和完善，产生跨情境的组织创造活动。

4.5 结论与讨论

不同于依据特定概念导向的组织共建性活动（co-construction），依存于关系情境变化的"共创性活动"（co-creativity）在日常组织活动中是非常普遍。在企业日常交往中，关系规则比规章制度更稳定和明确（Jarzabkowski et al，2012），作为通过关系情感激活，带动从"无"到"有"的组织共创性活动产生，组织性共创活动根植在人际交往过程中能激起共通性感受的关系交往中。随着关系情境变化，在不违背共通性情态的"情理之中"，不断地试图激起共通性感受而产生"意料之外"的互动过程和互动结果（Amabile et al，2005）。本章以 LY 机器人公司作为研究对象，采用微观民族志法，研究发现，第一，关系交往包含关系情感变化推进持续互动的"起、承、转、合"四阶段：开启互动，承接行动，主题转换和情投意合；第二，关系情感促使互动双方投入具体行动，拓宽组织认知和唤醒共通性感受中接受新想法过程，发现了过程性创造力和结果性创造力所构成的组织共创性行为机理。研究表明，在日常交往的关系情境变化中，人际互动常常启动于一方所造或所遇的具体事件。起初，一方开始找事或没事便造事，找话讲，寻找机会传递情感，另一方避免尴尬和遵从礼节，顺应自然之情，也积极地卷入激活关系情感的日常交往之中；然后，随着互动开启，双方在有意无意之间采取承接对方的话题和切换己方的话题，在漫不经心之中相互讨论和交汇情感，这时，双方围绕关系情感交流而涌现出不同的话题；接下来，当情感交汇已让双方内心感受在唤醒之中产生共通，形成“话赶话”的自然之情时，一方依据其所处的具体情境，创造出新主题，自然就会将话题引到新创主题上，此时，为了维持自然之情的延续性，另一方积极地出谋划策，给出新的建议和意见，很容易迅速产生合意的结果性创造活动，双方随着新想法产生而进入“情投意合”状态；最后，在新的合意产生之后，彼此互动主题自然切换到如何实施的交往阶段，为维系关系情感，一方的行动自然会得到另一方的行动支持，进而形成新组织形式的产生达成一致，在过程性创造活动中，双方完成了一轮交往（如图4－6所示）。

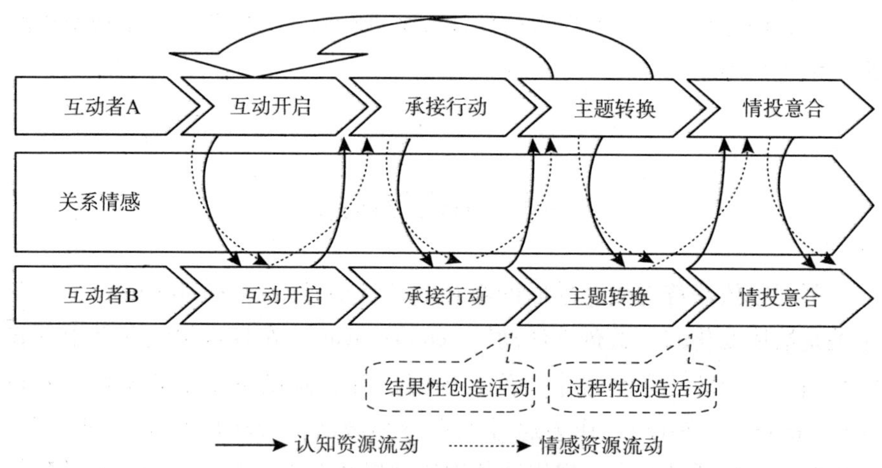

图4－6　人际互动、关系情感与组织创造活动关系模型

因此，在日常组织活动中，互动双方在关系情感的驱动下，易于激活结果性创造力，同时产生了乐于其“中”（关系本位）的过程性创造力。因此，关系交往引发关系情感所激发的组织共创性机理，超越了个体层面和集体层面的组织创造力产生机理，从而拓展了组织创造力理论研究（Grant & Sandberg，2016）。首先，围绕关系情态变化而塑造组织性创造力，即不破坏关系规则会造成“知礼节”和“知荣辱”的集体性避害行为，不宜过分图一己之私而破坏与周围关系的和谐性（Chen et al，2015），进而造成企业日常交往的组织创造性行为所带来的违法性活动和社会破坏性影响（Goncalo et al，2015；Miron – Spektor et al，2015）。因此，遵从关系本位的组织性共创活动，既可以推进组织问题的创造性解决，又利于避免组织成员因过分追求价值创造而造成危害健康（Petriglieri，2015）。这种组织性创造力不仅有利于企业日常交往与社会环境协调发展，甚至有利于企业塑造“以人为本”的中华优秀传统文化弘扬。

其次，在日常交往中，不确定性因素出现导致关系情境不断发生，进而引发关系情态改变，于是，为了维持共通性感受状态，遵从关系规则的日常交往能够创造出组织整体性创造力，在日常协调和默契配合中产生关系化组织层面上的结果性和过程性创造力，而不仅仅传统组织创造力理论所强调的个体价值导向（Malmelin & Virta，2016）。这可以避免了传统组织创造力理论因过分强调个体理性层面的价值创造，而与不确定性过程中企业日常交往的关系实践相割裂的矛盾，进而造成组织创造性行为的非战略性（Jarzabkowski et al，2012）。

最后，组织性共创活动所产生的未知的原创性事物，常常超出了事先的已知价值判断标准（Grant & Sandberg，2016），在顺应自然之情的日常交往中，人与人之间彼此尊重或熟人之间的默契等因素（Carmeli et al，2015；Zheng et al，2017），使得彼此之间对所出现的新结果和新过程，只要不违背关系情态起承转合变化或者为了维持关系规则而积极地引入进来，这常常依赖整体性感受来进行判断其价值性（Conroy et al，2017）。这完全摆脱了当前组织创造力研究所隐含“以预设的已知来测量未知”的理论困境（Goncalo et al，2015；Ende et al，2015）。

1. 理论贡献

本研究理论贡献在于：第一，与传统创造力研究注重趋利性价值不同，本章从当局者的日常交往视角，提出行动规则的人情性和行动内容则不违背人情法则的功能性的交往规则，给出了基于关系情感的共创性活动，双方不仅注重新知识的创造，而且强调增进关系情感的价值标准创造；本研究从关系交往中发现了组织知识产生和组织形式创建的内生原理，这一发现在更深层次上解释了 Fredrickson（2005）、George 和 Zhou（2007）等强调积极情感和消极情感的相矛盾的创造力理论，也提供了一种可能的解释。

第二，组织活动中有“你”有“我”，而日常组织发生在你我之间的关系情境之中（Methot et al，2017），因而彼此依赖的关系本位，则日常组织则有存续性。本研究从日常交往中个人行动避免落单的关系维持和知礼节的增进关系的角度，关注日常组织活动的情理逻辑，给出激起共通性感受共同形成的关系情感，即引发关系交往的自然之情，其中，双方的关系情感呈现出不同的走向和状态；这一研究发现弥补了传统情感理论忽视关系情感变化的规律性，提出了在互动过程中关系交往规则和情感规则之间关系（Collins，2004；Menges & Kilduff，2015）。第三，关系情感往往遵从情感规范，可以通过窥探在关系交往中的双方互动过程来加以描述的（Barsade & O'Neil，2015），但是，不能个人认知来直接表达（Menges & Kilduff，2015），更不可能通过单个人的行动进行观察（Casciaro et al，2015）。因而，本章选取了人际互动的顺畅性交往过程作为对象，其中常常是看不出情绪上的明显变化（Barsade & O'Neill，2014），这种为探究以“关系本位”的组织战略化研究提供了新方法。

2. 管理实践寓意

对组织战略化实践，“最好的预测未来就是创造未来”。因而，共创性活动是组织战略化行为的核心内容。企业为了提高组织创造性活动，首先，强调以人为本的管理理念，培养人与人之间良好的关系，让组织成员充分互动起来，在分享信息和沟通情感过程中，注重采取互动过程的顺畅性，及时收集在主题转换过程中所带来的“情理之中，意料之外”的创造性结果。在日常组织实践中，强化制度引导，以增强问题解决能力和技术改进；注重“仁义礼”为内容的企业文化培育，充分发挥人情法则，强化内部创业，并且弱化制度刚性在组织变革过程的作用。其次，“关系情感是最有效的组织手段”。由于日常组织活动中的关系交往，根植在人情交往中，鼓励企业内部的知恩图报的情理文化氛围，提倡互助性关系。特别是在不确定性环境下，在非正式组织过程中，在不破坏关系情感的基础上，发挥制度性的有限作用。一方面，要注意同事间的人际情感交汇，以此作为整合组织零散资源、知识、能力的重要手段，在快速变化的环境中激发出组织成员的创造性才智。另一方面，组织管理者还应为组织成员建立起开放、轻松的互动氛围，鼓励员工之间建立和谐的人际关系，创造机会加强员工之间的非正式沟通，增加创造性想法产生的可能性。

3. 对中式管理理论研究的启示

传统的西方组织理论以理性人假设为基础，过分强调情感空间的可分割性（Roseman et al，1990），然而，在企业日常交往中，人们更多地注重自己和周围人之间整体性感受的共通性状态。本研究在三个方面上拓展传统管理理论研究。首先，在以熟人社会为背景的日常组织生活中，人们注重合情合理的情理逻辑（梁漱溟），也是一种关系人（self-in-relationship）（Tronick，2003）。如人际交往过程常常产生无意识的联动效应，进入关系无意识状态，产生超乎个体认知能力而依靠关系规则来开拓共识的组织创造力。本研究为突破理性人假设的未来组织理论研究开启新的方向；显然，这与儒家所倡导的“仁者人也”和老子所讲的“道中人”的思想内涵是契合的。

其次，在日常组织生活中，要么在共通性情态上的前行，要么在赶往共通性感受的路上。有人情味的人，先固守共通性情态的关系情境基石，其次做出能激活共通性感受的关系交往行为。在日常组织活动中，除了明确支持或明确反对的两种人之外，大部分人在乎关系情感共通的在一起状态，守“中庸之道”。也许，从反向提问或求证之中获得大多数普通人的支持，在不破坏组织情态之中利用集体性力量，以对抗少数的有意识活动，或瓦解原本无凝聚力的不团结的反对群体。因此，这种关系情感驱动中关系化行为决策，将是未来研究的主要内容之一。

最后，在关系交往中“从无到有”的共创性活动，事实上，日常组织实践活动是散漫的，在释放情境性感受中通过人际交往来推进的（Barsade & O’Neill，2014）。这种“从无到有”的组织性共创活动遵从了创生性逻辑。例如，在做那件事的那会儿，并没有想那么多，常常顺着感觉在自然而然的状态中前行，一步一步走出当前情境，便来到之前未预知的现在。因此，本章抛弃了事后回想和访谈为主的研究方法，实录人际情感活动的无意识状态和所谓“琐碎事情”的存在，从“日用而不知”的日常关系交往中探究共创性组织行为原理。

中篇

关系本位与战略实践观

修长在乎任贤，高安在乎同利[①]

注重“亲亲上恩”的社会交往[②]，是从关系开始，又是以关系归宿。首先，关系本位，是把企业组织及其与外部市场连在一起、并成为一致性变化的有机体；在集体行动上，随着情境性变化而发生连通性改变和整体性联动，以维持关系不变性。其次，关系本位，是把各方在具体情境下以感受状态共通性，成为变化的共通体，在无意识或潜意识状态上，随着人际情感交流产生新认知框，进而在新组织共识层面生成相应的评价标准，于是，在不破坏关系规则和维护共通性感受过程中归宿到关系本位上，随之也产生了“情理之中、意料之外”的创造性结果。最后，随着组织内外的关系情境发生改变，关系本位主导下的日常交往，也使得日常组织形式和组织服务内容都会发生变化，例如，围绕着组织与市场之间的依存关系容易产生渐进性改变，而围绕着新老员工之间的传承关系容易产生突破性变化。

例如，近年来，随着中国相声经历了20余年的低迷之后，相声组织重新兴起并迎来推陈出新的二次发展，在这一过程中可以看出，相声组织的二次创业过程，离不开三个关系规则的不变性。第一，演员与受众之间的内外依存关系，也是组织发展的基础；第二，新老演员之间传承关系，这是组织推进的基础；第三，更为重要的是，同伴关系规则不变性所带来

① 参见《管子·版法》：“悦在施，有众在废私，召远在修近，闭祸在除怨。修长在乎任贤，高安在乎同利。”大意是，使大家享受在一起感受在于施行礼义规则，要想让大家聚到一起在于废止私心；因为召唤远方之人取决于与周围人打成一片，避免不测之祸取决于消除人们心中的怨恨；因此，准备长远大计，在于任用贤人来进行日常管理；巩固尊高地位，在于与大家在一起共同创造有利于维护共通性感受的事业。

② 《吕氏春秋》里写着这样 个故事：西周分封诸侯，姜太公有齐国，周公旦有鲁国。在治理国家方面，姜太公主张“尊贤尚功”，而周公旦主张“亲亲上恩”。姜太公说周公旦的主张会使鲁国削弱，周公旦认为姜太公的做法会导致齐国最后不姓姜。从后来的发展来看，两个人的预言都应验了：鲁国一直没能霸起来，但直到公元前三世纪中期才为鲁国所灭；齐国春秋曾称霸一时，但战国雄起的齐国已经姓田了。

共创性活动，既是维持这两种关系规则不变性存在性的根基，又是组织赖以生存的内在活动。也就是，只有当这三种关系规则指导下的关系交往呈现协同变化，日常组织实践活动才具有持久性和战略性。首先，在演员组织与受众群体之间的依存关系上，受众群体本身存在着个体成长和代谢过程，所以，随着老观众的离开，如果年轻观众不进入，观众市场就会衰退。一般地，年轻观众的品位、需求和价值观在与同龄人交流中被创造和激活的，因而，在相声所服务市场的不断创造与开发，是以不断年轻化的观众群体是依赖于年轻演员的引领和主导的；如果固守老皇历的老演员的价值观和品味标准，虽然在追求技术水平和演艺精湛，但是由于忽视了潜在的新观众的感受，而导致技艺上不断提高的市场衰退，一味地适应市场变化的技术革新，常常会脱离市场变化而很难有很好的发展，正如之前相声市场的萎靡。

其次，在从业的演员组织中，又分为新老两代演员之间的传承关系。这些演员在一边演一边吸引新观众的进入，从而使得观众群体不断壮大起来的，同时，新老演员又不完全依据观众群体需求而做出共创性适应，更多的是在于维持与观众在相声艺术形式上的情感性关系。一方面，新演员不仅从老演员身上学到专业基本素养，更贴近以相声形式表达观众情感寄托，更重要的是，在此基础上，根据时代发展用相声艺术形式去开发和创造潜在同龄人的情感寄托方式。因而，老演员的传帮带是新演员成长的前提条件，特别地新演员在与老演员之间交流中获取的不仅仅是经验知识，更多是在维护这种关系规则基础上共创相声市场未来，也是他们共同的家园。另一方面，老演员积极地退让和帮扶，提供新演员施展才华的机会，不以固有的价值标准去禁锢年轻人成长，而是教会年轻演员遵守礼义规则，在关系本位上做出情理之中意料之外的创造性成果；这样，既加强演员组织与观众群体之间的关系，又维护新老演员之间长老有序的关系规则。在这个意义上，新老演员之间关系，是以促进新演员开拓市场的老演员的连帮带作用为基础的传承关系。

因此，战略实践观根植于关系本位，维持在一起状态可以塑造战略实践活动。为了在一起而造事，“无事生非”在于维持彼此在一起共通性感受状态；为了在一起而更好的做事，“有困难争着上、有好处纷纷让”，人们并不是没有私心，而是懂得“衣食足而知荣辱”，在于担心在一起状态遭受破坏。因此，这就意味着遵从关系规则的情境性内涵不变性，日常组织活动即使遇到危机也很难分崩离析，并更利于在起起伏伏的磨难中逐渐向前发展；更进一步地说，战略性组织目的在于维持曾经在一起状态的关系规则；于是，为维持这种在一起感受状态，保持日常组织的内部共通性感受，组织成员不得不接受“知荣辱”和“知礼节”的礼义教化，在共创性中进行技术革新，并因市场变化进行人员调整，以推动日常组织在既定的规章制度之下顺利向前推进。

关系规则不变性，又称关系逻辑不变（简称“关系不变性”），是指人与人的情理逻辑不变：在日常交往中，情感共通性状态不变和情感沟通的规则不变（Kiesler et al，1967；Aderman，1969）。在企业日常交往中，关系不变性是组织与市场之间的关系，以及组织内部的新老员工之间的关系，保持着在认知连接上和情感共通上是互通互联的。关系情感是随社会情境变化而临时的，这种关系不变性，并不代表由这些关系连接的人或表达的内容是不变的，恰恰相反地，更多地说明，随着关系情境的外部发生改变，关系化行为的内容、受到和形式也发生变化，以维持关系规则不走样。例如，随着市场群体发生了改变，为了保持连接组织与市场的关系逻辑不变，则要求这种关系连接之下的组织成员要产生代谢。又如，在企业组织传承过程中，维持在新老员工之间的关系不变性，还要产生组织内部的社会连接形式和服务内容的新陈代谢，以保持这种关系情态上连通性和组织认知结构的继承性。因此，维持两个关系不变的情感性连接，使得演员组织与观众市场双方更愿意持久地待在关系里面，也使得新老员工愿意为了关系存续而顺利传承；为了支撑上述两种关系不变性，服务市场的产品不得不进行技术上革新，这就要求同事之间遵从关系规则积极地开展共创性活动，不仅包括新产品和新服务，而且包括新组织形式的二次创业行为；因而，这种关系不变性是前两种关系不变的技术性基础。正在这个意义上，关系本位，让组织和市场在动态演进中保持变化一致性；关系规则上的日常交往，是支撑着组织战略化的内生性行为原理。

因此，日常交往的战略性组织实践是以维持关系规则不变性为主导，在不同情境下自发地完成和产生具体性任务，并自觉地遵守现行组织制度，以保证企业不断焕发新组织生命力的日常交往活动（如图Ⅱ-1）。日常组织的战略实践观以关系交往所形成的组织创造力为基础，以内外关系情态的变化为战略动力源，而以内部代际关系情态为传承力，因此，在以关系本位的组织战略化行为本质上，无论外部的个体受众还是内部的组织成员，为了维护关系不变性，坚守一成不变的外在标准，都会顺承自然而走向下一个阶段。西方学者近年来也认识到这一现象原理的重要性，于是提出了组织积极心理学（Cameron & Dutton，2003）。本质上，由于人情关系是“微”组织（Clemens，1996），关系情态共通性将社会组织起来的，因为维护日常关系交往的持久性，不是哪一方的事，也不可能自始至终地主导于任何一方，否则便不是关系本位而让组织大大降低创造性潜力了(Canary et al，2003)，因而，维持关系交往，便是双方在围绕情境性感受共通而展开共同创造活动，起源于情境变化导致感受共通受阻，而趋于自然顺心的共通性感受。

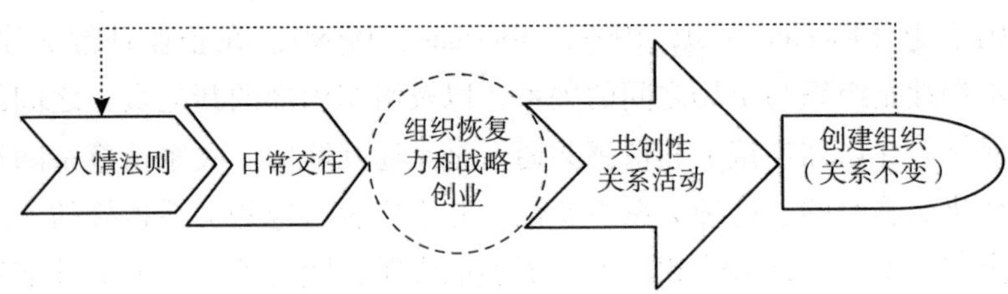

图Ⅱ－1 关系不变性与组织战略化实践

日常组织结构是一个相互连通的社会性系统，围绕着人情性和任务性问题解决，或为了避免共通性感受状态出现问题而制造人情性和任务性问题，将组织成员连接在一起，在互通有无地开展日常性交流，在互帮互助的和合作中积极地开展日常组织活动，进而达成集体性目标或者增进人际情感交汇状态。显然，维持关系不变性也是中式组织管理所要研究的核心内容。以情理逻辑为核心的关系规则，包括关系交往中人情和互助以及人际交往中的面子和知恩图报。在中国传统文化背景下，日常交往强调由过往社会历史所沉淀下来的日常性礼节规矩，以及易于疏通双方情感共通状态的常规性仪式，塑造了中式组织的战略实践观。

如果过分追求一时的组织行动结果和绩效表现，必然会伤害组织自创生能力；况且，战略性目标没有十分具体的操作性指标，也难以无法对未来将要发生的未知进行预先判断和测量。所以，日常交往的战略性组织行动要求同时满足两个条件：一是激发组织自创生能力，使得组织在具体情境下能够自发产生新组织，以应对不确定性环境变化；二是在不伤害组织自创生能力的前提下，保证组织行动的绩效表现能维持当前情境下组织生存力，即解决当前危及到组织存活的重大问题和解除已触及生存底线的重大威胁。在这个意义上，企业日常交往的战略实践观就是保持组织内部及其与外部的关系规则内涵不变的前提下，在“生事”和“做事”中将相关人员不断组织起来，实现组织形式、技术和产品服务等推陈出新。因此，遵从关系规则的日常交往行为，在合情合理中开创组织未来。这样，不仅可以弥补战略性目标事前没法准确预设的这一先天性缺陷，而且也较好地摆脱了价值规则很难揭示关系交往行为原理，也可以规避了日常组织活动不可能在关系情境之中的共通性感受状态上做目标规划的问题。

然而，一个企业在某阶段所采取的什么样商业模式，就会有什么样的具体组织制度，而在进入一个新市场的组织形式，远不止是现有制度的延伸和继续，也不完全产品相关或不相干，更多的是带动企业扩张的人际关系和维持关系交往规则。当我们的组织性目标还不能清晰地表达时，当我们的规章制度还没有完全建立时，当组织内部的岗位职责边界不明朗时，当我们面临的所要解决的问题还难以清晰界定时，当我们的能力还不能明确满足要求时，当这些模糊性关系正在发生时，我们如何开展日常组织活动？我们如何从企业日常组织实践中产生出新的组织？每个企业所依存的人际关系是不一样的，维持人际关系的交往法也是不一样的，这就导致每个企业都有其独特的商业运作模式。正在这个意义上，日常组织管理活动的战略实践观，根植于以关系本位为主导的“文化再生产”，进而形成组织自创生能力中的“社会经济再生产”。因此，一个战略性企业，不仅依赖于经济活动来维持当前的生存能力，更重要的是依赖于能带动经济活动持久运行的组织创生性过程，而这种组织自创生能力产生于日常交往所遵从的情理逻辑之中，远非现行规章制度所能企及的。因此，企业日常交往的战略实践观，本质上是在履行企业社会责任，更是要传承中国文化的优良传统。

如果关系交往不遵从人情法则，就不可能普遍被认可，即使看起来合法也难以被人接受，也很难从遵循人之常情之人那里获得支持和帮助。在规矩遵守层面上，然而，现代企业管理注重规章制度，却忽视了关系规则的日常交往行为之不变性，过分注重个人心理变化带来的制度变形；注重用个体理性逻辑将人际关系压缩成脆弱的价值线（人脉关系），却忽视了人与人之间、人与物之间在内心原本相通的自然感受所压缩了；注重只抽取有价值线索，而将组织情态时空直接简化为可知的静态的线性结构，而忽视了日常管理活动发生在日常组织情态变化之中，更无视于日常组织的战略实践依靠人际情感交流推动日常交往而一步步走出来的客观事实。正因为如此，严密的规章制度更容易导致失败（Lom，2015）。所以，在个人行为层面上遵从知恩图报，在关系层面上开展互助行为，都可能对当前组织的良好的业绩表现并不产生积极影响，但是，这种注重人情来往的日常交往行为，在遏制住个人私欲膨胀之为的同时，可能在不断地塑造没有止境的日常组织活动。

老子说，“……复命日常，知常曰明。不知常，妄作凶。知常容，容乃公，公乃全，全乃天，天乃道，道乃久，没身不殆”。[①] 当面临没有止境的未来，人们往往是无法明晰将来一定会发生什么，也不能笃定什么样的行动及其表现与未来情境相一致，但是，可以肯定的是，人之常情是不会变的，内合于自然之情的日常交往行为是长久的。因而，在人之常情之上，从关系本位上分析日常组织活动，可能会揭示中式组织的战略实践观。这种基于日常交往的组织战略实践观，是如何通过人情法则得以实现？为了维持关系不变性，予之为取的知恩图报和关系本位的互助活动，分别通过什么样的组织行为机理让企业在困境中越挫越勇？顺时而为的人际交往又是在什么前提下促进企业战略创业？

① 参见《道德经》，大意是，生命活动的往复变化是遵从人之常情，观察到这种常情就明白了常理；如果不明白这是常理，就会乱作为而带来危害性；因为知常理便包容多样性发展，并会公正地对待和注重全方位发展，顺应自然之情而维护各种关系的情感共通性状态，于是，能长久地在一起向前发展而不会因“落单”而衰落中。

第5章 战略实践观与关系化组织：以中国文化为背景的质性研究①

在很多时候，当我们兢兢业业地专注工作，并赢得了周围人的一致好评，可是，那些决策者常常随便找个理由，就把我们给否定了。可悲的是，面对这个冠冕堂皇的理由，我们感到很冤枉，常常埋怨决策者不公平，或以为他们私底下接受了别人的好处。然而，事实往往并非如此，或许，我们之前个人行为触犯了关系交往规则，触犯了人的内心禁忌，尽管当时我们自己并没感觉到，决策者也没太在意；或许，对手之前日常行为触动了人的内心共鸣，尽管连对手也不知道具体是什么行为，甚至连决策者回忆起来也说不清对手好在哪里。

中国式的真实，就得写意，它既不是理性的，又不是非理性的。中国式的决策，是以不应该做什么为主要内容的决策结果，而不过分强调应该去做什么。正在这个意义上，贾谊说②，由于大多数人的智力活动，只能看到已经发生的，而不能看到将要发生的；又因为礼义规则侧重于防患于未然，而规章制度注重于亡羊补牢；所以，规章制度用于控制和调节那些已经发生并被觉察到的行为结果，而遵从礼义的人情法则和面子规则用于规定和约束那些可能要发生并难以预知的日常行为。

5.1 引　言

近年来，战略研究开始关注日常组织实践的战略活动，转向于探究人

① 原稿发表于《南开管理评论》2016年第3期。

② 参见贾谊《治安策》所言，“凡人之智，能见已然，不能见将然。夫礼者禁于将然之前，而法者禁于已然之后，是故法之所用易见，而礼之所为生难知也。”

际日常微观互动过程的研究范式①（Bisel，2010；Collins，2014；Carlsen，2006；Perrone et al，2003）。于是，传统的组织战略理论越来越受到质疑（Casciaro et al，2014；Ghoshal，2005；Lok & De Rond，2013）。一些学者研究发现，人际关系构成了组织活动的微观基础结构，而建立在人际关系之上的日常交往活动形成了组织活动的核心内容（Grant & Dutton，2012；McNamee & Hoskin，2012；Mantere，2013）。同时，作为日常组织活动发生的基本单元，人际关系越来越受到组织战略学者们关注（Hinds & Cramton，2013；Morris & Sullivan，2008），例如，Wrzesniewski 等（2013）的“处关系”（relational crafting），Loyd 等（2013）的“关系化”（relationship focus），Bedford（2011）的“用交情关系”（guanxi-building）等。Gergen 指出（2009），“关系流”（relational flow）驱动人际交往，这种日常组织活动的关系建构为揭示战略实践观的日常组织行为原理提供了新视角（McNamee & Hoskin，2012）。事实上，日常组织的交往活动，依存于人际情感交流和达成共识的社会文化空间，人际关系既有遵从日常社交仪式的互惠性关系，又有遵从人情法则的互助性关系。例如，自 Jacobs（1979）将中国文化背景下的人际“关系”（guanxi）引入之后，国内外华人学者开始探索“关系内涵”在中西方文化上的差异，与此同时，西方学者也开始试图探究关系的情感性规则（Collins，2014；Hosking，2011；Wrzesniewski，2001）。然而，在任务和制度的双重约束下，人际关系常常被简单地等同于资源性社会连接。作为一个群体和个体开展日常活动的行动情境（Geertz，1973），一种文化礼俗所包含的社会行为假设，是不可能根据一个时代或一部分人的意志所肆意假定的。也就是说，与特定事件发生的交往规则是价值主导的不同，随情境而发生的礼俗交往是由人际情感主导的（Chia & MacKay，2007），难以通过一时的价值标准界定来彻底更改日常交往行为规则的。因此，深藏在具体社会文化空间中的互动仪式和

---

① 以三个成员构成的组织为例，如果长期让某一个人占据主导，常常因产生组织惰性而使组织难以持续下去（Maitlis & Lawrence，2003；Jarzabkowski et al，2007；Liu & Maitlis，2014）。在日常交往实践中，三个成员形成了三个不同的关系，显然，每个关系的产生都至少有两个人的支持。在这种关系实践中，在特定情境里，某关系被激起和唤醒，并以这种关系来主导日常组织活动，那么这一关系就会激发三个人共同努力。一旦这层关系被激活，并获得了其中两方的支持，第三方如果不支持或反对，若不采取联动行为，就会被孤立起来，于是，关系化组织依然存在，并可能吸引其他新成员的加入；进一步地说，在日常组织活动中，人际关系的联合力量往往远超过任何单独一方的事前动机所带来的驱动力。同时，当关系发生作用时，第三方也会担心不采取配合行为，会引起其他成员不满，进而导致属于他的关系起主导地位却得不到支持，甚至会遭到这个关系中另一方的反对。因此，人际关系不仅是组织发生和存在的日常驱动力，而且是组织持续发展（通过与情境一起变化来不断建构和创造未来）的原动力。

礼节习俗，往往决定了日常组织实践中的人际关系内涵（Collins，2014；Goffman，1967；梁漱溟）。

事实上，中西方文化在日常礼节习俗上存在根本差异。中国人的礼义注重人际情感交流和“礼俗相交”的互助性行为（梁漱溟，1990；费孝通，1998），围绕关系情感的共通性与持续性去阐述“中和”思想（梁漱溟，1987）。反观西方文化所倡导的仪式，引导和控制个体欲望的发挥，在追求自我价值过程中逐渐形成了约定俗成的礼拜仪式（ritual）（Collins，2014；Goffman，1967；Durkheim，1956）。中西方文化在关系层面上的行为规则的内涵是不同的，从而分别形成了“对人的礼俗”与“对事的价值”之处世观念差别（Collins，2014；梁漱溟），以及“人情”与“私利”的价值取向差异（Walumbwa et al，2007；孙隆基，2011）；同时也造成了中西方文化在日常交往活动中“注重彼此关系维护”和“强调个人利益追逐”之间关系情境内容不同（费孝通，1998；Goffman，1959），以及“情境的创建性”和“情境的预设性”的日常组织模式差异（杨宜音、王俊秀，2013；Hinds & Cramton，2013）。正在这个意义上，如果把人际关系简化为遵从商业性礼仪的资源性社会通道（人脉关系）（Collins，2014；Goffman，1959），不仅在理论上歪曲了中国文化背景下人们在日常社交中所普遍遵从的礼义规则（梁漱溟），而且，这种理论歪曲实际上与大多数中国人的日常生活实践活动是格格不入的（梁漱溟），进一步地说，以此来解释中国文化背景下日常组织的关系实践是十分有限的（杨宜音、王俊秀，2013）。

与西方理论强调达成共识性目标的组织原型不同，在中国文化背景下，日常组织活动往往表现为“礼尚往来”式的关系实践，如“散买卖、不散交情”。常常地，在日常交往的关系情境下，促进日常协同合作的人际关系①，尽管包括任务主导的价值性关系，却更强调私交关系维持的情感性连接，如“生意不在、仁义在”；显而易见，持久性的组织活动依存于人际关系所隐含的日常交往规则。因而，人际关系的内涵不同，相应地交往规则也会存在差异，这样会导致组织规章制度在具体实施的贯彻过程中表现出不一样。然而，现有研究发现（Suddaby et al，2011；Suddaby & Greenwood，2005），过分强调人际关系的资源性连接，必然会导致当前管

① 为了与文中很多地方的“关系”区分开来，本文用“人际关系”来表达人与人之间的自然状态，在没有特殊说明的情况下，文中的人际关系不仅仅只包括西方理论所关注的人际资源性连接，还包括表达人际情感共通性状态的人情关系以及礼俗相交规则的互助性关系。

理理论陷入困境（Ghoshal，2005）。

改革开放30余年来，一大批依托于中国文化背景的本土企业，尽管技术不先进和制度不完善，却在与拥有先进技术和管理制度完善的西方企业竞争中发展壮大起来。什么样的日常组织活动会塑造什么样的战略化实践，如果以中国文化背景来揭示日常活动的组织实践与战略实践观之间内在联系，将对发展中企业具有普遍的指导意义（Lounsbury & Beckman，2015；Suddaby et al，2011）。在中国文化背景下，塑造日常战略实践活动，更多地依赖于人情关系的关系实践（白奚，2003）。从日常组织的关系实践入手，不仅可以探究关系化组织原理，而且能揭示这种组织原理之下的战略实践观。人情关系所形成的组织原理是什么？对战略实践观又意味着什么？同时，在一定时期内，某一地区的多层次文献资料，在一定程度上反映了该地区的社会文化生活的基本面（Burke，1966；Verd，2004）。因此，为回答上述两个问题，本章以“中国知网”刊登的近50年文献资料作为研究样本，以一定方法选取其中代表性证据，并通过质性方法进行探索性分析。本章接下来介绍研究方法设计，第三部分给出研究发现，第四部分给出结论和讨论，指出注重人情法则的关系化组织对战略实践观的寓意。

5.2 研究设计

不同的文化背景，对人的教化和认同是存在差异的（Geertz，1973；Walumbwa et al，2007），于是，在日常组织活动中，关系交往分别会围绕人情关系与人脉关系而展开（如图5-1）。人情关系作为人际间的一种情感性连接，交往双方遵从“仁者人也”的基本假设（白奚，2003），为了维持在一起的关系情感，彼此在互动和交往中重人情和相互“给面子”。在具体互动情境中，面子与人情是遵从礼俗相交的互助性规约下的表达方式，这种日常交往活动通过人情法则约定了具体实施的互助性联结（梁漱溟）。所以，人情关系并不仅仅是人际间的情感性连接，还存在于彼此间相互恪守的乡约民俗，以及依据情感共通而展开的“双主体”互助行为中。作为一种资源性社会连接形式，人脉关系是通过社会连接在一起的双方都是“理性经济人”，围绕人脉关系而开展的交往活动遵从目标价值的“单主体”逻辑，其中，行动者注重衡量各种利弊后做出更能满足自身偏好的最优决策（Morris & Sullivan，2008；Durkheim，1956）。然而，对

"理性经济人"而言，人情往往被看作是一种价值性资源获取的互利性潜规则，而面子则表现为替自己谋取一种社会身份的互利性潜规则，通过人情与面子的互动来实现自己利益的最大化（Goffman，1967；翟学伟，2005）。

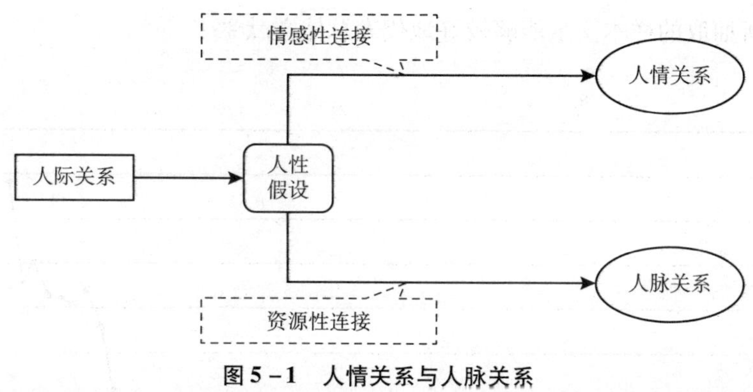

图 5－1　人情关系与人脉关系

与其他社会科学研究的质性方法一样，描述某一文化背景下社会组织活动的某一时期文献资料，从某一侧面能反映其社会文化的组织实践（Burke，1966）。又因为作为国内最大的文献数据库，"中国知网"收录了几乎囊括整个社会人员类型在内所发表的文章，这些作者包括专家学者、企业经营管理人员和普通工人等在多层面和立体地捕捉中国文化背景的关系实践，在一定程度上，在总体上反映了日常组织行为的关系实践的基本面（Verd，2004）。正是基于这一考量，本章以"中国知网"全文数据库文献的二手资料作为分析样本，通过日常用语和专业术语等关键词方式，收集描述关系化组织的相关资料（如故事、事件和论点等）（Verd，2004；Suddaby et al，2011），剖析战略实践的本意和关系化行为之间联系，尝试地探究中国文化背景下的战略实践观。

在中国文化背景下的日常交往活动中，人情、面子是理解人际关系运作方式的关键，"报"隐含在人情往来之中①。在检索文献时，使用"人情""人际关系""面子"，运用或含的方式在"中国知网"全文数据库中的社会科学Ⅰ和Ⅱ辑、哲学与人文科学以及经济与管理三个学科领域中进行文献篇名的模糊搜索，共获得文献 2953 篇（1956～2013 年，1951 年的

① 用"报"作为关键词的文献有 9 篇，排除不相关的文献后有 5 篇。

一篇不符合本章研究范围，其中 1956 ~ 1993 年都低于 5 篇①，历年文献数如图 5 –2 所示)。由于对全部文献进行分析会带来较大的难度，本章采用样本分析法进行文献的抽样分析，最后得到 571 篇。以年为单位，将样本文献与整体文献进行独立样本 t 检验得：方差方程的 Levene 检验的 Sig 值为 0. 750 大于 0. 05，同时，均值方程的 t 检验中 Sig（双侧）值为 0. 866，表明所抽取的样本文献能够较好地代表总体文献②。

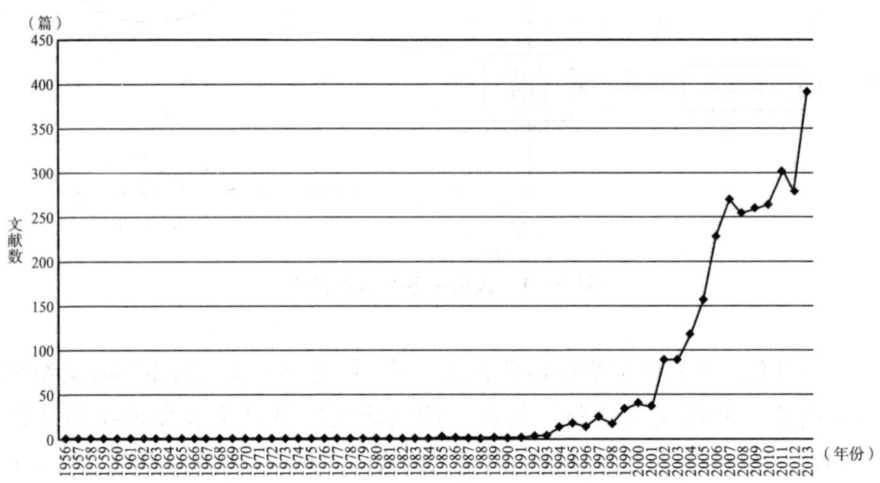

图 5 –2　中国知网历年相关文献数量

接下来，在细读所收集的文献资料基础上，按其内容所表达的主导逻辑进行归类（人情关系侧重于人际情感互动，人脉关系侧重于资源性价值连接)，经分析发现，这两类文献数量的变化趋势基本一致。进一步对 1998 年之后的两部分文献数量差异进行分析，通过在 Matlab 中进行二次函数拟合，结果如图 5 –3a 和图 5 –3b 示③。由此可知，1998 ~ 2013 年期

① 期间文献相对较少的可能原因：a）在这段时间内相关期刊不多，研究人员也相对较少；b）创立于 1999 年 6 月的“中国知网”主要收录其创立之后的文献，前期所发表的文章收录较少。

② 此次研究的样本文献来源有以下几类：高校学报类、地方社会科学类、管理学类，还有报刊和硕博论文等。之所以把学术性不强的文献也为研究样本的一部分，基于两个方面考虑：一方面，所抽取的文献尽管很多学术性不强，如有的是小故事等，但是像“人情”“面子”和“报”更多地体现在人们日常的生活中，非学术性文章作为人们日常生活的一部分，能够直接反映出生活实际；另一方面，此类文献受西方文化影响较少，在他们的身上能够更好的直接体现中国传统文化，以及中国传统文化中关于人际关系的现实看法。

③ 图 5 –3（a）和图 5 –3（b）的拟合函数分别为 $Y_1 = -0.11x^2 + 448.45x - 452219.89$ 和 $Y_2 = 0.12x^2 - 479.77 + 479153.99$

间，关于人情关系的文献数量尽管在逐年增加，但增幅为负；关于人脉关系的文献数量也在逐年增加，增幅为正①。整体来看，以人情关系为主导逻辑的文献数多于人脉关系的文献数。

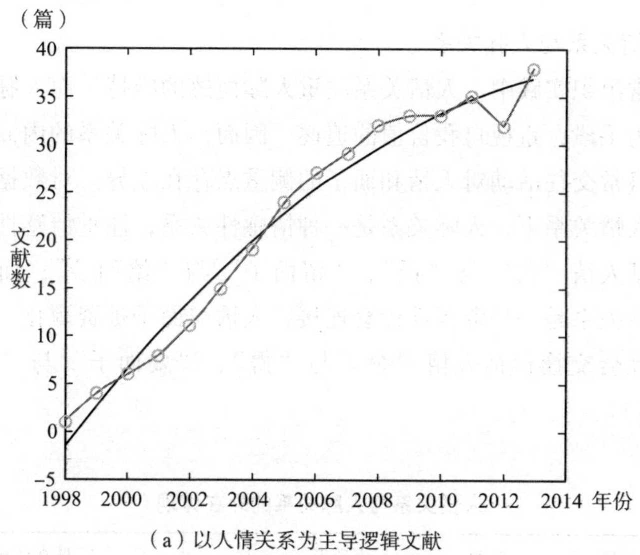

（a）以人情关系为主导逻辑文献

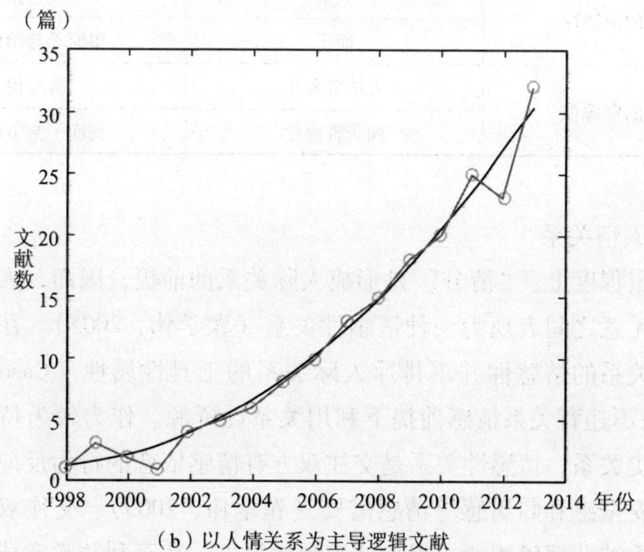

（b）以人情关系为主导逻辑文献

图 5-3　1998~2014 年文献报告差异分析

① 这一研究发现表明，近些年来，把人际交往看作资源性获取的倾向性研究越来越被学者所追捧，这可能是因为与当前大多数学者沿用西方主流研究范式有关；而对重人情的关系倾向性研究逐渐减少的趋势现状可能与中国社会的关系实践也相契合。

5.3 研究发现

1. 人情关系与人脉关系

在日常组织实践中，人情关系注重人际情感的维持，而人脉关系则以人际关系为手段，重视自我价值的追逐，因而，人际关系的内涵不同，必然会产生日常交往活动对人情和面子的侧重点存在差异。对数据资料分析发现，在人情关系下，人际关系是一种情感性关系，注重情感性连接的关系交往包括人情“欠”与“报”、“留面子”与“给面子”；而在人脉关系下，人际关系是一种资源性社会连接，人情与面子被资源化，强调资源性连接的社会交换包括人情“舍”与“得”、“要面子”与“争面子”，详见表5－1。

表5－1　人情关系与人脉关系的外在体现

项目	表现形式	外在体现
关系的情感性	人情	欠与报
	面子	留面子与给面子
关系的资源性	人情资源化	舍与得
	面子资源化	要面子与争面子

（1）人情关系

在一定程度上，“情分”是形成人际关系的前提，因而，人际关系首先在有意无意之间表现为一种情感性关系（翟学伟，2005）。在日常交往中，人际关系的情感性并不排斥人际关系的工具性属性（Casciaro et al，2014），在不违背关系情感前提下利用关系性资源。作为较为持久而稳定的社会历史关系，情感性关系是交往双方有情感依恋的行为反应，可以得到关爱、安全感和归属感等情感需要（翟学伟，2005）。交往双方在人际交往中注重彼此情感相通，很少计较利益得失，甚至利益常常成为维持情感性关系的手段。因此，对人情往来说，双方注重彼此间情感交流，出于照顾对方感受的人情“欠”与“报”，以及相互间“给面子”和“留面子”，目的都在于营造和谐而融洽的情感性关系。

人情是交往双方对彼此所持有的关系情感，也是人际关系的情感表达形式，其核心是情感沟通。人情交往得以展开的前提是人际间存在或深或浅的情谊，并一直处于“欠”和“算不清”状态下长久维持。人情“欠”在情上（翟学伟，2005），于是，“报”是人情“欠”者的一种非义务的情谊表达（Carrier，1992）。杨联陞（1987）指出，相较于其他社会，“报”在中国由来已久，广泛存在于日常生活中，并已成为人们的一种习惯。“报”是人情交往的重要基础，人情交往中“报”表现为回报大于所“欠”的，其中，带有一种感恩的成分，如“滴水之恩当涌泉相报”（翟学伟，2005；杨宜音、王俊秀，2013；费孝通，1998）。在日常组织行为层面，“报”也带动人力、物力和财力流动，进而对处于困境之人提供帮助。有时候，对报恩之人而言，当对方遇到困难时，常常会为自己能力不够，无力回报而感到自责。因此，人情交往为日常组织生活增添了共通性感受，“欠”的是情，“报”的是恩。

面子互动能在交往过程中建立一种情感性关系。一方面，在交往过程中，给别人“留面子”，有利于彼此间关系建立；另一方面，面子是以感情为基础，照顾别人的面子能够促进人际关系融洽，在人际交往过程中，善于维护他人面子，对方也会心存感激，从而有可能同样“给面子”。另外，人们常常会依据对方给不给面子或给面子的程度，判断对方对自己的接纳程度，因此，面子互动决定了人际关系发展的方向和程度。“给面子”从本质上是为了建立和维持人情关系，此外，彼此“给面子”还可以强化双方已有的人际关系。因而，在日常生活的关系实践中，给别人面子远远比保护自己的面子更重要；出于面子考虑的交往历史，人们彼此“给面子”，并相互“留面子”。

（2）人脉关系

在人脉关系的情形下，人际交往的起点是资源的价值性算计，合作过程体现为资源的价值性流动，行动结果直接表现为是价值性资源交易完成。这种建立在资源交换基础上的人际关系本质上是注重价值性交换的人脉关系。从数据资料分析发现，关系的资源性有两种体现。第一，关系本身是可用性资源。这种关系资源作为一种重要的社会价值，可以用赢得多少人情资本和争得多少面子来衡量，如人情资本通常表现为带来价值性的“得”，而面子能够直接或间接转化为价值性资源。第二，关系被看作是一种渠道性资源，是谋取他人资源的社会渠道。例如，与他人建立关系的动机是为了从对方那里获得自己想要的资源，这些人往往乐于“广结良友”，“把好人缘”“朋友多当成了走后门、谋利益的筹码”等。这种“桥梁性”（bridge tie）关系（Zaheer & McEvily，1999），本质上指向对方所拥有的而自己想要的资源。因此，建立在人脉关系上的人情与面子，往往都被资源化，是用来当作交换砝码的功能性价值。

当人情被看作一种社会功用性资源，在人际交往中，讲人情，不过是追求一个特定社会角色所拥有的资源，“舍”人情也只是用来换取自己想要的人情之“得”。既然人情“舍”看作为谋取他人“还”人情之“得”，于是，人们常常采取目的性人情投资，如“做人情”“送人情”“搞人情”等；或者出于对有利可图的价值追逐，才会与他人“搭人情”。有时候，当个人想要得到对方更多的回报，常常拒绝他人立即“还”人情，以追求预期情境下的来日方长。从收集的数据资料中发现，资源化人情的“舍”与“得”有两种表现：一种是直接性交易，用即时的“舍”换来即时的“得”；一种是利用关系性交易，用现在的“舍”换来预设情境下的“得”。因此，人情“舍”与“得”的交往方式在表面上看是社会交换活动，本质上遵从市场规则的价值交易行为；在这种情形下，如果个人有时候会背叛亲朋好友，要么不“还”人情，要么“杀熟”等方式，因而，从长远来看，由人脉关系所形成的合作性组织是不可靠和不稳定的。

在人脉关系下，面子是个人为获得特定的资源能力，同他人用来交易的社会资本。一方面，面子产生于社会互动中，并在互动的过程中转变为可用来交换的资源，当面子成为一种价值性资源，追求面子也就变得理所当然，事事爱面子，不顾一切“争面子”和“要面子”。但是当带着强烈目的性去追逐面子，或者采取不正当手段“争面子”时，“要面子”是正常态度，“争面子”也是一种本能，这样往往会破坏了彼此间关系情感。另一方面，面子是经由成功和夸耀而获得的名声（黄光国，2010），也是个人经过确实的努力或表面的功夫而获得的社会名望。在社会交往中，名声不仅是可以直接利用的资源，也可以间接转化为财富或成为攫取社会资源的工具。所以，个体常常费尽心机，不择手段地去获取它，塑造和维护自己的面子，在人际交往中不遗余力地“争面子”和“要面子”。

2. 人际关系与组织模式

组织模式取决于成员间的人际关系内涵，在日常活动中，人情关系重视日常交往中的人际情感交流，而人脉关系作为一种资源性的关系连接，交往双方注重通过关系来实现自我价值的最大化。那么，人脉关系与人情关系内涵的不同在组织模式上有怎样的体现？在日常组织的关系实践中，以人情关系为主导的组织，遵从人情法则下的“双主体”建构性组织模式，人情和面子的互动在于建立和维持，并增强组织凝聚力。人脉关系主导的组织，遵从“单主体”的价值性逻辑在交易规则下的预设性组织模式，人情与面子是获取价值性资源的工具，目的在于实现自身利益最大化（如表5－2和表5－3所示）。

表5－2　人情关系——人情法则下的“双主体”建构性组织模式

表现形式	途径	关键观点
人情	建立关系	关系取向、关系被重视、活在关系中、缔结关系、连接关系
	维持关系	实现关系和谐，融洽、维持关系平衡、延续关系、使关系坚固而持久、维系关系
	强化关系	加强和巩固情感关系、改善关系、发展关系、密切关系
面子	建立关系	形成关系、建立关系、连接关系
	维持关系	维持关系和谐、稳定关系、平衡关系、维护关系、协调关系、调节关系方向、维持关系
	强化关系	密切关系、发展关系、推进关系、巩固和加深关系

表5－3　人脉关系——资源价值规则下的“单主体”预设性组织模式

表现形式	途径	关键观点
人情	建立人脉关系	以自我为圆心、以自我利益为半径、为了资源而建立关系、套近乎、拉关系
	利用关系性资源	考虑对方及其关系网、资源的有用性、人情投资、为谋利搭人情、考虑风险代价、人情与权力勾结
	获得利益	考虑做人情的预期回报、做人情、搞人情、送人情、立即要求回报、留待以后再报、利用对方的不好意思而要求回报、希望利用精神和情感来得回报、实现自身利益的最大满足
面子	争取资源	见面必争、不顾廉耻而为面子、为面子资本、不择手段、为了面子而面子

注：支持人情关系的交往法则下的建构性组织模式的学者为73人次，而支持人脉关系的资源价值规则下的预设性组织模式的学者为52人次，在一定程度也支持了人之常情的基本假设，也契合本书所给出“仓廪实而知礼节，衣食足而知荣辱”的个人行为假设。进一步也说明了儒家文化所推崇的人性向善之中出现了部分异化，即掺杂了人性向恶，但是在当前还没有成为主流研究，占据主流的还是人性向善的观念。

（1）人情法则下的“双主体”建构性组织模式

在人情法则支配下，人际关系是被重视的，交往双方注重关系的和谐性，具有较强的关系取向性，强调关系情感共通性。首先，和睦融洽是人们建立人情关系的出发点，也是人际交往的主要依据和准则。在日常组织的关系实践中，成员通过人情往来缔结关系，实现关系和谐并加强和巩固彼此的情感性关系。通过相互间的给面子来联结关系，维持关系稳定并推进关系的发展。本质上，人情与面子的互动都是以建立、维系和发展关系为导向的。在日常关系交往中，交往双方积极维护对方面子、顾全彼此面子，推进彼此间关系的发展，同时，永远感到“欠”人情，也有利于人际关系更加亲密。

其次，关系取向使得人们在与他人打交道时会重视照顾对方感受，在持续的人际交往过程中达到彼此的心意相通，即达到“己心”与“人心”的互通状态，从而实现“己心”与“人身”、“人心”与“已身”的相互关照，实现成员的情感共通。如广东省惠来县惠城支局员工之间没有“隔心墙”，只有“连心桥”，① 在组织实践的过程中，当某成员遇到问题，会导致集体心理出问题，此时，有人会主动地联动起来，如将资源和情感向其倾斜，主动地尽其所能提供帮助和支持，并给予其心理上的安慰，以使双方重新回归心意相通的状态，而这超出前者的意识控制范围，同时又为组织成长带来惊喜。“支局成员心往一处想，劲往一处使，知苦不怕苦、知难不畏难，使员工由被动的被管理者变成主动的支局事务参与者，工作自觉、自发，带来的是业务的迅猛增长”。② 在人情关系导向的交往规则下，交往双方在人情关系连带之下顾及彼此感受，往往卷入超越于个人意识控制之外的组织规则。因此，注重彼此照顾对方感受的人情法则，在日常活动之中塑造了人际交往，进而建构出关系化组织行为模式。重视人情关系的行动者会根据某一时点的人物关系情态来开展日常组织实践活动，这与传统中国人以情境为中心的“走一步看一步”思维逻辑相一致（Hsu，1971），也契合了“苟日新，日日新，又日新”的创造性组织思维（Anderson et al，2014）。

（2）资源价值规则下的“单主体”预设性组织模式

在人脉关系中，功利性思维使得个体通过关系化行为来追求个人利益。如人与人之间存在“心理隔区”，习惯于把事物做“非此即彼”的“二分法”推理判断（黄光国，2006），追求自我利益的最大化（翟学伟，2005）。在人脉关系中，利益是关系活动的目的，关系化活动是从社会网络中捞取既定收益，换句话说，建立或维持关系以为了利用关系来获得预期回报。如“用得着你时便与你套关系，不熟也熟，自来熟；用不着你，

---

①② 方奕群．人情化管理凝聚人心［J］．中国邮政，2008（10）：50.

对你面不相识，熟也不熟，装成不熟"①。通过"要面子"和"争面子"来为自己积累资源，或通过有目的的"人情投资"（翟学伟，2005）来换取关系网内其他人的回报。另外，为了降低个人收益的风险，行动者更加倾向于在短期内收回所送人情，借助人们所共同遵从的风俗习惯来发明出种种新的人情名目。出于对他人所拥有资源的占有欲，个人常常会有目的的选择交往对象，"做人情"给他、与他"搞人情"，将自己已经拥有或有能力得到的资源让渡给他人，同时要求对方感激以提供自己想要的资源，或通过虚伪的情谊的制约，为自己谋取期权性的人情、面子，以求预期性回报。

在强调资源性连接的关系情境中，人情与面子的互动并不是以考虑对方感受为行动出发点、目的并不在于建立关系，而是试图通过这层关系来为自己谋利益、满足个人欲望和控制不确定性因素。如A酒业公司合伙的股东各怀小九九，囿于自己的小利益不放。营销经理拉拢人心，私占贷款；供应经理不遵协议，暗提公款，导致团队失和，使整个企业失去了向心力、凝聚力，最终被迫散伙。② 所以，对于由存在"心理隔区"的成员构成的组织而言，日常组织活动是以自我价值为中心的"单主体"组织模式，讲究的是资源价值规则。人脉关系主导下的人际交往的驱动力是个人价值，其组织机制是按照预期目标而进行结构设计。因此，这种强调人脉关系的组织行为原理，与西方管理学的个人需求动机理论假设上是契合的。

3. 人际关系与组织绩效

在中国文化背景下，日常生活实践的关系化组织，会同时存在人情关系与人脉关系，并同时对整个组织活动产生影响，但是，作为组织日常实践活动的一种主导逻辑，具体组织或日常组织活动中通常会以某种关系作为主导（黄光国，2006；Whitford & Zirpoli，2014）。由前文可知，在日常组织的关系实践活动中，人情关系与人脉关系所主导的组织具有不同的组织模式，往往会导致组织绩效的不同。

（1）人脉关系与组织绩效

人脉关系所主导的组织在战略绩效方面具有明显劣势。一方面，日常组织活动在任务与制度的约束下，成员间的关系常常被标定为一种互利性合作关系，鲜有情感成分的，组织成员间的关系是一种资源性的社会连

① 吕钦文．杀熟［J］．东西南北，2006（2）：34.

② 孟庆伍．股东互相算计　好企业也散伙［J］．现代营销，2001（9）：26－27.

接。当看到他人拥有自己想要的资源或自己需要他人的帮助时，个体才会与之建立或重新建立关系，交易结束后，关系也随之终止。同时，作为精于算计、趋利避害的“理性经济人”，当对方需要帮助时，通常不会主动提供帮助，而是待其求助后，个体会基于各种算计的结果来决定是否给以帮助，以使自己在讨价还价的谈判中处于有利地位。因此，个人在关系网内的号召力完全取决于其能够给网内其他成员带来多少好处（March & Simon，1958），假如不具备这种胜任力，将很难将其他成员组织起来。同时，如果预计自己得不到自己想要的利益，个体将很难被组织起来，人脉关系具有较差的组织性和被组织性。

另一方面，人情的“舍”与“得”以及“要面子”和“争面子”的行为容易导致关系再生或建构能力的衰微，也就是说，在日常组织活动中，人际合作成了“一锤子”买卖，从而缺失组织内生活力。事实上，面子是人际交往的关系调节器，给不给面子或面子是够给足，往往是人际和谐与否的重要条件，直接影响到关系持久性。注重人脉关系的人“要面子”，不肯在能力方面示弱，见“面”就“争”。一味的只顾“争面子”，与人“要面子”，将因他人无法满足自己好强的脸面，难以维持互动和建立关系。事事“要面子”，与人“争面子”，还会对成员间已有的关系造成危害，最终可能会导致双方关系的“破裂”。而且，越不给面子，越容易造成人际关系的冲突，破裂的人际关系也就越无法挽回，因而失去了未来在一起工作的可能性。因此，人脉关系中的“理性计算”挤占了人际交往中人情的参与，很难呵护和促进双方的关系发展，也就缺少了将大家组织起来的关系性纽带。例如，老武初到公司是个名不见经传的小人物，给人的印象极为平和友善，很“重感情”，一年下来，老武成了领导的大拐棍，似乎也是员工的大靠山；但在老武成了“武哥”以后，与员工的冲突也渐渐暴露出来，处处不满，事事找碴，丧失了大哥的宽厚慈善，在有些人“武哥”叫得更欢的同时，另一些人则缄口不言，尽量减少与他的接触了。①

尽管人脉关系在日常组织活动中有明显的长期劣势，但在短期来看，人脉关系在组织层面还是具有一定的优势，这往往是西方组织管理学力捧“社会关系”（social ties）的根本原因所在（Granovetter，1973；Bedford & Hwang，2003）。首先，在组织既定目标导向下，组织成员为了更好地履行其岗位职责，会想尽办法来占有尽可能多的资源，而不是适可而止，以支撑组织既定目标的完成。因为无论现实生活中强调人脉关系的社会人，

① 姜继为．武哥的人情和面子［J］．公关世界，1998（4）：45－46.

还是西方理论所预设的理性人，都力图在奖惩之中寻求个人利益最大化，把人脉关系作为资源获取的通道，其往往是他人增量性“报”的直接受益者。其次，关系中较少情感成分的参与，使得作为理性的资源支配者只要考虑公平公正原则，而不用顾及对关系的人情化，在一定程度上提高组织的效率。如汉元集团董事局主席黄悦认为，“人脉是可以设计的，（她）在构建团队的时候，就是刻意按照不同的（人脉）特质来构建的，员工是她的根本人脉，然后再由他们辐射出去，缔结成不同的人脉圈。譬如有人善于和政府官员打交道，则专门由他负责与政府打交道。公司能够发展到今天的规模，这些资源起到了非常关键的作用”①。显然，对利益的追逐直接表现为在商业性礼仪的遵从下与人打交道，对人情进行理性思考，追求现“受”现“报”，因此，人脉关系对组织效率的提高有立竿见影的促进作用。西方主流期刊近年来所发表的相关文献，绝大多数地将关系（guanxi）定义为人际之间的价值性连接，他们在这方面研究结论进一步证实了与本研究发现：人脉关系有利于目标价值导向下的组织建设和竞争性战略绩效（如图 5-4）。

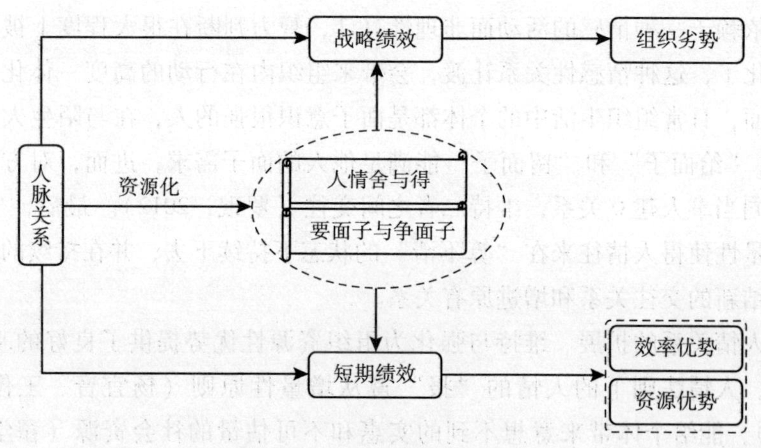

图 5-4　人脉关系与组织绩效

（2）人情关系与组织绩效

从短期绩效来看，人情关系在组织层面存在一定的劣势。首先，在日常组织实践中，成员为维持彼此间的关系所做出的具有增量的“报”，存在有一定的组织资源劣势，在一定程度上不利于组织短期绩效。在人情法

① 黎平，刘伯良．如何高效创建价值人脉圈？[J]．经理人，2012（7）：112.

则支配下，当遇到问题时，人们常常怕给对方添麻烦，不好意思打扰他人，不愿主动开口求助，从而有可能错过问题解决的最佳时机而造成效率低下。其次，关系取向性使得成员在关系的维持过程中，当经济利益与关系和谐发生冲突时，成员往往倾向于首先考虑关系和谐，资源利益让位与关系维护，从而造成效率较低。如海尔不讲没有原则的“一团和气”，海尔人一心干事业，不用顾忌那么多的人情、关系，讲的是游戏规则，这样，人的积极性、主动性才得以释放出来，才有今天海尔的万马奔腾、全员 SBU 的可喜局面。① 正是海尔成员牺牲了和谐关系，换来的是效率的提升。另外，资源的流动往往是个人依据自己推己及人的忖度而提供给对方的，然而，当双方交情较浅或接触较少时，这种忖度方法的效率是比较低的。

从长远来看，人情关系具有组织优势。一方面，人情关系注重成员之间的情感维持，“双主体”的行为模式使得组织成员能够积极的连动起来，具有较强的组织性与被组织性。组织性是指能将周围人组织起来，被组织性则是指对关系之人做出积极响应的行为。不管是组织性还是被组织性，组织力量来源于组织成员践行人情法则的合作活动，参与人能无私地恪尽义务的本分做事（Scollon et al，2000）。显然，成员在组织活动中，其思想上依赖于一种情感的活动而非理性算计，智力判断在很大程度上被人情关系化了，这种情感性关系让渡，会带来组织内在行动的高度一体化。另一方面，日常组织生活中的个体都是面子意识很强的人，在与陌生人打交道时，“给面子”和“留面子”能满足他人的面子需求，进而，对方也会愿意同当事人建立关系，维持二者之间交往（罗珉，2012）。最后，“报”的增量性使得人情往来在“算不清”的状态下持续下去，并在持续的往来中缔结新的交往关系和增进原有关系。

人情关系的扩展、维持与强化为组织资源性优势提供了良好的基础。首先，人情法则下的人情的“报”遵从增量性原则（杨宜音、王俊秀，2013），能给个体带来意想不到的实惠和不可估量的社会资源（翟学伟，2005），在“报”的过程中，人情与面子的互动能够促进关系的扩展以及已有关系的强化。一方面，关系的扩展使得由关系所连接群体构建的“资源池”的扩大，丰富了日常组织活动能够调用的资源数量与类型。另一方面，关系强化使得彼此间交情得到巩固和加深，从而有效避免交易情境因素导致“欠”者的不作为，降低投机行为的可能性，减少背叛熟人的行为，还有利于增进可调用资源的质量（Stephens et al，2013）。其次，

① 葛树荣．海尔：“思维”与“行为”的超越［J］．中外企业文化，2003（11）：19.

“报”依据的是情境性原则，个体依据实践进程中对方所遇到的实际问题、根据实际的情境因素而做出资源性资助行为，进一步的，“报”的延迟性为组织未来发展所需资源提供了可能（杨宜音、王俊秀，2013）。如新奥创业时期靠人情、关系维系，成员齐心创业，逢山开路、遇水架桥。许多业务指标猛一看令人咋舌，很多国企觉得简直是天方夜谭。① 同样，武汉汽轮机发电厂的“人情反定律”不仅支撑了企业利润的几何级增长，一些还在美国、日本、法国、德国等国的留学生表示攻读完学位一定要回国到于志安（厂长）身边来工作。② 在这个意义上，人情关系有利于组织持久成长的战略性发展（如图 5 – 5 所示）。

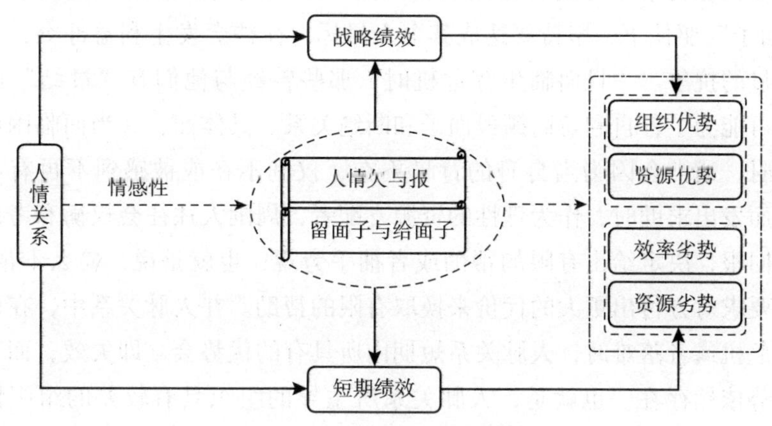

图 5 – 5　人情关系与组织绩效

4. 人际关系与组织恢复力

在长期发展中，一个组织常常会遇到危机或挫折，或者说在其成长过程中都有低潮期，在这种情形下，人际关系若能有助于组织恢复力增强，这种关系交往可能会保证组织持久发展（D’aveni，1989；Battilana & Casciaro, 2013）。换句话说，在关系化组织的发展中，一旦遇到生存危机时，什么样的人际关系所主导的日常组织活动有利于塑造组织恢复力，进而有利于组织持久生存下去？

当日常组织活动面临生存危机时，人情关系在短期内表现出一定的优势。首先，在人情法则支配下，成员之间在密切交往活动中，关系取向性使得关心对方的苦乐以及情绪变化，当有人在做事过程中遇到问题往往导

① 区乐廷．新奥：从人情管理到人力资本管理［J］．人力资源，2008（16）：45.

② 王建章．人情反定律［J］．领导科学，1989（7）：11.

致心情不好，周围人会及时给以帮助和情感支持，因而，得益于在人情往来中的“报”，从而帮助其解决问题而走出困境。“报”强调“不背叛”、“不斤斤计较”和“施不忘‘报’”等，特别地，当身处困境同时又无力回报时，组织成员也能获得其他人的帮助，既能让其尽快从困境中解脱出来，又能有助于解决组织危机，支撑组织继续生存下去。因此，当遇到危机或困境时，人情关系加强成员间关系力量，迸发出组织活力，增进组织持久成长（黄光国，2006）。如当HP于1998年遇到极大财政困难时，公司要求管理高层和中层经理人员共2400人每人停发3个月薪水，经理们积极为公司排忧解难、不反对、不埋怨。①

在人脉关系主导的日常组织实践中，组织成员个体在“要面子”和“争面子”驱使下，坚持要达成其个人目标，往往会发生利益冲突，而爆发明显的抗争。一旦面临生存危机时，那些曾经与他们有“过结”的人员，可能为了各自利益而撕毁面子和断绝关系。具体而言，当面临困境或落难时，通常会因为当自身的背景不在、权利不在或被感到不再有利可图，而发出求助时，作为理性的资源支配者，周围人往往会权衡和考虑可能的回报，决定给出有限的帮助或者袖手旁观，也就是说，要么不帮助，要么要求对方付出更大的代价来换取有限的帮助。在人脉关系中，在面临生存危机或者落难时，人脉关系短期内所具有的优势会立即失效，而长期性劣势依然存在。也就是，人脉关系所主导的组织具有较差的组织恢复力。当2008年面临禽流感爆发之际，西昌市的某村合作社的“只图实利、不思合作”的社员们立马要求撤资，导致合作社散伙，无奈之下社长只能自己承担2万元的亏本并独自收拾烂摊子。② 事实上，因人际关系衰微而导致组织难以存续，这往往是企业组织走向衰亡的根本原因（潘安成，2014；Whetten，1980）。然而，关于这方面的研究还是被很多学者所忽视（Jung，2014）。

作为一种价值性的资源链接，显然，人脉关系对于日常组织活动表现出很强的预设性和短视性。在日常情况下，人脉关系在短期内能够提高效率以及支撑个人的发展，但因为个体过分注重自私自利性，使关系化组织常常失去了可靠与稳定的未来发展。进一步地说，一旦这种交易性关系失去平衡，如当面临危机或落难而无法独立支撑时，整个关系化组织也就随之解散，迅速导致资源性关系的破裂，从而加速组织的衰亡，因而，人脉

① 居延安．关系管理［M］．上海：上海人民出版社，2003：132.

② 李华梁．一个农民合作社“散伙”的背后［J］．农村经营管理，2013（12）：45-46.

关系，不仅在危机面前是很脆弱的，而且在不确定性环境下具有长期性劣势。对于人情关系而言，从长远来看，人情关系所带来的日常组织活动能够支持组织“走得更远，活得更长”。一方面，在短期内，关系取向的人们往往注重彼此之间情感性维持，这种利益让位于关系和谐的关系交往，在一定程度上会造成在短期竞争层面上资源和效率劣势，但是，当面临挫折或困境时，组织成员间在人情法则支配下，这种由人情关系在正常情况下所表现的短期劣势会迅速转化为组织恢复力，帮助组织从困境中走出来，使组织好好活下去。另一方面，从长远来看，人情关系具有较强的组织性优势和资源性优势，这自然会有利于组织持久成长，因而，人情关系对于日常组织活动的影响表现出长期性。

5.4 结论与讨论

文化是用来指导“生物人”怎样做才能成为被大家接受的“社会人”（Geertz，1973）。在代代相传的潜移默化中，儒家文化已处于集体无意识之中（Jung，2014），已然演变成了中国人习以为常的第二天性，不自觉地展现于意识控制之外的日常人际交往中。一方面，在日常的社交活动中，人们在潜意识中用“人情味”作为衡量周围人日常行为的基本准则，“做人”和“做事”都要求“入情入理”和“通情达理”，否则会受到鄙视或不被认可；因而，“重人情”远比西方文明所推崇的价值性标准更具有客观真实性。另一方面，在日常组织实践中，无论遇事还是办事即使合理合法，也常常“找熟人、托关系”，力图遵循人情法则，才认为可靠了。因此，在中国文化背景下，日常人际交往的组织生活实践，在根本上体现出“仁者人也”的儒家思想，组织成员在不自觉地遵循着“文而化之”的社会礼义。

事实上，日常组织是一个熟人社会环境，本章以中国文化的熟人社会为背景，以“中国知网”文献所提供的二手资料作为分析对象，剖析日常组织的关系实践，探究了战略实践观的关系化组织理论。在日常组织的关系实践中，在不违背组织规章制度的前提下，组织成员注重“给面子”和“留面子”开展人情交往。人情法则塑造出组织内部由人情关系所形成的集体性心理（Hui，1989），产生了互助性关系实践（Herman，1984），进而形成在资源性共享、在行动上互助，以及在心理上相互支持的组织“和谐”氛围。为了维持和增进情感共通的“和气”，组织成员会积极地“造事”（以发现或创造机会来维持人情关系持久性）和“做事”（积极地投入问题解决的互助性活动），同时，注重遵守人情关系层面上的道义规范（Bedford & Hwang，2003），避免组织内部因利益冲突所导致的人心涣散。换句话说，如果忽视人际交往的礼义规则，在个体层面分析人情、面子等相关概念内涵，会脱离中国文化背景的关系实践（梁漱溟，1987）。因此，当把人际关系作为实现个人或组织绩效的手段时，组织一旦遭遇困境就因失去高品质关系而迅速衰亡下去（Gergen，2009）。正在这个意义上，遵从人情法则所约束下的日常组织活动，可能不会让企业组织迅速强大起来，却能够为组织持久地成长提供内生性活力（如图5－6）。

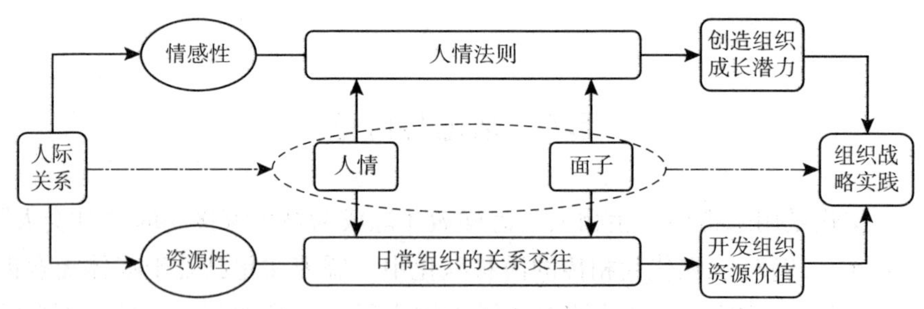

图5－6　战略实践观与关系化组织理论

中国传统文化强调“关系本位”（梁漱溟，1990）。从战略实践观出发，本章基于“中国知网”文献所提供的数据资料，给出了在中国儒家文化的“仁者人也”为视角下的关系实践，并区分了人情关系和人脉关系；指出以人情法则为导向的关系交往不排除资源性流动。研究发现，注重情感性连接的关系交往包括人情“欠”与“报”、“留面子”与“给面子”；而强调资源性连接的社会交换包括人情“舍”与“得”、“要面子”与“争面子”；研究进一步发现，以人情关系为基础的日常组织活动可以带来成长性优势和组织恢复力，而以人脉关系所形成的组织实践尽管有效率性优势，一旦遇到困境，却表现十分脆弱。研究表明，重视人情关系的日常组织活动，是以人情法则主导的，既包含新组织的创建性活动，又隐含着原组织的功能性活动，因而，在中国文化背景下，组织活动的日常交往，不仅使诸如企业等组织能存续和完成经济任务，而且为新组织创建准备良好的人际关系。

本研究贡献在于，第一，在中国文化背景下，以儒道思想和关系实践出发，提出了以“关系本位”为基本假设的战略实践观（梁漱溟，1990），为开展“以人为本”的组织管理探究提供了文化和理论支持。因为随着人际关系从资源渠道的人脉关系转向情感共通的人情关系，组织职能的理性代理者便可以回归到传统文化里的礼义之人。这一发现，尽管会遇到西方逻辑思维和组织结构化原理的挑战①，却从根本上突破了西方组织理论对理性经济人的基础假设（Hinds & Cramton，2013；Morris & Sullivan，2008；Wrzesniewski et al，2013；Loyd et al，2013；Bedford，2011），可以从利用“以人管人”的关系实践中发掘中式管理理论，丰富当前组织管理理论，进而利于传承中国传统优良文化。第二，在中国传统文化背景下，引入关系实践中的人情法则，从日常行为层面上拓展了组织战略理论。一方面，把人际关系作为组织活动研究的本体，与 Dutton 和 Heaphy（2003）与 McName 和 Hosking（2012）提出的“人际关系是研究组织战略化原理”的思想是一致的，并在一定程度上给出了中国哲学思想依据；另一方面，把“礼俗相交”的人情法则作为关系化组织行为基础，也避免之前学者过分注重个体层面的社会心理分析，同时也预防中国学者因照搬西方理论注重宗教仪式下人际交往，而脱离中国“关系本位”的组织战略实践的危险（梁漱溟，1990）。第三，本研究发展了中国情境下的“组织常规”（organizational routines）的文化礼仪本质（Feldman & Pentland，2003）。根据研究发现，在日常人际交往的关系实践中，不仅按照组织既定任务所形成的惯例行事，更重要的是遵从礼义的人情法则，遵从互助式“双主体”的日常组织行为：当一方先做出事务性决策后行动，另一方会根据关系情感来做情境性决策而自发配合行动，这往往是西方伦理难以界定的（Brass et al，1998）。

传统的组织战略理论越来越受到质疑（Casciaro et al，2014；Ghoshal，2005；Lok & De Rond，2013）。在这种背景下，作为日常组织社会交往活动发生的基本单元，人际关系越来越受到组织战略学者们关注（Hinds & Cramton，2013；Morris & Sullivan，2008），将日常组织的关系实践从现有研究关注人脉关系的资源性连接，转到以情感性关系为主导的人际关系，又因为注重人情法则的人际交往遵从互助性关系，因而，这将成为未来组织战略化原理探索的重要方向。首先，人际关系拓展了组织创造力来源，不仅仅局限于个体层面；同时，互助性关系使得关系人有积极的心态去增强关系层面的组织创造力（Fredrickson，2001），那么，注重人情法则的

① 实际上，沿用中国传统文化的阴阳逻辑分析法，借助“三生万物”的中国哲学整体性思维，即采用关系建构的组织化原理，可能会克服西方的“二分法”逻辑和理性思维方式对组织整体性进行研究的局限性。

人际交往与组织创造力产生机理，揭示“三个臭皮匠赛过诸葛亮”的组织创造性原理，将成为下一步研究的重要课题。其次，在创业研究领域，由于高品质的人际关系会产生超乎寻常的互动力量（Dutton & Quinn，2005），那么，强调礼俗相交的人情法则，可能是破解“一个好汉三个帮”的企业创建性组织机理的重要切入点（Anderson et al，2015），未来将探究礼俗规约与组织存续能力之间的内在联系机制。再次，在塑造企业战略化的关系建构理论领域（McNamee & Hoskin，2012），既然注重人情关系的人际交往实践活动产生出组织恢复力，那么，基于人情法则的关系建构机制是什么？在超竞争环境下（D'aveni，2010），这种关系建构是怎样把不确定性转变成创造性条件？此外，既然组织存在于熟人社区中，组织内部也是一个熟人社会，人情关系所主导的组织成员间关系对于组织内部有什么样的影响？例如组织的日常管理该采用何种方式？这些将成为未来有待解决的问题。总之，转向人情关系的组织战略化研究，不仅可以为中国企业长期发展实践提供根本性指导，而且与西方资源性关系理论是互补的。

诞生于美国的现代组织管理研究沿用经济学所采用的“理性经济人”假设（Clegg，2014），这一局限性必然会把其他学科的假设和构念也引入进来，这就导致当前组织管理理论的混乱和不切实际（Suddaby et al，2011）。例如，无论实业界所鼓吹的成功经验，还是理论界在讨论的“最佳实践”，在根本上都在回避那些体现日常组织活动中的关系实践（Sandberg & Tsoukas，2011），很少站在组织整体性发展的角度去透视日常组织管理活动，正如 Ghoshal（2005）指出，坏的理论分析正在疯狂地毁掉好的管理实践。在这种背景下，传承中国传统文化与战略实践观是契合的。一方面，中国传统文化的哲学思想和实践方法，与当前西方战略研究者所倡导的组织积极心理学是契合的（Cameron et al，2003），这可能为中国管理理论创新提供了哲学和方法上的准备；另一方面，中国企业实践获得了很多的成功案例，这也为中式管理理论提供了很好的研究素材。

正如在本篇的序言所说，战略实践观并不在于追求一时的强大，而是在于用持续发展的远虑来看待当前组织管理实践。在人际交往的组织实践中，当成员间围绕各自利益彼此算计和展开竞争，当突破了倡导人情关系的社会底线（Beckes & Coan，2011），集体表现出“三个和尚没水吃”的现象。当组织成员注重人情法则来开展交往活动，不仅会充分挖掘个人潜力，而且能激起集体层面互助行为（Steinberg，2013），进而发挥超越个人之和的组织创造力，如“三个臭皮匠赛过诸葛亮”。因此，在日常组织活动中，遵从儒道文化中的礼义规则，自觉地开展非正式组织的互助性行为，这才是组织存续力量的根源，也是战略化行为的组织基石。不难看出，对于战略管理的日常组织实践者来说，首先立足于找准社会位势，趋于在组织情境之下的社会情态上“持中”，无论在关系情境里，还是在错综的关系情境之间，守“中庸”之道，强调“诚者，不勉而中，不思而得，从容中道……择善而固之者也”，维持关系实践的组织情态共通，从关系错落中“和气生财”。

第6章　予之为取："知恩图报"让日常组织活动战略化[①]

记者问李泽楷："你的父亲李嘉诚究竟教会了你怎样的赚钱秘诀？"李泽楷说："父亲从没告诉我赚钱的方法，只教了我一些做人处事的道理。"记者大惊，不信。李泽楷又说："父亲叮嘱过，你和别人合作，假如你拿七分合理，八分也可以，那我们李家拿六分就可以了。"他动情地说。也许，做人最高的境界是厚道，而做事业的最高境界便是"予之为取"。

又如，常常地，当有人看到茶几上水壶没水了，便站起身便去烧水，在烧完水之后，又上了趟厕所。这时，旁观者会在心里暗地思忖：原来她为了上厕所才主动去烧水，那烧水也就是理所当然的。然而，亲历这件事的人，当看到她去烧水，一下子因她的善解人意而感到温暖，并心存感恩；至于烧完水后她去干啥，就没有在意，因为那是她的私事。在日常生活中，一个人的努力在乎呵护在一起的共通性感受状态，常常会心存感恩，并没有如事后分析起来那么冰冷和理性。

6.1　引　　言

随着经济全球化步伐加快，超越特定目标的战略实践，根植在日常交往的组织活动中，并越来越依赖于从关系交往的存续中逐渐形成和发展起来（Balogun et al，2015；Cornelissen et al，2014；Mintzberg & Lampel，1999；Johnson et al，2003；Whittington，2003；Samra－Fredericks，2003）。一方面，战略实践活动依存于熟人社会的日常交往活动，正如战略更新是通过一系列组织变革来实现的，因而，日常组织活动是探究战略实践观的现实基础（Floyd & Lane，2000；Whittington，2006）；实际上，环境多样性和

① 原稿发表在《管理世界》2016年第9期。

远景模糊性，让传统战略理论越来越脱离了日常组织实践（Cohen & March，1986；Denis et al，2007）。另一方面，日常组织活动在关系交往的存续中逐渐形成战略实践（Floris et al，2013），也就是，当日常组织活动遵从关系交往规则，不仅能够贯彻执行既定的阶段性组织目标，而且也会内生地开创出未来组织（Balogun et al，2015；Petruzzelli & Albino，2012）；注重人情关系维持的日常交往规则，能够从内部视角理解战略实践形成的自主性组织原理（Anteby et al，2015；刘伟，2009；罗亚娟，2015）。

在情理文化背景下，成员在日常互动来往中，不只是单纯的任务或者工具关系（杨宜音，1995），特别是在“熟人”社会圈子中，人与人之间不是冷冰冰的一次性交易关系，而是注重人情、照顾彼此感受、在乎你来我往的长久性关系交往。关系互动中情感的流动是双方注重维持关系情态，照顾对方感受而自然流露的“真情”，而非具有目的性和预设价值的资源交换。特别是在频繁的人际交往过程中形成的多重复杂、交叉重叠的恩情关系，个体不断在施恩者与受恩者身份中转换（杨建英，2014），大家都在“你欠我，我欠你”的互动交往中，维持着关系的长久发展和彼此情感共通（Emmons & Shelton，2002；McCullough et al，2001；McCullough et al，2004）。在中国乡村组织的数百年发展中，任何成员在日常交往中都遵从“关系本位”（梁漱溟），既是日常组织活动的行动参与者，又是维持关系规则的组织性“他者”（Balogun et al，2015）；其中，日常组织活动从成员的关系交往开始，而日常性组织事务由遵从关系规则的个人行动所承担；换句话说，遵从关系规则的个人行动及其结果，是通过日常组织活动塑造战略实践的核心内容（Snoeren et al，2016；Jarzabkowski et al，2015）。显然，作为隐含在日常交往中的关系规则，不仅包括组织规章制度的价值规则，更多的是遵从文化礼俗的人情法则。然而，传统战略学者大多注重人际交往中互利合作的价值性关系，而忽视日常交往中人际关系维持的道德规范（Anteby et al，2015；Balogun et al，2015），从而导致在组织战略实践中，存在着“以人为本”的文化继承性与阶段性目标价值最大化之间的战略性冲突（Cardiff，2014；Davis，2016；Shepherd & Sutcliffe，2015）、组织活动的目标终结性与战略实践的无止境性之间的战略性矛盾（Denis et al，2007）。在中国古老的乡村组织发展过程中，知恩图报的关系交往是日常组织活动的重要构成，因而，从知恩图报的关系交往规则中，可以探究日常组织战略化行为机理（Corbett et al，2014）。

知恩图报是普遍存在于人类内心的自主道德约束，也是任何文化所公认的基本道德律（任现品，2005；Fehr et al，2016）。在乡村组织发展的日常交往中，千百年来，人情编织出老百姓生活在一起的人情网络，形成了大家都认可并维持的规矩和道理（陈辉，2015；Thornton & Ocasio，1999）；知恩图报是因之前受恩而感恩，并谋求报恩于他人和社会的日常性交往活动（杨联陞，1987）；在人际交往层面，“恩情”拉近了人际间心理距离，在报答他人恩情的同时，也将“知恩图报”长久延续下去，既完成了既定性任务又推动了关系和谐（Tsang & Carpenter，2014），因此，在熟人社会的日常组织活动中，在帮助和给予中的知恩图报，不只是简单的关系伦理（Grant，2013），更是根植于文化传统的关系交往规则（Holbrook，2013）。同时，在日常交往中，知恩图报遵从人情法则，通过开展日常性交流、帮助和合作等形式维护与增进人际关系情感，共同面对组织环境考验（Fehr et al，2016）。例如，一个人在工作或生活上得到帮助后，倘若得知他人遇到困难，就会在强烈的“感恩”意识驱动下，积极提供竭尽所能的帮助；在这种“一施一报”的过程中开展日常组织活动，资源能力得以流向最需要的环节（Algoe & Fredrickson，2013），使日常组织创造性地适应环境变化（Cohen & Graybeal，2007）。传统的感激理论着重从个体感恩的认知视角探究日常组织中的个人行动，忽视了知恩图报遵从人情关系和相互救助的本质（McCullough et al，2001）。

对于没有止境的战略性组织发展来说，任何组织成员和组织目标，都是塑造战略实践的阶段性内容和手段，本质上，战略实践是遵从人情法则和相互救助的关系交往而逐渐形成和发展起来的持久性日常组织活动（Anteby et al，2015；Balogun et al，2015；Shepherd & Sutcliffe，2015）。一方面，从外部视角来看，不同阶段的不同组织类型，表现为不同的价值取向和具体的战略性实践（Balogun et al，2015），但是，从关系交往塑造战略实践的内部视角来看，任何组织都是从日常交往开始的，并在维护人际关系基础上得以存续性发展（Snoeren et al，2016；Bobo et al，2001；Dutton & Heaphy，2003）；在这个意义上，任何类型组织的战略性原理本质上是一致的，过分注重阶段性目标的组织规则，一旦遭遇危机或目标达成，在理论上组织成员会各奔东西，再完美的目标规划也是“纸上谈兵”。另一方面，作为中国传统文化的美德，知恩图报的交往规则，一直在中国古老乡村组织的数百年发展中保持和沿袭下来（李银河，1993），不仅产生了被一代代人所遵守并口口相传的鲜活故事，而且潜移默化地指导人们在关系交往中考虑避免人际冲突，同时也积极地卷入关系维持的日常组织活动中（刘伟，2009；应星，2010）。与在预知情境中贯彻既定组织目标不同，战略实践形成的日常组织活动更注重在预料之外，能够自发地调用来自组织内外的集体力量，化解当前发生的危急状况。本章选取历经数百年发展的中国乡村组织作为研究对象，揭示遵循知恩图报的关系交往规则及其所隐藏的战略性日常组织原理。

6.2 相关概念介绍

“知恩图报”一词最早出现在《说苑·复恩》一书的典故当中，“恩”，从因从心，指用心感受到的最大的范围，“图”是谋划，准备的意思。单从字义解释来看，“知恩图报”是指得到别人恩惠后，感激他人恩情，并伺机报恩的关系交往准则；从道德层面来说，知恩图报反映出一个人的道德良知，不知感恩的人常常为人所不齿，忘恩负义常常被边缘化（陈辉，2015）。在熟人社会里，知恩图报是普遍存在于人类内心的自主道德约束，也是任何文化所公认的基本道德律（任现品，2005）；在中国传统文化背景下，自然村落是宗族共同体，权力中心是由宗族族长、长老等构成的一种组织形式，有着完整的族法和乡约（李远行，2013），知恩图报通过族谱、家训以及一代代人的言传身教渗透在每个人的潜意识中，也成为普遍认可和不言自明的交往准则。

Smith 等（2012）认为，感激是人类最基本的社会情绪之一，“是那种推动我们去报答的最立即和最直接的情感”。Weiner 和 Graham（1989）把感激定义为“回报他人的帮助，因而使内心达到再平衡的一种促进因素”，Lazarus 和 Lazarus（1991）把感戴定义为一种“移情的情绪”，反映了受恩者对所受礼物的欣赏。因而，感激是形成知恩图报的积极心理基础（Rosenberg，1998；Dutton & Heaphy，2003）。“恩”在双方交往中产生，意味着双方建立起了恩情关系；当遭遇困境时，组织成员会产生烦闷、沮丧和无助等消极情绪，也会联动产生身边人情感上的感同身受（Elfenbein & Zenger，2013；Fehr et al，2016）；此时，有人便会积极行动起来，想方设法帮助身处困境中的成员，这种帮助所赐给受助方的“恩惠”，不仅包括有形的物质资源和社会资源，还包括情感性支持等心理因素（Emmons & McCullough，2004），以共同抚平消极情绪（Watkins & Grimm，2004），在自然而然状态中获得幸福感（Masingale et al，2001），重新点燃受恩者战胜逆境的希望。因此，遵从知恩图报的交往规则可以建立起“以人为本”的日常组织氛围（Cardiff，2014；Shepherd & Sutcliffe，2015）。

从关系交往到日常组织层面（Anteby et al，2015），当双方存在感激的情感基础之后，日常交往中所建立的恩情关系，自然会带到日常组织活动中去，这种恩情是人情关系的重要内容，报恩被看作是义不容辞的义务（沈毅，2003）。例如，一旦身边人，包括恩人在内，遇到什么难题或者遭遇困境，感恩者会毫不犹豫地行动起来积极回报和报恩；报恩行为使个体感觉自己具有较高的社会价值，获得一种愉悦感，进而促进施恩于社会（Grant & Gino，2010）。在知恩图报的关系交往中，日常组织的潜在资源常常表现为礼物或恩情的流动，因为在受恩者的眼里，施恩者所提供的帮助，不只是能解决眼前困难的资源能力（杨宜音，1995），更多的是一种人情或恩情（Emmons & Shelton，2002；McCullough et al，2001；McCullough & Tsang，2004），而这传递恩情、人情的礼物或恩赐，总是在最需要的时候发挥恰好的功能（Desteno，2010）。陈辉（2015）发现，以“礼物”传“人情”，以极低的成本维持了一种稳定的“人情关系”，千百年来，人情编织出老百姓生活在一起的人情网络，形成了都认可的维持乡村组织发展的规矩和道理（Thornton & Ocasio，1999）。知恩图报所建立和维护的人情交往，将礼物流动转化为日常组织的功能性资源（Lawrence & Maitlis，2012），既在预知情境中贯彻既定组织行动，又在危急状况发生时，以自发性的日常组织活动来创造性地化解危机；所以，因感激而产生的关系维持，可能利于组织延续的持久性活动（Fehr et al，2016）。

战略实践观指出（Denis et al，2007；Whittington，2006），根植于社会情境中的战略实践过程，既包括在预知范围内推进日常组织活动，又包括在遭遇危急状况的预料之外能获得及时救助；本质上，战略实践活动是通过关系交往规则，创造性地让日常组织活动恢复到正常的行进状态。一些学者开始从日常组织活动中探究战略实践，提出了战略制定的日常组织原理（Samra - Fredericks，2003；Floris et al，2013）、战略实现的关系化机理（Balogun et al，2015）、战略实践的物资化制度（Dameron & LeBaron，2015）和互动能力（Cornelissen et al，2014）等，试图发现战略实践观的日常组织原理；另一些学者开始强调传统文化（DeMassis et al，2016；Petruzzelli & Albino，2012）和道德规范在战略实践中的基础性作用（Balogun et al，2015；Denis et al，2007）。在传统村落的数百年发展中，人情往来是中国传统乡村组织长期延续的关键（秦晖，1998），应星（2010）指出，乡土本色的人情法则在尽力维持日常交往的相安无事；陈辉（2011）发现，“过去—现在—未来”对应着“祖先—自我—后代”的中国传统社会，千百年来的乡村组织生活逻辑主要由关系交往规则支配。

近年来，组织理论已开始关注以“关系交往”（relating）为主导的日常组织形式。Anteby 等（2015）指出，以非正式组织方式展现的日常组织活动隐含了正式组织结构中的规章制度和任务性目标的双重约束，Taylor（2011）认为，互动行为形成了日常组织活动；Balogun 和 Johnson（2004）进一步指出，组织已经从传统的等级整合结构转移到关系交往的临时性空间。不同于传统的组织形式，日常组织活动主要启动于关系规则，而受到人情关系约束，因而行动范围是关系规则导向下的情境性边界（Snoeren et al，2016；Taylor，2011）。在日常组织活动中，任何组织所遇到的问题、遇到的困境或所发现的机会和想法，都是通过具体成员的个人行为所表现的；如果这些困境、问题或想法得不到实施的话，势必影响到关系维持，进而导致日常事务性的组织活动无法继续推进；换言之，关系维持了或在关系维持的驱动下，知恩图报的关系交往，不仅能调用日常组织活动所需的任务性资源，还能在日常沟通中激发创新性资源和应急性情感资源（Lawrence & Maitlis，2012）。

以塑造日常组织延续和持久性发展为核心的战略实践活动中，关系交往的行动内容往往是由情境性任务所决定，不同阶段的组织目标是不一样的，但在日常组织活动上都遵从道德规范或人情法则。正如传统乡村组织成员之所以吃苦耐劳，不是所谓的现代职业精神，而是坚守着一套关系伦理（陈辉，2015）；罗亚娟（2013）发现，中国传统乡村社会中农民抗争行为的理据来自情理逻辑的“规则意识”（rule consciousness）（Perry，2008）。因此，战略实践活动以维护关系交往的道义规则为主导逻辑，在知恩图报的日常交往中创造性地解决具体问题（Anteby et al，2015；Balogun et al，2015；Fehr et al，2016）。在熟人社会的战略性组织里，人与人之间不是冷冰冰的一次性交易关系，而是注重长久性的关系维持，形成多重交叉的恩情关系，个人行动在施恩者与受恩者身份中转换（杨建英，2014），在彼此心怀感恩之中维持日常组织的长治久安（Emmons & Shelton，2002；McCullough et al，2001；McCullough & Tsang，2004）。

6.3 研究设计

1. 研究方法

战略实践是组织成员遵从一定的交往规则而具体展现出来的、没有止境的日常组织发展活动（Whittington，2003；Bisel，2010），在解决问题和创造机会中继往开来。为此，本章选取中国古老乡村组织作为研究对象：首先，在历经千百年的历史变迁和动荡发展中，这些乡村组织经过长期发展之后已经演变成为一个熟人社会，成为中国传统文化的缩影（梁漱溟，1991），也形成了被村民普遍认可的规矩和道理，这些注重人情往来的不变规则支配着村落日常组织活动的持久性（陈辉，2015），因而，关系交往规则与战略实践形成是不可分割的。其次，传统村落自主性的社会基础有其特有的秩序整合机制（王沪宁，1991），如崇拜祖先，将“过去—现在—未来”对应“祖先—自我—后代”（陈辉，2015），一代代人通过遵从“规则意识”（rule consciousness）的报恩逻辑（Perry，2008；王硕，2011），从日常交往中不断迸发古老村落的组织生命力，因而，这为探究其战略实践活动提供了基于日常交往规则的“内视角”（罗亚娟，2015）。最后，在传统中国村落的漫长变迁史中，在社会文化方面，日常组织强调相互理解、默认一致和亲密无间（滕尼斯，2010），在经济方面，乡村组织有公共财产和生产互助，还有着竞争与压制（李飞，杜云素，2015），既容得个人权利，也容得集体权利；正如秦晖指出，20 世纪 90 年代中期以前，乡企发展正是依靠的不脱离乡土人际关系与家族的最重要“优势”，这也是“超越西方现代性”的一种救世模式。

从日常交往的“内视角”来揭示日常组织战略性机理，不仅遵从解决具体事务的价值规则，更重要的是，维持能够解决具体事务的人情关系，因此，通过引入故事法，对传统组织研究注重价值客观性的方法进行改进（Anteby et al，2015；Shepherd & Sutcliffe，2015；Simon，2012）。民间故事是一个地方性文本，在一个区域内的口耳相传中已成为地方性共识，隐含了推进地区长期发展的潜规则（陈辉，2015；王硕，2011）；而且民间故事主要根植于当地人的生活习俗而流传下来，具有社会事实的客观性和历史文化继承的可靠性（陈辉，2015），为此，本章主要采用二手数据的故事法来进行质性研究（Kurtz，2014）。一方面，历史故事情节遵从日常实践活动可重复性和社会客观性（Skeggs，2010；Ellis，2007），可以避免因研究者过度介入引起访谈者的情绪反应，而造成回忆过程中的情节失真现象（Loveday，2015）；同时，故事法注重人物关系和事件发展之间的内在联系，避免研究者与访谈者不断熟悉起来而存在过多的关系情感因素（Owton & Allen - Collinson，2014），而导致历史故事的社会实在出现表达上和理解上的偏差（许茨，2001）。另一方面，收集乡村组织社区里所流传的口述历史故事（Haynes，2010；Shils，1981；Snoeren et al，2016；Wong，2013），不仅可以再现历史事件的完整性和真实性，而且在故事情节表达过程中，包含了以日常交往内容和形式展现日常组织活动的关系规则，避免了因脱离组织生活情境而曲解当地文化习俗继承一致性（Brewis，2014）。

2. 研究对象选择

《记住乡愁》（第一、第二季）纪录片是中央电视台中文国际频道推出的、一部以故事为依托，以优秀传统文化为核心的大型纪录片。该纪录片选取120个传统村落进行实地走访与真实记录，采取纪实手法展现了传统乡村的人情社会和日常组织生活；特别地以口口相传的历史故事等多重形式，再现了数百年来村民们所形成和固守的传统、交往规则和日常组织活动，沿袭乡土性逻辑和遵从"土政策或土规矩"（翟学伟，1997；罗亚娟，2015），如"德业相劝""过失相规""礼俗相交""患难相恤"，塑造出乡村组织战略实践的日常活动（梁漱溟；Rivkin & Siggelkow，2006）。

根据研究主旨，从120个村落的族谱和家训中，选取了明确提出与知恩图报相关的主题性研究内容（Ellis，2004；Snoeren et al，2016），先从《记住乡愁》（第一季）选取40个村落进行研究，然后又以《记住乡愁》（第二季）验证并满足其饱和度（Tracy，2010），共选取了46个村落的80个故事作为分析对象。

①战略性组织：本研究所选取的村落组织都历经了数百年的发展，仍然生机盎然，其中，存续时间最短的达300多年，最长的能追溯到4000年前的商周时期，平均年龄近千年（mean = 1.06；var = 1.03）；到目前，村庄规模最大的有上万人，最少的也有几百人，平均人数两千九百人（mean =2.9；var = 10.56）。从历史发展过程中，可以看出，这些村庄经历无数的动荡变迁而延续至今，不曾衰败。由此可见，作为流传数百年甚至上千年的村落自主性机制（刘伟，2009），隐含着日常组织能够长久不衰的战略化行为原理（蒋天文、李彩云，2012）。

②交往规则的传统性：虽然不同类型组织在目标、事务、架构等方面有其独特性，但是，组织实践活动都是遵从一定关系规则而开展的一系列日常交往行为，正是如此，战略实践本质上是"以人为本"的关系交往，超越特定组织的价值目标（Cardiff，2014；Whittington，2006），以人为本的传统性是所有类型的日常组织活动能持久发展的根本（Petruzzeki & Albino.，2012；罗亚娟，2015）。知恩图报是因之前受恩而感恩，并谋求报恩于他人和社会的日常性关系交往规则，因而，这种道义上的交往规则，普遍存在于熟人社会的日常组织行为之中（Goffman，1959），并吸收、消

化和发挥组织规章制度的功能性作用。

③故事典型性：知恩图报是中国传统文化一直倡导和赞扬的美德，更是被中国人视为理所当然的交往法则，虽然随着市场经济和西方文化的冲击，中国人对于知恩图报的理解有所变化，感恩意识有所淡化，但不可否认的是，当接受别人真诚的帮助或馈赠时，情感上的感激之情与报答倾向是真实且普遍存在的（陈辉，2015）。从《记住乡愁》系列纪录片中所选取的这46个村落，无论在家规祖训还是现实层面，都在日常交往行为中传承并践行着知恩图报的习惯，“生活在这样一个没有陌生人的地方，每个人都熟悉他，注视他，评说他，他如果不这样做，就会被大家鄙视和边缘化。”从每个故事来看，普通人的知恩图报的交往规则嵌入在日常生活中，他们在口头上表达很少，却在日复一日的一代代人的日常实践中，从不同的乡村生活侧面诉说着知恩图报的礼义规则。

④手法纪实性：《记住乡愁》是一部大型纪录片，出自中央电视台，制作之初成立40多个拍摄组分赴各地村落进行实地走访和真实记录，采用纪实手法尽量重现村庄组织原貌。通过视频呈现来看，节目组在当地村落进行调研取材时，其访谈方式、观察角度、事例选取都做到了细致、典型而真实的呈现，虽然在播出内容方面有所取舍，但就其语言描述、故事还原以及人物采访的最终呈现来看，其叙述的真实性和还原性比较高，在一定程度上保证了研究数据的可靠性。

3. 数据收集与分析

本研究主要对120集《记住乡愁》的视频资料进行逐字转录作为原始数据，包括节目组对村庄的观察记录、访谈记录，以及纸质版的史籍（家谱家规等），最终形成近40万字的数据资料。通过网络搜索引擎搜索研究所涉村庄的相关资料、历史背景、人物事件等作为视频资料的补充。为了保证数据的信度和效度，首先，对搜集的文件资料、视频资料与纪录片原始数据进行整合比较，发现相关场景的描述基本一致，保证了纪录片资料的真实性；其次，通过走访曾长期生活在古老村落中的身边人，得到了他们的高度认同（Shepherd & Sutcliffe，2015），对这些故事里所描述的内容进行了核实，提高了故事的独立性和可信度。

遵从故事法的数据整理程序，从46个乡村组织中提取了涉及知恩图报行为和践履相对明显的典型故事80个，提炼出对知恩图报行为的相关描述（Kurtz，2014）。如针对“施恩—报恩”是相互对应的关系，为确保故事情节的完整性，尽量从没有主题和分类的、不带预设性目的的叙述性原始材料中，将涉及施恩—报恩结构的主体和行动放在一起，构成完整的故事情节，即“起因—经过—结果—反馈”，形成了完整的事件链（Okhuysen，2005）。又如，针对原始材料难以呈现知恩图报的心理过程，除了已明确报恩行为的事例之外，有些事例则需要稍加推理；比如，从语言“他曾经帮过我，这是我应该的”或后续行为的提示中推测（Fehr et al，2016），以将知恩图报从其他人情交往行为中区分开。

根据不断地分析性归纳和持续比较原则（Suddaby，2006），从原始材料中尽量抽取情节完整、内容典型、高度还原的知恩图报的故事，并且重新对故事发生过程进行组织和梳理（Ellis，2007），先对事例进行编号，编号规则为“季数—集数—故事”（例如 1 -21 -2 表示第一季第 21 集第 2 个故事）。然后，通过分析故事脉络发展以及人物的采访对话，明确施恩与报恩一般发生在什么样的情境中，什么样的环境因素触发了施恩与报恩行为，互动双方的心理感受是怎样的；施者何时施恩以及受者何时报恩、以怎样的方式施和报；施恩与报恩行为带动了哪些资源的流动以及如何流动等（Snoeren et al，2016），整理形成“施恩—知恩—报恩”的较为完整故事线。

最后，通过上一阶段对每个故事线的详细整理和分析，归纳总结出围绕知恩图报的关系交往活动，呈现人物关系推进事件发展的日常组织线。如以知恩图报主导的完整互动过程，包括阶段性特点；以及日常组织活动中知恩图报的交往形式和发生机制，特别是不同于价值交易所存在的本质区别（Snoeren et al，2016）；在此基础上，探究遵循知恩图报主导的关系交往活动，在日常组织活动遇到危急状况中，如何帮助组织摆脱困境并回到正常发展轨道上，进而塑造和维持组织持久性发展。

6.4 研究发现

本章选取《记住乡愁》中关于知恩图报的一系列典型故事，质性分析乡村组织中的施恩、报恩行为，试图从日常交往的“内视角”归纳出遵循知恩图报的关系规则及其与日常组织活动战略化的内在联系。

1. 施恩—知恩—报恩的日常组织实践

知恩图报法则发生于施恩—知恩（感恩） 报恩的跨情境人际互动过程中，是整体性和持续性的人际循环互动过程，在有施有报的你来我往之间，共同推动日常组织实践。

第一阶段：施恩——日常组织困境的解决

在日常交往中，知恩图报是基于“恩人”的施恩行为而产生，施恩行为是知恩图报得以产生的先决条件，是产生感恩体验并实施报恩行动的前提。施恩从本质上来说是组织成员之间的助人行为，是一种不求回报的给予行为（Grant，2013），这种行为是以改善他人境遇为基础的、遵从关系规则的被组织性活动，常常超越了成员的角色限定。

在组织日常实践过程中，内外部环境不断发展变化，在无法预测下一步行动的情况下，组织成员要在不断地适应环境变化的过程中，解决当前面临的困境。乡村组织中，祖祖辈辈生活在同一个地方，各家各户之间有着千丝万缕的联系，是“低头不见抬头见”的熟人社会系统。在根植于关系交往的日常组织活动中，互帮互助是人际交往的基本准则，人情编织出老百姓生活在一起的人情网络，形成了大家都认可的维持乡村组织发展的规矩和道理。如果某个个体或者某个家庭遭遇变故，面临困境亟待帮助，周围的邻居乡亲通常都会尽己所能帮一把手，而不是袖手旁观。例如，谢悦正在医院探病时，无意中了解到同村谢良告的女儿身患重病而其家庭无力承担昂贵的医药费时，毫不犹豫地为他付了女儿的手术费。不但如此，他还帮助这个困难的家庭找到了住的地方并且为一家人留下生活费用，帮助他们挺过难关。正是这一善举激发了感恩之心，“我那时候想也想不出来，他为什么要帮助我，又不相识啊，可是我很感激他……”（谢良告）作为组织的一分子，如果面对他人困境避而不见，那么其在组织中就会难以立足。帮助他人是乡村组织的传统，也是立身根本。例如，正在海上捕鱼的肖成林接到风暴来袭的预警准备回港避风时，接到了他人的求救信号。肖成林二话没说，顶着九级风浪赶去救人。在他看来，“不救人，在村里面也会被别人骂死，肯定自己的良心也过不去……肯定一辈子也解脱不掉……”（肖成林）特别是当困境超出寻常，比如天灾人祸，单靠几个人的力量不足以解决时，身处组织关系网中的人通过关系的联动反应，都会积极行动起来，形成一种自组织力量，对身处困境之家庭进行援助，共同解决难题。例如，与奶奶相依为命的钟惠英家，因为一场突如其来的暴雨，房屋被冲垮，面临无家可依的困境，左邻右舍知道情况之后，自发组织起来帮助祖孙二人重建房屋。“刚开始房子倒了，只剩下一块平地，然后就左邻右舍都帮忙，出力的出力，出钱的出钱，盖好这两层房，就连小孩看到我上年纪了，都帮我搬砖头上去，我就没有出钱。”（钟惠英奶奶）左邻右舍的帮助使得钟惠英一家渡过难关，由此也激发了钟惠英的感激之情。

由此可见，施恩是当前情境下组织成员对于深陷困境之人的帮助行为。通过对故事发生的具体背景进行分析发现，由于环境的复杂多变和不可预测性，在乡村组织日常中，人们面临着各式各样的困境与难题，在这样的生存考验和环境背景下，人与人之间形成相互帮助的氛围，一旦知道谁家出现困境，大家都会尽可能的帮一把。一个人遭遇紧迫情况时，容易引起周围人的同情心和爱心，更可能在第一时间得到来自村里面其他人的帮助和扶持。

第二阶段：知恩——增进情感交汇与维持关系交往

在关系本位和情感取向的组织人际交往中，恩的体验发生于具体情境下的关系互动过程，只有在双方同时照顾对方感受，遵从关系自然情态发展而展开互动时，"恩" 才会油然而生。在给予帮助和接受帮助时，只有施恩一方体验或者感知到对方的需要，而受恩一方也感知到对方的友好意图，双方在具体情境中产生情感上的共情和共通时，恩的相关主题才会浮现（孟小红，2013）。这一阶段包括两个连续的过程，知恩和感恩。知恩即施者根据自我主观判断做出帮助行为之后，受者能够主观觉察体会其用心，例如，初中毕业面临退学何振盛得到刘检廷的资助才得以顺利完成学业，并找到一份很好的工作。刘检廷曾经给予过他和他家庭的物质帮助和精神支持，使他从自卑和绝望的困境中走了出来。在采访中他说"如果不是刘总，我不会有现在这么好的工作和生活……"（何振盛）。何振盛很清楚，如果没有刘检廷的帮助，自己绝对不会有现在这么好的生活，所以他才会深深地感激刘检廷，并且效仿他的行为去帮助别人；感恩是受者感知到对方的好意之后，通过自我价值标准和主观判断而形成的情感体验，是施者与受者在情感上的交汇与共通，例如，从小因为家庭不好，吃百家粮穿百家衣长大的旺扎，对街坊邻居们的帮助一直感念在心，在自己生活慢慢好起来之后，开始尽力帮助他人，无论谁家需要帮忙，他都热心的赶去。"现在自己有了一点成就之后，很想回报他们，帮助他们，有这样的想法，在经济上或者劳力上也好想帮助邻里……要懂得感恩，知恩思报，我们常说，当你处在异乡时，别人送你一杯水，回到家乡后，要用热茶回报他……"。如果说知恩还只是停留在认知层面的话，那么感恩则是切切实实地发生了情感的变化，这种情感促使人们去报恩。

严格来说，"恩" 在这个阶段才得以产生，"恩" 是受恩方对于施恩方行为的主观认知和情感判断，只有恩惠的接受方在主观上感知到施与方的帮助以及行为背后的关心、理解等情感因素，并且认为这种帮助对自己意义重大，才会将施与方视为自己的"恩人"。由此可见，知恩是对施恩者所给予恩惠的情感认同和响应性觉知，也是报恩的心理和情感基础。中国人相对含蓄的性格造就了受恩者往往不会像西方人那样在语言上表达出来，即“大恩不言谢”，更不会马上回报对方，而更倾向于在日后交往中用实际行动表达自己对于施恩者的感恩之情。

“恩”在施受双方的互动过程中自然产生之后，便形成了彼此之间的一份“牵挂”，施恩一方不是一次性的资源和帮助，而是会在日后的生活中、工作中时时体察受恩一方的境遇转变，看到自己帮助过的人过得好，自己也会产生一种愉悦和幸福之感；而受恩一方在日后的关系实践中更会时时关注“恩人”的状况，一旦察觉或知晓对方处境有变或者遇到困难，马上会主动的想办法积极主动地去回报对方。

第三阶段：报恩——应对日常组织活动中的未来不确定性

报恩是跨时间、跨情境下对于先前施恩行为的呼应，是感恩之心经过长久积淀找到机会之后的情感表达和行动体现。值得一提的是，在施恩报恩关系中，由于互动的跨情境性，受恩一方在进行报恩时从本质上来说是另一种形式的施恩，即报恩是新的施恩的开始（杨建英，2014）。这也体现了恩情关系所具有的主体双重性特点，即在施恩—受恩的你来我往中，个体在施恩者与受恩者中不断进行角色的循环转换。从这一特点来看，施恩和报恩其实都是在具体行动过程中给他人提供帮助、解决困难，其行为动机都是在照顾他人情感状态和感知潜在诉求的基础上。不同的是报恩者在进行回报时，其心理基础除了对于对方身处困境的感知和共情，还有对于“恩人”深深的感激之情。

从施者施恩到受者报恩，有着时间上和对象上的延续和情境变化，这也为组织创造了应对未来不确定性和获取潜在资源的机会。受恩者往往倾向于延迟报恩，一是因为报恩需要一定的能力和资源，身处困境的受恩者在自顾不暇的情况下，往往没有报恩的能力，而会在日后交往过程中有能力且有合适机会的时候，再来报恩。例如，在故事 1 – 16 – 4 中，年幼家贫的起万伟小时候受到左邻右舍的恩惠，“小时候就经常生病……我们村里头就有个赤脚医生，现在已经过世了，那几年的时候都是免费给我们治疗，拿药给我们，那个时候药很紧张的，没有他救治我，我早就不在人世了……”由于当时年纪太小无法回报，长大后当其有能力之后，便带着感恩之心来回报乡里，使得恩情和情感一直延续下去，前些年起万伟听说那位医生得了重病，医药费难以为继，他二话没说把医药费送到了家中，为了回报村民，回报家乡，起万伟自掏腰包，几乎拿出了所有积蓄为村里建一座村史馆。二是因为受恩者在接受恩惠的当下情境中，如果马上以自己掌握的其他资源或者其他方式对施恩者进行回报，是个体不愿对施与方有所亏欠而急欲算清的表现，这样的回报显得没有人情味，更是拂了对方的面子，让施予者觉得自己是有所图才给予帮助，双方关系会变得尴尬且难堪。延迟回报避免了没有人情味的社会交换，从而维护双方的长久来往，为未来创造可能性，例如，在故事 1 - 35 - 2 中，刘潮鹏记得小时候是隔壁的刘克中大哥，每次买肉的时候，总不忘给他家分出一份儿，挑水时，也会把两家的水缸同时加满，尤其是有一次刘潮鹏得了疾病，这位大哥二话不说，冒雨将他背到了乡卫生院……面对大哥为自己做的这些热心事，虽然都是小事，但刘潮鹏也不会在每个当下都给予回报，而是选择将这些恩情记在心里，在其需要的时候报恩。因为刘克中不曾结婚，也没有什么亲人，所以从他瘫痪在床的那天起，与他一墙之隔的刘潮鹏夫妇就主动承担起了照顾刘克中的重任。因此，报恩要等到恰当的时机，这也是知恩图报中"图"的意义所在，即报恩要有所谋划，要以诚对待。因而报恩一方往往要在日常中细心留意对方的情境性感受，感知到对方可能面临困境时以恰到好处的方式做出回报，从而避免对方误认为自己仅仅是为了还债而回报，这样也使双方的关系多了真诚的情感交流，而少了功利性目的的算计，正如塞涅卡所说"在这个世界上，感戴应该以恰当的方式表达，给予应该以恰当的方式进行"。

2. 日常交往中的知恩图报

在施恩—知恩—报恩的交互性过程中，施受双方行为动机均来源于对对方情感状态和需求的感知（Collins，2004），也就是围绕关系情感而展开。施恩方感知到对方的非正常处境，通过主观推测对方需求从而给予帮助。受恩方感知到来自施恩方对其需要的响应性（Reis，2014），"响应性觉知"是一种评估结果，即受恩方感到被对方所理解、珍惜和关怀（Algoe，2012），从而产生感恩情绪并产生意欲报答的倾向。因而，知恩图报所发生的情境性背景是交往双方以共通性感受和照顾对方需要为基础表现相应的施恩和报恩行为（Barsade & Knight，2015）。在知恩图报的交往准则之下，施恩—知恩—报恩的跨情境人际互动过程，不仅通过施恩行为及时而有效地解决了组织当前情境下所面临的问题，还通过恩情之牵，使施受双方建立起持续且长久的恩情关系，甚至将恩情关系延伸到其他对象中。在未来不确定性情况下，一旦关系一方出现问题或者他人面临困境，另一方会积极行动起来以"报恩"的方式与对方共同应对。因而与遵从价值规则的社会交换和公平交易不同，知恩图报法则在日常交往过程中，因注重人情关系而触发交往情境和日常活动。

在关系取向的组织日常实践过程中，组织成员每天都在进行频繁的互动，当某成员遇到问题时，以恩情为基础的“牵挂”会立刻联动起组织中其他成员的关心，大家会主动地尽其所能提供资源支持，帮助其恢复自然状态，从而使双方得以重新回归心意相通的状态，而双方在你帮我我帮你的情境互动中，关系更加紧密，彼此更加信任。在故事 1 – 18 – 1 中，王延华夫妻两人由于都是再婚，孩子多，日子也过得紧巴，一旦遇到困难，都是村里人帮他们渡过难关。由秀芬：“我印象最深的一次，是我宫外孕那次，做手术了，在周村待了七天，我那两个孩子才一岁多点，就是全庄的人临时帮我管着……这个邻居给孩子送饭来了，那个邻居给孩子送水来了，也有帮忙洗涮的，孩子姥娘和我说的，说你不在家，邻居把你家里照顾得挺好，俺挺受感动的……”由此可见，在关系本位的组织日常实践中，微观层面即个体所面临的困境，经过关系网络的情感联动，会激发周围人的情态变化，为了维持关系稳定，从而表现出助人行为。特别地，当问题的出现危及到组织的存亡时，会激发集体的责任感，基于恩情之上运行的关系网络会自发将组织成员团聚到一起，献计出策，共同为解决组织困境而努力，例如，在故事 1 – 20 – 1 中，发生地震之后的哈南村村民有序地开始重建工作。“村里面干部在喇叭上边一讲，大家都能积极地出来干，可能是祖辈们一代一代传下来的吧，说干啥就干啥，说走就走，反正干活速度也挺快，大家也挺积极，都挺团结。”所谓“患难见真情”，越大的困境越能激发组织成员对他人的帮助，困境也将组织成员凝聚起来共同面对困境，共创组织未来前景。由此得出第一个命题：

命题6 – 1：在日常关系交往中，当感到他人身处困境时，组织成员立即伸出援助之手，特别是受过他人帮助的个人会更乐意去施助。

对于践履“报”的人来说，人与人之间的情分是算不清的，施恩—报恩的循环交往也不是一次性完成的，在一来一往的施恩报恩跨情境互动中，厚报的观念让关系双方都会下意识的多回报一点，人情处于永远“欠着”的状态中，成了还不完的恩情。在互欠的情感共通中，当关系一方得知对方有困难时，一方面觉得自己欠了对方的人情，必须要有所报答，由此体现恩情关系的义务性。例如，在故事 1 – 40 – 2 中，读书时家境不好，是村里杨越出资创办的奖学金帮助他才得以顺利毕业，而在得知基金会有需要时，他二话没说加入了潮安志愿者联合会，去帮助需要帮助的人：“滴水之恩当涌泉相报，要不是基金会的资助，我和我的两个弟弟或许不能顺利毕业，也就不能获得今天这么好的生活……所以我们今天，过去的那个同学，一起回来捐款给基金会，这是我们应该做的。”另一方面在关系本位的组织中，如果得知对方有难，双方的共通性感受就会发生变化，处于困境一方的痛苦、悲伤、烦闷等负面情绪会立刻引起另一方的联动反应，产生情感上的不自然，为了维护双方的共通性感受，恢复原来融洽自然的关系常态，资源掌控者会主动体察、询问或感知对方的需要，积极适时地将资源“舍”出来，至于舍什么，舍多少，怎么舍，完全依施恩一方对于受恩一方处境的主观感知和判断而来，例如，在故事1－36－1中，山脚偏僻处一个村民的房子失火烧了，村民们在很短的时间内就组织起4个车、89个人上去救火，几乎出动了大半个村的村民。不仅如此，在扑灭大火后的一个星期里，并不富裕的村民集资五万多元，帮助灾户建起了新房，“我们村亲帮亲，邻帮邻，有什么样的困难，大家都齐心，献助，支援，舍一把力。”（彭武海）在遭遇困境时，人们并不知道谁会来帮自己，也不知道他人会怎样帮助自己，更不知道自己会获得怎样的资源，这些全都在施予者的决定中，可能有的出人，有的出力，有的出钱等，在这个故事中，吾木村村民还用账本的形式，将知恩图报的传统代代传承下去。

命题6－2：在日常交往活动中，对身处困境中组织成员的帮助是由关系规则主导的，而施恩和报恩的内容、方式是由施助者情境性感受所判断和决定的。

在日常实践过程中，当组织中的人面临问题或者遭遇困难时，需要结合自身能力和内外部可能的资源来应对困境。知恩图报法则下的恩情关系能够为身处困境的人带来各方面的资源支持。施恩和报恩过程中“工具性资源”（黄光国，2008）的给予主要通过两种方式体现。一种是无私的馈赠，即资源所有者将自己的资源无私地馈赠给需要的人，帮助其解决问题；另一种是行动上的帮扶，即施恩方参与到具体情境中，与身处困境中人共同面对，协助其解决难题。例如，在故事2－50－1中，陈光汉为了救同乡而牺牲，留下四个没有成年的子女，家中的重担全都落在了妻子一个人身上，日子过得极为艰难。感恩于陈光汉的所作所为，左邻右舍时常会送来粮食衣物，这是物力上的支持，农忙时候，还轮流帮忙干农活，一直到几个儿女长大成人，不仅是日常生活的帮扶，像结婚娶亲这样的大事，村民也不让陈家犯愁。这是人力上的支持，总的来说，工具性资源主要针对“事”的解决，帮助他人解决问题，改变其处境。

在日常关系交往中，“恩”一旦出现就决定了关系双方不再是单纯的资源互换以满足个体需求，而是依从关系双方的共通性感受所进行的情感交流过程。当组织成员面临困境时，不止产生生理上的需求，还有心理上的消极、苦闷、悲伤、焦虑等负面情绪体验，这些都是不自然、不正常的情绪状态。这时工具性资源的给予比如给对方钱财、物品等只是表达自己对于对方的关心和照顾之情的手段和工具，其中流动的“情感性资源”(黄光国，2008)。例如，精神鼓励、支持与慰藉等往往更有利于帮助对方度过困境，重塑生活信心。例如，在故事 2－12－1 中，学生时代受到陈伟南奖学金支持的孙奕伟，精神上得到了极大的鼓励，从自卑和绝望的困境中走了出来，感恩的力量也激励着他后来放弃优厚的企业待遇，而选择返乡教书，继续着陈伟南的事业。

在熟人社会里，特别是在一个具体的组织当中，个体所处的环境中往往都是与自己相熟的人，“低头不见抬头见”，成员间有着频繁的互动和交流。同时，中国又是一个情理社会，人际互动更注重面子、人情等“潜规则”（王硕，2011)，人与人之间的交往不仅仅是在理性思考上进行，更强调“合乎人情”。在这样的情理文化背景下，一旦组织中某一个体面临困境，其他成员一方面出于共情，发自内心感知到他人的急切需求和艰难处境而提供帮助，例如，一位村民家的羊从山坡上跌落而死，是一笔不小的损失。其他村民听说纷纷带着自家的粮食来帮助他：“听说他家羊死了，我们每家都（带来粮食）帮助他……”。另一方面则出于人情考虑，熟人社会组织中，组织成员不仅作为个体独立存在，更是作为组织的一分子，在组织中扮演着一定的角色，而组织中很多任务的完成和问题的解决，都要依靠组织成员之间的相互协作和互帮互助，如果一个人面对别人有难，自己有能力帮助却视若无睹，这样的人会被组织中其他人认为“没人情味”，人们也大多不愿意与这样的人来往，也不愿意去帮助这样的人，如“和尚园”的故事所讲，从小因娇生惯养而导致性情暴躁的康生其，因为不懂感恩母亲，经常打骂母亲，族人实在忍无可忍，将康生其押往宗族祠堂内，一顿鞭打，赶出了村子，被族人所抛弃，余生都在村边简陋的小屋内忏悔。因此，出于“要面子”和“做人情”的考虑，当组织中成员面临困境时，大多数人都会伸出援手，想办法帮助他摆脱困境，不懂感恩的人为人所不齿。

诸多事例表明，无论是出于自身的善良和爱心，还是出于对他人的同情，抑或出于人情考虑，对身处困境之人伸出援手助其改变境况，是个体对身处社会关系网中其他人的主动关心，是在“情”的推动之下，个人所做出的价值判断和行为选择。在这样的行为动机之下，作为一个“仁”人和“性情”人，施恩者不带预设性目的，即施恩不图回报，而是照顾他人的感受，体察他人境况，并为改变他人的困境做出一番努力，这样的人际交往行为区别于计较个人利益得失的公平交易和价值计算的互惠主义更加深入（Grant，2013）。

命题6－3a：知恩图报的日常行为中的资源流动，既有解决具体事务性问题的工具性资源，又有顾及他人感受的情感性资源。

命题6－3b：无论施恩还是报恩所给予的工具性资源，取决于关系情境中的双方情感共通状态；也就是说，工具性资源的利用与整合是以激活和维持双方共通性感受状态为目的。

在中国传统文化背景下展开社会交往的过程中，个体行为会受到社会舆论的影响，会在意别人对自己的评价，注重维护自己的社会形象和声誉。因此个体在做出行动判断时，要考虑社会舆论评价标准，以期获得他人的认可与尊重，以此来维持和提升自己的社会地位和威望。在故事1－11－1中，方九龄在病人生命垂危时，免费为其看病、拿药直至病人康复。治好病的村民心存感激，特意制作了一个写有“人参”的木匾送给方家。一块木匾看起来似乎没有什么价值，但是匾上额外多出的三个点却大有寓意，“写字的人，是有意的加了这三点……意思就是说人家对你那么好，那么你也应该好好的对人家，用现在的话讲，叫做以心换心，心心相印，这样的话，我们之间的关系，更加亲密、友好、和善。”从村民的表达中可以看出，这块匾不仅仅是对方九龄恩情的回报，更是对其品德的赞颂和行为的肯定。又如，宋宏堂在凉亭休息时，意外捡到衢州商人的包裹，坚持等到失主回来，并且分文不取，商人感激他，一直带着宋宏堂做板材生意，并让他入股杭州松茂板行，成为当地的木板巨商，“失主回来他是感激不尽……过去自然条件比较好的，木材产量比较多的，那么做这个木材生意，松阳一个汤姓，还有一个蔡姓，由于宋宏堂个人的品德高尚，人家愿意带他做生意……”（村民）这种回报不仅在于机会、资源等的获取，还在于个人声誉的提升和人们对他的信任，是一种社会性资源，有了这种“社会性资源”（Keating et al，2014），提升了个体在组织中的威望和可信度，人们都愿意与这样的人打交道，在拉近组织成员关系的同时，无形中也创造了未来的潜在资源。

除了地位和社会威望的提升，施恩报恩行为还能够拓展互动双方潜在的关系网络，使恩情得以传递。例如，于洪生的岳母四岁时便成了孤儿，是吃百家饭长大的，因此在女儿很小的时候就常常告诫女儿将来有能力了一定要回报村里的人。等到女儿结婚成家之后，于洪生受到岳母和妻子的影响，在照顾岳父岳母的同时，把村里几位孤寡老人也接到自己家里悉心照料。故事中，受恩于左邻右舍的岳母，从小教育自己的女儿要感恩，女婿也受到影响，恩情自然而然传递到下一代，继续报恩的行为，无形中将施恩—受恩的直接互动拓展延伸到了关系网中的其他人（后代或亲友），形成间接上的恩情关系。从另一个角度来看，施恩—报恩行为无形中拓展了施恩者报恩者双方的关系网络，与更多人建立起潜在的恩情关系，这种关系在未来某个节点会发挥作用。

命题 6－3c：施恩和报恩的关系交往，能提高关系身份和社会声望，并为未来带来良好的社会性资源。

3. 知恩图报与日常组织战略化

在日常组织发展过程中，无论管理者还是决策者，往往很难对不确定性变化环境做出准确预测，或者说，总会遇到一些意想不到的突发状况。事实上，战略性组织活动总是在不断地解决和排除危机状况，并创造性地消除危急状况，避免现有组织活动终止，从而在新情境中发现机会，以持续地开展日常组织活动和塑造战略实践（Barnett & Burgelman，1996；Mintzberg & Lampel，1999）。组织所遇到的问题和困境，都是通过具体成员的个人行为所展现的，当这些困境、问题或想法得不到救助，势必影响到关系维持，进而导致事务性活动被迫终止，也会让日常组织活动难以为继。

在践履知恩图报之法则的乡村组织中，恩情通过情感共通将组织成员紧密联系在一起，从而使其在空间上得以广泛化，带动起身边人；同时，通过家训祖规的代代传承以及长辈的言传身教，恩情又在时间上得以长久延续，影响着后来人。知恩图报在作为组织内部人际交往准则的同时，恩情成为维系组织的一张无形的网，涵盖起组织中的每个人、每一环节。每个身处恩情关系网中的个人，既是受恩者也是施恩者，在施受身份不断转换的同时，“施”和“报”的资源以人情性“礼物”之形式而得以有效及时地利用，并创造性地解决组织难题。

在以资源作为“礼物”交往过程中，组织成员并不在乎这一过程能够给自己未来带来多少价值，而更在乎保持彼此之间的情谊，即“予之无取”，以故事 2－8－1 为例，汉族村民边永珍与回族村民王宗福是至交好友，边永珍给大儿子娶亲，因为经济困难没有钱筹办时，王宗福二话不说卖掉了自家的两只羊，帮助边家渡过了难关，王宗福凑钱帮助边永珍一家解决困境，同时也维持了两家的情谊和关系，“礼物”的资源性向人情性转化；当“礼物”满足了他人需求而转化为可用“资源”

后，又在维系人情往来的基础上，在接受者心中种下感恩的种子，保证了“礼物”赠与者或他人在未来困境中获得帮助的可能性，即“予之为取”，从而也就有了在后续故事中，边永珍的儿子边万忠铭记老一辈的恩情，在开办诊所的30年间，尽心尽力服务村民，从来不收取任何额外费用，医药费也都是最低的价格，经济困难的人家，在他的诊所可以记账看病，“知恩图报”在代代传承的同时，又将资源有效地转移给需要的对象。

组织成员在频繁的日常互动和有施有报中，相互之间累积起算不清的“情”，还不完的“恩”，在关系愈发深厚时，知恩图报已经无须刻意强调，而内化成人们互帮互助的自然之情，一旦知道哪家有了困难，四邻八舍都会自然地过去帮忙，延续上述故事，到边万忠儿子一辈儿结婚的时候，不再需要大家凑钱娶亲，取而代之的是回族的村民都自发的像亲戚一样过来布置婚宴，忙前忙后。在自发组织的帮忙过程中，基于情境感知和交流沟通，个体主观判断对方可能需要的资源，力所能及的给予支持，“2000年娶了一个，一帮男的女的，全是回族村民叫来的，拿的人家的碗、筷子、锅，什么都是人家的，壶，全是人家的……做宴席的，端盘子的，宰牛的，煮肉的，啥都是交给人家做的，我们光吃，不用管。2005年，给老二娶了一个……还是，都是回族村民帮忙……（边万忠）。在共同面对困境、解决问题的过程中，在关系融洽之中获得共创日常组织未来的潜力。

在单家集村的故事呈现中，回、汉村民之间世代传承的恩情关系，使得任何一个家庭面临困境时，在关系情感维持和组织和谐维护的带动下，知恩图报的潜在作用机制会自发地启动，其他人家能够自觉地组织起来，通过积极的行动而带动人力、物力、财力等资源流动，并及时和全方位地聚合起来发挥集体性作用，共同克服困难。正是在这个意义上，在知恩图报的关系交往中，施恩者将“资源”作为“礼物”帮助受恩者，以维持日常组织中的人情关系；当日常组织遇到危急状况时，再将报恩者送来的“礼物”转化为解决日常组织困境的“资源”。因此，知恩图报的关系交往行为，通过资源性经由人情性、再因人情性而增强资源能力，并以自组织形式开发集体性创造力，塑造战略实践活动；同时，在这个过程中，知恩图报之人的关系身份和社会声望都会相应提高，无形中带来良好的社会性资源，进一步增强了日常组织持久发展的战略实践能力。不只是单家集村，本章所选取的所有恪守知恩图报法则的村落，都存在着这样的自组织机制，在日复一日的生活实践和人际交往中，“恩”成为隐含在关系中的主旋律，从而使得组织在微观人际交往层面得以凝聚力量而使困境得以顺利解决，组织内部关系更加密切，情感愈加深厚，从而使组织获得战略性长久发展。

6.5 结论与讨论

任何组织都是通过人与人之间的日常性关系交往而一步步向前发展的，其中，以关系交往所履行的任务性内容形成了日常组织实践，而关系交往中所遵从的人情法则塑造了日常组织的战略实践。一个组织的战略实践，本质上是让日常组织能长治久安，而不是追求某个阶段的利益最大化，更不是过分关注当前阶段的组织任务和组织目标。从形成战略实践观的内视角来看，任何组织都是从日常交往开始的，并在维护人情关系基础上得以存续性发展（Snoeren et al，2016；Bobo et al，2001；罗亚娟，2015）。因此，本章选取了历经数百年发展并依然生机勃勃的中国乡村作为日常组织社区形成战略实践的研究对象，运用“口口相传”的故事法（Kurtz，2014）来探究知恩图报如何塑造日常组织持久性机理。

本章首先从知恩图报的内生性组织行为视角，探析了塑造日常组织活动的三个阶段的关系交往过程；回到日常组织活动层面，剖析了个人层面的知恩图报形成关系交往的一般性规则；在此基础上，根据知恩图报的关系交往规则，揭示了塑造日常组织战略实践的自组织行为形成机理。研究发现，第一，在日常关系交往中，当感到他人身处困境时，组织成员立即伸出援助之手，特别是受过他人帮助的个人会更乐意去施助，而施恩和报恩的内容、方式是由施助者情境性感受所判断和决定的；第二，在知恩图报的日常行为中的资源流动，既有解决具体事务性问题的工具性资源，又有顾及他人感受的情感性资源，而工具性资源的利用与整合是以激活和维持双方共通性感受状态为目的；第三，知恩图报的关系交往能提高关系身份和社会声望，可以为未来带来良好的社会性资源。研究进一步表明，在日常组织发展过程中，一旦遭遇危急状况，具体表现为组织成员遭遇困境，于是，集体性力量自然被组织起来，直至危急状况解除，从而使得日常组织能持久地发展（如图6－1所示）。

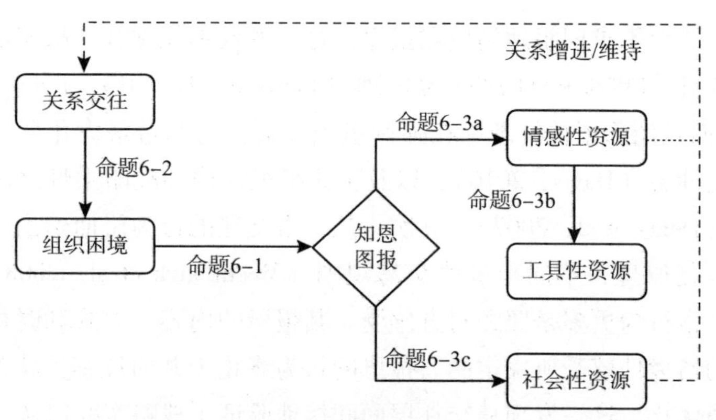

图 6－1　知恩图报与自组织行为机理

对代表中国传统文化的乡村组织来说（李银河，1993），在熟人社会的人情网络中，村民以遵循知恩图报的关系交往规则开展日常组织活动，进而以“过日子”形式内敛地塑造着战略实践（陈辉，2015；罗亚娟，2015）。知恩图报行为通过“恩情”的联结使得村民之间在你亏我欠，你回我报中得以长久的关系延续，让村民之间在互动中产生联动救助行为。一方面，“防患于未然”的战略性。在遵循知恩图报的关系交往中，恩情使得组织中处于困境之人通常会得到来自其他成员的帮助与扶持，特别在紧急状况下，知恩图报能自发地增强日常组织应对危机能力，使个人和日常组织得以回到正常发展轨道。另一方面，“情理之中意料之外”的共创性。在知恩图报的乡村生活实践中，对于困境中个人的帮助是由人情关系主导的，施恩和报恩的内容与方式等均从关系情境出发，由施助者感知和判断，以自组织形式自发地产生和调用超出公共资源所承载的集体性力量，从而让个人和日常组织活动均得到及时救助和全方位呵护。因此，知恩图报作为以人为本的日常行为准则，在古老乡村的正式组织架构之外的日常交往中普遍存在，基于恩情关系而运转，在一定程度上带动了乡村组织内外的潜在资源流向和配置，在频繁的人情往来中，日常组织活动一旦在某个环节出现危机，恩情的施和报立刻会启动，将村民们自发组织起来共创性地解决问题，在互帮互助中维护日常组织长治久安（克鲁鲍特金，2011；刘伟，2009），使得古老乡村在传承文化中不断继往开来。

本研究理论贡献在于，首先，从知恩图报的日常交往规则层面，内生地给出了塑造战略实践的自组织能力模型，因情境性危急状况而创造性地开发广度和深度资源（常常超出正式组织结构边界）的日常组织活动，同时，指出战略性回报遵循人情法则，只有当施助者感受到受助者正处于困境状态，才会不求回报地施恩和报恩；这一发现不仅弥补了战略实践观遵从战略制定与贯彻的日常行为机理（Floris et al，2013；Balogun et al，2015），而且消除了传统理论在强调组织社会化与利益最大化所带来的战略性角色冲突（Davis，2016），以及正式组织结构和战略柔性之间的战略性矛盾（Denis et al，2007）。其次，从日常交往的行为层面给出了知恩图报的关系化原理，不同于价值交易规则（Mccullough et al，2008），知恩图报的日常行为更多是照顾对方感受，其报恩的内容、方式和时机都是由施助者的情境性感受所决定的，报恩的行为终止于共通性感受状态，而不力求价值优化；这一发现从交往层面间接地验证了战略实践遵从“以人为本”的情理逻辑（Cardiff，2014；Shepherd & Sutcliffe，2015），同时，从关系交往的组织行为层面发展了感激理论（McCullough et al，2004），给出了能解释 Grant（2013）所发现的给予者更易获得战略性成功的交往行为逻辑。最后，传统的研究方法注重遵从价值逻辑的数据收集和分析，然而，战略性组织的日常活动发生在人情社会的关系情境中，日常组织活动遵从人情法则，所以，本研究为了分析由人物关系推进事件发展的完整性情节，引入故事法（Kurtz，2014）进行质性研究，尝试地提出了注重情理逻辑的关系交往的组织研究法（Anteby et al，2015）；这种从“内视角”探究日常组织发展的研究方法，提出了作为熟人社会的日常组织情境是注重关系交往的人情性本质，突破了传统组织理论过分注重价值规则，为探究中国传统文化背景下的企业战略化理论提供了方法论指导。

一个组织在漫长发展过程中，不可能从某一个阶段或某个时点上，去判断其“好与坏”或“对与错”。对于战略性组织来说，日常管理是让组织活动能够维持长治久安，无论管理者还是普通员工，都是日常组织的参与者；因而，日常管理者首先应该从传统调配资源和监督性职能，向注重“修齐治平”而成为具有“传帮带”作用的良师益友的身份转移（Snoeren et al，2016），与成员打成一片，顺时而为，引领组织整体性推进。一方面，管理者在日常组织活动中应从遵循礼义规则的做人开始，身体力行，注重“予之为取”，时常关照员工们的工作和生活状态，积极地解决员工的后顾之忧，一旦发现员工有难处就积极地施救，让员工心怀感恩并遵循知恩图报的关系交往的同时，树立员工的危机意识。另一方面，处于组织身份较高的地位，管理者应制定不违背人情法则的组织规章制度，日常管理注重事前以“仁义”来鼓励积极进取，而事后以“刑罚”来处置违法乱纪，“诱进以仁义，束缚以刑罚”；同时，适时地抓住发展机遇而制造组织困境，以开发能解除危急状态的自组织能力，从而利于形成日常组织持久发展。因此，战略实践管理不应该过分注重将组织“做大”“做强”，而着眼于“做长”和基业长青，这需要日常组织管理遵循知恩图报的关系交往规则，与同事们在一起共创未来，让组织活动在日常管理中实现“破茧成蝶”。

农耕文明的各种社会生态已逐渐淡出我们的日常生活视野，但是，诞生农耕文明的社会心态却从不会发生改变，只不过，以另一种社会形态展现在我们有意无意的举手投足之间；如“以人为本”的知恩图报的关系交往规则，一直发生在熟人社会的企业日常组织活动中（Fehr et al，2017；Shepherd & Sutcliffe，2015）。本章所揭示的知恩图报的关系交往规则，虽然有利于日常组织的战略实践观，不可否认，在企业日常交往中，知恩图报也存在一定的负面效应：如日常组织倘若只注重目标价值最大化，而由于知恩图报遵从人情法则，可能不利于充分调用和优化现有资源组合，这种交往规则可能有损项目性组织绩效（Bolino & Grant，2016）；再者，知恩图报遵从人情关系维持，如果施恩者并不是因为感到被施恩者正处于危急状况而谦卑地施救，这样，被施恩者常常认为施恩者是出于怜悯或鄙视，那么被施恩者很可能出于不受嗟来之食的态度而拒绝接受救助，造成关系破坏而不利于日后合作，更不会知恩图报。同样地，施恩者若不是出于人情考虑，而是根据施恩者的强烈意愿对“被施恩者”给予所谓的“救助”，这种“拔苗助长”式的帮助往往引起后者的厌恶和反感，这种帮助往往因无法建立人情关系而不会发生知恩图报行为，也会对组织战略性发展造成伤害。

第7章　得道多助：互助行为与企业战略性恢复力①

在日常生活中，我们经常会遇到这类情景：当我遇到问题时，你帮了我一把；过段时间，在你身处困境时，我正好也主动帮了你一下。在中国传统智慧看来，那时你帮了我，你便有恩于我，而巧的是，后来我也帮了你，这不是说咱俩是有缘分吗？就这样，两个人就会珍惜这份来之不易的人情关系，从此以后，并经常走动起来，双方都会积极呵护这层交情关系：以后我（你）有好事也不忘了你（我），谁有难也别忘彼此关照。渐渐地，由这层关系交往所塑造的一起做事，随时可能发生，万事刚刚开始。因此，“用‘以人求人’的方法取得收入，人与人之间的人情关系就成为重要问题；用‘以数求物’的方法取得收入，物的功能性价值便成为重要问题了。”②

在人与人之间的互助过程中，人与人相保，家与家相爱，有喜事互相祝福，遇到困难之事互相抚恤，彼此关切对方的处境状况，经常在一起娱乐，日常组织行作互相配合。于是，一旦遇到突如其来的危机，便在第一时间获得消息而不会不知所措；一旦遇到常规性困难，大家彼此都能认识到，并在维护共通性感受过程中彼此为对方无私奉献。既然如此，日常组织管理则有条不紊和十分稳固，并容易在竞争中获得持久优势。③

---

① 原稿为第7届中国案例学术年会（2016）优秀论文。

② 参见《管子·轻重丁》：“以人求人，则人重矣；以数求物，则物重矣。”

③ 如《管子·小匡》：“故卒伍之人，人与人相保，家与家相爱，少相居，长相游，祭祀相福，死丧相恤，祸福相忧，居处相乐，行作相和，哭泣相哀。是故夜战其声相闻，足以无乱；昼战其目相见，足以相识；欢欣足以相死，是故以守则固，以战则胜。”

7.1 引　言

随着全球化步伐加快，企业所面临的内外环境往往以难以预料的方式变化着，作为一种维持一个企业组织能持久发展的能力，近年来，战略恢复力逐渐应用到战略管理领域（Kossek & Perrigino，2016；Lengnick - Hall et al，2011；Jarzabkowski et al，2007）。当一个企业能够遇到困境时，很容易从困境之中恢复到正常发展轨道，这样的企业组织便得以持久地成长，因而，从人与人之间的互帮互助之中塑造战略恢复力是企业能够实现战略性发展的重要途径（Cameron，2012；Grodalet al，2015；Halbesleben & Wheeler，2015；Koopman et al，2016；Stephens et al，2013）。近年来，研究发现，如果战略实践活动形成于企业日常交往活动之中，那么战略恢复力形成遵从关系维持的道义准则为基础的（Stephens et al，2013），从不期而遇的问题解决过程中，组织恢复过程常常表现为在复杂的动态环境中日常性组织资源活动。例如，通过人际关系及其日常帮助行为来获取多元资源能力（Ortiz - De - Mandojana & Bansal，2015）。由此可以看出，从企业日常交往中获取现有资源并通过建立人际关系，可以创造未来获取资源的可能性；同时，日常组织活动能够在不确定的环境中应对压力、挫折等困境，从而保持企业持续竞争优势（Barney，1991）。

事实上，在塑造战略实践过程中，组织成员不仅从当前日常交往的关系实践中获得所需要的资源，维持当前生存力，而且能够不断地利用当前关系情态为下一刻的未知情境创造可用的资源及其获得的可能性，体现了资源流动的战略性（Maitlis & Christianson，2014；Jarzabkowski et al，2007）。在企业日常交往活动中，关系是获得资源的重要途径，关系维持往往比契约性治理更加有效。在日常组织活动的不确定性环境中，维持关系的日常交往不仅可以避免未来组织损失发生，关系实践可以开启理解战略性组织日常化原理（Polman，2012；Rynes et al，2012）。本质上，在关系化组织的战略实践观下，战略恢复力形成于日常交往的互帮互助行为（克鲁鲍特金，2010；Jarzabkowski et al，2007）。其中，企业员工之间的互助行为与组织资源的流动是随着互动情境的变化而变化的，是在日常交往互动中进行的动态过程（Gergen，2009）。

企业日常交往，本质上是以关系维持为基础的一种共创性组织活动

(Sandelands，1988)。无论是组织化过程，还是组织绩效表现，都是在注重关系维持的日常交往过程中产生和形成的，个人行为常常因卷入具体的建立和维持关系情境而得以展现，并在日常交往中构建出不同的组织形态。在日常组织实践下，组织成员跟随情境变化和彼此关系情态，互通有无地开展日常性交流、帮忙和合作等积极性组织行为（Koopman et al，2016)。克鲁鲍特金（2010）在《互助论》中指出，一个种群得以持久而稳定地发展，依赖于其内部成员日常交往的互助规则，也就是，互助是一个战略性战略恢复力行为产生的原动力。“互助”（mutual aid）是指当组织成员感知到彼此有困难或接收到彼此的请求时，出于照顾对方感受的考虑而为对方付出自己的时间、精力和资源等，共渡难关，从而达到情感共通和维持关系的努力过程。研究发现，互助行为可以帮助组织成员建立人际关系，更好的适应周围环境（Cohen & Graybeal，2007)，分享权力、知识与专业技能等，在互动中分享信息、沟通情感，创造未来交往与发展的可能性，在此过程中带动组织资源流动，有助于组织突破资源障碍所带来的发展阻力，提高战略恢复力，为企业组织的战略性运行和发展提供支持和动力。

然而，现有组织行为理论主要集中于帮助与个人行为动机之间关系，即强调个人层面的互惠和长期受益（Grant，2013；Halbesleben & Wheeler，2015；Hofmann et al，2009)，忽视了不断变化的情境和关系基础上的帮助行为对资源流动的作用（Cameron，2012；Grodal et al，2015)。另外，遵从价值主导的、面向预设情境的传统资源观理论，很难去理解超越情境的日常组织的战略实践活动（Vaara & Whittington，2012)；目前研究很少从日常交往的关系视角，探索员工互助行为及其与组织资源流动之间的内在行为机理，往往是“事后诸葛亮”。因此，在企业日常交往的战略实践观视角下，互助行为如何通过维持关系交往规则，进而塑造和增强战略恢复力？为此，本章的研究目的在于通过观察和分析日常组织活动中成员之间互帮互助行为，一方面揭示日常交往中互助行为发生的内在驱动，提出激发互助行为的关系规则，另一方面探究互助行为对组织资源流动的作用机制，进而给出战略恢复力形成机制。第二部分对互助行为、人际关系、组织资源和战略恢复力的概念和联系进行梳理；第三部分给出本研究的方法设计；第四部分分析研究发现，并初步得出结论；第五部分进行总结，并对结论进一步分析。

7.2 理论背景介绍

1. 关系维持与日常互助行为

在熟人社会的文化背景下，关系维持的人之常情普遍存在于日常交往活动中。梁漱溟认为，组织成员的日常交往基于彼此的共通性感受而交互展开，往往是超越个人意识层面的关系本位，在合情合理的行动中相互贯通和依赖（Mumby & Putnam，1992）。事实上，注重关系情感的日常交往行为（梁漱溟），可能有利于日常组织活动的长久存续。企业日常交往的行为本质上是以关系维持为基础的一种共创性组织活动（Sandelands，1988），即组织是在注重关系维持的日常交往过程中产生的，是包含共通性感受和认知相同的人际关系的有机体（Roberts & Bradley，2005），个人行为通过建立和维持关系得以展现，并在日常交往中构建出不同的组织形态。

互助是道德观念的真正基础，互助的情感和本能随着人类发展而不断进步。克鲁鲍特金（2010）认为，"互助"是种群组织进化的真正因素，"互助法则"也是人类社会的基本法则，人类是互助性最强的生物，依靠互助的本能，来建立和谐的社会生活（克鲁鲍特金，2010）。随着工作内容和信息技术的日益复杂，人们在工作中面临着更多的不确定性，组织中的合作互助显得越来越重要。特别地，在熟人社会的情理文化背景下，组织中的人际互动是在人情关系基础上的相互帮助和情感交流，并且这种互助行为往往发生在非正式组织的日常活动中。研究指出，日常组织是一个相互连通的社会性系统，特别是在将人情关系作为日常行为准则的情理文化背景下（黄光国，2010；杨国枢，1992），为了避免人际情感沟通不畅，组织成员针对出现的问题进行互动，开展日常性的帮忙和合作的积极性组织行为，从而达成集体性目标或增进情感共通（Ilies et al，2011）。组织成员注重关系化行为来塑造互动过程（Loyd et al，2013），在人情往来、相互帮忙、给面子、照顾他人感受等日常交往活动中维持氛围的和谐，加强人际情感的培养，强调互助、关心、协作等（Grant & Berry，2011），维持与增进关系情态，关注互动情境中当事人的感知和意愿，调整自身的社会行为表现（Blustein，2011）。

然而，与以价值为导向的"互利"的交易性行为不同，互助行为实际上是通过"对人"的关系维系来保证未来发展的可能性。广义上来说，互助行为虽然隐含了互利过程，但其不仅只包括达成目标的目的性，而且更加强调关系主导的情感共通。因而，互助的前提条件是根据感知到对方在遭遇困境的感受而主动加入，实际上是照顾他人情境性感受的主动行为，又因为身处在同一情境中的感受是相通的，因此，互助的目的便是使处在困境中的双方摆脱困境给其带来的负面感受，通过“互助和互援的办法”，在实践过程中获得力量（克鲁鲍特金，2010），是通过“对人”的关系维系来保证未来共同在一起发展的可能性。

2. 人际关系与战略恢复力

战略恢复力是一个多层次概念，涉及多主题，也是不同学科的基础（Kossek & Perrigino 2016）。Holling（1973）首次将恢复力定义为系统承受困境和维持稳定性的能力。恢复力存在于个人和组织中，包括应对系统的不连续性以及适应新的环境风险的能力，也是组织在遭遇紧急问题后回到稳定状态的能力，使组织用积极的方式来降低风险和克服困境（Kevin & Ran，2011），强调组织承受困境并保持组织的持续发展和反弹，在压力、限制、失败等内外部变化和干扰下，组织需要维持系统或局部整体性和绩效（Paries et al，2013），在遇到问题时组织成员快速地采取适合的措施来最大限度地减少压力。因此，战略恢复力并不只是应对内外环境的不确定性变化，而是通过日常交往来涌现出更为复杂和综合的能力，涉及避免、承受、适应和恢复多个方面（Kossek & Perrigino，2016）。

在战略不确定性环境下，战略恢复力是连接组织资源的过程，是通过多元的资源流动获得的（Ortiz - De - Mandojana & Bansal，2015）。在企业日常交往的组织活动中，组织会注重培养战略性恢复力来更成功地减轻风险和增强持续发展的能力，使组织在不断变化的环境中克服困境，并为未知情境做好准备，通过有效地获得、管理和运用组织资源来克服未来的不确定性（Kossek & Perrigino，2016；Kevin & Ran，2011），包括现有资源的重新组合、获得新的资源或增加获取资源的途径（Morrow et al，2008；Priem，2001）。Foa 将资源划分为六类：情感（love）、地位（status）、信息（information）、财富（money）、物品（goods）、服务（services），并进一步归类为经济性资源和社会性资源（Foa & Foa，1980）。Barnard（1938）认为金钱、商品和服务的交换长久以来都被认为是经济的，信息、社会地位等是社会性资源，而权利、威望是社会地位的象征，社会性资源产生于人际互动中，具有较强的组织性，能够通过调节情境性关系来调用关系内外的资源与能力。例如，在情理文化背景下，中国人的人情资源要比 Foa 夫妇的六类资源广义得多（翟学伟，1993）。在组织成员日常谈话、交流与分享的互动过程中，通过强调互助、关心、协作等（Grant & Berry，2011），不仅有利于调动社会资本，搜寻信息或资源，更能促进工作氛围的和谐以及人际情感的培养（Grant & Berry，2011），增强组织成员的归属感，使员工感受到组织关爱，并对组织产生情感依赖。在这个意义上，企业日常交往的互助行为不仅能促进经济性、社会性资源的流动，更能够为组织成员提供心理安抚、情感支持等，为组织创造情感性资源。例如，黄光国（2010）根据人际关系中所含的工具性和情感性成分的主次，将人际关系分为工具性关系、情感性关系和混合性关系，所以，工具性效用为主的工具性资源和情感性效用为主的情感性资源，可能通过企业日常交往的互助行为而转化为战略性资源能力。

7.3 研究设计

1. 研究对象选取

本章选取的某公司成立于2003年，依托学校特有的专业技术优势，业务涉及公路工程、桥隧工程、勘探设计、行业咨询、能力培训、汽车服务等领域。目前总公司已有两家全资子公司HW文化传播公司和HW驾驶培训公司，以及三家负责基本管理业务的子公司。公司自成立以来，每年业绩都有较大的增长，新项目也陆续上线，发展势头良好，说明在长期发展过程中，其资源配置、管理机制符合企业的发展要求，具有一定的代表性。同时，企业内员工相处氛围较好，人际关系体现明显，并且在组织发展过程中，不管是非正式组织团体、单个部门，还是整个组织都遇到过很多困境、压力等，适合研究在不确定性环境下的战略恢复力。

2. 数据收集及分析

从“局内人”的视角出发，在数据收集方面，采用跟踪调研的方式收集民族志数据，参与人们的日常生活观察学习（Schensul & LeCompte，2012），捕捉日常活动细节和活动开展过程，通过对情境细节的关注增加研究的准确性和相关性（Sandberg & Tsoukas，2011）。为了保证研究的实践经验，我们深入企业进行调研，作为企业员工来观察其日常互动如何开展（Van Maanen，2011），通过跟踪、观察具体场景和交往的相关信息，更好地观察行为层面的具体表现，并且跟随情境和互动的进程挖掘细微的信息，展示出组织成员互助行为与资源流动之间微妙的、动态的关系

(Van Maanen, 2011)。

在进入企业前，我们收集了媒体记录与企业档案等二手资料，并进行初步的整理与了解。研究者于2014年9月进入企业中，调研时间近一年（2014年9月~2015年8月）。研究者与企业管理者及基层员工进行交谈，并实时观察员工间的互动，记录调研内容。通过参与、接近、观察、交流的过程，记录了组织成员日常互动的语言、行为、关系等方面的内容。随着对话的增多和时间的推进，了解和获取该组织的基本情况、相互关系以及动态变化。为了保证数据的信度和效度，我们对调研数据进行三角验证，对文件资料、观察资料与记录的调研信息进行整合与比较，比较分析不同个体对于特定情境下的事件的视角和观点，发现相关参与人对场景描述基本一致，所得数据内部一致性较高，同时对一些矛盾的数据和资料进行核实，提高数据的可信度。

在数据分析部分，从调研实地笔记、观察记录材料逐步形成更完整的、分析性的研究材料，并仔细地调查了解各种参与者在组织活动中的互动过程（Vuori & Huy, 2015）。通过反复阅读、分析与归纳实地材料，从收集到的数据资料中不断提炼总结以发现新的现象和概念，发现概念、范畴以及它们之间的逻辑关系，逐步归纳分析出概念和模型。在对初始数据资料进行收集整理后，初步分析提取了与研究主题相关的21名员工的243个互动场景，约23万字。

在企业日常交往的组织情境里，要想从人际关系与日常交往的角度打开日常性组织管理原理，需要认识到人际关系存在的两种属性：一是人与人在情感关系层面上的亲疏远近，二是在关系情境里的人与人之间或者关系与关系之间存在的地位差异。在关系建构的过程中，顺着这两种属性转换的礼治范式来完成人际共时性情感状态的汇通，进而引发互助行为，带动企业资源的流动与创造，在这一过程中提高战略恢复力。因此，员工互助行为的表现方式是受互动双方的关系影响的，这一点在数据中表现得比较突出，因此本研究首先根据人际关系的亲疏及员工的地位差异，将数据涉及的21名员工的关系进行了分类，根据员工日常互动状态与调研发现，细致地分析了组织人物的地位差异及熟悉程度，从而将组织人物与员工关系进行对接（如表7-1所示），并根据关系类型对其相关场景进行归类，其中发现0-1型相关场景44个，1-1型相关场景63个，1-0型相关场景92个，0-0型相关场景44个，保证每一种关系类型的研究分析结论的充分性与可信性。

表 7-1　　关系类型与组织成员的人物对接

关系类型	组织人物对接
0-1型　关系疏远　地位差异大	(W-S)(W-L)(W-K)(W-Z)(R-Q)(R-X)(R-P)(R-A)(R-S)(C-S)(Y-P)(T-Q)……
1-1型　关系亲密　地位差异大	(W-X)(W-M)(R-Y)(Y-X)(Y-Q)(Y-N)(M-X)(M-S)……
1-0型　关系亲密　地位差异小	(X-E)(S-X)(Q-X)(Q-S)(Q-B)(Q-D)(P-Q)(Q-N)(B-X)(N-B)(E-Q)(Y-S)(X-N)……
0-0型　关系疏远　地位差异小	(A-Q)(Z-X)(X-H)(A-X)(P-X)(X-K)(Q-Z)(S-H)(A-P)……

在此基础上，对数据进行初步精简，得到近5万字的样本分析数据(包括0-1型场景27个，1-1型场景63个，1-0型场景92个，0-0型场景44个)，遵循Strauss和Corbin的扎根理论方法，对精简后的样本资料进行三级编码，包括开放性编码、主轴编码和选择性编码。由于本章定义的战略恢复力是在资源流动的过程中实现的，因此按照研究主题，本章的数据聚类和分析主要从互助行为与资源两个方面进行，通过对21人的会话资料进行初步分析，进行开放性编码，提炼主要概念和初始范畴。本章将数据中每个对话场景分解为独立事件，并以“互动人物组合—互动场景”作为编码规则对各个对话进行编码（例如SX-1、YQ-1等）。之后通过不断比较法，找出各个数据场景的相似或不同之处（Vuori & Huy, 2016)，将类似的对话场景归为一类，进行初步的概念化过程，从而将相近的现象或概念进行归类与总结，归纳出32个初始范畴，并对与这些现象相关的被访谈者进行标记与记录。在提取出主要现象的基础上，进行主轴编码，通过展现“哪里、为什么、谁、怎样以及结果如何”这些问题在探究初始范畴之间的内在联系，归纳为13个二阶主题，在此基础上根据其之间的逻辑关系进行进一步提炼，得到4个主范畴（如表7-2所示）。

表 7-2　　互助行为及战略性资源的表现及含义

主范畴	主题	含义
任务关系驱动的互助行为	工作支持与承担(A1)	支持上级或前辈的工作并积极承担任务，主动思考自己能做什么并做好自己力所能及的事情
	工作分担与体谅(A2)	主动或被动分担他人工作，体谅他人困难，分担压力，并在某些时候做出个人利益的牺牲

续表

主范畴	主题	涵义
任务关系驱动的互助行为	对工作表达意见（A3）	对他人的询问、工作或某些问题提出自己的看法和意见，即使会造成分歧、争吵，甚至与上级观点不一致时也能表达自己的想法
人情交往驱动的互助行为	情感支撑与关心（A4）	在工作和生活中互相关心，出现问题后给予情感上的安慰、鼓励、支持等，增进情感联系
	照顾对方感受（A5）	在互动过程中为照顾对方感受而注意自己的言行举止，或在他人遇到困难时站在对方的角度思考问题，体谅他人的为难与困难
	经验资源共享（A6）	在他人需要帮助或困惑时主动分享自己的经验教训或提供自身资源，以助其解决困难，或避免他人走弯路
	甘于付出不求回报（7）	不求回报地承担额外工作、毫无怨言地放弃自身某些利益，或者主动为他人争取利益或做对对方有益的事情
社会身份驱动的互助行为	工作偏向与政策推崇（A8）	在工作中偏向关系好的下属或后辈，并乐于询问听取其意见，后者也会推崇上级和前辈的工作、政策及要求等，在其他员工有意见时为其说好话
	权力威望支持（A9）	提供权力或威望的支持与帮助，鼓励下属或后辈按照自己的意愿或方式工作，并运用权力、威望、人脉等为其解决问题
社会身份驱动的互助行为	维持和谐关系（A10）	协调工作中的冲突，不过分追究他人的工作失误，维持良好的工作关系和工作氛围
	给面子（A11）	考虑面子，满足他人临时或偶尔的需求或请求，即便在不情愿或为难的情况下，也会给他人面子而帮他人承担工作
战略性资源	工具性资源	在互助行为中得以流动的金钱、财富、商品等物质，以及通过互助行为分享的人脉关系，或者在互动中获得的信息、知识或能力等
	情感性资源	在互助过程中相互的关心、心理安慰、提供的情感性支持，互动双方形成的对彼此、对组织的情感依赖，以及在交往中获得的社会地位等

研究数据显示，互助行为的发生并不仅仅是出于完成任务或达到目标的互利性、交易性的接收求助后的施助行为（help-seeking），也包括源于为了维持人际关系，照顾他人感受而自然发生的主动施助行为（help-giving），接受求助后施助与主动施助都是构成互助行为的因素（Grodal et al，2015）。据此，本章根据数据分析结果将员工互助行为分

为三类，G－G 型（两次帮助行为均为主动施助）、S－S 型（两次帮助行为均为求助后施助）、G－S 型（一次帮助行为为主动施助，另一次帮助行为为求助后施助）。

通过对四个主范畴间的逻辑关系进行归纳，本章发现可以用互助行为与组织资源来概括所有主范畴，并以二者为核心确立本章故事线，根据扎根结果将选取的互动场景进行二次精炼与整理，最终获得 209 个互动场景的分析数据。同时将构成 11 个二阶主题与互助类型结合，将研究数据进行分类整理（如图 7－1 所示），其中同一聚类维度下两个帮助行为构成了同类驱动作用下的互助行为（如 A1 与 A1，A4 与 A5，A10 与 A11 等）。

先 后	A1	A2	A3	A4	A5	A6	A7	A8	A9	A10	A11
A1	▲		▲	●■	●■	●■	●■	■▲	▲■		■
A2		■●	■	●■	●■	●■	■	●■	■	●	■
A3	▲	●▲■	▲■	■	■●	■	■●	■●▲	▲■●		■
A4	●■	●■	●	▲■●	■●	■●	■●▲	●■	■	●	■
A5	●■	●■	■	●■	●	■●▲	●■	●		●	■
A6	●■▲	●■▲	■	■●	■●	■●▲	■	■		■●	■▲
A7	●■	●■	■	●■	●■	●■	●■			■●	■▲●
A8	■●	■▲●	■▲●	●■	●■		●	●■	■●		■
A9	■●	▲■●	▲■●	■●	●	▲	●	■●		●	
A10		■●	■	●	●■	●▲	●■			●	■
A11	■▲	■▲		■▲	■	■▲	■▲		■	■	▲

图 7－1 研究数据与互助类型对接

注：●G－G 型；▲S－S 型；■G－S 型；阴影部分为同类驱动作用下的互助行为。

7.4 研究发现

企业要想成长就必须同时兼顾制度性考虑和社会性考虑之间的动态转换（De Leersnyder et al，2013）。根据对数据的分析和主轴式编码得到的四个范畴，结合制度性与社会性两种属性，对四个主范畴的含义加以界定（如表 7－3 所示）。

战略恢复力是连接组织资源的过程（Kevin & Ran，2011），是组织通过在日常活动中识别和吸收有形和无形资源来发展可持续的竞争优势的基础。战略恢复力是通过多元的资源流动获得的（Ortiz - De - Mandojana & Bansal，2015），通过获取现有资源并创造未来获取资源的可能性，组织能够在不确定的环境中应对压力、挫折等困境，从而保持稳定的持续竞争优势（Barney1991；Kevin & Ran，2011），在不断变化的情境中达到组织目标（Boin & McConnell，2007）。因此，本部分将主要分析互助行为与组织资源流动之间的内在行为机理，并分析人际关系对互助行为与组织资源流动的作用。

1. 互助行为与企业战略性资源流动

由于具体的互助方式所带动的资源流动类型大致相同，因此本章在此将具体分析同类驱动作用的互助行为对资源流动的作用。

（1）任务关系驱动的互助行为与战略性资源流动

任务通常是指负责的工作、担负的责任或分配的活动，而任务驱动的互助行为便是在分配、讨论或完成某项任务或活动的过程中发生的员工互助行为，主要表现为工作承担、分担以及对任务提供意见建议等。在工作过程中，组织成员感受到压力、困难时，不可避免地会进行必要的沟通和交流，当感知到彼此的困境或接收到他人的求助时，组织成员基于共同的身份会付出帮助行为。在主动承担和被动分担额外任务的过程中，组织成员间自发的、非正式互动交流和互助行为，使得彼此间关系更加密切，为之后的交往和互动打下了基础。

一方面，当组织成员感受到组织认同与认可后，其会为组织付出更多的努力来高效地完成本职工作内的任务，甚至是主动承担职责范围之外的工作，帮助他人分担压力，并且员工感知到的被接受的程度与其对企业做出额外的付出的可能性成正比。一旦组织成员认可自己的身份、职责，并感知到自己身份被他人认同，就会时刻谨记身上的职责，竭尽全力完成任务，毫不保留地展现自己的能力。当组织成员感知到彼此的困境，其本身的潜在能力、知识等在身份扩散的驱动下，通过在日常交往中拓展工作范围、积极协助他人完成任务等互助行为而得到充分的发掘与利用，甚至会开拓、培养新的能力，从而共渡难关。例如，当一方出现“需要盖章”，但“回不去”的困境，另一方便会主动表示“我去弄”；当上级有“把小客给铺上”的额外任务时，下属也会不惜牺牲休息时间，“弄到晚上 8 点多”也会努力完成。互助行为是你帮我、我帮你的循环和推进过程，在接受帮助后，受助方会在心里记住施助方的帮助行为，在日后的交往互动中感知到施助方的困境后，同样会付出帮助。在 G - G 型互助行为中，当感知到K可能有事情要办，X便主动表示："剩的不多了……你到点儿了你就走……我弄完再走……" 主动付出自己的能力和时间等；反过来同样地，当之后K发现X着急想先走的想法后，也主动提出："有事儿你先走，你忙你的，我自己跟这干就行……"，使得自身的能力等得到充分的发挥。在S－S型互助行为中，当B提出了想要"找谁出车"去交通局取书的请求时，N积极回应："体力活啊，我去吧。" 解决了B的困难；而之后当N提出需要"提前回来"时，B也表示："没完事儿也回来……你的事儿重要……"，化解了N的担忧。在G－S型互助行为中，当Q提出"我实在没时间了……"，想让X帮忙算个数的请求后，X欣然表示"我给你算"；之后当X有事需要请假几天，Q便主动提出让X"把暂住证给我……省得你回来的时候填了，这样能省点儿时间……"，主动付出自己的能力与时间等，以减少X回来后的工作量。由此可见，在基于任务的你来我往的互助中，组织成员的能力、知识、人脉资源等得到充分的发掘和利用，并且组织成员在这一过程中增进情感，为日后交往打下了基础。

另一方面，在组织任务进行的过程中会产生各种问题，自然会引发成员之间针对问题的讨论，甚至争论。当一方询问他人意见后，组织成员会运用自己的知识和信息等积极为其提供建议，如Y针对教练的人选询问X时，X会根据日常的经验和感受为其提供合适的人选，以帮助其解决问题。同时，组织成员也会根据自己的知识对组织出现的问题提出问题和意见，以期解决询问者的困惑，使组织少走弯路。而在没有求助者的情况下，当组织成员感知到困境或问题后，也会主动或自发地提出问题，并针对问题提出想法建议，即使与上级不一致或与同事产生分歧，从而使自身知识得到利用，并且在讨论或争论的过程中使组织成员收获新的知识和信息等。

(2) 人情交往关系驱动的互助行为与战略性资源流动

人情，即人之常情，就是在社会中人与人应该如何相处的社会规范，是人与人社会关系的总和。中国文化以"入世"为特征，人伦构成价值本位，人情是重要的社会准则。人情关系根植于情理文化，隐藏在人们的社会生活之中，是日常活动心照不宣的基本行为准则，在组织发展中起着基础性作用。因此，组织成员在参与组织活动的过程中，不仅考虑"理"，而且要考虑人情。在日常组织实践下，人情作为社会关系的核心特征，"合乎情理"被看作为相互遵循的集体无意识行为，情感是促进人们交往、维护社会和谐所必不可少的因素。

在组织日常交往中，情感对人的影响可能比任务来的更明显，情感性动机也不可避免地嵌入在日常交往中，成为组织成员间交往和关系发展的重要因素和推动力。在感知到他人困境的时候，组织成员会付出安慰、关爱和情感支持，在日常组织活动中，互相关心，增加了解，增进彼此之间的情感联系。当Y因为有调职机会而领导没有同意的事情而苦恼时，Q会主动安慰，表示："不想放过你这个人才……领导也器重你……咱们一块儿关系也都挺好……"，让Y内心获得一种情感支持，从而减少了负面情绪；而当Q因工作的事情生气跟Y抱怨时，Y也会付出关心，并表示："别生气……都是小事儿……小孩儿不懂事……"来安慰Q，使其消极情绪得以缓和和消除。又如S考虑到X感冒，主动提出"你别去（闭幕式）啦，你都感冒了……别再冻严重了……"，而X在感知到S的心理波动后，也主动付出安慰与情感支持，表示"别闹心，跟你也没关系……你也是挺不容易的……别想那么多了……"。这些感同身受的互助行为有利于促进互助双方之间的情感资源流动，同时也增进了彼此的交流和关系发展。

人情是一种私交状态下的感情，是人与人相处时所表现出的分享共通性感受的主观状态。在组织日常交往活动中，组织成员间以处朋友的非正式交往方式逐渐建立起情感联系，通过彼此照顾共通性感受，站在对方的角度、为对方着想等方式展开互助行为，对组织成员行为及情感产生潜移默化的影响，提高成员之间的相互依赖及亲密感，从而有利于调用组织的情感性资源。例如当X遭遇"堵车堵得太严重"的问题后，K为了照顾X的感受，主动表示她可以"到了先上去（干活）……你不用着急……注意安全……"，缓和了X内心因为不能按时到场而产生的愧疚与尴尬，为其解决了心理困境；而当之后K因为干活太多而出现背部不适时，X也主动表示："今天咱俩晚点儿下去，你多歇会儿，要不早下去了也不好意思早走……"，既给予了K更多的休息时间，也缓解了其内心因为耽误任务进度而产生的愧疚感（G-G型）。在这种基于情感交流之上的你来我往的互助行为中，双方的内心感受都得到照顾，在不知不觉中促进了情感性资源的调用，并在潜移默化中增进了情感联系，为日后交往打下了基础。

当然，在组织日常实践中，组织成员会遇到多种多样的问题和困境。一方面，依附人情关系，当组织成员遇到解决不了的问题或者困惑时，彼此之间会主动提供自身资源或向寻求帮助者提供资源、分享经验，来帮助彼此渡过难关、提供便利，使组织活动顺利进行。对于刚进入企业的新人X，关系较好的组织成员S会主动告诉其"该说什么不该说什么自己得好好想……啥事儿得留个心眼儿，不能太单纯了……"来分享自身的经验教训，以帮助其少吃亏、少走弯路，使得组织成员的经验得以传递与共享。而当S遇到困难后，X也会主动利用自身资源，表示："咱这都是自己人，肯定能给你们安排，也能给点儿便利……"（SX－15）（G－S型），这种依靠人情关系解决问题的互助行为，不仅使组织获得了需要的物质、服务、信息、人脉关系等工具性资源，并且在资源的流动中也使得双方关系得以维持和发展，情感得以交流，开启了未来继续交往的可能性。

对于关系较亲密的组织成员来说，彼此进行互助时，并不在乎能够给自己带来多少价值，而更在乎的是维持彼此的共通性感受和保持始终为彼此着想的情谊，其付出是不求回报的。较高水平的情感使得成员之间彼此高度信任，乐于做对彼此有益的事，并具有高度的合作、承担的意愿以及牺牲自我利益的精神。当Q找不到人送考时，N主动承担任务，并表示："不行我下午再去……（送一天）也没事儿，咱俩这关系还说啥了……"，为Q解决了找人的难题，虽然本身承担了额外的工作，但使得自身能力得到充分发挥。而反过来，对于N多次主动承担送考任务，Q则表示："到时候让A给他做补助呗……看能不能问问领导给点儿奖励……"，主动替其争取利益，使N有机会获得更多的财富资源（G－S型）。而关系较好的下属为了维护上级的名声等，也会主动放弃某些利益，例如M为了不让W"落人话柄"，主动放弃了买车，并表示："宁愿自己买个都不能要这个车……高了给我低了给我肯定都有人说……这便宜不好占……"，从而来主动维护上级的名誉，少给上级添麻烦。基于这种亲密的情感性关系，组织成员间互相分担、互相体谅、为彼此争取利益，不仅有利于调动能力、财富、物质等工具性资源，更重要的是彼此之间情感得到进一步认定与提升，增进了对彼此的情感依赖，这种情感性资源的流动不仅可以解决当前困境，又能够延伸到未来，为未来交往提供保证。

（3）社会关系身份驱动的互助行为与战略性资源流动

员工的个体情感对其行为有着重要影响，作为组织自身特点中最核心、最与众不同的部分，组织身份认同是组织成员对组织的认知和情感的重要体现之一，通常表现为一种集体身份和归属感的认知状态。一方面，组织成员基于对自身及他人身份的认知和情感，上级或前辈在工作中会不自觉地偏向或关心较为亲密的下属或后辈，而下属或后辈则会对上级或前辈的政策无条件支持，在有组织成员质疑的情况下，为其说好话。例如，Y在工作中乐于询问并采纳X的意见建议，表示："我觉得你说的那些都挺有道理……你的意见我还是比较相信的……"促进了知识、能力等资源的流动，而X也会在他人质疑Y处罚力度过大的情况下，站在Y的一方，表示："Y现在狠点儿也没错，毕竟新政策刚出……刚开始得来点儿狠的震一震大伙儿……"来为其说好话，在某种程度上为政策实施付出了自身能力与服务（G-G型）。另一方面，对于上级和前辈来说，基于自身的组织身份，在工作中会适当地支持下属或后辈按照自己的意愿或方式工作，并适当放权，在背后提供支持和帮助，出现问题后运用自身的权力、威望、人脉等解决问题。例如，R在画停车位的事情上，对Y表示："你觉得怎么整好就怎么来……"，给予其信任和权力，当出现"打扑克"的不良现象时，"中午还过来看看，整顿整顿……"，为Y提供权力支撑，使得问题顺利解决，也为后来在员工对R出现怀疑时，Y相信R的工作安排，表示"开学领导肯定就能安排了，他心里有数，咱就不用操心这个了……"的行为奠定了基础（G-S型）。再如，了解到X考驾照的困境后，W提出"让R给你问问……让他们早点儿帮你安排安排……公司驾校车给你练……"，以自身的人脉、权力等为X提供了便利，解决了难题，也增进了彼此之间的交往与信任。

随着组织实践的发展，组织成员在日常交往中会建立起组织社会情感，在组织中形成深入的身份认同，并在互动中维持融洽的工作氛围，这种高度的对内部人身份的感知和认同会对组织成员角色内外行为产生影响，激发组织能力等资源的流动。而组织员工间的相互信任、相互包容以及对组织的归属感、责任感等会增加组织成员对内部人身份认知程度的提升，从而提高工作完成质量，甚至对企业做出额外的付出。无论是强调个体主义的西方人，还是遵从情理文化中的行为准则的中国人，在同熟人处理事务时，更主要的依赖于情感，而非片面的从理性认知出发。在组织日常互动、分享的交流过程中，组织成员注重建立和谐的氛围与人际情感的培养，会协调工作中的冲突，配合处理工作失误而不过分追究，以避免造成日后交往的尴尬情境。当Q不耐烦地表示："还没到上班时间……我先干会儿自己的事……"而不配合X的工作时，X为了不破坏和谐的工作关系而表示"下午再说吧"，使当前的矛盾得以缓和，避免了因争吵而产生的负面情绪波动，保证了日后交往的可能性。反过来，当X错拿"退费的表给人填的……"后，Q也并没有过分追究X的责任，而是表示"没事儿，不过就是之后容易乱套，下回别整错了就行了……"，化解了X的尴尬与不安，也让X获得了工作方面的相关知识，也在心理上得到了安慰（G-G型）。

由于长期受儒家传统文化的影响，中国人对于"面子"有着深刻的情结。在社会性互助行为中，“面子”扮演了重要的角色。面子不仅会关系到个人在组织中的地位，还涉及其被组织内其他成员接受的可能性。在中国文化背景下，面子与个人自尊密切相关。在组织活动过程中，出于人际交往和社会身份的考虑，组织成员间即使不具有一般意义上的亲密关系，也有可能出于日后交往的需要而付出帮助行为，当组织成员具有临时的需求时给面子、为其提供帮助。当组织中某一成员请求其他成员承担额外任务或满足临时需要时，被请求方碍于请求方的“面子”，为不伤及请求方的自尊，往往选择接受而提供帮助，否则请求方会感到“没面子”，自尊心受损，双方在心理上都会陷入尴尬的境地，而破坏了情感的共通性。例如，当X向A提出借工装的请求后，A出于日后交往的考虑，表示：“你试试吧，咱俩差不多，估计应该合适……”，并主动帮X扦裤脚，提供自身的物质资源，使X心里很感激，而日后当A向X提出“这个帮我录入一下……”的请求后，为了给A面子，X也表示愿意“跟那个电脑整……”，付出自己的能力（S－S型）。而即使在自己为难或不情愿的情况下，组织成员往往也会碍于面子和出于维护组织的和谐氛围考虑，被动地承担工作，例如，A在自己有事的情况下，依然向Q表示：“那我去吧……就不用租车了……”，Q在有一堆活儿的情况下，仍答应A：“你要不来的话我就下午去看（考试）吧……”都在为难的情况下为彼此贡献了自己的时间和能力（S－S型）。组织成员在这种相互“给面子”的过程中，推进人际互动，调动工具性资源，并逐步加深对彼此的了解，进而拉近彼此间关系距离。

2. 互助行为与企业资源流动过程中关系化动力机制

在中国情理文化背景下，“关系”在人际交往和组织活动中起到重要的纽带作用，维系情感关系是人们进行社会交往与互动的出发点。作为一种有效的知识、情感、信息传播渠道，人际互动实质是“关系流”，而个体之间的情感也表现为关系情感。关系情感是人际互动中基于情境或关系的相对稳定的情绪和情感状它会在日常互动中提供一种基础的激励作用（Seo et al，2004），拓宽组织成员认知和行动范围，影响组织任务及相关活动，如开展互助行为等。在中国情理文化背景下，组织是一个关系本体，组织成员往往没有“公”与“私”的明确划分，而只有对关系远近的亲疏判断，在组织活动中往往是根据关系情态，通过互助与合作来共同解决问题和创造机会。组织成员在关系实践的人际交往互动过程中发现新的问题、带动资源流动，并在互助行为过程中对资源进行整合与利用。费孝通在《乡土中国》中提出“差序格局”，“每个人以自我为中心，形成自己的关系圈”，从内到外，关系逐渐疏远。关系越是靠近亲缘的核心，其内容越是具有情感的、合作的、亲密的；越是远离亲缘核心，便越具有否定性、越少合作、越疏淡。根据初步的数据整理结果，关系较亲密的成员互助场景为155个（1－1型、1－0型），而关系疏远的成员互助场景为88个（0－0型、0－1型），初步可以看出关系亲密的组织成员间比较容易发生互助行为。进一步地，将本章二次精炼提取的209个典型场景进行分析归纳，将组织人物与互动场景数量进行对接（如表7－2），最终发现关系较亲密的成员互助场景为146个（1－1型、1－0型），而关系疏远的成员互助场景为63个（0－0型、0－1型），差距明显。并且，在关系亲密的组织成员互助行为中，关系表现突出的SX、YX、QX、YQ之间的互助分别达到36个、22个、17个与12个，资源流动非常频繁，而在关系疏远的组织成员互助行为中，数量最多的互助场景AQ仅为9个。

另外，关系的亲疏也限定了互助的内容，有什么样的关系，互助行为便会附着什么样的内容。例如，在同是因组织成员生病而引发的互助行为中，关系较好地成员在发现问题时便会主动付出关心，甚至会提出：“我陪你去吧，帮你照应着点儿”，毫无保留地付出自己的情感，而关系疏远者往往只会在他人提出问题或表达顾虑后付出“平时吃的注意点儿”等此类比较浅层的关心，从而受助者接收到的情感也比较少。又如，在由任务困难而引发的互助行为中，关系亲密的成员会不惜放下自己的任务而为对方付出帮助，表示：“题回家我也能找……跟你去……还能办的快点儿……”，全心全意地为对方付出自己的时间、知识等，不计损失，也使受助者收获了他人更多的能力。而关系较疏远的成员往往不会自我牺牲，而是会在保证自己任务完成的情况下来为对方提供帮助，当A提出让Q去帮自己查考试情况时，Q表示：“等下午的吧……我现在手头一堆活儿……下午去看吧……”，先保证了自己的任务完成，进而基于组织身份、考虑日后交往再去满足A的请求。在这种情况下，施助者碍于面子或基于日常交往的需要付出浅层的帮助，受助者往往也只获得了他人基本的完成任务的能力与知识等。并且在数据中很明显的是，关系亲密的组织成员间往往更容易感知到彼此的困境或为难，从而主动提出帮助，并且愿意尽自己所能不求回报地付出自身资源，而关系疏远的成员大多时候却需要向彼此表明困境、寻求帮助后才得以获得对方的浅层帮助。在上述例子中，X感知到S的困境而主动提出一起去办事，减轻S的压力，而Q则是在A提出请求后才为其提供帮助。

在组织日常实践活动中，一部分具有亲密关系的组织成员之间已经建立了基于情感而非人情或交情的情感性关系，当一方的情感状态发生变化或出现困境时，另一方的情感也会随之发生变化，并从语言和行动上给予关心、安慰等，跟随情境变化提供情感性支持，并且是无偿性、不受经济利益驱动，资源获得者也不会有报恩的负担，互助双方共同维持共通的情感状态，在互助过程中促进情感性资源的流动。在情感性资源流动较明显的数据中（以表现明显的 A4、A5 类为例），我们可以发现，地位差距较小以及关系较亲密的成员互助表现较突出。在提取的 66 个典型场景中，关系较亲密成员的互助场景有 51 个，达到 78%，其中表现突出的 SX、QX 间的互助场景分别达到 13 个、7 个。并且由于地位差距较小的组织成员在日常组织活动中的互动更多，并且其之间的情感交流也比较频繁，因此更容易促进情感性资源的流动。同样以情感性资源流动明显的 A4、A5 类数据为例，80% 以上的互助场景中成员之间地位差距较小。

在关系的主导下，不同的互助行为方式对组织资源获取的作用是不同的。并且由于组织资源是不可预知的，组织成员不仅需要从当前行为中获取生存性资源以解决问题，还要为下一刻的未知情境创造资源获得的可能性。在任务驱动的互助行为中，当感知到彼此的困境时，组织成员基于共同的身份会产生互助行为，在身份扩散的驱动下，自身的潜在能力、知识等通过在日常交往中拓展工作范围、积极协助他人完成任务、积极提供意见建议等方式而得到充分的发掘与利用，甚至会开拓、培养新的能力，从而共渡难关。在人情驱动的互助行为中，情感成为组织成员间交往和关系发展的重要因素和推动力。在感知到他人困境的时候，组织成员会付出安慰、关爱和情感支持，随时照顾彼此的感受，站在对方的角度、为对方着想，提供自身资源或分享经验，来帮助彼此渡过难关、提供便利，使组织活动顺利进行。这种基于情感交流之上的你来我往的互助行为，不仅在互相承担、互相体谅的过程中调动了能力、财富、物质等工具性资源，也提高了组织成员之间的相互依赖及亲密感，在不知不觉中促进了情感性资源的调用，在潜移默化中增进了情感联系。在社会身份驱动的互助行为中，组织成员基于对自身及他人身份的认知和情感，在工作偏向与推崇行为中付出自身的能力、服务、人脉资源等，在工作中协调冲突，不过分追究工作失误，即使在自己为难或不情愿的情况下，也会碍于面子和出于日后交往的考虑满足他人的临时需求。另外，关系在互助行为和资源流动的过程中具有明显的作用，由于对关系的亲疏远近的判断不同，组织成员间的互助频率、互助方式以及资源获取的深度、难度都会存在差异。互助行为不仅可以解决当前困境，又能够延伸到未来，为未来交往提供保证，从而体现了资源流动的战略性。并且在互助过程中组织成员找到了在特殊情况下解决各种问题的方法，从而避免困境的再次发生，提高了组织面对困境的适应力和恢复力。

7.5 结论与讨论

在不确定性环境下，当组织遇到困境时，如果能从困境之中恢复到正常发展轨道，这样的组织便可以得以持久地成长。因而，塑造恢复力是组织战略性发展的根本。事实上，组织长期存续根植于组织成员间注重关系规则的日常性交往活动中（Snoeren et al，2016）。一方面，互助行为形成基于关系情境的资源自组织形式，自发地有针对性地激活组织内潜在的资源能力，不仅带动人力、物力、财力等资源流动，还在无形中给予彼此情感支持，全方位地聚合组织和个人之力，共渡难关。另一方面，在关系交往过程中，组织成员为维护关系情感状态而开展互助行动，在互助中又自然而然地增进了情感联系和关系基础。在这个意义上，关系维持下的互助行为不仅可以解决当前困境，又能够延伸到未来，为未来交往提供保证，从而体现了组织资源的战略性利用。

本章从战略化的视角出发，对员工互助行为与资源流动的内在机理进行探究，并从资源流动视角来解释了战略恢复力。根究研究主旨，运用民族志方法深入企业日常交往活动中进行为期一年的跟踪调研，观察、记录企业员工的日常交往与实践活动情况，并对获得的一手资料进行整理、分析研究发现：第一，员工间任务驱动的互助行为有利于工具性资源的获取，人情与社会身份驱动的互助行为有利于工具性与情感性资源的获取；第二，互助行为由关系主导，关系较亲密的组织成员间比较容易发生互助行为，并且资源付出和获取程度比较深，同时地位差距较小、关系较亲密的组织成员间更容易获取情感性资源。研究表明，遵循根植于日常组织活动的战略性实践逻辑，组织成员跟随关系展开的互助行为既有利于解决当前困境，即因组织情境变化而产生的“情理之中、意料之外”的具体性关系问题解决（Dutton，2003），促进组织当前生存性资源的获取，又在关系维系的过程中保证了未来发展和获得资源的可能性，并且在资源流动的组织化过程中提高了企业战略恢复力（如图 7－2 所示）。

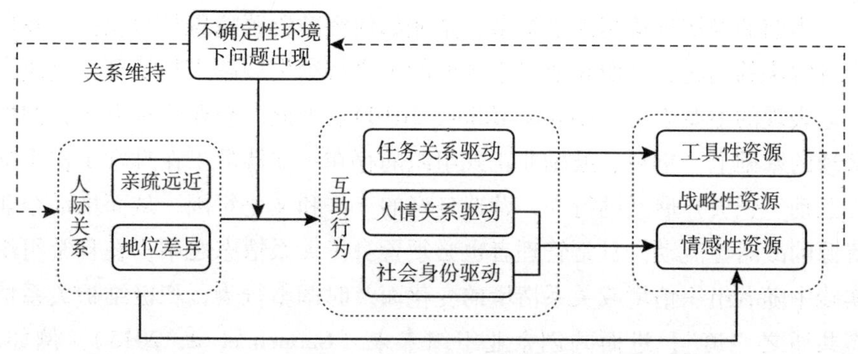

图7－2　企业日常交往的互助行为与战略恢复力模型

立足于组织日常交往的实践活动，本章从人际互动层面，从社会互动中的关系维度出发探究互助行为与组织资源流动之间内在机理。在此基础上，本研究取得了一些理论贡献。首先，提出了战略性组织的行为动机是带动互助行为的关系维持动机（人情与关系身份），这一发现突破了当前组织行为理论将帮助行为局限于互利原则的个体层面分析（Halbesleben & Wheeler，2015；Koopman et al，2016），进而验证了互助是组织持久发展的内在行为机制（克鲁鲍特金，2010），拓展了对互助行为内涵的理解，弥补了从个体单方面求助的角度来研究帮助行为的理论不足（Rijt et al，2013），并从理论层面上解释了“利他且自利”的管理者更容易获得成功的基本原理（Grant，2013）。其次，明确地给出了维持关系规则是帮助他人和寻求帮助之间的组织常规（Grodal et al，2015），并在日常交往活动遵从互助规则来塑造战略恢复力的关系实践；这一结论揭示了战略恢复力形成的行为动机及成因原理，进而拓展了传统理论将战略恢复力作为个人行动和工作结果的研究（Kossek & Perrigino，2016）。从战略化和日常交往的视角出发，引入面向未来的战略性的资源，更多地关注“获得资源”的实践过程，并尝试用资源流动来解释战略恢复力，揭示了在中国情理文化背景下，在组织正式制度约束与人际自发情感连接中，组织成员间的互助行为与资源流动之间的作用机理。最后，通过给出日常组织恢复过程中提供帮助和接受帮助所遵循的互助规则（Stephens et al，2013），给出了关系维持的个人行为动机理论；这一结论不仅将关系逻辑引入互助行为与资源流动的研究中，而且契合了中国人注重社会关系取向的行为假设（杨国枢，1992）和“关系本位”之说（梁漱溟），揭示了中式管理理论的关系化行为动机，而不同于是西方理论推崇的理性人假设，这为从企业日常交往的关系实践层面，探究企业实现持续成长理论提供基础性指导。

当前的经济环境越来越复杂，企业如何突破资源障碍是组织持久发展亟待解决的问题，资源获取对于企业的未来持续发展越来越重要，是决定企业表现的主要因素（Guo & Miller，2010）。因此，企业管理者要在制度管理的基础上，重视、鼓励非正式组织的存在，支持员工在日常工作中加强互动、积极开展互助行为，营造良好的工作和文化氛围，从而推动企业资源的战略性流动。日常管理者也必须置身于关系情态之中，在日常组织实践中随着组织情境或关系情境的变化而及时调整行为，积极维护关系情态共通之“道”，进而共创企业组织未来（Carmeli et al，2015）。例如，在给他人提供帮助的时候不宜越俎代庖，以防拔苗助长，又不可以一味地注重利他，以防出现“农夫与蛇”而不能自保。因此，无论提供帮助，还是接受帮助，必须遵从仁义礼的关系之道，这样，“予之为取”的日常管理过程就会出现“得道多助”。

第8章　顺时而为：从人际交往中产生战略性创业实践[①]

与同一群人打交道或谈交易，当身份地位较低（或在走下坡路）的那个人所付出的，比这个人处在身份地位较高（或在走上坡路）时所付出的要多，这样才可能获得与之前差不多的认同感或尊重感，因为，这个人在努力地用更多付出维持不想被周围人瞧不起。通常地，身份地位不同，要想在交往中获得同等尊重感或认同感，身份地位较低（或在走下坡路）的人要付出的更多；这是人之常情，无所谓公平和不公平。

正因为如此，一个人从低位向高位走，挣钱很艰难，也很慢；可是，从高位向低位走，这些家底衰败起来却很容易，也很快。如果一个人注重遵从个性理性的自我价值观，当这个人走上坡路，那些逐利者会一哄而上，可是，一旦遇到困难而走下坡路，这些逐利者也会一哄而散，这时想要钱财笼络他们往往是暂时，而他们的贪欲也是无止境。然而，不行仁义和不遵从关系规则，一个人迟早会有走下坡路的时候。

8.1　引　　言

中国传统文化背景下，关系交往行为是社会互动的基础，而这种无形的关系一方面制约着个体的行为（梁漱溟），另一方面又随不同情境而改变。日常交往具有重人情的典型特征（翟学伟，2005），是在人情关系驱动下、以两个相互依恋的行为主体对话来实现彼此间的共识。换言之，具有关系取向（relational orientation）（Leung et al，2014）的组织文化使得中国企业创业活动中更注重日常的关系交往，如对嵌入在组织中的关系进

① 原稿发表在《管理学报》2015年第12期。

行构建、利用和维护（Chen et al，2004），以获得组织关系收益（姜翰等，2009）和增强对组织政策理解（樊耘，2014）。一些学者开始采用“以人为本”的关系化原理探究创业性的组织活动，Wrzesniewski 等（2013）认为，在工作中与人打交道要学会处关系，通过人际关系是解决不同环境下改进信息处理效率的重要机制（Loyd et al，2013）。在重人情的前提下，人际互动实质是“关系流”（relational flow）（Gergen，2009），而这种关系性建构过程有利于研究组织变革（Mcnamee，2012）。人情关系是资源的来源和自发性连接，一方面，人情关系虽然不是资源，但可以创造出资源，是多种资源的来源（resource-souring）；另一方面，行动议题一旦产生，人情关系便自发地将所需的资源连接起来（resource-linking），特别是作为一种社会力量，人情关系可以带来社会支援和无偿性帮助（Grant & Dutton，2012）。因此，在日常性组织活动中通过建立和维持关系能够促进战略性的创业活动（Hallen & Eisenhardt，2012）。嵌入在社会关系中的创业决策行为是一个关系建构过程，日常工作中的情感交流使人们感到有义务遵从来自亲近之人的请求，更容易就彼此的互动方式形成规范（Battilana & Casciaro，2013）和建立彼此之间的共识（Lambrechts，2009）。

企业战略创业实践活动发生在人际之间的微观社会互动情境之中，通过人际交往中的共同创造（co-creation）来产生和利用集体力量（Sun & Im，2014）。在平时的人际交往中，组织成员间的情感关系（affective relation）是推动组织发展与变革的重要动力（Casciaro，2014）；同时，中国情理文化背景下，交情关系具有很强的组织恢复力（Chang，2011）。因此，人际交往不仅可以塑造企业创业性共识产生，而且在一定程度上保障了创业共识顺利实施的战略性实践。在不确定性环境下，企业持续成长不得不依赖于连续性创业，以企业创业活动推动战略更新，因而战略性创业活动能带动企业重建的转型战略（Zahra et al，2009）。企业创业情境指影响企业创业活动的外生性因素，主要包括环境因素和组织因素。企业创业的情境不仅为企业提供创业机会的同时也限定了企业创业行为的界限，它对企业创业活动发生的时间、人物、原因和过程有重要影响。环境因素主要是指制度环境，指企业获取合法性和外界支持所要遵循的规则，这决定了企业在建立和运用战略时的行动边界（Peng，2003）。创业实践活动发生在人际之间的微观社会互动情境之中（Morris & Greenwood，2012），创业者通过人际交往中的共同创造（co-creation）来产生和利用集体性的创业行动（Sun & Im，2014）。关系能够帮助创业者获得资本投资、信息和资源、开拓市场和进行国际化发展等。关系实践是在建立、维持和利用关系的过程中，不仅能够整合、调配和使用资源，而且能够调节个体的认知并达成人际共识，进而探索和利用机会并达到达成行动目标（Chen et al，2013）。

Weick 等（2005）提出意义建构涉及相关的意义建构与再建构，但是，在人际交往中，意义建构和意义给赋二者相互依存，是同一过程的两个方面（Hopkinson，2001），其中意义生成是信息转化的过程，而意义给赋则是信息输出的过程，因此，人际交往中的创业共识达成是在人与人之间的社会互动中的共同创造过程。在组织成员间建立共同的认知是保持组织行动一致的前提条件，为此需要通过沟通建立起对情境的集体共识（collective understanding），获得持续利益相关者的支持（Cornelissen et al，2012），进而将其行动协调起来完成创业目标。因此，根据创业情境的变化，在利益相关者之间建立起共识是协调和维持企业创业行动演进的前提创业共识。创业行动包括对创业机会的识别、确定目标、制订计划、执行和反馈等一系列活动（Frese et al，2007）。早期创业行动方面的研究关注个体行动，认为在线性结构的行动序列是创业成功的关键。由于创业机会的创造观认为创业机会并非既定存在的，创业机会的识别和利用过程嵌入在日常人际互动的社会建构中（Klein，2008）。面对动态复杂的创业情境，创业行动更加依赖在具体情境下通过人际交往共同建构（Dean & Mcmullen，2007），创业行动的成功也更加依赖行动的效率（Lichtenstein et al，2006）。

8.2 研究设计

本章采用单案例研究方法，通过对一个典型的企业创业过程的跟踪调研（Sandberg & Tsouka，2011）。单案例的研究方法适用于研究“怎么样”的问题（罗伯特，2010），并且有利于提供丰富的情境资料发现组织发展内在的机制；人际交往对创业活动的影响具有隐形特征和长期性，当下情境中发生的人际交往的效果常常在另一个不确定的情境下发现作用，因此需要纵向的案例研究更加符合该研究主题（Pettigrew，1990）。

1. 案例选择

河南某民营钢结构建筑集团是中部地区同行业中最大的企业，围绕钢结构的核心业务建立了较完善的产业链结构，为了进一步延伸产业链和寻求新的利润增长点，组建了一家新企业（以下简称 A 公司）。结合三方面的数据（企业创业过程中的大事件、公司文档资料中的销售数据和市场开发状况、主要管理者对创业过程的回顾），A 公司的创业过程划分为初创、探索和成长三个阶段。①2007～2009 年为初创阶段，三方股东投资 600 万美元筹建立中澳合资公司，2008 年正式运营，主要业务为设计、研发和生产集成住宅、快装房屋集成系统；承接了澳大利亚和国内一些小型项目，并在此过程中实验产品方案、摸索市场需求和技术积累。②2009～2011 年为探索阶段，并入集团公司后，从传统的工业用房和商业用房向以住宅用房为主过渡，逐步确立以新型节能集成房屋系统的研发和生产为主要发展方向。③2012 年之后为成长阶段，在市场开发的过程中寻求与科研单位和央企建立战略合作，依托集团公司在产业链中的优势和其他子公司的资源。随着产品体系逐渐成熟，与大型建筑集团建立战略合作关系，开拓国内外市场；同时，对围护体系和核心产品进行升级，掌握了相关的技术专利，并对相关产品进行了多元化发展。通过参与一系列的国内外大型项目在技术、市场方面进行多元合作和协同创新，拓宽产品范围，使整体业务得到较快发展。A 公司创业过程中的大事件和战略演变过程（见表 8－1）。

表 8－1　A 公司创业过程中的大事件和战略性创业实践演变

创业阶段	年份	大事件	战略性创业实践				
			战略定位	技术模式	围护体系	核心产品	市场战略
初创阶段	2007	建立三方合资企业	技术和资源初始积累	在项目中向客户和竞争对手学习	岩棉板 玻璃丝棉板传统聚氨酯板	快装房 简单集成房屋	成本领先 市场进入
	2008	承接政府工程 参加汶川抗震救灾					
	2009	建立省级博士后研发基地 并入集团公司					
探索阶段	2010	与央企建立战略合作关系 建立节能住宅示范基地	探索符合自身优势的发展方向	通过内部研发提高自主创新能力	传统聚氨酯板 金属面聚氨酯板	快装房 别墅集成房屋	差异化市场渗透
	2011	成立国家经济动员中心 开拓澳大利亚市场研发军工产品					

续表

<table>
<tr><th rowspan="2">创业阶段</th><th rowspan="2">年份</th><th rowspan="2">大事件</th><th colspan="5">战略性创业实践</th></tr>
<tr><th>战略定位</th><th>技术模式</th><th>围护体系</th><th>核心产品</th><th>市场战略</th></tr>
<tr><td rowspan="2">成长阶段</td><td>2012</td><td>央视和省级卫视专题宣传
承接安哥拉住宅项目
开拓德国市场
国家行业协会副会长单位</td><td rowspan="2">多渠道业务成长和扩张</td><td rowspan="2">与大型企业和科研院所协同创新</td><td rowspan="2">金属面聚氨酯板
新型结构保温板
太阳能光伏板</td><td rowspan="2">别墅集成房屋
多元集成房屋</td><td rowspan="2">战略联盟
市场扩张</td></tr>
<tr><td>2013</td><td>参加雅安地震救灾、承接委内瑞拉住宅项目、国家火炬计划立项、开拓非洲多国市场、启动集装箱房项目、启动太阳能光伏板项目</td></tr>
</table>

根据理论抽样的原则，本章选择 A 公司的创建过程作为研究对象，主要基于以下 4 条原因：①该子公司的成立是基于该建筑集团公司战略发展的需要进行的风险投资活动，从创建到成长的过程中，A 公司需要技术、市场和组织结构等多方面不断创新，以谋求在把握创业机会的基础上建立自身的竞争优势。②企业内外的人际交往活动密切，不仅在组织成员、部门和企业三个层次的活动中都广泛存在，能够将不同层次的活动有机结合起来，而且在该公司的不同阶段，在创业者的情境认知、建立网络关系、创业决策和行动的创业行为过程中发挥了重要作用。③面对竞争、动态和复杂的创业情境，在缺乏市场、技术和资源的情况下，企业能够把握创业机会并不断建立竞争优势，创业绩效不断提升。④该企业具备较高的调研配合度，可以通过长时间的访谈和现场观察获取完整和丰富的数据。

2. 数据收集和整理

人际交往活动嵌入在日常组织的微观互动过程中，具有跨时间表现和不易表达的隐性特征，因此，主要采用长时间的实地调研的方法，详细记录情境细节和演进过程，从多个渠道获取案例数据。二手资料包括公开的背景信息和部分企业内部资料，一手资料包括深度的半结构化的正式和非正式访谈、非参与式的实地观察（见表 8－2）。由于中层管理者在创业活动中具有承上启下的作用（Huy，2001），所以案例的考察的对象以中层管理者为主，包括该部门的总经理、副总经理、技术、销售、工程和采购部门管理活动的参与者。

表 8-2 数据来源收集方式

类别		内容	来源	数量	收集方式
一手资料	访谈（I）	正式访谈	受访者	53 人/次	录音逐字转录稿
		非正式交谈	组织成员	123 人/次	录音和调研笔记
	观察（O）	现场观摩	工作现场	132 个场景	现场速记和调研笔记
		部门会议	本部门	4 次	录音逐字转录稿
		内部培训	本公司	3 次	录音逐字转录稿
		客户参观	客户和接待人员	4 次	现场速记和调研笔记
		参加展会	本部门	1 次	现场记录
二手资料（S）		公司资料	本公司、本部门	5.2 万字	摘录
		媒体资料	百度、CNKI	1.3 万字	摘录

数据收集和整理的过程从 2012 年 12 月 ~2014 年 1 月持续约 12 个月的时间，共分为 5 个阶段（见表 8-3）。其中，2012 年 12 月下旬进行第一阶段的预调研，通过电话、邮件和网络对相关的公司发展历程、内部架构和行业状况进行了解，历时 10 天。2013 年 1~3 月（除去节假日），两位调研成员到公司进行实地调研和人员访谈。正式访谈过程中，采用半结构化的形式，期间穿插了随机走访式的非正式访谈，以及工作现场的非参与式观察和记录，并进行初步整理。二手资料方面，对部分企业档案、宣传资料和内部刊物进行收集。2013 年 7~9 月，对该企业进行再次调研，同时，针对管理者的日常关系管理活动加强了跟踪式观察，包括接待客户、内部会议、人员沟通和组织参加展会等活动，并进行了现场记录。2013 年 10 月 ~2014 年 1 月对第二次调研的数据进行转录、整理和分析，然后与第一次调研的数据进行对比分析，并在追踪公司发展动态的同时通过通讯方式对数据中的不足和遗漏进行了补充调研。最终共获得 58.7 万字的初始数据，包括 43.3 万字的访谈数据、8.9 万字的观察数据和 6.5 万字的二手数据。

表 8-3 数据收集和分析过程

阶段	资料来源	分析用途
2012 年 12 月	公开宣传资料、新闻媒体报道、文献资料	了解案例背景
2013 年 1~3 月	正式访谈：管理者（重点是中层管理者）、个别基层员工	了解企业创业历程、创业情境和结果、管理者利用人际交往的方式

续表

阶段	资料来源	分析用途
2013年1~3月	非正式访谈：与经历和工作人员在会议前后以及工作间隙的非正式谈话	获得组织成员的信任、加深了解组织和组织成员背景、组织成员间的人际关系
	非参与式现场观察：社会互动场景、对话的记录、会议现场笔记	印证正式和非正式访谈内容，记录管理者人际交往的互动场景
	二手数据：公司内部刊物、新人手册、宣传手册、会议纪要、施工手册、内部规章制度	了解组织背景、组织结构、工作流程
2013年4月~6月	数据整理和分析	管理者如何通过人际交往开展创业活动
2013年7~9月	正式访谈：部门管理者和典型事件的主要参与者	组织成员关系实践和意义建构模式，及其对塑造集体共识的作用
	非正式访谈：创业活动参与者间的人际关系状况及关系交往策略	印证正式访谈的内容，加深当事人对典型事件看法的认识
	非参与式现场观察：工作现场情景、内部会议、客户谈判和参加展会	整合观察到的现象，印证访谈内容，记录关系实践、意义建构和集体共识的具体表现，挖掘其内在联系
	项目跟踪：对正在发生的两个项目的参与人员讨论，重点人物跟踪观察	围绕项目发展从整体上加深人际交往对采取创业行动的作用
	二手资料：部门项目规划、合同流程、操作手册、会议报告、内训资料、工程进度、展会资料	概念提炼、支持项目追踪的数据、整合和验证访谈和观察
2013年10月~2014年1月	数据整理和分析	管理者如何通过人际交往塑造连接不同层次的企业创业活动

第一阶段，根据分析性归纳和持续比较原则（Hammersley，2010）：①企业创业活动战略过程各阶段面对的创业情境是什么？②管理者是否采取了人际交往的策略？③这些人际交往的内在机制如何？④这些人际交往策略对那些企业创业结果产生了作用？

第二阶段，借鉴扎根理论的技术对获得的数据进行编码（凯西、卡麦兹，2009）。采用三级编码的方法对筛选出的情景进行编码（Gioia et al，2013）。首先，进行开放式编码，对进行分解、比较和提炼，在原始数据资料呈现出的共性特征与内在联系的基础上归纳出主要概念与初始范畴。然后根据完备性和互斥性原则归纳出一阶类别（first-order category）。其次，采用轴向编码（axial coding），根据开放性编码中得出的类别属性将其联结在一起，归结出第二阶段的主题。最后，选择性编码（selective coding），挖掘出总体维度（aggregate dimensions）。最后，共得到35个一阶类别、11个二级类别和5个聚合维度，构建初步的理论框架（见图8-1所示）。其中，在数据收集、数据分析和撰写报告阶段，分别采取多种策略从建构效度、内部效度、外部效度和信度四个方面保证本研究的有效性和可靠性（郑伯埙，2008）（见表8-4所示）。

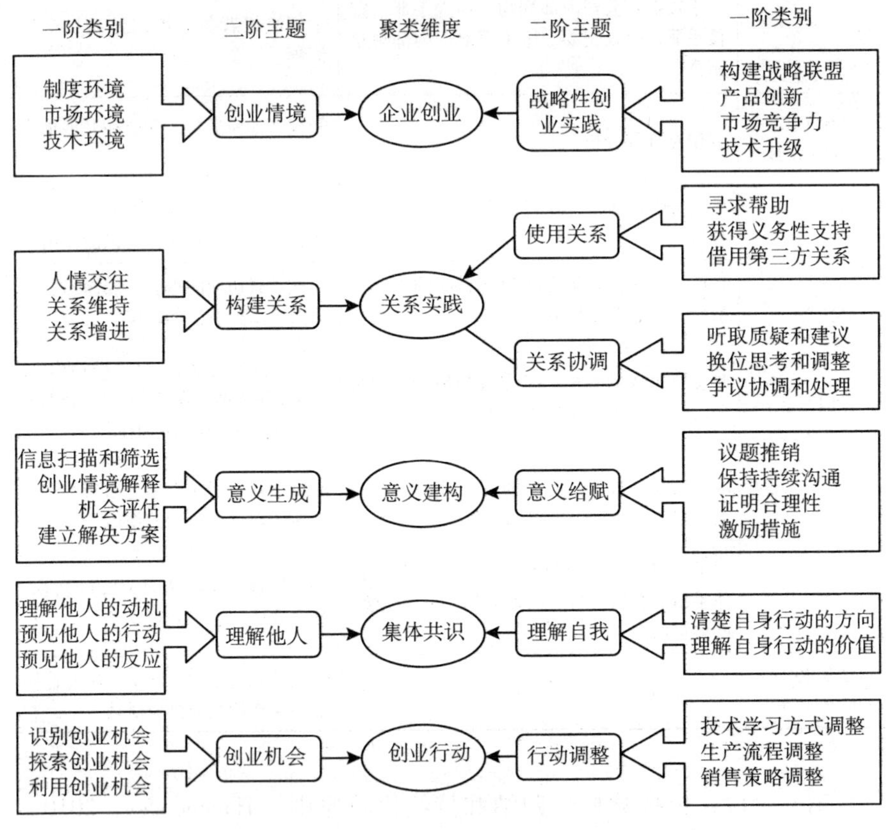

图8-1　数据结构

表8-4　保证案例研究信效度的策略

项目	应用范围	采用策略	具体方案
构念效度	数据收集	多元证据来源	建立调研小组，具有明确分工，多渠道获取一手和二手数据
	数据收集	建立证据链	追踪典型事件和项目
	研究报告	向企业求证	选取营销副总对研究报告的部分内容进行复核和求证

续表

项目	应用范围	采用策略	具体方案
内部效度	数据分析	模式匹配	理论模型与研究结论匹配
	数据分析	竞争性解释	数据分析小组采用相似事例对比或头脑风暴法尝试竞争性解释
	数据分析	迭代过程	在理论、数据和研究问题之间反复对比、推敲，并进行理论饱和检验和三角验证
外部效度	案例设计	研究样本	选取典型场景的数据与研究问题匹配
	案例设计	研究过程	以同样的分析逻辑应用于不同的分析单元
	案例设计	理论基础	通过文献对比，采用与研究问题契合的理论进行解释
信度	数据收集	资料库	对收集到的数据的类别和发生的时间顺序进行归档，发现重要的数据缺口向企业进行补充调研
	数据分析	一致性检验	同辈检验和编码一致性检验

8.3 案例分析和发现

1. 企业创业情境与关系实践

在A公司的创业过程中，管理层都是围绕自身产业链扩展和行业发展的市场机会进行战略管理，并不断尝试在技术体系和协同创新方面建立自身的竞争优势。面对创业实践中情境的不确定性，管理实践活动更多从强调硬性技能转而更强调软性技能（Balogun，2011），也从强调被动地反应转而更强调主动地了解情境、诠释情境并发起行动改善情境，以及由强调严格按照制度和流程做事转而要求根据情境灵活应对（Rouleau，2013）。组织是组织成员与组织内外个体建立的正式与非正式的社会关系的集合。情理文化下的创业组织日常的组织活动中，人际交往是组织成员工作、交流与合作的基础，正是基于组织成员个体间这些微观的关系才塑造了组织层次的创业活动。关系实践是在特定情境下建立和协调人际关系的活动。A公司的创业过程，面对不同特征的创业情境，创业共识更多的是在人际互动过程中实现的，管理者在塑造创业共识的过程中运用了三种关系实践策略：构建关系、使用关系和关系协调。其中，构建关系是进行关系实践的前提，是使用关系和关系协调的基础；使用关系是为创业活动寻找资源性和制度性保障的过程；而人际交往出现障碍是则需要进行关系协调，关系协调本身是进行人际交往的一部分，也可为今后的人际交往提供新的基础。

社会情感是互动者双方对外界环境所能感受到的集体性心理状态，包括组织成员间的人情关系，组织与外部合作伙伴间的社会关系（Baron et al, 2013）。创业活动的参与者过情感交流塑造人际关系，利用人情交往激发共同建立意义建构的积极性。创业者倾向于利用积极性的情感所塑造的人际共享性情感状态（社会关系）以及与熟人之间所维持的交情，在塑造组织创业共识的过程中与创业活动参与者进行构建关系，包括人际互动过程中的人情交往、关系维持和关系增进。例如，案例中为了争取其他子公司对 A 公司工作的配合，总经理经常提醒大家要和其他部门处好关系，技术部长说："……常常跟我们说，在一家单位经常打交道，磕磕碰碰是难免的，但都是为了工作……当时会生气，不过事后想想 Y 总说的有道理。后处理（加工部门）的赵部长，刚开始去找他都不怎么理，非要我找领导签字，其实是很少的活儿，十分钟的事儿。后来，慢慢熟悉起来了，见面嘴甜一点，平时见面打招呼，中午在餐厅遇到了聊聊工作。现在，有事儿打个电话就行，人家也乐意帮忙……算是一种信任吧。"

创业活动是一系列社会关系的变化和重组的过程，并且不是按照预设的规划来实现的，需要按照具体情境进行调整。当管理者遇到资源和制度困境时首先尝试通过关系化行为寻求解决方案。在塑造创业共识的过程中，由于缺乏创业性的资源和制度的支持，经常需要通过运用人际关系获得创造性的支持。利用关系包括三方面的活动：寻求帮助、获得义务性支持和借助第三方关系。寻求帮助是指在遇到创业困境时，通过对创业活动具有潜在帮助能力的人进行筛选然后向其寻求解决方案。外贸经理提到："其实，我们日常做事都遵循着'找对人，办对事'……找对了人，做起事来事半功倍……。有一次，我去拜访一个设计院的客户，有个朋友在那边，跟他了解了一些内部情况，这些信息对我开展工作的帮助很大……"获得义务性支持是指对方在自己掌握的弹性范围内主动给予自己更多的支持。如采购部部长："我和宝钢的客户经理比较熟，大家合作时间长了对彼此的为人和公司文化都比较了解，办事放心，也会主动去替对方考虑。我这儿如果要一批货比较急，他就会帮我盯紧点，抢货。但是也会同时跟其他客户联系，虽然那些不太熟，比如攀钢的客户，可能他手里恰好有货会给我一些，……这时候要保持关注，平时建立的关系这时候就派上用场了。"借用第三方关系是指通过间接关系寻求或得到帮助。如一位技术主管对技术人员对同事说："这个东西咱们这儿做不了，就是做也太慢……

你不是和前面研究所的小王熟么，他肯定知道怎么弄，就算他不知道，他们那边肯定有行家。”正式组织关系外的社会互动，可以打破固有的任务和认知的约束，塑造出有利于意义建构活动的社会身份背景。如外贸经理：“我们原来合作的一家单位，他们的物流公司是 D 公司，当时有个 J 总，后来我们不和这家单位种植合作了，也没再联系。后来打电话过来，说自己独立出来做了，有业务还可以继续合作。虽然和那家单位的关系不好，但是我们相互之间还是比较认可的，结果我们没有给他介绍业务他反而给我们拉来了一笔订单，我们的第一笔海外订单就是通过他解释的。”

为了处理个体或组织在认知方面的争议和矛盾，从人际关系的调整入手改变情境中的约束条件。创业情境是动态变化的，随之而来的是对原有意义的质疑，并且为了将对情境的解释顺利转化为行动还需要考虑其他竞争性的解释（Weick et al，2005）。而个体从自身利益和经验出发进行意义生成的结果往往具有一定的矛盾性，通过意义给赋能够对认知层面产生一定的影响，而创业活动中的情景特征又使得仅仅通过意义建构无法达成共识，所以管理者常常需要借助关系协调。如一次例会上销售副总谈道：“现在制约销量的一个重要环节在成本，这个我跟技术那边谈过几次，他们认为质量和技术最重要……这个我们造成了不少困难。”技术副总就这个问题认为“我理解你们（销售）的想法……目前的主要任务是研发新产品和提高速度，我们还顾及不到降低成本方面的问题，下面的人（技术人员）还没有这个意识。”随后的访谈中销售副总说：“我和他（技术副总）关系很好，对这个问题聊了几次，有意识地让各自部门的人多交流，多听取对方的意见，多了解对方的工作……效果还是不错的。”塑造创业共识是在寻找一致性过程中反复建立和尝试的过程，个体在认知上接受或拒绝意义建构取决于解释、行动和情感的一致性，这就需要站在对方的角度对双方的关系经常进行反思和调整。当对情境的认识出现争议时，不仅要从认知上进行解释和建构，而且需要通过关系协调争议。例如，销售副总谈道：“我们做他们公司（中间商）的工作，首先是服务于他们，争取通过前期的客户关系为技术交流铺平道理，进而建立战略合作伙伴关系，排斥竞争对手的干扰。但是不也能过度服务，迷失自己的定位。关键是把握好一个度。”非正式的社会关系与正式的组织关系之间的切换也是关系协调的重要途径，例如，部门总经理说：“我和这个公司（战略合作伙伴）的老总是在一次展会经朋友介绍上认识的，起初是私人关系，后来做这块义务以后在沟通的过程中得知他们有一些项目有合作机会……这样我们就先合作了一个海南的一个小项目，就当是作为探路。之后两家企业就建立了合作关系……我和他也是合作伙伴又是朋友，平时我们私下会交流一下新的想法，他甚至会帮我做一些设计。那么多企业想与他们公司合作都没有机会，没想到我们是这样联系起来的。”所以，人际交往中的关系实践能够将不同层次的创业情境连接起来，加深对创业情境的认识。

2. 企业创业情境与意义建构

意义建构作为个体解读情境、发现和解决问题的途径（Weick et al，2005）与情境密切相关，创业过程中经常需要通过集体意义建构来对模糊的情境进行沟通和解释，以达到彼此间的共识（Maitlis & Christianson，2014）。组织层面的集体意义建构是一个社会性过程，需要通过不同身份的组织成员通过意义交流共同建构。A 公司的管理者通过意义生成和意义给赋两种方式构建创业共识，意义生成主要用来解释管理者如何理解创业活动中要面对的情境，意义给赋主要解释在建立创业共识的过程中管理者如何对创业参与者施加影响，使其获得对情境认知的共识并支持创业活动的开展。例如，营销副总在一次会议上谈道：“太阳能项目对我们来说是个机遇，也是挑战，符合国家政策，发展潜力也比较好，跟我们‘绿色节能’的理念能很好的嫁接起来……但是现在咱们相关的技术和市场资料还比较少，我们（管理者）内部开会（一致）通过，然后杨总（总经理）和我（营销副总）准备好一些资料后会跟总经理和董事长去谈，让公司配合我们。也会找同济大学的教授来做指导……”。创业组织管理者首先通过意义生成对情境进行解释，再通过意义给赋予组织其他成员和组织外部合作者进行沟通、说服，进而对其施加影响并获得支持。

意义生成是意义的理解和生成，主要关注各方创业参与者通过对意义的建构和重构，个体试图从他所处的环境中找出关键线索建构一个框架结构，以便于理解与解释变革情境的本质，以便参与到建立一项与组织情境变化相匹配的意义框架中（Maitlis & Christianson，2014）。在确定发展战略、开拓市场和技术体系，以及调整内部制度适应情境变化的过程中，A 公司的管理者首先从通过意义建构在管理者内部先建立共识。例如，技术部最初实行的是合作制，每个人各有分工。因为最初技术人员掌握的能力比较单一，有的擅长作图、有的擅长核算、有的擅长设计。当任务下达以后各自负责一块，但出现了两个问题，一是，形成个人技能过于单一，并且出现任务轮空时的人力资源浪费；二是，考核的标准模糊，工作量难以确定。例如，技术部的项目主管谈道：“慢慢的就会出现效率低下了，有时候有的人忙死了有的人没事干，或者这个项目应该算你贡献多少呢?”

对于这个问题技术部部长认为："就这个事儿，我和几个老员工谈过了，他们的想法也很有道理，又领导商量了，也把情况汇总以后给技术部开了个会，把以前的分工合作，改为个人项目负责制，每个人作为负责人，跟踪到底。"技术主管根据自身的过往经验和对情境中存在的问题，产生了新的认知和理解并作为后续行动的依据。

意义给赋是某一群体通过个体通过某些方式影响其他人的意义生成过程使其向着特定的组织现实方向发展（Maitlis & Christianson，2014），例如有感召力的语言，试图影响其对事物或事件的认识和理解。本研究中的意义给赋主要用来出来影响部门间、公司高层和组织外部的合作者对A公司的认知和行动。例如，建立初期A公司自己承担生产任务，后来由于业务量增大，同时也是为了专注与工程施工和产品研发，将生产任务剥离给其他生产加工部门。A公司的订单特定是定制化的，这与其他部门的模块化生产不匹配，经常产生不协调的问题。工程部车间组长："其实原因很简单，我们的东西量小，不想他们动不动都是成千上万的量，我们需要好多部件组成一个成套的产品，而他们就是单一的产品，流水线作业。首先，对方的生产任务排定以后，机器就不停，每次开关机和更换原材料费事、费钱；其次，对方是计件生产，我们的量对他们来说微乎其微。"技术部副部长："而且我们的东西经常要得很急，这个部件装不上，下面的工序就不能进行。"对于这个问题双方都希望对方理解自己的困难，反复给对方强调自己的工作重要性和紧急性，后来又由各自的主管出面协商。又例如：技术部的工作一段时间以来效率比较低，因为设计工作不容易监督，会出现上班时间利用电脑做不相关的事。技术副总："他（技术部副部长）被提拔，就是为了树立一个标杆……我们希望大家都能像他学习，不管是业务上还是处理同事关系上，而且我当时在会上也明确讲出来了，希望大家把主要精力放在工作上，做出成绩。"技术部项目主管说："我对这个事儿没意见，他平时干的（工作）确实多，而且也能干，大家都承认。还有就是，他比较热心，你找他帮忙，这要是能帮他都会帮，有时候先放下自己的事来帮你。"

3. 关系实践与集体共识

创业活动参与者之间的关系水平决定了彼此之间建立共识的程度和效率，在一定的情境下，如果关系深入则能够建立，也能够更快的建立深层次的共识，如果关系不够深入则只能达到较浅层次的共识，同时需要较高的沟通成本。

在不同个体间建立共同的理解则需要人际交往将个体的认知有机的联

系起来。在于情理文化背景下，关系导向和差序格局对社会互动具有重要影响，社会互动双方的情态关系是情境的重要组成，人际交往不但有助于对情境的理解而且有助于对情境的重新建构。创业活动中管理行为的本质是推动面向未来的社会互动，进而塑造出新的社会情境，在情感和认知两个方面塑造创业共识，进而转化为有利于产生创业绩效的组织行动。创业过程中高度的动态性决定了组织内外情境的复杂性和竞争性，因而创业参与者会产生对情境的非一致性理解。而人际交往活动为，共通的情态关系使得社会互动双方进而快速高效的转化为具有协调性的行动。通过人情交往、关系化行为和关系协调影响个体行为选择，解决的是"在既定情境下，我为什么要这么做？其他人会怎么做？"的问题。

当人际交往充分参与到创业决策活动中时，往往能够保障集体共识建立在相互认可的基础上。例如，在进行EPS（一种自主研发的新型结构保温材料）项目研发的核心产品技术升级的过程中，部门的管理者综合考虑了公司高层、客户和部门员工多方面的意见，并多次开会进行协商，在改变技术路线的时候又充分与相关参与者进行协调和沟通，理顺关系。其中，参与者都知道理解自己在这一过程中扮演的角色和应该什么具体行动来适应改变；同时也能够理解其他人在改变技术路线过程中的意见、行动，充分预见到了会遇到的问题和解决方案。在获得普遍的共识的基础上，该项目很快研制成功并获得多项国家专利，同时在推广过程中得到了多发认可和支持。而忽视创业情境中的关系实践，塑造创业共识的效率可能会受到影响。例如，由于A公司的产品具有复杂性、生产周期长、小批量的特定，其他部门则是批量化生产，从考核制度到工作流程安排都有很大差异，而又在一些部件生产和加工环节产生交叉，双方都意识到问题的原因，也知道作为一个整体自身应该采用一些措施来相互适应。但是由于关系协调不畅导致双方对彼此措施的不满不断积累，以至于多次进行沟通无法达成有效的共识。而通过关系实践加强对他人行动的理解，可以将矛盾转化为集体共识。例如，经过总经理在从中调解，双方都认识到自己的行为都是为了工作，摒除了对个人的误解，制定了定期沟通的沟通制度，通过预估工作量来减少工作流程不匹配的问题，提高了工作效率，而且通过实际操作过程中的交流还对产品设计提出了合理化的建议。有时甚至会给意义建构造成不利影响，例如，在工作量较小的时候，技术部施行分工制度，每个人负责一个环节的工作，虽然有利于发挥个人特长，但是每个人都是只关心自己的工作，缺乏交流和沟通。造成人力资源的浪费和工作效率低下，特别是工作量增加和某个环节的员工缺勤的时候，就会导致工作延迟。技术部员工："每个人都觉得干好自己的就行了，没必要去学习其他人的工作，对于主动给其他人帮忙也没有积极性。而且也理所应当的认为其他人的想法和自己是一样的。"技术部项目主管："大家都割裂开了，看上去是各司其职，其实是各扫门前雪。"但是，通过关系建构活动能够改变这种状况，技术部长："针对这个问题，我先跟几个老员工谈了谈，沟通了一下想法，然后有意识地让老人带新人，逐步让每个人都接触其他环节的工作，既可以培养多面手，将强彼此的沟通和交流，互通有无，取长补短。还能够使他更多的了解其他人的工作，不光是学习，更多的是感受其他人的工作，能够理解别人工作的难度、不容易。这样的就有效避免了那些问题，也为以后推行项目负责制打下了基础。"

4. 意义建构与创业共识

意义建构强调面对复杂的情境使个体决策建立理性认知，通过意义生成使创业活动参与者认识情境，并通过意义给赋影响其认识情境的导向，解决的是行为人对情境"是什么?"和"怎么办?"的问题。通过意义生成和意义给赋的交互作用，形成了组织成员对创业情境进行理解的认知循环。不同于现有意义建构理论的是，情理文化下的是意义建构活动是社会性的建构活动，是通过人际间的认知互动，共同创建的共识。

集体意义建构的目的在于使独立的个体建构对新情境的建立共识。例如，案例中A公司要临时接待安哥拉石油部的外宾考察，距参观时间只有9天时间，期间需要安排样板房的设计施工、考察路线、资料整理和讲解等工作，时间非常紧迫，由Y总具体负责。这对A公司的产品和形象是一个宣传的好机会，大家都献策出力。高层也很重视，就提出了很多方案，技术副总："当时时间那么紧张，我的脑子在不停的转，需要考虑方方面面的事情。这种情况下，高层的意见就有反作用了……我明白他们的意思，也是好意。但是因为他们（的方案）也不固定，来回的变。毕竟他们也没有我了解下面的具体情况……他们只要知道我这么做肯定是为了公司好就行了，只要结果满意到时候也就不会有意见了。"当时考察的效果很好，并为后续与央企建立合作伙伴关系、拿下安哥拉的住宅项目奠定了基础。公司董事长："后来我们对严总的工作还是评价很高的，虽然当时不了解，但实际效果很好。现在回想起来理解他的做法了，从那以后，我才觉得他真正融入了我们的团队，后续的安哥拉项目也放心让他参与了很多。"

意义建构不能脱离组织的情景，A公司的管理者只从自己的立场出发在创业活动中运用意义生成来对情境进行认识、解读并在管理者之间建立共识。管理者建立初步共识之后把建构的意义传达给创业活动的参与者，并在此过程中影响对方的意义建构。如果只从自身视角出发，忽视了意义给赋，管理者就很难处理创业情境中复杂的矛盾。在A公司进行战略升级的过程中，车间主任谈到员工在工作中身份转变问题时认为首先是管理者内部要形成共识："生产部分的工作都不做了，转给其他部门，我们只做现场施工的环节。还有，只派一两个人到现场做指导，我们自己并不亲自安装……开始下面的人都转变不过来，到现场不知道该干什么了……我和领导们商量过以后，跟几个经理和组长先讨论一下，把下面反映的情况和问题都说说，我们几个先拿出个框架和方向。"工程组长也谈如何获得参与者的支持："后来，就给大家搞了个培训，工程部的几个领导，把遇到的问题，想到的和没想到的办法都给他家讲一讲。另外请老员工作为代表，讲讲实际操作中的问题和应对的经验，形成一个比较可行的模式，大家都按这个先走着……"为了适应创业情境，管理者通过意义建构和意义给赋使创业者理解自身和他人的行动意义，通过相互理解塑造创业共识。

5. 创业共识与创业行动

人际交往不仅能在组织成员间塑造创业共识，而且是推动创业行动的驱动力。首先，集体共识能为创业行动把握创业机会提供资源性和制度性保障。由于创业情境的竞争性、复杂性和动态性，A公司在建立之初就面临资源和制度的不足，"刚开始可以说是一穷二白，人员、市场什么都缺……技术就更不要说了，本事就比较复杂，市场也很不稳定……没有一套办法或者方法却解决各方面的问题，都是摸着石头过河。"由于创业组织自身存在"新进劣势"，很难通过要素市场的等价交换获取创业资源，A公司的管理者将自身关系网络中的很多资源注入到了创业活动中。创业资源在被创业者识别和利用之前分属于不同的资源所有者，创业者需要将创业资源有效的组织起来，而调用创业资源需要在创业者和资源所有者之间达成共识。人际交往在创业者和资源所有者之间建立起有效的联系，从而为创业组织获取创业资源建立有效的通道。如部门总经理谈到"比如和××高校的技术合作、和××央企的项目合作，还有央视的宣传，有很多是我本人和董事长联系的，把我们的品牌、理念推出去……获得对方的认可，赢得合作机会。"同时组织制度的形成需要一个对情境适应和稳定的过程，正是因为创业情境的不确定性和模糊性造成了创业过程中制度在短时间内难以规范。创业活动也很难遵循固定的制度进行，更多是采用符合情理文化的社会规范去塑造情境。例如，公司总经理谈到创业经验时认为："既然是创业，就是要创新，不光是产品创新，整个部门各方面的活动都要围绕创新……创新就不能墨守成规，但是没有规矩不成方圆，这是矛盾的，怎么办？合情合理做事，方向就不会错，不会偏。”部门总经理也谈道：“……因为好多事都是从零开始，没有现成的路子，就算有也不一定适合自己。不管是上下级之间，和客户之间，还是和其他部门，形成的一些明文规定也好，或者是一些不成文的做法也好，大家在通情达理的磨合中一步步走出来的。”可见，创业共识的塑造是嵌入创业情境的人际交往中，通过管理者的社会互动建构出来的。通过人情交往和关系化行为获得义务性支持和帮助为达成创业共识提供了资源性保障，而通过关系化行为和关系协调塑造可预期的沟通方式和默契为达成创业共识提供了制度性保障。

其次，集体共识有利于创业行动的组织行动调整。人际交往在实施创业共识过程中的两个方面协调组织成员间的行动，即参与者理解自身的行动和理解他人的行动（Vuori，2011）。首先，人际交往有利于创业活动参与者理解自身行动的意义，行为人需要回答的是在一定情境下“为什么要这么做?”“这么做的价值在哪里?”“还需要怎么做?”。人们需要知道需要做什么才能成为一个整体，这能够保证个体知道做什么才能支持共同目标的实现和调整自身行为。为此可以节约有限的认知资源去讨论解决方案，从而保证行动的顺畅。例如，公司董事长谈到与其他企业建立合作关系时谈道：“我们在合作的过程中也会遇到有分歧的地方，但是都会站在对方的角度去想一想，反思一下自己的做法是否恰当，再听取一下别人的建议，毕竟旁观者清么……这么下来，我们就更加清楚自己要做什么，为了共同的目标，牺牲一点也是值得的。”其次，其次创业活动参与者理解他人行动的意义，即行为人需要回答在当前情境下“他为什么这么做?”“他将会继续怎么做?”“我这么做他会有何反应?”。人们能够理解他人的行为并预见不同的人在不同情况下的反应，这使得人们在预见他人的行为的同时免去针对沟通细节所花费的时间和精力。同时，了解他人的知识和想法可以帮助人们在特定情境下找到所需要的知识。例如销售副总在谈到如何争取跨部门协作时谈到，“找个机会做下来好好谈一谈，把心里的话倒出来，有什么不痛快的、不满意和苦闷……都有被尊重、被需要的这种要求，你理解他了，他就理解你了，感觉是志同道合的，他自然就会多配合你的工作。久而久之我们的订单生产就有保证了”。创业活动不仅要面对模糊的情境而且要处理创业活动参与者之间复杂的利益关系，这就需要管理者在意义建构的过程中通过人际交往活动将个体认知整合起来。人际交往活动有助于在社会互动者之间建立积极的社会情绪反应，这种情感反应会激发当事人注重他人感受的彼此关系的情感状态，同时改善特定情境下人际意思传递的信息处理过程。

6. 创业行动与战略性创业实践

在人际交往过程中创业行动在集体共识的基础上，围绕创业目标一方面识别、探索和利用创业机会，另一方面在行动的过程中不断进行适时的调整，进而将微观层次的人际交往转化为企业层次的创业结果。A公司总经理在与某大型央企的管理者交往的过程中，在经营理念、行业发展趋势方面有相似的认知，随后的接触中开始设计产品和技术方案的交流，在探讨产品实验性能的过程中，激发了两人共同研发新产品的想法。总经理回忆到："当时我马上意识到，这很可能是一个机会，能让我们打个翻身仗的机会。"在意识到这个创业机会之后，迅速组织人员设计、实验，并保持与对方的沟通，在双方的共同参与下，获得了1项国家发明专利和2项国家实用创新专利，同时将其首次应用到对方的一个小型项目中。在这个探索和利用创业机会的过程中，A公司与该企业建立了战略合作伙伴关系，破格进入对方高级别的合作团队，共同参与海外大型项目的开发。因此，A公司的许多员工从与对方的合作过程中学习了很多相关的先进技术，并且因此大大提高了A公司在行业中的知名度。

由于国内市场起步较晚，尤其是高端产品的需求比较低迷，所以开拓国内销售市场的工作一度非常困难。A公司的业务部门自身的人力和信息资源有限，短时间无法打开局面。业务部员工在与其他子公司从事销售的朋友交往的过程中，获得了一些意外的市场信息，并获得了成功，"这国内（市场）销售打开了一扇门。"业务部从中学习到了间接渠道的作用，并迅速调整国内市场的销售策略，积极借助其他子公司的销售资源，取得了一定成效。由此衍生出，开发地方有实力的代理商、借助规划和设计单位信息等方式，扩大了市场连接的网络并提高了产品的市场占有率。同时，配套了新的销售考核方案和与生产对接的组织流程。

8.4 结论和讨论

在动态复杂的战略创业背景下，企业管理者常常在日常人际交往中塑造创业共识和开展日常创业活动的。通过对一家民营建筑集团的企业创业过程进行了跟踪调研，采用扎根理论方法分析发现，把握创业机会的行动是以创业共识产生为前提条件的，在此基础上，企业创业过程首先展现了人际交往推动企业创业的行为机制；其中，创业共识达成过程依赖于关系交往和意义建构，创业共识一旦产生便产生战略性创业实践。企业创业者在日常人际交往中激发他们意义共建的，从而产生创业共识和捕捉创业机会，而之前的交情关系让他们自发地顺从某一方想法和行动，自发地产生创业共识和顺利实施创业行动。因此，人际交往不仅使日常交往的创业实践塑造共识提供了可能性，通过交情关系或意义建构的方式形成创业共识，有助于协调和推进关系实践中的创业行动（见图8-2）。

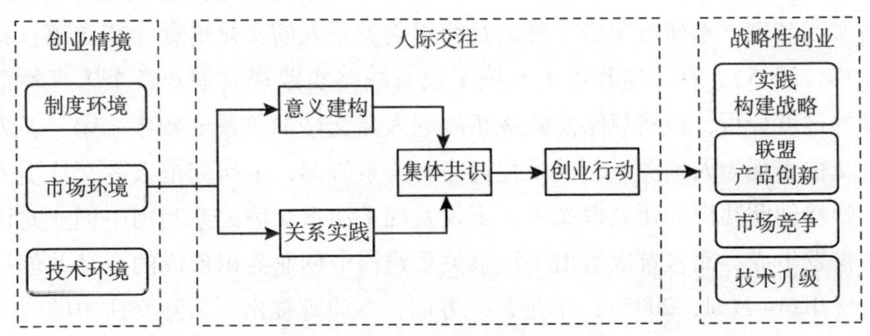

图8-2　人际交往推动企业创业实践的行为机制

本研究发现，第一，在企业创业过程中，创业者的日常人际交往活动能够将不同层次的创业活动连接起来，并推动企业创业活动的发展。第二，在注重机会发现的日常关系交往中，创业共识是很容易通过之前的关系规则来达成的。日常创业活动通过人情交往和关系化行为获得义务性支持和帮助为达成创业共识提供了资源性保障，进而减少了创业情境的竞争性和复杂性对创业共识的影响；通过关系化行为塑造可预期的沟通方式和默契为达成创业共识提供了制度性保障。第三，在注重机会利用的日常关系交往中，首先，以意义生成方式，在创业核心团队中达成对创业情境理解的共识；然后，通过意义给赋的方式，影响其他创业参与者并获得持续性的支持。研究进一步表明，面对动态复杂的创业情境，注重规范性义务和道德性义务的日常交往活动推进了战略性创业的微观组织实践。具体地，一方面，在创业情境下，人际交往能激发企业管理者参与创业行动的动机和产生互助性付出；另一方面，通过关系交往或意义共建，人际交往能够降低创业实践中因行动协调导致的成本支出。正因为如此，注重人际交往的关系实践既可以弥补创业制度的不足，又能调用潜在的关系性资源，从而保证创业活动的顺利进行。

显然，本章研究结论契合了中国企业身处于在“关系本位”的熟人文化背景（梁漱溟），同时超越了采用制度理论和交易费用理论的传统创业研究范围，并不失为其补充和延伸。第一，由于机会发现与利用是在创业共识层面上发生的，所以，本研究立足于创业实践的日常组织活动，给出了以人际交往塑造创业共识作为探索企业创业的出发点，不仅拓展了 Sharma 和 Chrisman（2007）提出的由内部资源重组产生创业共识的资源观方法，而且在一定程度上解决了采用制度理论来理解创业行为的机会是创造还是发现的困境（Alvarez et al，2013）。第二，引入战略实践作为研究日常创业组织中的关系实践活动，给出了人际交往是促进创业共识的微观实践基础，本研究契合了熟人社会里的关系人的文化寓意（梁漱溟；翟学伟，2005），在一定程度上克服了现有战略实践观对创业者个人理性活动的过度分析，也将战略实践观拓展到人际交往的关系实践中。第三，人际交往表现为人情关系、关系化行为与关系协调，本研究把人际交往引入到塑造创业共识的研究框架中，不仅发现了注重交情关系利用中创业共识的自发生成，而且首次给出了注重关系建构中创业共识形成的意义共创过程（Ibarra et al，2005）；于是，一方面，本研究提出了人际交往中的意义共建机制，在关系实践层面上补充了意义建构理论的应用（Weick et al，2005）；另一方面，本研究给出了交情关系的创业共识自发形成和行动原理，验证了 Dutton 和 Heaphy（2003）提出战略性活动要建立起“高品质连接”（high-quality connections）的论断，也在理论上为解释关系协调原理（relational coordination）提供依据（Carmeli et al，2013）。

本研究结论为企业日常组织活动如何很好地与传统中国的人情社会相契合，并在关系本位的基础上，为战略创业实践中提供了一定的指导意义。首先，无论在日常社会生活，还是从事日常组织实践，企业管理者都应该遵从礼俗的人情法则，善于从情感层面与他人沟通，注重与周围人建立良好的人情关系。其次，企业管理者在创业实践中，不要过分地看重自我价值，而应该顾及周围人感受，遵从人情法则的基础上积极地开展日常组织活动，充分利用人情关系的自发性创业共识的潜力，同时在意义共建过程也要兼顾人际关系的培养和建立。最后，中国企业的管理者在从事创业活动中应更多地依赖于人际交往的情感性交流，在战略创业实践中遵循“合情合理”（Zhang & Yang，1998）的人情逻辑，日常交往既要“晓之以理”更要“动之以情”，如应对创业情境变化的切入点，以“入情入理”赢得对方的认同，人际沟通过程中以“通情达理”活动来赢得合作者的支持和配合，这样会稳健地塑造赢得在情理之中，又在意料之外的战略创业性组织活动。

下篇
日常交往与中式组织管理

民之所利立之，所害除之，则民人从[①]

在介绍“萧规曹随”故事之前[②]，先要了解一下那时的社会文化背景。一方面，两汉期间的中国传统文化，以管仲所提出的“仓廪实而知礼节，衣食足而知荣辱”的人之常情的个人行为假设之下，主要是以黄老学说和儒家思想为主导的；而且，整个社会中的士大夫等管理阶层普遍接受“仁义礼”的儒道思想教育，老百姓在整体上还是向往“道法自然”的生活境界，因而，遵循人之常情的普通老百姓，在接受儒道思想的教化之后，在“仁义礼”的行为规则约束下和“道法自然”的向往境界指引下，形成整个社会风气遵从人之通性的人之常情。

另一方面，在黄老学说和儒家思想指导下，日常组织实践是依赖于管理者实际行动来约束和引导被管理者，所以，贤德自然成为管理者所具备的首要和基本条件；在人之通性的关系本位之下，具体贤德的管理者在“知礼节”和“知荣辱”的社会规范约束下，在日常交往中开展管理活动，因而，在这种日常管理活动的带动下，人们常常会很少注重人之个性的私欲膨胀而去触犯法律，也就是说，日常组织活动中管理者所遵循的礼义规则，让组织成员维护关系本位，并在顾及他人感受的日常交往中，发挥各自特长，以备不时之需。[③] 基于上述历史文化的社会背景和基本逻辑思维，再来看看曹参是通过什么样的管理手段而实现“无为而治”，为

---

① 参见《管子·幼官》，大意是：以吸引人走到一起的事业来进行开展日常组织活动，而解除人们后顾之忧来进行日常管理活动。

② 《史记·曹相国世家》：“惠帝二年，萧何卒……至何且死，所推贤唯参。参代何为汉相国，举事无所变更，一遵萧何约束。择郡国吏木诎於文辞，重厚长者，即召除为丞相史。吏之言文刻深，欲务声名者，辄斥去之。……至朝时，惠帝让参曰：“与窋胡治乎？乃者我使谏君也。”参免冠谢曰：“陛下自察圣武孰与高帝？”上曰：“联乃安敢望先帝乎！”曰：“陛下观臣能孰与萧何贤？”上曰：“君似不及也。”参曰：“陛下言之是也。且高帝与萧何定天下，法令既明，今陛下垂拱，参等守职，遵而勿失，不亦可乎？”惠帝曰：“善。君休矣！”参为汉相国，出人三年。百姓歌之曰：“萧何为法，颟若画一；曹参代之，守而勿失。载其清净，民以宁一。”太史公曰：曹相国参为汉相国，清静极言合道。然百姓离秦之酷后，参与休息无为，故天下俱称其美矣。”

③ 参见《管子·牧民》所言，“使民于不争之官者，使各为其所长也，则用备。”

“人际之时”而不为“目的之事”来实现组织昌盛。

公元前193年，萧何死了，汉惠帝接受萧何的推荐，任命曹参为相国。曹参在做相国期间，沿袭了萧何所制定的规章制度，尽管经常遇到新问题，却很少去调整现有的制度规则，甚至完全遵守。同时，曹相国着手做了两方面的工作。一方面，竭力从国内选拔贤德之人担任各级官员，并重用那些忠义和德厚的长者为身边官员；所任用的官员虽然看上去都是比较呆板而不善言辞的，但是以身作则地践行礼义规则，在日常交往实践中感化了被管理者。另一方面，解雇了那些竭力追求名声和严酷苛刻的官员，这些人竭尽耍聪明，规章制度对人而不对己，并经常制定新对策来适应新环境。

自然地，在大部分的时间里，曹参就显得比较清闲，于是，经常在家喝酒，享受生活情趣，在不自觉中也不时地观察官员们的操行。过了一段时间，曹参的这种行事风格，在卿大夫以下的官吏和宾客看来是不作为，于是就想来提醒和规劝；起初的来人，曹参拿好酒招待他们，当感到他们要说出规劝的话，还没等他们开口，曹参立即让他们好好喝酒，并不时地询问酒好不好喝，菜可不可口；渐渐地，想规劝曹参的那些人实在拿他没办法，只好见怪不怪了。有一次，随从者听见邻里的官员在酒醉之后唱歌和呼喊，希望相国出面制止，曹参竟然取酒与他们对饮起来，放声唱歌与他们应和起来。在平时，曹参见到别人有小过错，睁一只眼闭一只眼，就这样，相府内也管理得有条不紊。

汉惠帝听说曹参的不作为之事，很不高兴，让担任中大夫的曹窋带话。回家后，曹窋按汉惠帝的意思劝说了一下父亲，曹参故作愤怒，并打了曹窋竹板二百：“好好侍奉皇帝，不要妄论天下大事。”第二天，上朝时，汉惠帝责备曹参说：“为什么处罚曹窋？那是我的意思。”曹参赶忙摘下帽子谢罪说：“请问，陛下和高皇帝相比，哪个更圣明英武？”“朕怎么敢与先帝比呢！”曹参又说：“依陛下看，我的能力和萧何相比，哪一个更强？”汉惠帝说：“你好像还赶不上萧何吧。”曹参说：“陛下说的正确！高皇帝和萧何平定天下，法令已经明确，现在陛下垂衣拱手，我们做臣子的恪守职责，严格遵循而不要在行动上违规，不就好了吗？”惠帝说：“是啊，按照你的管理方法去做吧。”

曹参做汉朝相国，前后有三年时间。当时的百姓们歌颂曹参的事迹说："萧何制定法令，明确划一；曹参接替萧何为相，遵守先前法度而没有走样，施行清净无为，百姓休养生息而安宁。"自然而然地，国家也就蒸蒸日上。

对于守成者来说，起初的创业者所制定的规章制度，不自觉地考虑到了两个方面问题：一是，不确定性环境下的制度缺失问题；二是，日常组织活动的关系化行为问题。因而，创业初期所形成的规章制度，不仅利于组织创建性的创业管理，而且利于组织创造力开发的日常管理。通过上述故事可以看出，当有些人权力大了，可动用的资源多了，越来越认为这些都是自己应得的，开始反感组织规章制度的约束了，逐渐地丧失了敬畏之心，换句话说，他们的私欲膨胀可能是造成企业不可持续的最大威胁。然而，在很多时候，企业经营者们在守成的日常组织管理中出了问题，往往误以为是时过境迁而导致的规章制度失效所造成的。

事实上，随着面对环境不确定性的创业阶段转化为环境较为稳定的守成阶段，起初的创业者也变成了守成的管理者；同时，随着名利获得而使得他们习惯于过上享受的生活，渐渐地个人欲望开始一天天膨胀起来，终于有一天，他们发现，现有的规章制度逐渐变成了其欲望满足的羁绊和障碍，他们自然首先想到的是去修改现有的规章制度。然而，对于组织的长治久安来说，倘若不从日常交往的管理实践中进行疏通和防微杜渐，任何做法可能是"头痛医头、脚痛医脚"，甚至是本末倒置的。一方面，个体欲望疯长速度总是超前于规章制度，注重用礼义规则在日常交往的生活实践中来抑制欲望膨胀，往往更彻底，也会遏制在萌芽状态；但是，因为规章制度的时滞性，当一群人私欲已经起来的时候，如果在规章制度上下功夫，只会进一步点燃私欲进一步膨胀，这时"不抓会乱，抓会更乱"。

另一方面，在日常交往中，管理者与被管理者"仿佛永远分离，却又终身相依"，正如前文已经证明过，相互礼让和关系交往是组织存续的根本，注重"合情合理/通情达理"的关系化组织建设，以礼俗感化成员，以关系规则去相互彼此约束日常行为，因而，选取贤德之人作为管理者，从日常组织管理中感化他人并遏制个人的私欲膨胀，这样使得组织永远处于兴盛阶段而在起初的制度下持久成长。本质上，在一个组织发展过程中所遇到的种种管理问题，通常并不是规章制度的漏洞所造成的，而是在制度执行过程中，随着人们私欲不断被点燃与膨胀，去钻制度上漏洞而造成的。因此，如果管理者在实际执行中，通过日常交往行为中展现人情法则和礼俗规约，并以仁义礼的关系规则约束自己和成员在日常活动中的私欲膨胀之为，那么，由创业者们制定下来的规章制度，往往不需要在制度本身上进行改进和完善，管理者应将更多精力集中于弘扬和传承优良中国传统文化的企业建设。

当企业一旦遇到管理问题，就诉诸管理制度的“完善”，这实际上是一种“头痛医头、脚痛医脚”的“马后炮”。这种“亡羊补牢”的管理手段往往会顾此失彼，终究会在企业遇到危机时，核心成员的各奔东西而导致企业衰亡。进一步地说，一个企业创业成功或一个企业走向衰败，往往不是因为制度和技术问题，如前者在制度的不完善和技术的不够先进情况下取得了成功，而后者却在制度在不断完善和技术不断改进中失败了。反过来说，创业者注重人之通性的人情法则而成功，又因人之个性的私欲膨胀而割裂了关系本位的礼义规则，于是，当危机出现时自然会走向失败。从这个意义上看，在遵守产生于人之常情的组织规章制度前提下，注重发扬关系本位的仁义礼的企业文化建设，才是“无为而治”的组织持久发展基石。“进则使无由得其所利，退则使无由避其所害”①，在维持人之通性的人之常情基础上，在“致中和”的组织氛围中不反对个性之为，也不支持个性张扬之为，是企业管理者利用日常交往行为中的关系情感来塑造组织战略成长。这是“萧规曹随”之本质所在。

人情不二，故民情可得而御也②从“萧规曹随”可以看出，在私欲急剧膨胀之时，人们直观的感觉就是制定新的法规制度和强化其执行力。如果人们只是为保护自己的眼前利益，就会求助于法规制度，不断丰富规章制度；那么，这种管理手段虽然在一定程度上直接地震慑当前私欲之为，但是并不能遏制住人们私欲膨胀的速度，甚至在加速私欲膨胀，进而会产生“上有政策、下有对策”的私欲发泄出口，正所谓“法愈兹而奸愈织”。小时候，从听老人说，祖上的规矩是不能轻易去改的，甚至有人会惶恐地说，这迟早要遭报应的。可是，对于这种墨守，他们说不出所以然，更不知道面对眼下问题如何产生更好的解决方案，但是，经常听他们说到，凡是要从常理和讲常情。“在我们公司，事情没做好，没什么大不了的，但是，人际关系处不好，不讲人之常情，则会不利于公司发展，就是大问题。”

人之常情是指在社会生活中，大多数人的日常行为遵从的“仓廪实而知礼节，衣食足而知荣辱”的自然状况。因而，人之常情在结构上包括

---

① 参见《管子·法禁》。

② 参见《管子·权修》。

“衣食足”或“仓廪实”的自我意识状态被唤醒而引发的自私性动机和“知荣辱”或“知礼节”的集体性意识状态被唤醒所引发的组织性动机，显然，在日常组织情境中，两者是共存的，并随情境变化而不断转变的，这在本书的导论部分已介绍。一方面，衣食无忧和温饱问题解决是组织持久存在的前提条件。一旦衣食足了，人们就会倾向于“知荣辱”，懂得了维护在一起的共通性感受的礼义规则，为容易走到一起而共事提供可能性；这一点与马斯洛所提出的需求动机理论较契合。另一方面，“知礼节”是为组织存续提供动力和保障。一旦人们“知荣辱”而从礼义之道，就会在乎与人在一起的共通性感受，并为维护这种共通性感受而致力于日常交往中的机会创造和资源调用，以遵从继续共事的关系规则；这在前文章节中得到了广泛论证。

人之常情，常常随处境变化而激起人们日常交往行为的活力，包括与自然环境之间存在的关系情态，以及与社会环境之间存在的关系情感，显然，这种注重共通性感受的自然之情往往在有意无意之间带动人们自发动起来。因而，人之常情，如同鱼之于水的关系。人一旦不守常情久了，如同鱼脱离水一旦久了就会死亡一样，人也就失去人性，或者身体健康出问题，不能尽其天命，或者心理出问题，行为上与大多数正常人是不一样的。又因为，日常组织管理的对象是一群人，是群体中的人与人之间关系，而不是管理每个人，更不是针对某个具体的人员。因此，组织管理便如同养鱼一样，遵从人之常情；尽管不易了解鱼之个性，但是养鱼者可以根据鱼的行为状态，进行换水和调节水池中水的深度和容积，于是，组织管理者不需要了解每个员工的个性和想法，而更多地去关注员工之间关系情态变化，在不伤害已有的人情关系交往前提下，就如渐渐地换水一样，引入新的人际关系或改变人们所依存的组织情境，如技术/人员/市场/规章制度等来改变组织实际边界，这样，在水里的鱼儿不仅可以自在生活，员工们在组织动态演进中可以和谐相处而和气生财。

通过本书的前文论证可知，和鱼儿茁壮成长一样，组织在人之常情的关系推进下也会持久成长下去。管仲说，治人如治水，养人如养六畜，用人如用草木①。如同生活在水中的鱼一样，既可以在水中游，又借助水在身体内外自由流动而进行呼吸；因而，人们遵从常情而生活，既处在自然情态之中，又依赖于关系情态得以存续，从自然之道。关系之上的社会性为栖息之地，知荣辱和知礼节；而关系之下的个人行为谓之生命力。如果

① 参见《管子·七法》。

遵从价值理性思维，在关系之道就简化为单向认知连接，自然脱离了关系情态共通性，那么，从“道”之上则“利他”，从“道”之下则“利己”。但是，人之常情，遵从情境性整体感受的关系本位，从自然之情的共通性感受，超越了并包括“利他”和“利己”在内的“天人合一”思想。

接下来，从“仓廪实而知礼节、衣食足而知荣辱”的个人行为假设为出发点，以人之通性的中国传统文化为基本立足点，阐述一下关系本位的礼义规则到中式组织管理的社会心理原理（如图Ⅲ－1）。在具有熟人社会主导的日常组织情境下，在个人层面上，当大多数人达到“仓廪实”或“衣食足”时，他们渴望得到他人尊重和关心，也懂得人情世故去敬重和关心他人，也就是，“知荣辱”或“知礼节”，特别是组织文化以“礼义”教化为核心；这便是通过礼俗教化的无为而治，而将日常组织看作在关系本位的创造性组织，这在前文做了大量的论述。然而，还有一部分人，或者在特定情境下的个人行为，随着个人技能增强，在个人欲望得到满足之后，又激起其新的欲望产生，这时，他们会追逐仓廪更“实”和更“精致”，衣食更“足”更“华美”，甚至不顾礼义廉耻，在这种情况下，规章制度便起到制约他们的作用，这便是组织制度化，而将日常组织看作机械体的功能性运转来管理，这是西方管理理论的基本思维模式。通过比较可以看出，组织持久发展，礼义是根本，而规章制度也必不可少。

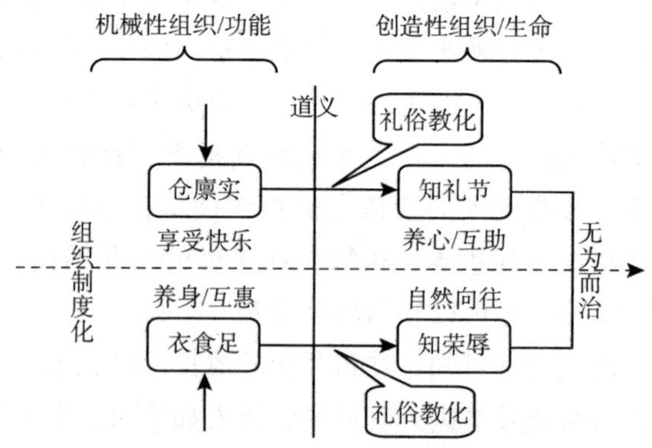

图Ⅲ－1　关系本位、礼义规则与中式组织管理

在企业日常交往中，组织成员之所以走到一起做事，一方面是因为企业可能满足其“仓廪实”或“衣食足”的需要，另一方面是因为置身于在一起的共通性感受状态。也就是说，企业日常交往的组织性功能在满足生存之需的同时，还要满足人际交往的合作性需求和关系创造的人情性需求。因而，组织功能包括“仓廪实”或“衣食足”的个体需求，还包括“知荣辱”或“知礼节”的组织需求。通过本书前文研究表明，“知荣辱”或“知礼节”是一种面向未来的组织性活动，改变制度的组织创造性实际上是一种继往开来的，既包括礼俗教化，又包括文化传承。日常组织管理执行者的工作岗位并不如技术性员工那样对岗位职能划分的十分清晰，他们既是日常活动的组织者和管理者，又在具体情境之下协调各种关系和推进日常性任务。当谁做都差不多的情况下，就体现出管理者在维持企业持续发展的战略重要性。一般来说，管理者的日常工作是围绕所管理的员工的人际关系而进行的，带领大家在一起工作，如“这一摊事，有你来负责”“用人不疑/疑人不用”；基于企业日常交往的战略管理者，首先需要具备的是能够遵从和驾驭关系交往的仁德，以礼义为准绳，衡量关系情境之中的个人行为，其次以绩效为导向，具有从整体性角度监控任务性节点和掌握组织化整体进程的“才能”。

强调制度化建设的现代企业管理理论，首先假设每个人是个体理性的机会主义者，如果仅仅依靠制度建设来控制个人的谋私行为，那么，这种制度化管理可能在更大范围和更深层次去激活人们私欲迅速膨胀，自然不可避免地会产生出无法料想的“钻制度空子”的不法之徒。因此，对于企业日常交往的组织管理来说，如果缺失了礼义规则的企业文化，那么，关系本位的人之常情就会被抑制了，甚至成为一些人满足私欲膨胀的工具，逐渐演变成企业内部派系林立和利益圈子的内斗。另外，随着企业发展，许多新问题都是人际关系失去约束力而造成的，而这些“人纪人纲”问题，仅仅依赖于规章制度是很难解决的，一来制度的滞后性，二来制度激活私欲性，三是制度扼杀组织创造力。通过前文研究发现，通过人情法则激发民间自治力量来组织管理，既解决因发展阶段不同而来的一系列新问题，又顺应企业发展而抓住前行的机遇，从而让组织成员安居乐业和得以休养生息，并保证了企业组织持久成长。这种塑造组织战略化行为的礼俗规约，也正如梁漱溟先生说，可能是传承中国传统文化的根脉。“对历史文化特别是先人传承下来的价值理念和道德规范，要坚持古为今用、推陈出新，有鉴别地加以对待，有扬弃地予以继承，努力用中华民族创造的一切精神财富来以文化人、以文育人。”

由熟人关系所构成的日常组织，原本形成于从父母子女开始，到亲戚、朋友、乡亲，再到君臣的层层伦理规范。这不是生硬的规定，它植根于人自发的感情，植根于人们日常生活的磨合交际，植根于长期历史积淀出的自然常态。这也正与中国传统社会的乡土生活现状是一脉相承的。中国式关系，正是中国传统文化和传统智慧的普世性所在：以维持关系存续的仁者行为，是儒家修身的礼义观；围绕关系之常道的生命活力，是黄老学说的道法自然。管理者，首先是一个普通员工，与其他员工一起工作的普通人，不可以自外于日常组织活动，更不可能自绝于日常生活的习惯与传统。日常管理者的权力，来自于人，也施之于人，更受制于关系情境。因而，立足于习惯成自然的传统性规矩，而后从事情境性内容，便是顺应自然之情。在日常生活与管理目标之间，做人往往甚于一切，因为做人之中含有做事，而不会做人的做事，终因“难容人，也难容于人”而失去了将人组织起来的管理实践之本意。

正式组织和非正式组织共同构成企业日常交往的组织整体性活动，关系交往规则和关系交往内容的“阴阳变通性”生成组织化行为及其日常管理活动。例如，维持关系规则的日常交往之中产生了具体的任务目标，于是，在正式组织中，日常行动内容常常围绕具体的行动目标，同时也在日常交往中产生了人情往来，以维持和支持正式组织规章制度的顺利进行；同时，在非正式组织中，人情往来的行动规则围绕因之而生的具体行动内容而产生潜在的目标和机会。因此，日常管理者只有通过“无事”之时的日常交往与其他员工打成一片，让员工在“有事之时”因考虑管理者感受而组织起来，并做到自我约束和修为自律。这就需要“为之于未有”的企业文化建设，管理者首先带头做到静柔自谦，卑己自晦，能容人方能容于人；其次要清俭自奉，使得企业组织既能容人，又能让人主动工作起来，“大国不过欲兼畜人，小国不过欲入事人。”这样，日常管理活动常常于企业日常交往活动之中而不知不觉地贯彻落实相关政策，同时对潜在危机也起到防微杜渐的作用，即“治之于未乱”。

正在这个意义上，与传统西方管理理论所强调的置身于事外的管理理念完全不同，中式管理思想注重管理者与被管理者在一起共创企业组织成长，管理者置身于具体事务中并以日常交往方式开展日常管理活动。接下来，如本篇刚开始所介绍的历史案例，“有事之为”利用“无事之为”的中式组织管理模式，第九章探究人之通性之下的中式组织管理原理，管理者通过“无事之为”的关系建构建立以人情交往为基础的非正式组织形式，为管理者开展日常组织活动铺平道路；第十章在“有事而为”的背景下，提出基于关系建构的中式组织管理原则，日常管理者开展组织活动所遵从关系化行为原理，在不破坏人之通性的日常组织活动中，带动被管理者在一起共同创造性地发展企业。

第9章　人情交往和关系建构理论

妻子问："你们是最要好的朋友，你怎么给他送的都是一些不值钱的东西，而送给别人的都是很贵重的礼品。"他说："你什么时候见我送过贵重的礼品给他？"他接着说："这个老友，你也知道，很爱面子，也很好强，更不愿意亏欠别人什么。如果我送他一瓶茅台，他肯定会送我一瓶五粮液。他在乡村小学教书，能挣多少钱，家里负担也不轻。如果我们送他贵重的礼品，他肯定又会发愁送给咱家什么。所以，我就买些牛奶、食用油啊，这些东西价格不贵，又实用，最重要的是他也买得起。"

日常交往的"看人下菜"：当一方送给另一方超出其承受的能力时，虽然从某一方看来，贵重礼物能配得上这层关系，但是，如果没有考虑回礼者的承受能力，这样会让回礼者难以接受，于是，这种关系规则会给某一方带来生活负担和心理压力，渐渐地使得关系交往不可持续。因此，"配得上"关系规则，个人又有"接得住"能力，才是关系交往自然之道。

9.1　中国传统智慧的自成语境

在日常社会生活中，人们常常更多地在有意无意之间展现人之通性，讲人之常情；同样地，在趋利避害的人之常情所驱动的日常交往中，人们会不自觉中地展示出自然向往。"皮之不存毛将焉附"和"覆巢之下安有完卵"，尽管人之通性是社会得以存续和发展的根本依据，在人之常情下的日常组织活动，在一定范围内，也允许人之个性的行为展现。随着社会和经济的快速发展，也随着人们日益强化个体理性思维，人与人之间、人与自然之间，在无意识或潜意识层面上的共通性感受状态变得越来越紧张，从而造成了人们巨大心理压力。在这种状况下，在日常生活中，人们更加渴望在自然心境中展现个人行为和受到社会尊重而健康成长，十分愿意长久地维持在一起工作的共通性感受状态，也向往那种如农耕文明的淳朴而恬静的自然生活状态。因此，虽然那种农耕文明表达自然之情的形式和手段已经不复存在，但是注重关系本位的人之常情主导下的日常交往活动，依然成为绝大多数人所渴求的精神家园；一个企业如果能在日常组织活动中注重传统文化传承，在日常管理中强调礼义规则，那么，这种以人为本的日常组织管理模式，在排泄企业员工个人内心压力的同时，也能在一起共创组织未来，提供企业组织永续发展的根本保证。

西方科学理性探究将认识世界比喻成“盲人摸象”，其潜在假定了整个（包括未知）世界是一个静态结构，每个学科如同一个盲人一样能感知世界的一部分，然后，当把不同学科的知识缝合起来，便成为这个世界的原貌，并可以借助科学力量去征服和改造。不同于“盲人摸象”，中国传统智慧立足于人之常情并维护人之通性，将日常交往的关系本位作为归宿，而认识世界只是呵护自然之情的一种手段，正如《两小儿辩日》所讲：①

有一天，孔子到东方游学，看到两个小孩争辩不已，便问是什么原因。

一个小孩说：“太阳刚出来的时候离人近一些，中午的时候离人远一些。”

另一个小孩说：“太阳刚出来的时候离人远些，而中午时离人近些。”

第一个小孩说：“太阳刚出来的，像车盖一样大；到了中午，却像个盘子。这不是‘离得远看起来小而离得近看起来大’的道理吗？”

另一个小孩说：“太阳刚出来的，有清凉的感觉；到了中午，像把手伸进热水的感觉。这不是‘离得近感觉热而离得远感觉凉’的道理吗？”

孔子并不能知道谁对谁错。

两个小孩笑着说：“不是说您的知识渊博吗？”

这则寓言告诉我们，中国传统智慧，注重通过认识世界的探讨来开发人之通性，人们了解未知世界也是通过人际交往获得的，于是，建立起共

---

① 参见《列子·汤问》：孔子东游，见两小儿辩斗，问其故。一儿曰：“我以日始出时去人近，而日中时远也。”一儿以日初出远，而日中时近也。一儿曰：“日初出大如车盖，及日中，则如盘盂，此不为远者小而近者大乎？”一儿曰：“日初出沧沧凉凉，及其日中如探汤，此不为近者热而远者凉乎？”孔子不能决也。两小儿笑曰：“孰为汝多知乎！”

通性感受的关系本位才是社会立足之本，至于现实世界原本是什么样子倒是次要的。每个人所观察的现实世界是不一样的，只要建立不同的人际关系，就会共创彼此共存的世界，而对所认识的社会事实，并没有标准答案，唯一的标准就是，日常交往行为遵从的“仁义礼”的关系规则。显然，这与中国传统文化敬畏生命独特性的基本理念相契合。进一步地说，西方文明主张“给我一个支点，我就可以撬动地球”（阿基米德），但是，如果把关系本位比作我们认识世界的杠杆，那么中国传统智慧可能更在意：有了这个杠杆，总会找到一个支点，我就可以顺着关系建构方面努力，在“人赶人”中“走一步、看一步”，从而走出与大家在一起的人生之路，并为后来人创造美好未来。

在自成语境的中国传统智慧中，日常交往的战略实践在本质上就是创造一个没有止境的未来。为此，本书在下篇的序言部分，先从“萧规曹随”的故事中道出“无为而治”的根本，即从日常交往的礼义规则入手，“务积于人，不在盈其仓库”，任用贤德的管理者，有所为和有所不为，为人际之事，而不去一味地务求目的之事；以具体故事系统地剖析了中式组织管理的日常交往行为分析架构。为此，第九章在层层推进的过程中剖析了中式组织的关系建构原理。首先，在前文研究的基础上，给出中式管理理论的基本内涵和日常行为原理；其次，在此基础上，从组织文化建设层面给出了关系建构的德育、礼义之举、法治与权度的中式组织原则，也是管理者开展日常组织活动的根基和基础；最后，依据“以人为本”的理论框架，系统地给出了中式组织管理关系建构的组织文化建设框架。

9.2 中式管理理论的基本内涵

本质上，中国传统文化集中体现于家庭生活的相互关怀、照应、和守望的规矩与亲情。因此，中国传统智慧描述了普通人日常交往的内在动机，即家文化的内在驱动力（Menges et al，2017）。强调人之通性的中国传统文化，围绕“天人合一”的朴素智慧（宇文利，2012），引导人们形成“道法自然”的个人信念和亲情信仰，在以“仓廪实而知礼节，衣食足而知荣辱”的人之常情的个人行为假设上，建立了以“仁义礼”为核心的日常交往的关系规则体系。一方面，传统的中国家庭教育注重人之通性的开发和疏通。例如，家长经常会拿身边的做好人好事的不同人来教育子女；当我们犯错误的时候，常拿表现好一点的同龄人作比较，以他们在日常生活中所做过的好事作为例子，说他们是多懂事的孩子，教育我们应该如何做人做事。又如，当家里来客人，总将家里最好的、平时舍不得吃的和喝的，拿出来招待客人，同时也不忘教育我们，这些客人对我们家是有恩的，做人要懂得知恩图报。再如，小时候，如果我们在外惹事了，父母总是不分青红皂白教训一下我们，然后还带着我们主动向人家道歉，无论我们是对还是做错的；在家长看来，通过这个事情教育子女怎样做人，至于事情本身的对错并不重要了。

另一方面，在日常社会生活中，无论遵从礼俗，还是在有意无意之间，都是以遵从人之常情而开展日常组织生活。例如，在当前组织的日常运行过程中，注重人情法则的日常组织创建行为（第一章）、关系交往带动组织推进（第二章）、礼让行为塑造组织社会心理（第三章）、关系化驱动组织共创性行为（第四章）。又如，在组织创造未来的发展过程中，关系交往形成战略实践观（第五章），知恩图报的战略性逻辑（第六章）、互助行为预防组织衰败（第七章）、人情交往带来战略创业活动（第八章）。总之，在自成语境的中国传统智慧里，从日常关系交往中开发人之通性，这种“以人为本”的中式组织管理思想，既能为个人身心的自然成长带来无限可能，又能为企业组织持久发展不断地带来生命力。

正如未来是创造出来的，日常组织现实是一步一步地关系建构出来的，而不是按照事先预设出来的。一方面，在人际交往过程中，在目标物还处于不明朗的模糊情形下，围绕目标的社会交往活动更多地在于人际交情行为，而在目标已明晰的情况下，围绕目标展开的社会交往活动，常常被认为是一种交易性行为。另一方面，当围绕已明晰目标进行社会交往时，如果让对方先行，则是一个私下交情行为。这虽然在外人看来，是一种交易性行为，但相比较上述目标模糊情形，这种注重私交的行为往往是日常性社会组织行为。因此，在一定程度上，关系情态是关系建构式思考的落脚点，即关系化过程是在关系情态上的社会互动，以交情关系为被组织性和以名分关系为组织性，从而开展日常组织化行为。关系建构理论认为，组织行为是依据关系情感来开展关系化行为和建构关系实践，完全不同于传统西方组织理论所强调的个人动机假设。潘光旦（1930）指出，在人类通性的共通性感受上做文章，而不是依附于关系情境之中的个性张扬。一个人只有以通性进入社会，在文化之后成为社会人，才能通过日常交往的组织活动，展现其个性的一面。以关系为本的人管人，实际上是家庭式管理模式，这是中式组织管理原理的本质所在。

第一，关系人假设（关系本位）。关系建构遵循人性向善的假设，这与西方文化追逐私欲的善恶标准不同；人是“从二人”的关系本位，“仁者人也”是包容了“私欲之善为”的“上善”，注重人际感通性（interpersonal perception）的联动行为，而不是追求价值理性的博弈行为，因而，从人之常情，则是理解关系建构内在机理的主导性思维模式。在关系情态中，既包容对方的主观感受，又尊重个人天性并抑制自我欲膨胀，因而，关系建构的情境性常常超出了个人的有意识状态。正在这个意义上，关系建构活动是因情境变化而引发关系情态之变，进而由“知礼节”和“知荣辱”所驱动的。在日常交往的关系实践中，认知能力往往起着一种评价性选择作用：评价交往行为能不能继续，并不完全取决于之前事情完成得多好，而主要考量这种交往过程激起彼此情感进一步交流的可能性，不破坏人情往来的关系规则，这与传统理性人假设存在着很大区别。

第二，关系情态的驱动性。关系情感是动态的和事前发生的，强调“我们”的共通性感受，正是这种关系情态变化一直贯穿于并驱动着日常性关系建构过程，而不是“你我”或“self-other（s）”的共识性认识所驱动。对于关系建构行为来说，在关系情态里是无明确预测和无意控制的，当然也不可能给出解释性和提供可行性知识。一方面，作为主客观一体化、认知情境化和方法世俗化，关系情态是强调代入感的，也即是，参与人的共同所思（being）所想（knowing），也不是未进入关系情境的所思所想的；显然，在关系建构的过程中，社会认知是由感通性和情感性关系所引起和激活的，这种社会认知又激起了随后的人际情感共通性感受的关系情态，正因为如此，不断被社会认知所唤醒的关系情态是情境性的，这种社会认知也超越了个体社会认知的交集；因而关系情态无法被个人有意识所控制的；例如，通过参与人多重描述内容的关联性，依据情境而变来激活或维系瞬态的关系情态共通性，而作为社会认知的身份的不断转变只是人情交往过程中的附带表现形式。另一方面，作为一个有机的完整体，组织/关系情境会随着周围环境、社会关系或个人情绪发生变化，也一直处于不断演变过程中；当处于组织情境或关系情境中的个人没有随之跟进，就会破坏个人与关系或组织情态的共通性感受，这样会引发个人的担心和恐惧，也正是组织/关系情境变化中的“不进则退”或“不喜则忧”的居安思危心态，在暗地里不断地推进关系建构行为。因此，在关系情态的驱动下，关系建构行为充分地利用了日常事务性活动和开发通情达理的生活常识，在“你情我愿”与“你谦我让”的言谈举止的人际互动过程中，不断地推进和维持临时性社会现实带来的日常组织行为。

第三，情境化行为规则的文化传承性。作为一种社会事实，情境是由人为塑造和建构的；而作为一种自然现实，情境所发挥的作用又是靠人为感知的。在这个意义上，符合人之常情的行动动力源，来自“传统性习俗和礼节所构成的先王之道”和“具体情境下顺着自然之情的圣王之道”所共同激发整体性感受的不自然状态。所以，一个有机的情境是完整的，有自然环境的、历史文化的社会记忆性沿袭、也具有社会情感归属的属性。随着关系情境不可避免地发生变化，由此产生的关系情态也处于动荡演进中，于是，为了维持共通性感受状态，关系建构行为模型包括三个层次（Heide，1958）：在共通性情感层面，把交往双方的情境性感受考虑进来，并把涉及的关系情境也考虑进来；在交往行为层面，遵从社会规范和文化习俗及组织规章制度在内的关系规则；在共识性认知层面，实时地评判关系情态的交汇过程，并在合情合理中接受社会事实。在日常实践活动中，在维护或增进关系情态的礼仪约束下，关系建构一般是先行之仁会自发地（不受施仁者的意识控制）获得义举之回应；正是遵从情理文化习俗，在社会交往过程中把两个独特的倾向性行为塑造出关系建构活动，即继承本土历史文化的社会组织活动。

第四，关系本位联动的情境转化行为。关系建构遵从于关系本位共建的关系情态变化的行为模式，并以人际情感交汇为行为取向，否定了以个人为中心的思维模式（无为）与行为规则（无我）。关系本位的关系建构过程中，一方不是去主导另一方，而是应双方在感通性或情感性上的社会心理连通着而去照顾或回应另一方所采取的联动行为。在人际交往中，参与人更多地关注通过权力让渡方式来顾及他人的情境性感受、情感性反应及随后的社会反响，关系本位是通过在动态关系性连接和人情往来的沟通中将双方行动连接起来，因而，关系建构是关系本位在“讲人情”与“给面子”中彼此塑造的内生性组织模式。又因为关系本位并不是按照事前预设情境展开日常实践的，而是双方依据对方的实时反应而采取相应行动，以维系关系情态的共通性，所以，关系建构的关系本位联动实际上是情境转化行为。更进一步地，如果说关系情态共通是以双方在情境变化中不断地更换主导位势，那么在工作场所里，一直强调主导权的组织行为不可能建立真正的交情关系。

第五，关系建构的“向上赶”过程（promoting is ongoing）。关系情境里面的每个参与人都有独特的思维逻辑，但由于依存于共通性关系情态来发挥作用，而这种动态的关系情态包括关系性连接和人情往来的沟通，在人际交往中分别伴随着资源流动和知识创造，进而引发关系情境发生改变。在关系情境的演变过程中，因一方根据自身逻辑对情境做出判断并实施行动，自然会改变了之前的关系情态，进而自发地带动另一方在新情境下以自身逻辑给予回应并采取相应行动。在日常组织实践中，为了增进人际情感交汇（affective cooptation）关系，正是这种在感通性关系或交情性社会礼俗所带动下的双方联动过程，产生了在情境转变过程中的“话赶话”（discursive processing）、“事赶事”（entrainment effect）和“人赶人”（social facilitation），在不断地转化“情境性身份”（dimensional identity）过程中推进了组织化行为。因而，在人情往来的关系实践中，关系建构通常以对话、会话或场景互动等方式展现的。

第六，创造性结果的圆满。由于关系情感的动态本质，维护和增进人际情感状态不仅能解决现有问题，而且能为未来情感交汇创造机会。正如道家所指出的功德圆满：“功”在于解决问题，“德”在于开启未来交往的可能性，两者在一起即为“圆满”，因而，循序渐渐的关系建构在于圆满之自然。为什么？首先，在关系情态变化的驱动下，关系建构所产生的结果无外乎是两个：一个是与共识性预期一致的，另一个是情理之中和意料之外的创新性结果表现；前者是维持原先人情关系的问题解决，而后者则是提供了增进人际情感交汇的新机会。其次，作为创造现实的一种社会手段，关系建构虽然遵循社会规范、文化习俗和组织制度的交情准则，但是还是给出了个人倾向性感受展现的自由度，也尊重了双方的独特性；换言之，也正是“和而不同”的个人天性才使得关系情态发生共通性，进而在不同的组织情境下产生相互激活对方的创造性共生关系。因此，无论是结果状态的连绵延续上、还是参与人天性的修为上，都符合了老子的“道法自然”的思想境界。

随着探究社会组织越来越强调“人际关系”的基础性单元，而不是科学理性所主张的概念之间因果关系，于是，在关系情境里，认知层面的因果论可能在社会现实里越来越弱，而情感上汇通（confluence）可能比科学理性更具有解释力。因此，在关系建构（confluence）基础上的因果机制，可能是社会研究的未来导向性模式。正如，因果关系内部也隐含了情感因素，即 Lazarus（1991）情感理论，这种注重私情展现行为的主导逻辑还是遵从价值理性的因果关系。所以，为了更符合顺应自然之情的日常实践逻辑，在理论概念上，首先是顺应自然之情的关系本位，其次才是具体价值情境之中的功能性关系。

中式管理思想所讲的“关系本位”的日常交往行为强调“人生上意”（梁漱溟）。如前文多次提到，遵循“重人情、讲关系”的社会互动行为规范下，关系建构过程呈现出一系列“你追我赶”的关系本位创造性活动。本质上，关系建构是“互帮互助的人情交往”（贺雪峰 2011；Ip，2009）的关系化过程，目的在于“在一起”共建和维护人际情感共通性状态（McNamee，2012a，2012b）。因此，关系建构在本质上遵从了人情法则，以关系化过程为行为载体，产生出与建构行为特征一样的表现。正如第三、四和第 7 章一样，作为社会科学的研究视角，关系建构是一种借助语言交流（对话）的关系性现实再造过程，具有本地历史文化的继承性和多重关系互动的并进性，从而开创能增进人情关系的日常组织活动（Alvesson & Deetz，2000；Hosking，2011）。

与后实证主义不同，关系建构理论注重以构造出能激发人际情感交汇的社会事实为行动导向；同样地，与批判实在论也不一样，关系建构理论强调实体存在和实体认识在感知层面上连通起来（Hosking，2011）。关系建构理论以人性向善的“仁者人也”为假设，并以“仓廪实而知礼节、衣食足而知荣辱”的个人行为假设为基础，遵从“道法自然”的“从二人”的关系情态驱动日常交往实践。在关系实践的情境化行为中，首先，围绕其所处的社会情境来确定当前组织情境中的人际关系情态，根据线索性暗示和周围处境，选取合适的对象进行合作和交往；其次，在交往对象明确之后，依据关系情境之内的情态位势和关系情境之外的社会身份，以照顾他人感受的感通性关系为行动关注点，以维护或增进人际情感关系为行动前提，围绕目标任务展开情境化行为；最后，在关系化行为过程中，遵循“仁义礼”的身份和交情，开展个人倾向性感受的日常组织实践活动，进而增进人际情感状态的共通性。

9.3 中式组织管理行为原理

1. 人情交往的道德准则

在中式组织管理实践中，所谓的道德准则，指的是日常交往中的关系本位。一方面，道是指关系之道，表达了关系情态共通性；在日常交往中，人们情境性感受处于有无意识状态里，如“有之以为利，无之以为用”（《道德经》），所以，身处关系情境的人们内心感受是相通的，而在正常情况下，这种情境性感受是有机整体的阴阳平衡，并随情境变化而使得关系情态起承转合的自然规律，正如《黄帝内经》说，“阴阳四时，万物之本也。”另一方面，在日常组织活动中，人情交往形成了关系之道，所谓道法自然必然会引发情感交流的礼物交换，于是，顺应自然之情而施助他人或者顾及他人感受行为，在让对方有所得的同时，己方也会心安自得，是为“德者，得也。”正如管仲说，“凡此六者，德之兴也。六者既布，则民之所欲，无不得矣。夫民必得其所欲，然后听上，听上，然后政可善为也，故曰德不可不兴也。”在日常生活中，人们往往卷入在因具体事务变化而引起的情绪起伏之中，显然，这种道德准则从关系本位的整体上塑造了共通性感受状态变化的自然之情。

存在于潜意识状态的人之通性，强调情境性感受的共通性状态，虽然不受强调人之个性的有意识状态所控制，但是，发生于人之通性之中的个人行动，又引导和激起情感共通性状态，进而驱动日常交往行为。基于人之通性的这种共通性状态，既是意识没有形成之前或不受意识控制的日常交往中个人行动的驱动力，又是日常行动的自觉维护者，正所谓“万物生于有，而有生于无。”所以，日常行动或实际活动以呵护共通性感受为基准，一方面顺应自然之道而行动展现，另一方面以彼此的内心感受去驱动，价值性在日常活动顺应自然之情中“得”（德）。例如，人情，是人与人之间把离散的个人情感连在一起的共通性感受，而不是具体的情感反应和情绪状态，更多的是一种关系情感，包括关系之人的地位落差和亲疏远近两个构成。人情交往的关系建构，可以激活彼此共通性的无意识状态，并在各自有意识状态中产生共识性。哈贝马斯的“互主体性”概念实际上来源于胡塞尔（1988）所提出的主体间性，人们就可以扩展自己的主体性，并把世界理解为“共同世界”，理解为“一个主体间性世界”；正如马丁·布伯（1986）说过：“我与你的对话不仅是言语上的你来我往，而是寓于‘生活深处’的具体体验”。

在情理社会里，组织生命力更多地注重源自于人际情感交汇和贯通的社会互动实践中的集体性智慧发挥（Grant & Hardy，2004；Hosking & McNamee，2006）。在这个共同创造的组织活动中，人与人之间的情感性联结，即在互动中所不断涌现出的并及时被采纳的情感性线索，驱动了人际交往活动向前推进。例如，在日常组织活动中，人们是通过“讲人情”“给面子”和“报恩”来尝试性地建立人情关系，借此获得新知识和解决问题，或者发现问题和转移知识。再如，西方社会心理学理论指出（Dutton & Heaphy，2003；Gioia，1999），要么通过建立牢固的人际情感性关系，要么通过照顾他人感受建立人际关系，以此为方法或手段可以创造人际情感共通性状态，让彼此都有“在家”的感觉，“友谊关系”都会成为创造价值的潜在源泉，同时，人际情感的依恋状态也能创造组织（Kidd，2009）。

人情交往遵从趋利避害的创生性逻辑。例如，在很多时候，我们坚持一件事情，并不是因为做了会有效果或有意义，而是此刻行动所带来的共通性感受或自然而然的感觉。换言之，放弃这件事情，可能破坏这种自然之情所带来的温暖；同时，又担心找寻新感觉带来的不安心。如前文所讲，日常组织活动遵从“一阴一阳谓之道”。在人情交往的个人行为态度上，人们倾向于自然的“中庸”状态。情理观是“三生万物”的组织创生性逻辑，存在便是正在建构，面向下一步在关系层面上发生的各种可能性（“无我”），一种可能性代表一个情感性线索的关系化指向（“无为”）。无论是关系建立还是关系利用的关系建构行为，既要非常注重人际交往过程中的组织政治行为，如“礼节”和“仪式”等身份约束和行为尺度，又要注重人际关系的交情深浅和亲疏远近所带来的言谈举止分寸，以此提醒或暗示当事人不要过分展现自己的价值取向，时刻注重组织中人际情感畅通性，不能因一己不当行为而破坏人情关系或脱离组织情态。如果从资源能力的流动来看，人情交往的主要目的是增进或维持人际情感状态，但是，关系建构行为必然带动相关资源流动、问题解决和知识创造，既可以大大地节省了协调成本和采购与库存成本，又可以激活当事人动机收益和创造性发挥。

本质上，日常组织活动是以关系本位为基础的关系建构活动。一方面，在不同情境下，由于人际关系的存在，一方有问题另一方立即回应：当一方以解决具体问题为关系存续创造未来机会，而另一方则以照顾他人感受来维持当前正在发生的关系情态共通性；于是，在一起活动的组织化产生，因而，日常组织是因人情关系而持续存在的。另一方面，在关系情境下，双方的认知结构和价值标准都会随情境变化而发生变化，产生新的共识和新知识资源流动，并以共同的持久性关系情境为目标，因此，人际关系基础上的人情交往是组织存续的基础。从长期来看，注重人情关系，彼此能在一起，注重共通性关系情态的建立和增进，便是遵从“道不远人”的“道法自然”，在不违背关系交往规则之下的个人私心呈现，是人之常情。在这个意义上，以情境性感受共通为基础的人际关系使得关系两头的一起行动的二人都遵从道法自然，注重关系交往的私情即为“人之常情”，在此基础上，关系交往不仅是符合“三生万物”的行为逻辑，也是“负阴抱阳”之物，更是“有之以为利，无之以为用”的生命成长过程，同时也是“有生于无，无生于有”的组织创造性过程。因此，随着人情交往形成共通性感受状态，连接关系人之间的顺应自然之情的“道”便建立起来，于是，当任何一方遇到问题就会顺着自然之情而获得所需的救助，这便是日常交往的道德准则。

在顺应自然之情的“道”上，常常是生命前行的脚步，遵从自然之情的道德准则实际上崇尚的是生命观。在道法自然中，为一个人避害或解困，便是对其生命的敬畏；一旦避了害或解了困，这个人的生命又回到了自然常态上生长，并从顺应自然之情中汲取生命能量而永续生活力。这是一个生命体与一个功能体的根本不同所在：功能体为目标价值（或精神信仰）而存在；倘若为其避害，就使其没机会施展其功能；一旦功能体缺乏目标（精神信仰）而不趋利，就失去了其存在的意义。

敬畏生命，便是尊重一个人的生命自然生长。何为敬畏？便是顺应人之通性的传统之“礼”，和顺应人之常情的相处之“义”。何为尊重？即为生命体的自然生长驱除危害和解除困境，倘若洞察到一个人的生命自然生长出现危急状态，便及时地去救急和帮忙，因此，在日常交往中，个人行动遵从仁义礼，便是以人为本。任何生命的温暖，往往是来自另一生命的关心。一个人内心的温暖感受，源于他人的贴心关怀而引起的共通性感受状态。正因为如此，建立在人之通性的道德准则，既是指导关系规则建立，又是有意无意之间的人之常情；顺应人情交往的道德准则，可能是中式组织管理活动发生的根源。

2. 人情交往的仁义礼规则

无论管理者还是被管理者，在企业日常交往中，在有意无意之间围绕关系本位而开展日常行为，也就是，在潜意识活动中，他们都会在趋利避害的驱动下接受道德准则，常常表现为“仓廪实则知礼节，衣食足则知荣辱”。在熟人社会的日常组织活动，为了不破坏与大家在一起的共通性感受状态，管理者和被管理者，特别是日常管理者，往往在有意识地遵从仁义礼的日常交往规则，这样才可能激发组织整体性潜能。仁义礼的关系规则，虽然在一定程度上限制了自我意志的自由表达，但是可以释放组织力量。只顾各自表达自我意志的自由展现，不可能从日常交往中自发地产生共创性组织活动，更难以依赖于集体性力量来规避不确定性变化所带来的伤害。再进一步说，倘若遵从了关系规则，不仅赋予个人自然之情的自在展现，而且还在互助中在一定程度上解脱了自身能力的束缚。

中式组织管理不仅注重日常交往的行动规则继承性（以敬畏之心遵从自然之情），而且在有意无意之间维持关系情感的自然常态，以自然之情来维护个人身心健康并促进组织战略性发展。所谓的日常组织传承，是指当事人在维持关系规则过程中，其中一个人离开，剩下的那个人与新进来的人建立与之前相通的关系规则，而后来人继续从事与之前的那个人一样的日常行为。因而，在维持关系规则的日常交往中，当事人都是支撑关系运行的一只脚，围绕着关系行动和关系情态，不断地共创未来（认知框或认知内容发生变化），至于每只脚的想法是什么，对于日常组织来说并不重要了。又因为在日常生活中，一个细微的动作就会引起一个人的情绪反应，如一个谦让、一个帮忙等敬畏他人的举手之劳，都会让人感到莫名的温暖，而且自己心境似乎也开阔舒服一些。然而，日常交往表面上都看上去彬彬有礼，实际上存在很大差异。其中，顾及他人感受之为在于注重潜意识状态相合的共通性感受，彼此在自然而然之中以敬畏之心在乎对方感受，注重礼节规矩，显然在增进人之通性的关系情态。这完全不同于西方礼貌理论（politeness theory）注重为各自私情之想法，以礼貌的举止，竭力地在维持暂时性感受共通性状态，以便让合作顺利进行。

“夫人必知礼然后恭敬，恭敬然后尊让，尊让然后少长贵贱不相踰越，少长贵贱不相踰越，故乱不生而患不作，故曰礼不可不谨也。”顺着人之通性的人情交往，常常发生在日常交往中，遵从仁义礼的交往规则，对未知世界心存敬畏和向往道法自然的生活方式，彼此充分利用对方“拥有的却没有意识到的”，并在激活和维护共通性感受状态的交往过程中共创在一起的组织未来。例如在组织实践中，员工遵从仁义礼的关系规则，顺应自然之情展开的互助行为，能够充分调用一方“拥有却没有意识到的”资源，在建构关系的同时创造性解决日常组织问题。

在企业日常交往中，企业管理者遵从礼义规则的共创性逻辑，能让组织在日常交往的互助之中得以持久成长。当日常组织活动发生在熟人社会里时，传统的价值理性的研究范式不得不转向日常交往的研究模式，显然，这种与周围人一起成长的创生性逻辑，常常经过事先谋划（不仅仅是计划），更强调事中定夺（不仅仅是控制），并经历事后总结（不仅仅是分析），尽管与传统注重计划和控制的适应性思维不同，却在一定程度上引领适应性逻辑的贯彻实施，在创造未来的日常交往空间中，创生性思维会带来更多的可能性，也让人自然而然起来。正如个人成长不可能一直顶着压力朝前走，企业一直追逐利益最大化而让员工顶着压力，最终不是制度失效就是人员涣散而彻底倒下去，因为失去人之通性的人际关系，只剩下价值性连接的约束力是十分脆弱的。“夫民必知义然后中正，中正然后和调，和调乃能处安，处安然后动威，动威乃可以战胜而守固”。

“予之为取”从个人行为层面彰显出人之通性之本质。予者，在于从礼义；以实际行动展现礼义之为，并感化对方，当对方得之后，并让其知荣辱；因困境之为或机遇而为，取之自然。因此，予之为取的前提条件，是予者要有东西可以顺自然之情而施助，为此，管理者首先要勤劳与节俭，同时不破坏关系情态共通性，遵从天道酬勤和俭以养德的道德准则。“夫民必知务，然后心一，心一然后意专，心一而意专，然后功足观也。故曰：力不可不务也。”当衣食足和仓廪实的情况下，所谓的好想法和及时救助，只不过是产生于呵护人之通性的知礼节和知荣辱，正如管仲所言“本乎无妄之治，运乎无方之事，应变不失之谓当。变无不至，无有应当本错不敢忿”。[①] 因此，在人际交往的日常组织活动中，人们只有通过遵从人之通性的正确方向，才可能从组织存续之中不断获得生存之需，即使“此处不留爷，自有留爷处”，终究还是从组织存续中获得生存机会。

在企业日常交往活动中，为了能促进人际情感的畅通性，人际交往会牵出社会关系网和组织政治活动，这是合情合理的人情交往活动的一部分。例如，一个中国人的身后隐藏着一个家族，以人际情感牵连亲朋好友，不论什么类型资源池都可能因人际关系被卷入进来。关系建构遵循了人际情感状态变化，不断推进组织朝着如“在家”那样的共通性感受状态前行，那么，无论是机会利用还是问题解决，以及对待共同努力的成果分享时，都是注重以增进人际关系为原则；同时，关系建构中最主要依从人情关系来建立和整合各方资源能力。因此，关系建构不同于西方科学的结构优化行为原理，当然更不同于西方最近兴起的知识建构主义，也不同于社会身份的建构逻辑。值得注意的是，遵从人情法则的关系建构行为，不是依从关系本位中的某一行为主体的要求而进行的，而是依从于顾及对方感受状态而展开的，即是在人际情感状态上进行的（详见第六章），更清晰地说，围绕人际情感变化，处于在“无我”中的关系本位彼此展开“你推我进”和“你追我赶”的组织创造性活动。因此，在中式组织管理实践中，基于人情交往的仁义礼规则既是一个情境性交汇的关系建构过程，又是一个组织共创性活动。

9.4 中式组织管理与关系建构理论

1. 整体性组织行为

在很多时候，在遵从礼义规则的日常交往中，人们受制于与周围情境

---

① 参见《管子·宙合》，大意是，当处于无意识状态中的共通性感受还没有发生变化，从无意识状态被激活的有意识活动不应该阻碍共通性感受状态，在这个交错过程中不能引起个人的私情不满。

之间关系情境变化所引发的人际情态改变，一方难以驾驭自己的行为，更难以掌控他人行为，当事人是以不断变化的情境中另一方的反应为行动前提。进一步说，在人际情感基础上是联动性组织化活动，人际互动情境是没法预设的，其产生的一系列行动结果也不受任何一方所控制，也就是说，关系建构的组织活动是整体性组织行为产生的根源。

在日常组织情境之中，有两种情形：从事正式组织活动和非正式组织活动。对前一种情形，在某一主体主导的社会情境里，成员之间通过礼让行为开展日常事务性合作。对后一种情形，在非正式组织的工作情境里，成员则通过利用找熟人方式来维护私交关系，同时共创性地投入做事和提高能力。无论何种形式，其评价都是在关系情态上发生的。在关系情态上的关系建构，一个主体的情境性展现是另一个主体所感知的主要客观对象，进而激发其主观性状态发生变化，因此，关系性组织既是主客观的结合体，又随着时间演进而发生主体性地位转换。

无论主客观的转换，还是主体逻辑的转变，维护关系情态共通性是双方达成共识的基础，如礼让、知恩图报和互助等关系建构是将两人的行为自发协调起来的根本保证。当关系情态一旦贯通起来，即双方在情感上产生共鸣，那么共识性理解自然就形成了。也就是说，共识性理解一旦达成，组织活动的这部分就会结束，但是这并不意味组织就解散了，因为人际关系已然形成和依然存在，组织也就潜伏下来了。所以，在中式组织中，关系情态上的日常组织行为展现往往起着决定性作用，侧重于仁义礼规则的关系交往塑造了非正式组织行为，而倾向于共识性理解的人际交往常常在正式组织中更为常见。

中式组织所强调的日常组织实践是一个完整的有机体，既包括正式组织，又包括非正式组织，其中，非正式组织是一个组织存续与战略发展的根基（潘安成，2014）。正如在第一章指出，中式组织是通过人情法则的关系建构出来的，而第二章发现，非正式组织边界以关系交往来拓展的。由此可以看出，中式组织创建和发展都离不开关系建构。进一步地，第三章研究指出，关系交往中的礼让行为形成了组织持续存在和发展的社会心理，也正是这种社会心理吸引了人们遵从人情法则形成日常组织，于是，第四章研究得出，推动中式组织共创性活动的是依从关系本位所形成的内在动力系统。显然，这些研究在总体上论述了关系建构的组织化之源。中式组织的技能型知识并不是不同岗位的个体知识简单叠加，而是在关系情态上，通过人际互动来共同解决问题和共创新机会的合作或互助的结果，组织技能是人际互动中关系建构的结果。

在非正式组织中，在人情关系基础上的相互帮助和情感交流，受制于人情法则和面子规则的礼俗规约。一方面，当一方遇到困难时，有人会主动提供资源能力以帮其解决问题，这种基于正式组织而走到一起的熟人关系，可能因情感性感受而开展互助性行动。另一方面，当某成员遇到困难时，与其有私交关系的正式组织内外的亲朋好友都会主动伸出援助之手，包括提供资源能力获取的社会性支持，同时还提供情感性支持。不难看出，关系交往规则和关系交往内容的"阴阳变通性"生成组织化行为及其日常管理活动。例如，维持关系规则的日常交往之中产生了具体的任务目标，于是，在正式组织中，日常行动内容常常围绕具体的行动目标，同时也在日常交往中产生了人情往来，以维持和支持正式组织规章制度的顺利进行；同时，在非正式组织中，人情往来的行动规则围绕因之而生的具体行动内容而产生潜在的目标和机会。因此，中式组织行为原理是从仁义礼的关系建构而开展的企业日常交往活动，同时，在关系建构的实践活动中对潜在危机也起到防微杜渐的作用，即"治之于未乱"。

2. 组织战略化行为

中式组织是由人际关系所构成的，组织活动是因人际交往而展现的，因此，中式组织的战略化管理是为未来组织存在提供无限可能性的关系建构活动，即提高自组织能力、组织恢复力和组织创建能力，也就说，当有了强大组织生命力，中式组织管理就创造了组织未来。首先，作为礼俗相交的核心内容，人情法则约定了一起创造未来的建构性，因此，第五、六章分别从乡村组织的知恩图报行为以及关系化组织的人情交往活动，探究了战略实践观的自组织能力和组织恢复力；其次，人情法则是企业资源生产、创造和利用的来源，第七、八章分别从日常组织活动的互助行为和人情交往，给出了企业战略实践观的组织恢复力和内部创业能力的行为原理。因此，中式组织战略化，实际上是维持人之通性的关系建构活动。这些研究发现与西方战略研究者的关系建构理论（Hosking，2011）、高品质关系理论（Dutton & Heaphy）在某种程度上都存在契合。

如果创业者不懂得人情交往的礼俗，没有良好的人际关系，就不可能在身处困境时得到他人因知恩图报而自得的帮助，大家更不能按照创业者的意愿提供援助之手，并适时地在一起自发组织起来，共同帮其渡过难关。明代晋商王现留给子孙的家训：

"夫商与士，异术而同心。故善商者，出财货之场，而修高明之行，是故虽利而不污；善士者，引先王之经，而绝货利之径，是故必名而有成。故利以义制，名以清修，各受其业，天之鉴也。如此则子孙必昌，身安儿家肥矣。”

任何的失败都是因为之前的行动触及了社会底线，即违背了一个社会的礼俗规约，根本上打破了由这个群体传承而来的自然的共通性状态，所以，不具有持久性和战略性。如果说成功是指行动的结果被周围大多数人认可的话，那么，当行动的过程触及了社会底线伦理（如礼俗规约）时，行动的结果即使满足了既定的社会价值标准，也不会得到社会认可，从适应性行为来说，失败便是之前的行动得不到预期的被认同的结果。正如我们之前论证过的结论（潘安成，2014）：为人不行，企业迟早会倒闭；为人不错，企业会有很多发展机会，正是由于这些机会出现，不会导致很快倒闭；进一步地，为人好又有个人能力，企业会很好地存续和发展。正如一个人的死亡过程，其实是一个落单的行为，因而，落单，便是不被你所向往的社会群体（消费者）所接受和认可的结果：这些人不接受你，首先是因为彼此交往规则被你破坏而抛弃你，这就是所有企业迅速衰败的根本原因；倘若这种关系还存在的话，即使你的能力不济，也会得到原谅和其他机会，来维持这个关系规则，这就是半死不活的状态。

中式组织管理的战略化行为，包括不可分割的两层规范：上一层的是遵从礼俗相交的人情法则，因在一起的缘分而走到一起，在日常交往中建立关系，并在其约束和促进下有了下一层遵从组织规章制度的交换规则，其中，这种交换在日常交往中常常表现为维持关系情感。企业最终的失败常常是因为违背了关系规则，也意味着之前的日常行动逐渐地超出和偏离了既定市场认可的范围，这并不意味着行动的结果因得不到社会认可而不存在，恰好相反地，失败的结果也是在创造一个新的社会情境。因此，只要是没有触及到社会底线的行动，其结果就会在新的社会情境中得以生根发芽，暂时的事业失败便是一种创生活动。因此，遵从礼俗规约，维持企业内外所依存的共有关系，是一个组织发展的保健因素；而在此基础上所维持的规章制度，则是组织发展的激励因素；前者是基础，正如我们之前论证的“和气生财”，注重礼俗相交的保健行为可以增强企业遇到困境时所自发产生的组织恢复力。一方面，遵从礼义规则可以为企业的下一步发展提供更多的可能性，然而，破坏了人之通性的急功近利只会最终导致企业在迅速壮大中快速衰亡；另一方面，遵从礼俗规约不能保证企业持续发展，由于“仓廪实而知礼节，衣食足而知荣辱”的人之通性，以衣食之私心标准激励员工，而忽视礼节之社会需求，在根本上背离了组织存在之本，也是破坏了组织存续的关系规则而人心涣散，一旦遇到困境，就会众叛亲离而彻底消失。

人情交往的关系建构，常常让中式组织管理活动具有战略化。一方面，从预知价值所衡量的利弊得失，从长远发展来看往往并非如此。事实上，从长远的视角来看，没有利弊之分，因为实际上带来利与弊的两部分是不可分割的相互依存；只不过，从近期看来，疏通和弘扬利于生存的，暂时压制带来"弊端"的。另一方面，在日常交往实践中，当具体情境发生问题时，人们才会有明晰的行动倾向，但是，在大多数情况下，他们起初并没有什么明确的目的性，这与战略理论所强调的远景或使命的内涵是一致的。因而，这种顺着自然之情的关系建构活动本身就是战略化行为。

3. 中式组织的日常管理原理

中式组织管理实践是创造一个没有止境的企业日常交往活动。在日常交往实践中，以关系交往为原始推动力，而以关系建构为情境性动力，产生以关系情境为主导力的事件链，顺时而生成情节性价值。这种关系建构的交往规则，让人们聚在一起，其中，关系交往是人之通性上个人不得不为的，也是摆脱不了的，在日常交往中逐渐形成日常组织活动的倾向性和习俗化，隐含了和塑造了未来发展方向，从交往过程中产生"情理之中、意料之外"的创造性活动和创造性组织形式。日常交往的关系建构在推进与成员之间的新形势之下形成新的组织模式，而由先天性关系主导下的义务性关系带动互助性行为，激起在一起感受的整体性组织发展；同时，以人际交往带动情感性关系和工具性关系的利用，在价值性线索提示下完成社会交换和资源交易，以解决情境性问题和推进日常组织事务性发展。

在企业日常交往中，管理者行为本身的价值创造不仅是通过与被管理者在关系交往中共创出来的，而且可以为员工们创造价值提供良好的周围氛围（包括社会环境和自然条件），这样可能因不破坏内部和谐关系而发挥组织集体性潜力。一方面，如果强势的管理者恃才傲物，排除异己，有才能人出走到潜在的竞争对手那里，一旦遭遇不时，组织一下子陷入生存危机。另一方面，弱势的管理者如果过分依赖于奖惩制度，不讲人情味，奖罚过度，这样可能被人利用而巧立名目打小报告和打击异己，结党营私者众，贤德之人不得重用，企业组织被逐渐掏空而失去发展潜力。因此，日常管理首先顺应自然之情的关系之道，要想管理人，先要采用关系建构来赢得人心，在企业日常交往的言传身教中，管理者不断地建立威望。"得人之道，莫如利之；利之之道，莫如教之以政。"（《管子》）

在日常管理实践中，既然是"以人管人"，那么，管理者既是关系之人，又不得不推动关系化行为，不断地塑造共同向往的组织模式；因而，日常管理的基本单元是“关系”。其中，遵从人情法则，便隐含了规章制度和任务性关系，因为顾及对方整体性感受，其中包括所做之事，这种关系交往则是组织表现之基石。同时，以人际关系为主导的任务分派与责任承担，往往在不违背规章制度前提下让被管理者在关系建构中懂得变通之术，即以不违背仁义礼规则之下共同开展事务性活动。“故民必知权然后举错得。举错得则民和辑，民和辑则功名立矣，故曰：权不可不度也。”(《管子》)

日常交往的关系规则（道德准则和仁义礼规则），是制度性逻辑产生的现实基础，所以，关系规则导向的日常交往，实际上是一种“无为而治”的战略性管理模式，因为其参与人必须遵从关系规则，而不是价值规则。也就是，组织者的日常管理活动，必须围绕关系规则而展开，从而压制组织者过分自我主导的个人有为抱负。因而，日常管理注重组织内部的关系建构，于是举荐贤德之人，同时阻止过分自私之为的发生；“举贤良，务功劳，布德惠，则贤人进。逐奸人，诘轴伪，去谗慝，则奸人止”(《管子》)。在此基础上，在不破坏关系规则的前提下发挥每个员工的聪明才智，在勤劳节俭中积极做好本职工作并进行关系建构，“明王之务，在于强本事，去无用，然后民可使富。论贤人，用有能，而民可使治”(《管子》)；核心任务就是在关系规则的基础上发挥集体性力量。

在关系本位的日常交往活动在已知情境中支持组织生存力，又在未知情境里自发产生组织创造性活动。在日常交往中，关系本位的日用性功能，既超越制度，又超越个人能力。一方面，人际关系能把危机变成机会，带来战略创业活动，也能激发个人潜能，产生组织创造力；另一方面，作为组织性能力，人际关系可以调动个人的积极性，从而降低协调成本和激活个人动机；又作为被组织性能力，人际关系可以自发而迅速地适应环境变化，同时，带来连在一起的组织资源能力。对管理者来说，战略性组织本质上是强化人情法则的“无为而治”。日常交往的行为规范已寓意了行动价值，而情感反应展现了行为规范对行动过程的影响。如果注重人情交往的情感反应行为，不仅在遵从了行为规范的行动过程中实现了预期价值，而且发展了人情关系激起带来的自我约束力，更利于组织管理。“事情做完了，价值不就实现了吗？能不能继续，那看你在做事情中为人处世情况了。”因此，日常管理的基本手段便是遵从人情交往的关系建构。

9.5 中式组织管理与幸福生活

不同于西方管理理论强调的雇佣关系，中式管理思想注重家文化的日常组织管理实践，即由人情交往的关系本位所组成的，因而，中式组织管理强调的以人为本的生命观，不同于西方理论注重价值为本的利益观。在企业日常交往中，无论管理者还是被管理者，首先，在不破坏关系本位的前提下进行不惰怠的勤劳和不奢侈的节俭，如从天道方有酬勤（天道酬勤），从礼节方能养德（俭以养德），积极地为日常交往的组织共创性活动准备物力、人力和财力。其次，在人情交往的关系建构层面，个人行动应该遵从仁义礼规则，其中，所谓礼者，心存敬畏而知礼让，“礼者，辞让之心”；所谓义者，与人相处感受上相宜为好，止于好感；而仁者，即是照顾他人感受，也是立人之本，“仁者人也”。在企业日常交往中，“到者，道也；德者，得也”，于是，起源于“家文化”的中式组织管理实践，从“到”卷入情境的关系建构因循“天人合一”的道德准则（德不孤、道不邻）的情境变化、日常行为遵从勤劳节俭（勤俭持家）和日常交往遵从仁义礼规则（家和万事兴），到通过一系列共创性活动而造就自然之“得”（三生万物），从而逐渐形成中式管理理论（如图9－1所示）。同时，在企业日常交往的关系本位上，日常组织活动顺应自然之情的道德准则，在人之通性层面上开展趋利避害行为，让员工们遵从“衣食足则知荣辱，仓廪实则知礼节”，在维护凝心聚力的人之常情的基础上，既实现创造新组织，又让人感到自然而然的幸福感。

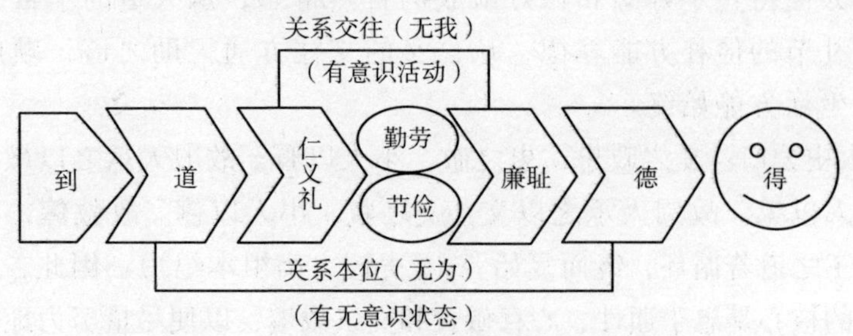

图9－1　基于家文化的中式组织管理原理

事实上，幸福的生活，往往来自顺应自然之情的“止于好感、见好就收”的潜意识状态。在中式管理理论与实践中，为了维持日常生活的幸福状态，一个人就得在日常生活中勤劳与节俭，不破坏与周围环境和身边人在一起的良好状态；在日常交往行为中遵从自然之情的仁义礼规则，维护好与她们和他们的良好来往。这样，当因四时之变而遭遇不测或带来潜在危害时，就可能从周围环境和身边人那里自然获得救助，又恢复到有意无意之间的自然常态，让生命顺然生长。一方面，当处于危急状态时，从身边人那里获得及时的救济（人情往来之礼），对生命成长来说常常是无价的；同时，从周围环境获得的财物之用（上天馈赠之礼），对恢复自然常态来说常常是弥足珍贵的。正在这个意义上，任何有用的东西，在生命急需时价值最大，是为“礼者，时为大”（管仲）。

另一方面，很多时候，日常生活中的不确定性变化让人置身于危急状态。也许，日常生活的勤劳（非刻苦）节俭（非吝啬）和日常交往的礼义廉耻，并不是让人刻意去追求幸福生活，而是在维持与周围环境和身边人的良好互动中减少了危急状态的发生，同时，即使因自身原因而发生危急状态，也会在帮助与受助中避免潜在危害和幸免于困境。于是，当解除了危急状态或没有了危急状态，无论组织，还是个人，其生命成长在“止于好感”与“见好就收”过程中再恢复到自然常态中，个人生命自然生长在幸福的潜意识状态里。

“中国式关系，不光存在于官场、商场，更渗透在人性里；因为这是中国千百年来伦理道德和情感的连接，你只有捋清了这层关系，才会无往而不利”（电视剧《中国式关系》）。中国传统智慧最高境界是意会的，其密码是实则虚之，投射在每个人的心里；道法自然，更多的是强调日常行动的共通性感受状态变化规律，在日常行为中则表现为仁义礼的关系规则。日常生活的勤劳与节俭，日常交往的仁义廉耻，让人懂得止于好感和见好就收的自然常态；从天道的辛苦方有酬勤，从礼节的俭朴方能养德；从仁义的交往方通天助之道，顺应自然之情的生活方能始终。

“太史公曰：夏之政忠，忠之敝，小人以野。故殷人承之以敬，敬之敝，小人以鬼。故周人承之以文，文之敝，小人以僿。故救僿，莫若以忠。三王之道若循环，终而复始”（《史记·高祖本纪》）。因此，中国传统智慧的核心是忠于通性、心存敬畏和文以载道，以便尽量努力地不去触摸自然与人心的不可知（阴暗的和复杂的），呈现出一种简单、清明的礼节规矩。这可能是数千年前的先祖们从长期的日常组织生活中渐渐地领悟和总结出：围绕道之所存，终而复始；在日复一日之中，不惰怠和不吝啬，从忙忙碌碌之中无我无为，滋生顺应自然之情的幸福。“中”是从关系本位的角度行事，对礼法的坚守和对人之常情的体察，也是在彼此长久相处的关系亲疏的探索中维护“和”。因此，对日常管理者来说，“除了人情事变，则无事矣。喜怒哀乐非人情乎？自视听言动，以至富贵贫贱、患难死生，皆事变也。事变亦只在人情里。其要只在致中和；致中和只在谨独”（王阳明）。

第10章　关系建构与中式组织管理

司马迁在总结夏商周三代的中国传统管理智慧中说道，“道德力量实在是无穷而美好！在日常组织活动中，主宰万物变化、驱策集体性力量，怎么可能通过人力资源管理就能达到的呢？以遵从礼义规则来主宰和制约万物的日常变化，让集体性力量顺应自然之情而推进，基本上都能成功立业，这不是借助人力资源管理所能达到的，而是通过弘扬人性向善来造就绝大多数人美德的原因，正在这个意义上，孔子说，‘顺应自然之情，可以让人心向齐和众志成城。’”

“我做大行礼官的期间，研究夏商周三代的兴衰过程，发现依从人之常情来制定礼义，根据人之性情而制定仪式，已经是由来已久的组织管理规则了。实际上，在具体情境下，一个人所要顾及的关系情感，千丝万缕，其中的行为规矩也是无所不在；因而，日常管理注重事前以‘仁义’来鼓励积极进取，而事后以‘刑罚’来处置违法乱纪；德高望重之人，自然就会备受敬重和社会地位显贵；而聪明能干者，往往会得到更多俸禄和荣耀恩宠。以此来作为统一管理的基本准则，会使得绝大多数人的日常组织行为变得井然有序。”①

在第9章论述基于人情交往的中式管理理论中，可能看出，中式组织是以道德准则的关系本位形成人之通性的组织形式，而以仁义礼的关系交往塑造人之常情的日常组织活动；同时，中式组织管理实践是以管理者与被管理者在不违背关系规则基础上围绕具体任务而共创的，因而，作为不可能自外于关系情境的当事人，管理者卷入企业日常交往活动中，进入到

① 参见《史记·礼书》：“古史公太史公曰……宰制万物，役使群众，岂人力也哉？正义言天地宰制万物，役使群品，顺四时而动，咸有成功，岂藉人力营为哉，是美善盛大众多之德也。故孔子曰‘四时行焉，百物生焉’。余至大行礼官，观三代损益，乃知缘人情而制礼，依人性而作仪，其所由来尚矣。人道经纬万端，规矩无所不贯，诱进以仁义，束缚以刑罚，故德厚者位尊，禄重者宠荣，所以总一海内而整齐万民也。”

组织活动之中进行日常管理，带动被管理者并与他们一起共创组织发展实践。除了上述内容之外，特别地，不同于传统西方现代管理，由于中式组织管理实践注重“政之所兴，在顺民心。”

“政之所废，在逆民心”（《管子》），其遵从中国传统智慧的两个社会心态：一是，心存敬畏而守始（时）和关系之本，“知时者，可立以为长”，而非戒备之心坚守价值目标，“知止为始，能得为终”（《管子》）；二是，趋利避害的潜意识驱动力，如第9章的最后部分论述，而非有意识状态的趋利或者以趋利来避害的二分法思维。正是中国传统智慧存在着与西方文明截然不同的社会心态和思维方式，所以，在中国传统智慧指导下，中式组织管理强调顺应自然之情的“以人为本”的日常管理模式，对管理者提出了更高的道德要求，正如王安石《洪范传》所说，“修其心治其身，而后可以为政于天下。”这里需要说明的：关系规则尽管是以人情关系为主导的交往形式，却也内隐了制度性和任务性的价值内容；关系本位的趋利避害是心理上避害和行动上除害，既强调顺应自然之情的日常管理之时策，也不反对和不排斥组织趋利之始为，但是以不能违背关系规则为前提（如图10－1所示）。

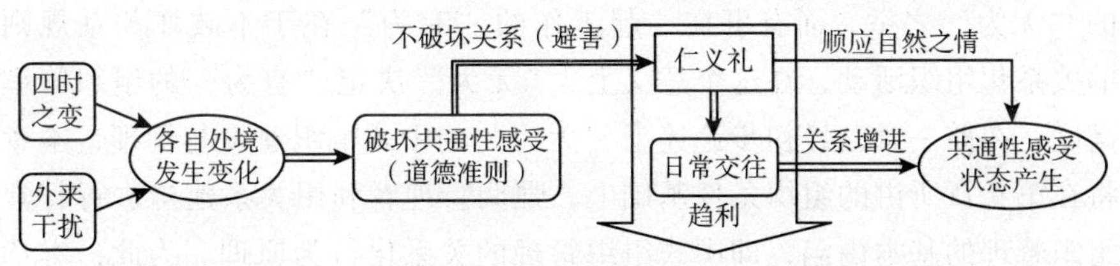

图10－1　关系本位下趋利避害的日常组织行为

常常地，在熟人社会的企业组织里，人与人之间已经形成了各种小圈子和私下行动规则，“人道经纬万端，规矩无所不贯”。于是，在企业日常交往中，当无事在一起的时候，日常组织围绕关系规则而趋利避害，其中个人行动自然是“衣食足则知荣辱，仓廪实则知礼节”，不仅满足了个人生存的物质之需，更重要的是能依存与大家在一起的自然感受状态而获得心安，因此，日常组织管理者首先是“德厚者”，这样可以保障关系规则不至于被“禄重者”破坏，同时，组织制度建设不能违背人情交往的关系规则，比如说，时常举办集体活动培养人情交往的礼节规矩，这样的日常管理在于充分激活和调用被管理者的仁义之举；此外，对因私欲膨胀或无意中私为而破坏关系本位的那些人，按章办事给予惩罚（如图10－2所示）。因此，中式管理理论是基于关系本位的日常交往的关系规则，既是组织持久存在之本，更是日常管理所遵从的依据。

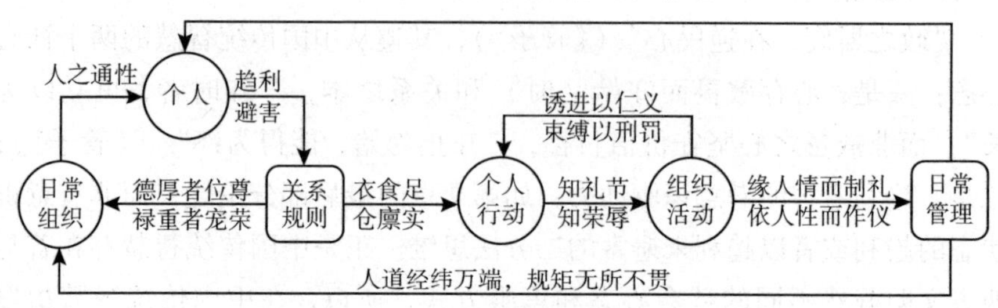

图 10-2　中式组织管理的关系本位

关系规则是连接个人成长与组织发展的杠杆，关系交往牵动个人行动与组织活动共进。中式管理理论强调在一起的整体性组织活动原理，无事在一起注重人情往来，“为之于未有”，强调人情往来和关系建构，这为“凝心聚力”的日常组织活动准备组织管理条件；有事在一起做，不破坏关系规则前提下，管理者积极调动被管理者并与他们一起努力渡过难关。因此，无事在一起的日常交往在于建立、增进和维持关系规则的“无为”之举，而有事在一起工作的“有为”在于不破坏关系规则的关系化组织活动，在这个意义上，“无为”决定“有为”的组织管理高度。在前一章已经初步论述了“无为”的中式组织建设与管理，本章将在第 9 章所讲的组织条件基础上，强调管理者利用关系建构进行日常组织管理的基本内涵，即中式组织管理的关系化行为原理。为此，本章在遵从“缘人情而制礼，依人性而作仪”，提出了中式组织管理的管理原型，为了更清晰地展现日常管理，首先剖析“家”的日常组织管理原理，接下来，围绕关系本位的组织管理实践，对企业日常交往活动背景做出预设，并指出中式组织管理在于“致中和”。然后，分别给出“中正仁和”的日常组织管理原理，日常管理者立足于“中”，经由“正”“仁”，达“和”之组织情态；以及面向战略创业的“中和位育”的日常管理原理，利用其社会地位所带来的社会影响力，利用关系身份来激活和调用人情关系所附着的资源能力而进行组织化扩张过程；在此基础上，本章提出中式组织管理的关系建构模式。最后，讨论了西方战略管理理论与中式组织管理实践的本质区别，进一步明晰了中式管理理论的日常交往内涵。

10.1 关系建构与基于家文化的日常组织管理

由于人们长期生活在家庭中，习惯成自然，所以，持家过日子的日常思维往往更容易在有意无意之间左右我们的日常组织生活，家文化的主导逻辑也是构成日常行为的驱动力，近年来，管理理论研究开始转向于借助“家”科学理论（Jaskiewicz et al，2017；Menges et al，2017）。然而，在企业日常交往的关系背景下，家文化的趋利避害的内生驱动力，完全不同于个体主义的趋利性动机。特别在中国传统智慧的指导下，家文化强调的是顺应自然之情的整体逻辑，远比个体理性的分离逻辑更具天生组织性。

常常地，一个家，是由多层关系所构成的，如夫妻、父子、母子和兄弟姐妹等关系，家庭成员的日常行为常常发生在各种关系情境之中并自然切换。正因为如此，家庭生活是建立在关系本位的规矩上，家庭成员首先得服从于关系规则，因而，家庭教育便是学会“无我”和“无为”的人生第一学堂。关系本位是双向的共通性感受维持。一方面，在家庭生活中，尊老爱幼、父慈子孝等，并不是价值规则主导的个人行为，而是在关系维护主导下两个人共同遵从的依存性行为规则。显然，这些成对共生的行为规则更是共同依存，指导着个人行为遵从中庸之道，遵从五伦有序的关系规则。例如，脱离了尊老的一味地爱幼，则是一种溺爱，终将误了子女前途；而不以爱幼为前提的尊老，常常会导致为老者不尊，家不安宁事也不兴。同样，没有父慈的一味地子孝，是让子女长期接受个体理性思维训练，这样培养长大的孩子，要么如懦弱者武断，要么如强势者踧踖，终因个体理性思维导致极端的自我行为而导致家道中落。另一方面，当以家作为生活信仰，有责任心的人常常围绕家庭幸福而努力地展开拼搏，以图“以厂为家”或“光宗耀祖”，并非有什么职业精神，更谈不上有什么科学精神；因为一旦完成了身心救赎，他们并没有什么迫切意愿去改变正常生活。因此，以亲情救济而一起过日子的“家”，实际上是人之通性层面上的“原始单位”。

“家和万事兴”，本质上是关系本位的有机的整体性思维模式，在于在一起的感受状态共通性，遵从关系本位的潜意识逻辑：并不是以家庭利益为主导逻辑，而是不破坏家庭生活现状作为工作投入的前提条件，也就说，在感到家庭生活没有损害的前提下开展日常性具体工作的日常行为逻辑。中国传统民间智慧（注重自然之情）：强调不破坏“义”，便是维持了关系规则，至于关系增进，则是因为新的行动内容引入所产生“出人头地”的组织效应。持家过日子的人，常常不是不愿意以追名逐利的竞争性手段来享受生活，只是不想在彰显自我的行动中伤害和睦相处的关系，更不想就此而失去互帮互助的温情。正在这意义上，危机教育和居安思危的意识是家文化的内在活力；居安思危的压力会激发组织成员为了生活在一起而积极地行动起来，因而，这与中式组织管理注重日常交往的内在驱动力是一脉相承的。例如，中国文化背景下的家庭教育（自食其力、吃苦耐劳、勤俭持家和与人为善等品质），注重家庭担当和出人头地，更利于创业人员的培养；又如，家庭生活的 ABCX 模型强调害怕紧张或避免压力，表明是为了过上顺应自然之情的安稳日子（如图 10 – 3 所示）。

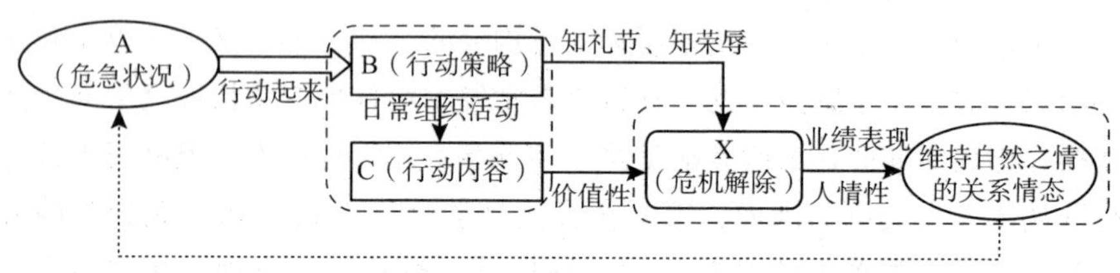

图 10 – 3　关系规则之下日常组织管理原理的 ABCX 模型

从中国传统智慧的视角来看，西方理论在价值信仰支撑下，进行有终点的思考，无论从逻辑上还是从现实上只能是策略性活动；而在家文化驱动下，从始点着手思考，因时而行动，止于起始的共通性感受状态，无论行动上还是逻辑上都是战略性的。中式组织的管理者强调在关系规则之下进行日常管理。一方面，在日常管理的人际交往中，企业管理者在管理员工的过程中，实际上是自我改造的过程，首先，要学会做人，并能够容人，再根据关系规则，在“予之为取”之中调节人与人之间的心理距离，进而营造具体组织情境下的关系身份落差，在阴阳平衡之间激发与他人共创性地朝既定的目标方向前行。其次，在人之通性的资源管理层面，正如《管子 · 海王》所讲的，以符合人之通性的通货原理作为制定管理策略的主要依据，或以共用之物的流通作为“决塞”的依据，“其余轻重皆准此而行。然则举臂胜事，无不服籍者”。

日常组织，在于“用人之道”；日常管理，则在于“驭人之术”。管理者的日常组织本质在于：并不可以去改变组织内部的成分构成要素，而是通过改变或调整组织连在一起的各种成分要素的连通结构，以创造性地发挥组织活力。第一，“予之为取”，从人之通性上打通不同节点与管理者的人之通性之情路，并树立管理者在组织内部威望，让人心所依之：当组织遇到困难或发展机遇时，组织成员会众志成城和积极地投入工作；当组织成员的温饱问题解决时，他们会积极地投入到组织工作中，创造机会和利用机会。第二，在人际交往的关系情态共通性层面，日常交往本质上存在着互助行为，因而，围绕人际关系而处理具体问题，采取“轻重之术”疏导人之通性，“轻重之数，无终止，在于四时之更举”；遵守关系本位，让这种关系化行为的向心力指向管理者（或其代理人）所倾向的地方，在阴阳变通的基础上，获得超越于仅仅解决关系内部问题的僵化体系，使之始终处于一触即发的协同共创状态上。第三，无论“予之为取”，还是“轻重之术”“治权则势重，治道则势赢。”所采取的时机，都在识别势态变化，“顺时”而助推人之通性所带动的关系化组织行为，会在关系动态转换的彼此牵制中利用时局而“无为而治”。在这意义上，审时度势来创建事业，以具体事情来动员百姓，以日常关系交往行为让现行组织行动起来，以日常组织活动来形成并创建新组织发展空间；当新组织建立之后，也就围绕新事业塑造出功名分配格局；因此，日常管理者一定知道权衡，然后采取具体的行动措施；如果举措得当，他们注重和睦和谦让，进而成功建业。①

10.2 研究预设

在中国传统社会的日常组织管理实践中，通过第 1 章和第 5 章的故事发现，当人们比较讲究人情关系时，注重采用情理逻辑的礼治范式。一方面，家族共同体的人情关系时，联结关系之间的威望之人，如以族长人情带动全族人情，以族长带动全体人员参与到村庄修路中；家庭本位的人情关系时，在联结关系内部的亲近之人，利用家长在家庭中的动员作用，借用与家长的私交，使家长带动家庭成员参与村庄修路，把各自的家庭利益纳入到村庄利益中；个人利益本位的人情关系时，关系退化中的利益之人，人情呈个体化和利益化趋势；另一方面，日常组织活动发生在熟人社会里，而熟人社会有相对稳定的结构与规模。中式组织管理活动，首先是以自己人为主，具有“拟亲化”倾向，通过密切人情往来开展熟人社会的

① 参见《管子·五辅》：“审时以举事，以事动民，以民动国，以国动天下。天下动，然后功名可成也，故民必知权然后举错得。举错得则民和辑，民和辑则功名立矣，故曰：权不可不度也。”

内部治理；其次是运行基于人情的关系建构模式来对熟人社会的组织治理。

规章制度产生于人之常情，用礼义规则约定人之常情，目的在于从日常交往活动中进行组织管理活动，所以，遵从人之常情，以礼义规则整治日常组织活动，一个人的日常行为都会因遵循礼义规则而使得整个组织安定团结。① 因此，在重视人情关系的社会里，一个企业在日常交往中如何去进行组织化运行和战略化管理？相比较传统的西方组织管理理论，在情理文化背景下，管理者从事日常关系实践活动的依据是什么？战略创业者又是以什么途径去开展日常组织行为？为了回答这些问题，我们不得不依赖于中国企业的日常组织实践，借助于“日常用而不知”的中国传统智慧和企业日常交往所依存的生活常识性原理，给出注重人情关系的组织化与战略化的日常管理原则。

对日常管理者来说，“中”是站在关系本位的角度行事，对礼法的坚守和对人之常情的体察，因为新政推行关键在于人，如大家心里能容的、可用的并心往一处想的。那么，在企业日常组织实践之“中”：其一，服从上司的旨意，接受任务和指派；其二，在可控范围内调和阴阳以贯彻上级精神，辅以因地制宜，因人而异；其三，及时地匡正上司的决策，弥补因具体情境有所变动而引起的阙失；其四，有所担当地接受上司的指责和惩罚。正是处（困）于这种变动不确定性的社会情境之中，管理者如何利用好“中”，既能处理好各种社会关系，又能带领企业组织健康地发展？

在人之通性层面上的企业组织管理活动中，管理者通过日常交往的关系实践顺通关系本位上的人之常情，一方面，在人际关系之中采取“予之为取”的有机性管理手段；另一方面，在资源流通层面上采取“轻重之术”的阴阳平衡方法，此外，在企业边界内外之间采取“决塞”的共通性组织方式，从而在人心聚而不散基础上实现事业兴而不衰的组织整体性发展。因此，管理者在利用关系并维护关系的基础上采取关系建构，日常管理中顺应自然之情而作的时令之策，取道于不同层次的关系规则，目的只为交情和以组织情态共通性方式进行日常组织活动。例如，对于被管理者是胜任力强的，管理者主要学会在社会情感上与能者相通，以与之在情态上低调相处的方式，让他们发挥其积极能动性作用；若能者之德也厚，则举荐之。对于被管理者是懒惰的，在社会认知上关注其言谈举止，先用威信震慑之，再用权力制度去约束之，若他们德行轻薄，则让其改道而弃

① 参见《管子·枢言》：“法出于礼，礼出于治，治礼道也，万物待治礼而后定。”

之。如果，在关系本位上，被管理者们都遵从礼义规则，则组织也就处于“致中和”状态，在“和而不同”的日常组织活动共创未来。一个人只有接受义理，才能处于中庸和行为端正，这样会与人和睦相处，进而日常组织才会安定团结，于是，一旦举事就会显示出强大的凝聚力和威慑力，产生持久的竞争力和生命力，因此，日常组织管理不可不贯彻“义理”的关系建构。①

在一个组织的日常人际活动中，无论是以事务性目标为导向的守成式管理控制性组织，还是以维系人际关系为导向的创业性组织，人们在关系情境里或者任务情境里都会有地位落差之别，例如，左右关系情感走向或掌控任务进程的主导者往往是有地位之人。当然，作为一个企业管理人员，在不同的场景里或者在不同的时间段里，可能不断地在转换自己的角色，前一段时间可能是有地位之人（主导者），后一个场景就可能成为地位跟随者。在日常交往的组织情境里，如何从关系建构的行为角度给出中式组织管理原理？这就不得不回到熟人社会的差序格局中进行探索，也就是说，通过分析人际关系所存在两种属性：一是人与人在情感关系层面上的亲疏远近，二是在关系情境里的人与人之间或者关系与关系之间存在的地位差异。在关系建构过程中顺着两种属性转换的礼义规则，完成人际共时性情感状态汇通，进而带动资源流动与管理，以及想法产生和组织。根据前文论述和研究发现，中式组织管理的理论原理及其所依存的日常交往活动，都存在常识性预设条件：

预设一：在关系情境里，交情行为是彼此给面子的过程，一方为了顾及他人感受，自愿赋予另一方暂时可以调用其所可调用的资源能力的权利；因此，人情关系可以借调超越于个人所用的资源能力，也可以暂时为个人带来一定的社会身份。

预设二：地位较高之人存在于某一组织情态的中心。得势者趋于日常组织中心化，失势者趋于日常组织边缘化；而地位较高者与跟随者之间是共生关系。有地位之人往往代表了其背后组织的社会影响力或交情深浅，并有义务（“正”）呵护这组织或关系，而地位较低之人有义务（“忠”）追随之。

预设三：有地位之人因跟随者存在及其关系形成而拥有一定的特权，而有地位之人调动资源和控制资源又依赖于跟随者，要么致力于为所在的

① 参见《管子·五辅》：“夫民必知义然后中正，中正然后和调，和调乃能处安，处安然后动威，动威乃可以战胜而守固，故曰义不可不行也。”

日常组织活动存续而解决任务性问题，要么致力于为了维系所在组织内人际关系而创立新事业。

预设四：在日常组织活动中，地位较低之人，依附于地位较高之人，并以获得地位较高之人的认同为行动指南，经常将其行为按照“忠”于上司作为行动标准。

预设五：社会地位分为合法性的权力，是由组织制度所授予的目标资源导向；而非法性的威望，是由人情关系所赋予的社会情感导向。权力和威望是相互依存关系，威望决定了权力的控制强度和持久性。其中，权力之人分为三类：一是手握实权者（有面子），二是有后台之人（要面子），三是有威望之人（别人给面子）。

为此，本章为更清晰地阐述中式管理思想所依存的实践活动和日常管理原则，以“家文化”为背景，收集夫妻企业日常组织管理实践的具体事例加以佐证。于是，分三阶段收集材料：首先，走访和实地观察一些夫妻企业，对创业夫妇进行开放式访谈（open-ended interviews）。其次，通过网络搜索引擎以“夫妻创业”“夫妻档企业”“创业夫妇”为关键词，搜索相关新闻报道、创业访谈以及夫妻创业自传等材料，同时收集企业相关信息作为补充。最后，利用多样化数据相互补充和验证，提高数据完整性和可靠性。数据筛选遵从以下原则：选取企业典型性和代表性，例如，为突出夫妻关系身份在创业中的作用，并减少外部变异，所选企业的创业实践均是由夫妻二人共同主导；同时，选取企业处于不同创业阶段，涉及养殖、制造、销售、高科技等多个行业，具有较好的外部效度；另外，所选企业的数据中包含丰富的夫妻互动情境信息，并能够形成夫妇创业相对完整的“故事线”。

10.3 中式组织管理的“致中和”理论

对日常组织活动来说，“除了人情事变，则无事矣。喜怒哀乐非人情乎？自视听言动，以至富贵贫贱、患难死生，皆事变也。事变亦只在人情里。其要只在致中和；致中和只在谨独”（王阳明）。在注重人情关系的熟人组织里，日常交往活动是由人际关系所带动的，因而人际互动过程中的关系远近和地位分层可能导致了组织内部差序格局，也正是这种差序格局的存在让熟人社会组织不紧不慢地有序进行着。显然，“家和万事兴”，“天时不如地利、地利不如人和”，也就是说，一个组织的兴旺发达关键取决于“人和”。那么，如何从关系建构的视角来塑造出组织战略化行为？当解开儒家文化的“致中和”的关系实践内涵时，便有可能揭示战略性组织运行的基本原理。

在没有探究“致中和”之前，要明晰情理文化的行为基本假设。第一，社会情态之说，即管理者必须置身于社会情态之中，在日常组织实践中，随着组织情境或关系情境的变化而及时调整行为，因地制宜，相时而动；“大者时也，小者计也”“成功立事，必顺于礼义”（《管子》），进而以积极维护组织赖以存续的共时性情态相通；这与西方理论设定以旁观者角度的理性管理模式是截然不同的，因为在日常生活中个人情态不自觉地被关系情感或组织情态牵动着，管理者只能与其一起而动并驾驭着，才会赢得更多参与者的积极配合行动。第二，关系之说，根本上管理者置身于不同的关系情境之中，在日常组织活动中要通过他人给面子的行为获得对组织的驾驭力，日常组织管理者就先要照顾他人感受（仁义与恕道）；“己欲立而立人，己欲达而达人”，试想自己都做不好，尢服人之威望，又拿什么叫别人去做呢？而仅靠权力之控也只是一个权宜手段而已。正是在这两个关系化行为前提下，在企业日常交往的关系情境里，作为组织性和被组织性兼备的中式组织又是以一个什么样形式而存续的？

何为“中”？首先，不难得出，“守中”之人是把握全局观的，否则“中”何来也？并能够冷静地用整体观看待所处的情境，“喜怒哀乐之未发，谓之中”。其次，由于组织内部的人际关系是以差序格局形式存在的，所以，“守中”之人根据具体环境下的组织行为发生情境，将此时的组织内部人员先根据关系远近分为自己人和非自己人，再根据关系身份分为上司关系和下属关系。再次，再根据“预设一”和“预设四”中所述的基本原理，即关系身份不够用人情关系来弥补，人情关系不够用关系地位来加强，以此来在这一情境下定义自己所处的社会位势。再其次，“性之德也，合内外之道也。故时措之宜也”，根据这一初始的社会位势，先观察周围人之间的相互关系及其行为反应，再调节自己的心态，进而获得一个“适中”的社会位势。最后，“君子素其位而行，不愿乎其外”，以这一“持中”心态为基础，遵从礼义规则和组织制度所赋予的约束力和促进力，去参与组织管理的社会化行为。于是，居中者，全局观之，以找准其社会位势也。

例如，在海晶丰明源半导体有限公司，在这家夫妻经营公司内，夫妇二人从大局出发建立起共同管理的行为模式。妻子刘洁茜在企业中发挥配偶的沟通协调优势，利用“老板娘”的关系身份协调和缓解上下级之间关系，让整个团队更顺畅地运作。在运用关系身份赋予的非正式权力参与管理时，她还注意遵从情境中的关系交往规则约束自己行为，“为了不让大家觉得这是在依托特殊身份行使权力，我更需要看清和发挥自己的价值，要对公司和员工发展起到正面的作用”。通过顺应“守中”之道，关系情态之“中”是指动态变易之间，也因私情未发而立于两端之间的中位之上（顺应自然之情）；明确自己在企业的位势，发挥出夫妻企业管理的灵活性优势。

何为“和”？在日常组织所依存的关系格局里，根据人际关系的情感共时性依恋和身份互动性分层的两个属性，可以解开关于“和”的基本原理。一方面，在关系建构过程中，“和”注重人与人之间的共时性情感交汇和情态共通，即社会情感上的相通是“和”的最原始含义，相比较而言，目标共识性或兴趣一致性倒是微不足道了；因而，与“中”所强调的全局观一样，“和”注重组织情态上的共时性相通，在特定的组织共通性情态上，“发而皆中节，谓之和”。另一方面，为了使得人与人之间在沟通中更易发生情感共通，与关系情境里的两个人存在地位差异一样，“和”强调人们在社会交往中应遵从礼义规则和公序良俗，懂得身份地位之别，即社会身份上的分层是维持“和”得以存续的一个基础，在这个意义上，关系之“和”与在个人层面是不同的。因此，“和”是以关系的亲疏和地位而展开出来的，强调通过关系实践实现对组织不断地进行社会性关系情态疏通，以及在遵从人情和制度约束下对每个人天命之道的包容。例如①，广州东京纺织有限公司在同行业里面，薪水也就是普通水平，但是，员工的流动性却不高，公司内老员工居多，究其原因就是陈紫彬夫妇以“和”为贵，注重维护与员工间的关系情感状态，让员工有家的感觉，同时利用人情和制度双重约束把人聚到一起。陈紫彬夫妇像家长对孩子一般对待员工，不只了解工作上的问题，还包括生活上的、私人感情上的事情。最终了解到员工内心真实的想法，找到问题的根源，然后解决问题。与员工关系维护好了，情感达成共通了，员工对个人目标利益看得就淡了，也打消了要走的念头。在这个意义上，组织成员以关系情感共通而和，组织以“和而聚”。倘若用西方的理性逻辑来分析，“和”则是为了共同利益而取互补在一起，实则是“同而和”，崇尚能力上竞争和窝里斗。

因此，关系建构起源于“中”，趋至于“和”，而“致中和”则是关系建构的组织本源，正如组织是一个有机的生命整体：不中则非完整性的

---

① 陈紫彬，余春仙，殷源：搭挡：你可借鉴的夫妻创业成功之道［M］. 企业管理出版社，2010.

组织和被组织，不和则非有机性的组织和被组织。因为有机体的企业组织情态是相互连通的，组织性和被组织性是任何一个企业组织赖以存续的一个根本性社会事实，也是整体性组织行为的基本面。不难看出，“致中和”，对于关系建构的组织化原理来说，“中”指导组织管理者的日常行为要首先立足于找准社会位势，即趋于在组织情境之下的社会情态上持中，无论在关系情境里，还是在错综的关系情境之间，都要守“中庸”之道，强调“诚者，不勉而中，不思而得，从容中道……择善而固之者也”；而“和”在于指导组织管理者的日常活动要维持组织共通性情态，趋于关系错落中和谐，谓之“和而不同”和“和气生财”。至于在“致中和”的组织情境里，日常管理者遵从礼义的关系规则，在日常组织中，互助、礼让、知恩图报等行为本质上是人之通性之为；对日常管理者来说，通过日常组织或管理行动来激活人之通性，如以“予之为取”为疏通原本的人之通性、“轻重之术”在于呵护或不破坏人之通性，以及“时令之为”在于引导人之通性；从顾及他人感受的被组织行为而为管理者赢得社会声誉和个人威望，自然会为管理问题的组织性解决发挥整体性潜能。“中也者，天下之大本也；和也者，天下之达道也。致中和，天地位焉，万物育焉。”

10.4 “中正仁和”的组织管理原则

在企业日常的人际交往过程中，日常组织实践活动遵循着人情逻辑，而关系建构是中式组织管理的手段、方法和依据。在中国传统文化背景下，日常管理的人际交往往往更看重“讲人情”和“重关系”的关系建构活动；又因为人际情感状态是动态的、关系的和建构的，作为一个企业日常活动的管理者，更是人之通性层面上的组织者，所以，关系建构行为常常顺应自然之情，在行动规则上追求“无我”，在行动价值上强调“无为”，首先让大家能够齐心协力，不得不设身处地与他们打成一片，情致通心，共同创造未来；如柳传志所总结的“建班子、定战略、带队伍”的日常组织管理模式。

常常地，在中式组织管理实践中，强调“无我”是技术员和管理者的区别，而“无为”则是一般管理者与战略管理者的区别。本质上，日常管理者又是日常组织者。因而，日常管理者所处的社会位势（社会地位），不仅取决于制度性权力，更主要的是依赖于个人威望。从日常管理者来看，“别人为你着想的”往往比“自己想要的”更重要，“别人举荐的”比“毛遂自荐的”更有权威性，“大家说你好”比“自我感觉良好”更决定其社会位势。日常管理者先要从心里摆正自己所在的社会位势，使其处于组织情态之“中”，不宜过分强调自我，也不宜过分依赖他人；而在人际关系层面上，调整心态以居中，内敛而不张扬，并防止因心态失衡而失其行。在“中”之心态带来的社会位势上，管理者要“行得正”，怀有廉耻之心，在于取道义之为。根据人际关系的情境性反应，以及社会规范和规章制度所赋予的特权，并在具体的关系实践活动中通过顾及他人感受的授权方式，有节度地进行组织和实时调配资源，并通过关系建构方式来调动大家的积极性和创造性。同时，作为集体利益的代理人，日常管理者遵从制度规范和礼节规矩等，避免“上梁不正下梁歪”，顺应组织整体性发展的自然之情，为组织履职责和尽义务，依据情境变化来调节组织自然情态，以弘扬人性向善的“正气之义”。

无论是“中其心”，还是“正其行”，日常管理者都强调不破坏关系规则的组织整体性视角，以重人情的行为逻辑实施组织资源能力。显然，企业日常交往的组织情态都是由多重的关系情感和关系实践所组成，日常管理者在组织实践中更多地在多层次的关系情境里，不断地通过关系建构，“宽裕温柔，足以有容也。发强刚毅，足以有执也。齐庄中正，足以有敬也”。日常管理者的组织能力常常来自日常交往的关系建构活动，例如，随着格局拓展和眼界开阔，拥戴的人越来越多，他们的身份地位就会不断得到提高，并很可能被举荐，正所谓“德厚者位尊”。在企业日常运行中，日常管理者既是第三方的组织者，又是第三方的管理者，常常出现借助第三方关系的力量解决组织问题，推动组织有效运转（如图 10－4 所示）。顺应自然之情采取阴阳平衡，在支持者及支持者的对手之间，寻找某一支点，并随情境变化而不断调节支点，顺时而为，随时令而行，使得连同自己在内的有机性组织，在整体上沿着自己预想的方向推进。例如，在某电动车有限公司，要求新入职员工到车间实习，由于时间不长就会被调走，影响车间正常工作，引起车间刘主任的不满。人力小张再次来车间要人时，刘主任说什么也不肯放人走，于是小张找到了办公室主管帮忙说情。刘主任火气大得很，说什么也不给人，在那抱怨，主管就在那应声答应着，开始刘主任说什么也不给办，说这是公司的制度，最后还是给办了。事后，小张找到主管询问情况，主管笑笑说，主要是我们认识很多年了，关系都很好，我去了他多少都会给我点面子。调整人际关系的情境性反应，使组织问题顺利解决。

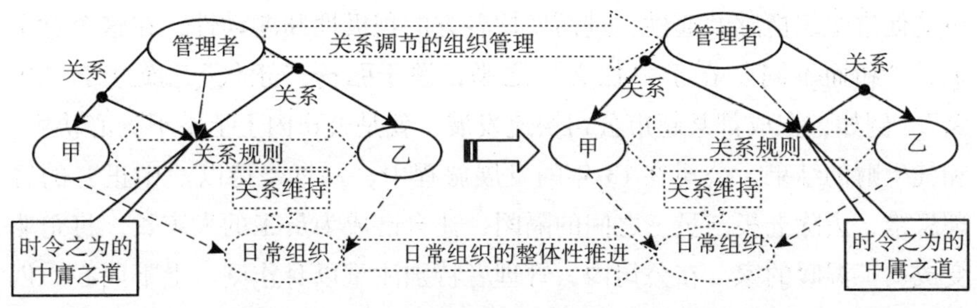

图 10－4　关系规则下阴阳平衡的中式管理活动

“仁”强调关系情态的共时性依恋，有三层社会行为含义。一是予之为取。将最好的身外之物给予他人，以真诚动人心。二是轻重之术：在正向情态上将自己定位为次优的，别人是最幸福的是你幸福的前提。三是遵从恕道：己所不欲勿施于人，当痛苦时认识到别人可能比你更痛苦，心存怜悯和敬畏。于是，管理者的日常行为以顾及他人感受的“仁爱”关系为导向，做一个有人情味之人，忠于上司之责、忠于下属之义，并与周围人打交道讲究交情至上，关爱他人。如果管理者是持中而正义之人，即不失顺应自然之情而为的独特性品质，那么，当他们在日常关系实践照顾他人感受，施仁义而开展关系建构行为时，管理者借助关系之力而起势，不仅很容易调配组织内部可得性资源能力，而且可以动用因关系而获得的组织外部资源能力，使得被赋予的特权得到很好的履行，特别在不确定性环境下体现得更加充分。例如，某电动车有限公司将制作宣传海报的任务交给行政小张，可是春节临近，原来做海报的广告公司却做不了，在小张正着急时，平时与他交好的后勤郑大哥知道了，主动提出帮他联系熟悉的广告公司，解了燃眉之急。借助关系之力，困扰小张的难题就这样轻松解决了。

日常组织管理者在接“中正”之独特性能力，顺承“仁义”之关系情感交汇，那么在组织内外会建立层次林立的和错落有致的人际关系，形成如家文化一样的关系和睦组织。日常管理者如何在这一错综复杂的人际关系中促进组织有序地发展？在用谁都差不多的情况下，日常管理者会面对关系地位之差和关系身份之别，一方面，利用关系内部的个人地位之差来调用资源能力，并进行关系建构，维护组织成员之间的共通情态。另一方面，在不同关系中的关系身份之别上，日常管理者通过切换不同关系身份既可以充分调用资源能力，又起着关系之间的桥梁作用，使得不同层次的关系产生人际互动和情态共通；如通过政治性技巧和社会性技能，在情境变化中增进了组织情态的畅通性。因此，在不确定性环境下，“和睦”

更能促进组织情感共通性，进而发挥各方的积极性和能动性，在这个意义上，“和而不同”在于“仁义”之举，源于弘扬“正气”，而立于“中庸”。例如，在成都某超市公司快速发展，就是公司内上上下下齐心协力、和气生财的结果，公司在 13 年的发展旅程中，一直坚持以“中正”的管理思维，去除老板与员工之间的隔阂，让自己成为员工的大家长，将企业变成员工温暖的家。在公司内，管理者特别注重以身作则、上下同心。创始人自豪地说：“我就是要让公司的员工感觉到，我们和他们是平等的，这里是一个大家庭。”

企业日常交往的组织活动，起始于看不见开端的共通性感受状态，到没有止境的未来的共通性感受状态维持，也就是，起始于关系本位，一直处于无止境的基于仁义礼的关系交往活动中；所以，关系本位是不可测度的，关系规则更是不可计价的；如果兼顾而贯彻下去，无论创业还是守成，日常组织活动都能取得有效的结果；创业合乎关系本位，而守成合乎礼义规则。创业遵从关系建构则和气生财；守成遵守关系维持则安定团结；和睦团结就能不断产生共创性活动，进而组织力量聚合并协调一致，这样便具有很强的战略恢复力（如第七章）①。因此，“中正仁和”是中式组织管理者所遵从的日常管理原则。在日常战略性组织活动中，在强调人情交往的关系实践中：以“中、正”为核心的日常管理者在关系建构的组织活动中，在遵从于达到“仁、和”为目标状态，从而在关系层面上与被管理者一起进行自组织活动，包括自律行为和相互帮助。从动态演进来看，被管理者如果通过“仁、和”的社会行为积攒了一定的人情关系，并有一定的“中、正”之品质，也可能被举荐为管理者；反过来，如果管理者过分强调“中正”的社会交往规则，而渐渐忽视了原来的“仁和”之格局，很可能阻碍了其职业发展。正在这个意义上，在组织环境下，管理者内修和德，而外修正行，致中和，从“家和万事兴”的组织视角进行企业日常管理活动。例如，在辽宁某珠宝首饰有限公司的创业和经营过程中，创业夫妇始终秉持中正之心，为了与员工建立和谐的人际关系，不仅制定了员工利益至上的制度，还在公司内组织了一系列的活动。1993 年企业创办之初，就为所有员工制定了员工生日当天送生日蛋糕并休假半天，每年评比出的优秀员工享出国旅游休假七天福利待遇。公司不但每周有工

---

① 参见《管子·幼官》：“始乎无端，卒乎无穷。始乎无端，道也。卒乎无穷，德也。……两者备施，动静有功。畜之以道，养之以德。畜之以道，则民和，养之以德，则民合。和合故能习；习故能偕。偕习以悉。莫之能伤也。”

作例会，还有生活会。遇到员工结婚，夫妻二人中至少一人必到场祝贺。每年新年都会把公司中层领导请到家中，亲自为他们做上一桌丰盛的饭菜。每年临近春节公司都会组织员工办一场联欢会。“我们公司营业员女孩子多一些，业务上男孩子多，他们可能到了一定的阶段，会互相看得很顺眼，然后在一起谈恋爱、结合，我们在一起做生意13年，有八对年轻人在我们那儿结为夫妇。”创业夫妇极大地激励和调动了员工的工作积极性和创造力，与员工拧成一股绳，共同努力使公司的创新工作在全国珠宝行业中获多项第一的好成绩。

在“中正仁和”的管理框架下，日常管理者的心胸格局决定了企业组织发展潜力，因为管理者与企业组织成员打成一片时，在共建组织共通性情态上的想法自然会一致。换句话说，组织者如果能与成员同心协力，那么一个组织就会具有强大的威慑力，日常管理行为都遵从义理规则，于是，很容易实现上下齐心的日常组织活动。① 在企业日常交往中，管理者通过关系建构与同事们（被管理者）的行为联动起来，于是，从组织情境的全局出发，找准在具体社会情境下的中位之心态；在周围人举荐下，管理者开始行驶组织制度和社会规范所赋予的特权，不因谋私利和徇私情而造成内部关系紧张和明争暗斗；也不因秉公而伤了和气，“扬正气”而不失人情味。例如，并不因为那些人积极做事的上进心而获得奖赏，而是因为他们品德给予肯定和表扬；也并不因为对那些人逃避责任而得到惩罚，而是因为他们品德不好而给予处罚。② 正在这个意义上，管理者在日常交往中用仁爱之心与周围人开展“合乎情理”的组织活动，构建良好的人情关系和疏通人际情感交流，呈现“和而不同”的组织氛围。为了在组织情态之中达到能够“持中”的较高地位，管理者与被管理者之间的日常行为遵从义理准则，并积极地进行“克己复礼”的自我约束、忠于职守和相互帮忙，共创性地解决问题和创造发展机遇。

作为以人为本的企业组织者，管理者的日常实践活动首先要使企业组织产生自创生能力，即让企业组织本身具有发展和创新潜力，而不仅仅停留在获取经济利益，甚至不能在预设环境里追求最大化收益，因为自然变化和人心走向都遵从这样一个规律③：一方面，就自然规律来说，事物发展到极致则走向反面，发展到极盛则走向衰落；另一方面，就人心思变的

---

① 参见《管子·法禁》：“同人心，一国威，齐士义，通上之治。”

② 参见《管子·法禁》：“进则使无由得其所利，退则使无由避其所害。”

③ 参见《管子·重令》：“天道之数，人心之变。天道之数，至则反，盛则衰。人心之变，有余则骄，骄则缓怠；缓怠者，民乱于内。此危亡之时也。”

规律，富强了则产生骄傲，骄傲则松懈怠惰，进而造成内耗和权力争斗，也走到危亡的时刻了。中式组织管理的日常决策方式也不同于“非此即彼”的西学逻辑思维模式，因为“正确的坚决采用，错误的坚决废止，有功必赏，有罪必罚；像这样简单的决策模式，是不可能让组织长治久安的。”① 总之，既然企业日常活动中的关系建构，本质上是企业组织存在和组织创造的根源所在，在这个意义上，这种强调从长远发展考虑企业日常组织和管理活动的中式管理模式，强调在日常关系实践中首先塑造企业的组织生命力，进而带动企业盈利能力增强，即在“仁者人也”预设前提下，重视不确定性环境变化的组织本源问题，与西方战略管理理论存在本质区别。中式组织的日常管理者，本身就在塑造无止境的企业战略实践活动，立足于“中”，经由“正、仁”，达“和”之组织情态。“和气生财”“家和万事兴”，在企业日常活动中怎样“生财”？如何产生的新组织实体？

10.5 “中和位育”的创业管理原则

当没有什么人员可以选择的时候，管理者在不破坏关系规则之下，通过“中正仁和”的方式与被管理者一起充分利用现有的资源能力，顺应自然之情而发挥集体性潜力。然而，在企业组织内外，当用谁都差不多的时候，日常组织者根据因人情关系积累而获得的社会地位，顺应自然之情，遵从致中和的关系交往规则，举仁义之事而进行组织创建管理。例如，人缘好的人，社会威望高，容易得到贵人相助而得到施展才华的机会，进而在一起工作中创建组织并进行创业管理，因而，很多时候在不自知的情况下有人帮忙化解了潜在的危机，运气就好。又如，人缘差的日常组织者，号召力弱，很容易被人忽视，难以得到创建组织和施展才华的机会。

中式组织管理在于不断地共建能够产生关系情态共通性的“致中和”。一方面，既然“中”是指导组织者在由这个组织而激起的社会情态里，构造出一个适中的心理位势，并形成一个初步的全局观；另一方面，由于“和”是指导组织者利用在组织情态里的关系身份，来维持人际情感的共时性畅通，通过人情关系和关系身份来调用组织内外的资源能力，以应对在不确定性环境下所导致的关系紧张，以及维持人际情感关系存续的造事

---

① 参见《管子·七法》：“是必立，非必废，有功必赏，有罪必诛，若是安治矣，未也。”

和做事能力。不难看出，“致中和”是中式组织本体，也是由企业日常交往活动所构造出来的共通性情态；又因为致中和的组织情态是顺应自然之情而发生的，并随情境变化而不断破坏，又从关系建构中得以恢复。所以，组织情态不可能脱离企业日常交往活动过程，在情境变化过程中会因新情境产生而营造出新组织情态的一种气场。“道生气，气生万物”。在情境变化过程中，只有通过不断营造新情境所带来的气势才可能使得之前共通性情态得以持续，即当事人需要不断地积极行动起来，以保持人际情感关系和共时性情态依恋得以延续下去。在这个意义上，日常交往中的管理者可以顺应自然之情，不断引入新想法和新知识、人情关系以及造事活动等，与被管理者保持这种共通性感受状态，创造出很多情理之中却在意料之外的新事物。因而，顺着新旧情境交错而产生的气势，便推动了以维持与之关系情态或组织情态的共通性而进行的双头共创活动。例如①，在当当网的夫妻创业中，李国庆、俞渝夫妇根据在图书出版的经验和投融资专长进行分工，并建立“联合总裁”的角色分工。李国庆管理喜欢事必躬亲，看着丈夫疲累的身形，俞渝很心疼，常常承担起角色外工作，帮助和支持丈夫。如把与丈夫平时作风不同的地方标出来贴在床头，丈夫工作习惯果然改了不少，公司管理也更有序了；在2001年遭遇互联网泡沫时，职业经理团队纷纷另谋高就，他们就是通过互相支持，同时各司其职地寻找融资和稳住市场，克服最困难和孤独的时期，为后来企业持续发展奠定了基础。

由上所知，“致中和”是经由日常社会实践中关系建构而产生的组织活动，在于保持社会情态的共通性和持久性，不仅产生新事物，在维持与外部的社会情态共通性基础上，进一步产生新的组织实体。更进一步地说，日常管理者注重人际交情的关系本位行为逻辑，在情境性交往之中以顾及他人感受的方式，产生即兴创作的创造性活动，依据彼此依恋的情感共通状态保持延续性，并以关系亲疏和关系等级的社会行为，建构出新的企业组织形式。事实上，组织情态的共通性是由不同关系情感状态交汇而成的，是通过关系情境里的组织者或管理者来疏通的，因而，这些超越关系情境的组织情感疏通之人，通过关系身份或组织身份经常会处在这个组织共通性情态的社会位势上，不仅具有一定的社会威望，而且也拥有组织所赋予的权力地位，他们也正是依赖在这个位势上的社会影响力而发挥组织情态的疏通功能。根据前面的“预设二”和“预设三”，在一定意义

① 李良忠，郑祥琥．当当情缘——李国庆俞渝夫妻创业传奇［M］．企业管理出版社，2009.

上，组织情态的疏通者在日常组织内部常常有一定的社会地位：一旦存在于社会情境里，一个社会情态就会自发地发生，新的组织实体就会轻易地创立了，尽管具体的组织目标会顺应自然之情而产生，但新组织实体依赖其社会声誉和威望而创建起来。进一步地说，在具体的组织情境里，有地位之人，就会因其有事之为而形成情境性组织实体产生，而这个组织一旦行动起来，就会顺应自然之情产生无限可能。

潘光旦先生说，“一切从人出发，向人归宿”，“唯有经由中和的过程，才能达到位育的归宿。”在连绵不绝的组织情态增进与维护过程中，战略性组织的具体组织实体可能已经发生了根本性变化，或者说处于这个情态位势上具体的执行人可能也更替了，但是只要这个情态位势的代理位置依然存在，那么就会吸引一部分进来，并自发地组织起来，形成一个个富有生命力的组织实体，这也可能是一个家族企业、甚至一个民族穿越历史而经久不衰的根源所在。那么，处于这个社会情态位势的有地位之人，为了维系这一情态走势，又是如何发挥创建、组织和管理新企业呢？“位”即社会地位，一个人的组织影响力有两部分组成：由一定数量和质量的人情关系所带来的社会威望，以及能调用和控制一定资源的权力，即由一定的组织制度所授予的。显然，由预设可知，有地位之人是在日常交往的关系建构中，通过与不同层级之人在打交道的过程中来积攒社会影响力，进而维持组织情态共通性。例如①，在决定创建网上书店后，图书编辑的经历使李国庆在图书出版行业积累了丰富的人际关系基础，李国庆调用之前积累的社会吸引力，对北大图书馆系、北大分校图书馆系进行整班训练，再组织到各个出版社普查数据，最终形成中国可供书目数据单，开启了当当网上书店创业之路。

在凭才干使用特权来为周围人谋取名利的实践活动中，有地位之人是在日常社会互动中赢得声誉和口碑的，在关系建构过程中施展和积累其组织影响力。一方面，在关系情境里，他们往往是通过情境变化来调整与对方的心理距离，并利用他人害怕突然被疏远感，进而赢得和释放自己的社会影响力。另一方面，在不同的关系情境之间，他们往往是通过与几个人同时的交往来调整与这些人的相对心理距离（组织政治性技巧和社会性技能），并利用他人在社会比较过程中带来的失宠感，赢得这些人的亲近和尊重。另外，有地位之人，通过仪式感也在增强和施展其社会影响力，如出门

---

① 李良忠，郑祥琥．当当情缘——李国庆俞渝夫妻创业传奇［M］．企业管理出版社，2009.

有随从、仪表略庄重及住所显简约等，往往是越低调社会影响力就越强。因此，有了具有组织情态共通的社会位势，即使离开了原来的发生场景，有地位之人也可以游走于不同时点之间和不同关系之间，调动个人情绪而生成个体创造性活动、因激起组织情态而发生团体创造力，以及因激发关系情感而增强组织性创造力，进而可能创建一个新组织和闯出一番新天地。

在“致中和”的背景之下，“位育”是“安其所，在其位，谋其事”，而对于维持组织情态延续性，“谋其事”实则是造新事，那么，“位育”便为“隧其生”之意，因他人拥戴的自然之情而发展起来，即在应对环境不确定性变化，有地位之人利用社会影响力（通过关系建构方式）来培育、养育或生育出新组织或新事物。需要说明的是，如果孕育出来的是由有地位之人的私情主导，那么迟早会违背致中和之仁道，因无法“道法自然”而变得不可持续。如曾经在餐饮业取得骄人成绩的真功夫餐饮管理有限公司，因为创始人蔡达标与潘宇海之间的利益争夺走向衰落。如果孕育出来的是随着人际情感的共时性依恋而不断变化的，便顺应自然之情，那么，孕育出来的，无论是新事物（自然事实）还是新体制（社会事实），根本上是顺应人之通性而由关系建构出来的。当关系情态不再存在，抑或组织情态发生变化时，这些事实所发挥的功能作用也就随之消失了。这契合了“生而不有、为而不恃、长而不宰”的道法自然的思想。

当组织情态发生变化时（可能是外部环境动荡所引起的，也可能是内部关系紧张所造成的），有地位之人更多的是利用其声望，并顺应自然之情，从之前具有“号召力”的、有社会规范约束力的威望地位的组织者，转变成由规章制度所界定的政治权力地位的创业管理者，换言之，新组织诞生实际上是创业者从有隐性威望社会影响力，一下子转变成被授予显性权力控制的合法性社会地位，创业者有了控制一定资源的正式特权（社会影响力的权威成为社会地位的一种特权），也就标志着新组织创建起来。本质上，“中和位育”是创业者利用其社会地位所带来的社会影响力，利用关系身份来激活和调用人情关系所附着的资源能力，并在顺应自然之情的基础上，利用强调关系建构的人情交往的彼此监控，进而不断增进和维持人情关系、提高关系身份和赢得社会声誉的组织化扩张过程。因此，“致中和，天地位焉，万物育焉”隐含了创业性活动的组织管理原则。

某企业创业和发展历程正是体现了“中和位育”的组织管理理念。在企业创建之初，厂内待遇条件差，人员变动很频繁，创始人不仅在企业内以身作则带头参与生产，在员工中树立起好口碑，还利用私交圈子笼络人才，逐渐组成稳定的以创始人为核心的领导班子。在日常经营管理中，创始人在不同情境中以关系身份调整领导行为，工作中公正处理，站在各方的立场上并根据各方的道理做权衡来判断是非；私下里，真诚地关怀员工，与员工建立良好的人际关系。企业在发展中，接到一些大订单时经常遇到生产能力不足的问题。在创始人的带动下，一方面，领导班子成员纷纷发动自身外部的关系资源，寻找可靠的工厂组织外协生产。比如，哪个活儿干不完了，需要外协的，都是主动找与自己熟悉一点的，干活儿信任一点儿的厂子帮忙。另一方面，在日常的关心和关怀下，用情感联系调用内部生产能力，使员工心甘情愿地调班加班，保证订单完成。订单急的时候，靠命令不行，我会跟他们唠家常，关心他们的工作、生活，掌握他们的心理。前两天我下去，四个人干的设备，两个人搞定了，我内心也十分感动。在该企业，创始人与员工间不断进行着关系建构，并在维持关系中克服企业创建和发展中的一项项难题，使公司不断发展壮大。

10.6　组织战略化与关系建构模式

“最好的预测就是创造未来”。基于企业日常交往的战略实践观，常常从两个方面探究组织战略化行为的形成，一方面，在不确定性环境之下，当企业发展遇到危机状态时，关系建构会顺应自然之情而焕发组织恢复力，如第二、五、六、七章，从而使得日常组织活动得以持久推进；另一方面，在日常组织活动中，管理者维护与被管理者在一起状态，凝心聚力，通过关系建构方式带领大家共创企业未来，如第一、三、四和八章，进而推进日常组织活动顺应自然之情而不断发展。因此，中式组织管理的核心就是日常管理者通过关系建构塑造组织战略化行为，先遵从关系本位，充分利用人之通性层面上趋利避害的潜意识行动，同时，人情交往的日常行为隐含了礼物和帮助等形式承载着价值性内容，然后，在管理者与被管理者的日常交往中彼此遵从礼节规矩而开展合情合理行为；在“仓廪实而知礼节，衣食足而知荣辱”的关系化组织活动基础上，管理者通过遵从礼义规则的关系建构行为来开展非正式组织活动，又通过不破坏关系规则的关系建构来进行正式组织管理，从而使得企业发展得以整体性推进（如图 10 – 5 所示）。中式组织管理会让企业在日常交往中拥有强大的组织自创生能力，与企业外部环境一起发展，无论企业未来的情境如何变化。

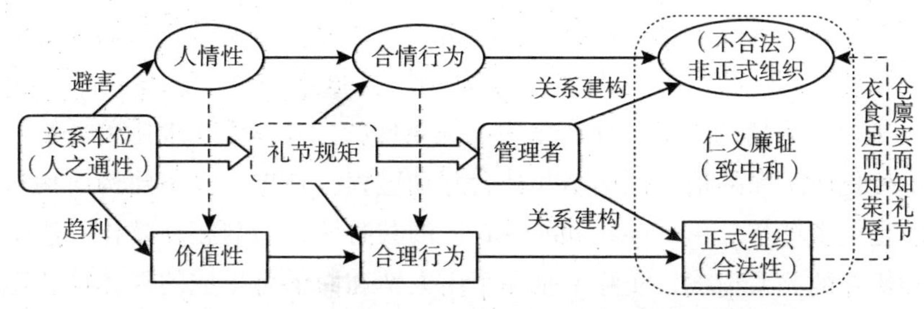

图 10－5　人之通性之下中式组织管理的情理逻辑模型

日常组织战略化行为，根植于人之通性的管理者与被管理者之间的共创性实践中。首先，日常组织行动都离不开日常生活之中的当地性：既包含情境性感受及其情境性认知，又包含有无意识共通性所产生的强大引力。其次，人之通性要求日常交往的底线是不能破坏既定的关系规则。再次，问题出现或危机涌现，是日常组织活动的初始触动器，由于触动了关系情境发生改变，所以，日常组织活动的根本性动力来源于共同维护关系规则。最后，关系交往中的个人行动规律，双方在一拉一扯的情境性感受起伏之中合上了关系情态的微观演进（内视角），也就是从外部看遵从了自然之情“四时阴阳”的关系规则。因此，中式组织管理者在组织和被组织的关系建构中，以号令之时守阴阳变通之始；以爱施之德，行之以仁义；顺应自然之情以徐疾，予之为取中顺势决塞，夺之则以轻重之术。当处于这个共通性情态的社会位势的代理人一旦产生，新组织实体会应情境变化需要而自发地创建起来，一呼而百应。

在企业战略化的组织实践活动中，管理者是通过与组织内外开展日常人际连接的社会互动来实现的。当这种人际交往是以人际情感所建构出来的关系情感为主导时，这种社会互动会因情境变化而自组织起来，并产生强大的组织性共创力，特别在不确定性环境。因此，当管理者强调人情交往的社会互动时，组织形式会自发地产生于这一关系建构过程，在具体情境下塑造出人际共通性感受状态，形成针对新情境带来的机会或问题而创建出新的组织形式。正在这个意义上，企业战略活动的组织实践是以关系建构为基础的。例如，鑫凯科技公司的项目团队就是在成员不断交流互动中产生新想法的。“这个（新想法）一般是根据别人的接受程度，在（私下的无意中的）交流中产生的，比如说我只关心在技术上有成果的，而有的同事在销售上比较敏锐的，他知道哪些市场适合我这个东西，我可能不知道，跟他一交流，我们是否能做出一个产品来适合这个市场的，这个想法就形成了……这种想法的产生可能是各个领域的人在相互交流过程中。”

为什么说人际情感关系有强大的组织生命力？这就需要我们了解中国传统智慧中的“仁义礼”与“三生万物”之间的关系，其中，“三生万物”是以重人情的人际交往产生为前提条件的，并发生在维持关系情态的情境变化所带来的情感性提示和社会互动过程。首先，关系建构所构造出来的是关系情态（relational affectivity）的共时性相通与相互陪伴：这个交汇和依存的关系情态，实际上是一个由人情和面子所生成的立体性状态空间。其次，当人际间以关系情态的形成共生和共存时，一方面，在情境变化过程里，关系情态会自发地产生新的情感性提示、线索和任务性关系，建立新的关系内容（知识、能力和资源组合），以维持之前的关系情态在变化过程中的共通性，如建立新组织实体（软制度），以应对环境变化并与环境协同演进。另一方面，在关系情态的社会互动过程中，会吸引一些与这种情态相连的相关人，如关系情境外的、并对这种关系情态敏感之人参与进来，共同营造共享性组织情态和相应的共通性关系情感，进而扩大新组织规模，如知识引入、能力增进和软制度形成，以创造和维持新的组织情态。正是这两个阴阳变通的生成机理，可能形成了“三生万物”的内生性模式。在这种“仁”为前提的关系情态维护过程中，在情境变化或社会互动所产生的不确定性情形下，以“三生万物”的方式使得人际情感关系具有强大的组织生命力。例如，在任务性组织情境里，当成员间人际感知（interpersonal perception）产生时，组织活动才开始存在；当组织情态共通性发生时，组织生命力才会出现，并发挥作用。在组织的关系实践中，关系化行为塑造组织日常行为，关系建构是发挥组织功能和增强自创生能力的基础性手段，也是日常性方式。同时，关系建构并不是凭空发生的，一般会随着礼物往来、相互帮忙、给面子，以及照顾他人感受的人际交往而产生。也就是说，正是这些强调人际情感交流的互帮互爱行为，以及遵循“仁义礼”的社会互动推进关系建构的发生。

举一个例子，每逢过年，礼物流动。有一次，一个朋友告诉我，他购置了一些拜年礼物，在给一位德高望重之人拜完年之后，还没等他到其他家拜年，就有人陆陆续续到他家来拜年，他也将亲朋好友送来的礼物带到其他人家去拜年，年后一合计，他告诉我，自己购置的礼物没有送出去，而他也都给亲朋好友拜完年和送完礼。结合这多年的观察与实践，我们会发现这样一个规律：在亲朋好友之间的走动中，虽然礼物送出去，也接受了一些礼物，甚至在物质或价值属性上可能存在差异，但是在社会属性上增进了人们之间情感交流，在人际情感交流过程中，人们相互分享了对方所提供的热情款待，远超过礼物原先的经济价值所带来的无聊的独享，同时也释放了情感交汇空间，防止了“不进则退”的人际情感关系。

正是这种日常的人情往来的关系建构活动，使得亲朋好友等熟人们共同营造寄托心灵的、在精神上相依相伴的安身立命之所。在这个关系建构出来的情谊融融的共通性社会情态之中，人们之间已经成为一个有机的社会性组织，牵一发而动全身。一方面，对于处于其中的成员来说，具有社会性保障功能。当某一家庭（成员）落入困境，或者急需帮助时，集体性行动（如有钱（财物）出钱（财物），没钱出人力等）会自发地产生，不计眼前回报的组织起来，使用这个临时组织所拥有的潜在资源，以帮助其共渡难关，包括心理上安抚。另一方面，对于这个社会组织发展来说，具有社会性身份功能。在应对外部环境变化时，为提高这个家族组织的社会情态和赢得声誉，在德高望重之人的举荐下，拥立一个能为这个组织挣得利益和名誉的出头并担当之代理人，这个人一旦被确立，将获得群体里成员的无私支持，这个组织所有的资源会自发地组织起来，分工协作、相互帮助、群策群力和同心同德。不难看出，在关系建构的组织实践里，对于人财物的使用，只需及时能用，而不需要时无须占有。由关系建构所形成的共通性组织情态，显然，具有一个明显的资源调用特征。

举一个比较类似的例子，十多年前，在建筑行业，人情上的“三角债”是十分普遍现象，也就是，你欠我的、我欠他的，他可能欠你的。例如，有一次，采访一个包工头，他说，当承包到一个项目时，资源调用起来十分方便，今天你请客，明天我请客，天天在外吃喝玩乐开销挺大的，从局外人看来，我们这些包工头看上去很有钱，其实都清楚自己腰包真的没几个钱。他还说，如果没有项目可做时，我们这些人的窘境就会显现出来，只好过着外人看来近似潦倒的生活，但他们很不理解，甚至说我是装的；所以，我们都在力所能及地承揽项目，即使不挣钱也要接，以维持在这个圈子里是社会地位和关系身份，避免被人瞧不起。

通过这一社会现象，可能看出，在组织情态共通性的情形下，资源流动是为了维系人际情态的共时性依恋，你花的是大家的，大家花的又有你的，在一起彼此给对方面子，对于个人来说，看来有用不完的，不仅是钱财、还包括人力、物力、心理上支持等，是谁的已经不重要了。换言之，对于企业组织持久推进的关系建构来说，在一起彼此担当和相互照顾，互帮互助会带来个人的强大的安全感，而不会因一个担惊受怕而带来的强烈的不安全感。因此，在关系建构过程中，在资源使用的层面上，在于共同分享和彼此调用，顺沿日常交往行为所产生的自然之情，发挥组织创造力和集体性智慧，以包容之心态来应对不确定性环境变化和共同塑造在一起的组织性未来。

在人情往来的日常实践中，如果从送礼行为的角度看，礼物的流动倾向于有老年人（德高望重，资历深，维护组织声誉之人）的家庭；如果从交情行为的角度看，社会性受助倾向于年纪轻（资历浅，刚入圈子之人）的家庭。如果一个有地位之人走在人潮人海中，没有前呼后拥的，那也只是一个再普通不过的个人，即使在组织实体里，也只能有限地发挥着个人的能力。在这个意义上，在关系建构过程中，有地位之人在日常社会生活中得到敬重，地位较低之人也会得到及时的帮助，两者相互依存，共同营造着在一起的日常组织活动，共同守护着隐性的组织情态共通性。因而，“中和位育”是中国情理社会的组织产生的基本原理。

> 别把自己当回事。当别人把你当回事的时候，你可能才是那么回事，尽管这往往又未必是你想象的那回事，却把你抬举上组织情态之社会位势上，那样，你想象的那么回事就有可能在依组织情势而变中有意无意间展现出来。

日常组织管理中的关系建构原理，如果不能在理论上很好地揭示西方战略研究所关注的科学问题，那么，这一研究也违背了科学理论的继承性原则；如果不能从日常关系实践中很好地理解西方理论所采用基本分析要素（资源、能力、知识等）的内生动态性原理，那么，这一研究也在变相地否定了“中国传统智慧并没有去排斥西方文明，甚至带动西方文明发展”这一论断。其实，西方战略理论所给出的资源、能力和知识都是一个静态观点，往往是“事后诸葛亮”，甚至在概念层面上是相互涵盖的，而概念假设上，又与所要揭示的战略实践内在原理是自相矛盾的（不具可预测性）。例如，从资源的定义来看，如果我们知道资源的价值所在，实际上就内定了具体战略内涵；又如，知识和能力等都存在同样的问题，特别在日常交往日趋密切所引发的组织战略实践不确定性的情形下，西方传统战略理论缺乏指导意义。为了解决当前企业战略实践问题中能够所遇到的困境：以已知的知识去推测不确定性的未知世界。为此，我们将用关系建构原理来重新理解西方战略理论的一些基本概念的实践意涵，进而给出中式组织管理的策略。

如图 10－6 所示，礼物的社会情感性，通过关系建构的方式，转为具有经济价值性的资源。所谓的资源，是指对事先存在的目标性任务达成是有用的，并依据这个目标性任务价值来预测出其价值。值得注意的是，这种价值也是在这个目标性任务完成之后才能最终确定。既然具有激发双方情感交流和增进人际情感关系的功能，礼物则对于双方来说都是有用的，以使双方能产生在社会心理上进行沟通和交流的机会，同时，也考虑接受者的主观感受；但是，对于接受者来说，这个礼物只是一种喜欢状态，而没有事先存在的明确的目标性用途，所以，礼物尽管可能有市场价，却更多是激发双方友好的情感状态，其实际价值是没法估计的，如越急用价值越大，越多人关注价值自然越大等。因此，礼物是在社会情感状态表达层面上的，是有用的又是无价的。正在这个意义上，在组织情境（目标性任务驱使）的日常交往中，关系建构带来了礼物的流动，而在此过程中，关系化行为在于维系组织相通性情态而对礼物进行尽其用，或者产生新事业，进而将现有的礼物转化为一种可能满足目标实现的有价值的资源。例如，在某交通科技开发有限公司，员工通过“礼物”表达互相关怀和体谅，增进彼此之间的关系基础的同时，礼物也成为一种重要情感资源；有时候，一盒小小的酸奶在成员间建立起浓浓的情谊，形成和谐融洽的组织氛围。

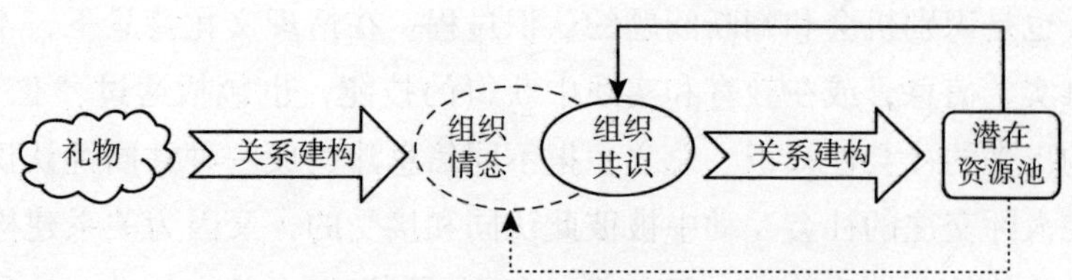

图 10－6　从礼物转化为资源的关系建构过程

如图 10－7 所示，经济性资源，在关系建构的推动下，转化为人情性礼物，并在人情法则带动下形成了组织能力，同时创造性解决问题和拓展新机会的容量。作为动态的建立和使用过程，所谓的能力，是指资源链接的手段，以解决现实存在的问题，或者创造新的机会，因而能力本质上是通过人际关系来实现的，不仅可以形成组织势态的一个平台，可以协调人际关系，而且可以创造性地将不同的资源链接起来，产生新的可能性发展机会。因此，关系建构可以在组织共识的前提下，激活资源池的潜在能力，维持组织情态的共通性状态，并利用日常组织的人际交往过程解决问题和创造机会。例如，车间人员流动大，经常出现人员不足的问题。人力小张在去车间了解新入职员工情况时，新员工小王在闲聊中告知他所在的职教中心有不少机械加工的毕业生，小张眼前一亮，继续询问他有没有原来认识的老师，小王主动提供了之前老师的手机号，帮助小张解决招人难题。小王在与小张在闲聊中，触发了思考，激活了头脑中的信息储备，并通过关系连接传递给小张，建立起关系性的资源链接，最终转化为解决问题的能力。

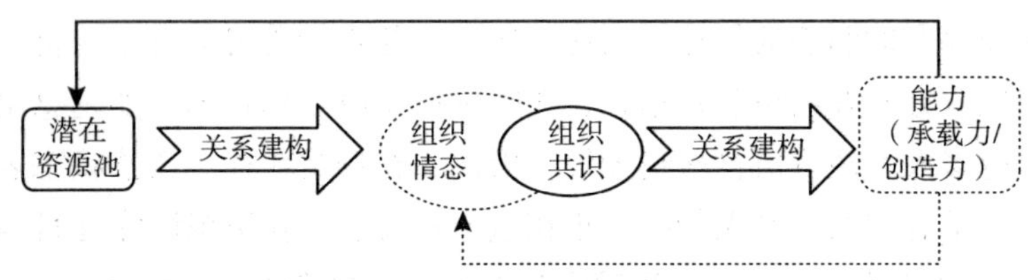

图 10－7　从资源转化为能力的关系建构过程

如图 10－8 所示，在关系建构的内在驱动下，信息数据可以创建出组织知识。不同的关系会产生不同的知识类型，如“智子疑邻”。所谓的信息是指人们通过接受外界环境刺激而产生的客观认识，只是对客观事物的一个实时描述，由一组数据所构成。知识（包括问题、机会和能力等）是关系建构出来的，所谓的知识是被普遍接受的、对解决问题有帮助的认识结构，也是识别机会和判断问题的认识过程。在情理文化背景下，不仅仅包括事实、信息，或在教育和实践中获得的技能，也包括通过“仁义礼”所建构出来的社会性知识。总之，把不同信息建构成一种共同性认识，当然是在人际交往的社会互动中被彼此认同和接受的，又因为关系建构是以不损害个体的天性为前提，存在着“和而不同”的争论，因此，这种共识性认识达成的内容取决于关系建构的阶段和层次，关系建构有利于为人处世的社会性知识产生。在某机器人公司，新的设计方案既要满足客户的功能要求，又要使工业装备符合末端操作器、气动、液压和运动控制等方面的设计要求。日常联系密切和互动频繁，不断对原有设计进行改良。设计部小周进行车床自动上下料机器人联动设计时，与他交好的小江加入讨论中，不断提出建议；互动中认知资源流动促使个体认知向集体认知转化，在原有方案基础上进行不断修正和调整，建立当前情境下的评判体系，形成双方均接受的改进方案。

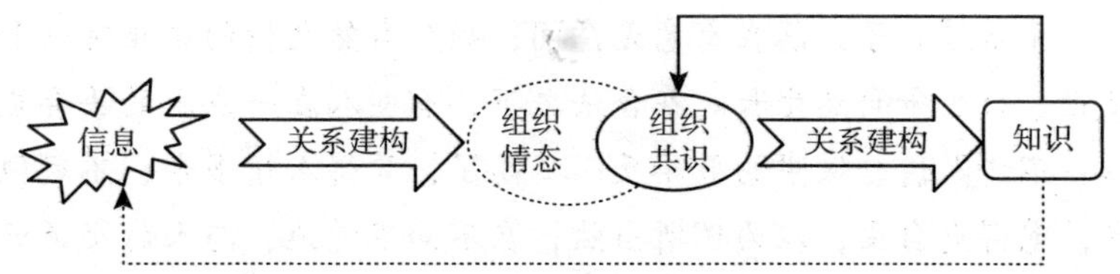

图10－8　从信息转化为知识的关系建构过程

现在很多“不差钱”的人都在积极地做事，为什么呢？也许，为了更好的社会名声；也许，担心被人瞧不起；也许，害怕不进则退的人际关系。难道这不也是“仓廪实而知礼节，衣食足而知荣辱”的很好的现实依据吗？

关系建构之于中式组织管理：努力“持中”和“守自然之道”。实践上，成员既希望群体里有比自己差的同行存在，也可能因有这些同行的存在，而不至于使自己落在组织边界的绝境上；又不断地不希望群体里有十分优秀的同行存在，也可能因这些同行的存在，而担心在组织情态共通性的过程中自己的心理位势被边缘化。正在这个意义上，“中”与“和”是关系建构的落脚地。因此，在动荡的组织情境里，担心“不喜则忧”的关系情态是关系建构的内在动力，① 而社会情境变化越复杂，关系建构就越加基础和愈加珍贵了。

10.7　总　结

常常地，在这个世界的人们缺少的未必是什么信仰，而是不知道自己不该或不能做什么，即使有强大的胜任力；也许，正是因为缺失对传统和生命的敬畏之心。小时候，做什么事情，都感觉有点不好意思，即使做好了，心里感觉有点儿虚；那时候，总觉得，心虚可能是因为见过的世面少。长大后，每当出头做事，心里还是感觉心里不踏实，即使表现的不错，也觉得有点儿不对劲；那时候，总以为，卑微

① 参见《邓析子·无后篇》。

可能是因为能力不够。经年之后，渐渐地懂得："知止为始，能得为终"；心虚可能是因为天生善良，卑微可能是因知礼节；这种敬畏之心，往往是中国传统智慧诞生的发源地。

平常过日子，总在有意无意间；顺应自然之情的举止言谈和为人处世，让生命自然生长。在合法之下，有些人在一点点的丢弃敬畏之心：不讲人情，做事的效率反而提高了，觉得人情多余；不顾他人感受，觉得更自由，以为理所当然；在不知不觉地，与人打交道开始担心也如此被对待，戒备之心越来越重了。这种戒备之心，可能是个体理性思维形成的根据地。

倘若非要有什么管理理论存在的话，原创理论可能诞生于那些已取得一世辉煌、并产生深远影响的日常组织实践。也许，从不断的具体实践活动的摸索中，主要承担者提炼出顺应自然之情的思想与逻辑；这可能是后来管理研究者将其逐渐发展成一个理论体系的根源。无论管理实践者的日常行为，还是管理研究者的日常生活，不能自外于日常交往的关系情境，更是不能自绝于社会传统性。显然，中式管理理论，来源于中国传统智慧，一方面深根于熟人社会的民间日常生活常识，另一方面依存于让齐国强盛四十年的《管子》、黄老学说的自然之情和儒家思想的修齐治平。如果，不能顺应民间生活的自然之情，将自己抽身于日常交往活动，再强大的逻辑和再有趣的想法，也可能仅仅是一种理性思维方式，与鲜活的日常组织实践之本意并无多大联系。

当事情发生时，当事人因当地环境和关系情境而产生了有无意识，并在有意无意之间推进事态的整体性发展。所以，倘若你不能深入当时的情境，你没法了解当地人那时的情境性感受和那情的具体性想法；而光看具体行动展现，是毫无意义的，因为从不同角度看就有不同的理解内容和想法。因此，日常行为的事中情境，难以从事后看到事中的具体情况，也难以在事前就能预知到事中的行动进程。大多数的日常行为遵从潜意识状态变化的行动规则，维持与周围环境与身边人在一起的共通性感受状态，并支配着普通人趋利避害的日常幸福生活。中国传统智慧，在这个方面，提供了一个很好的研究出口：从人之通性和人之常情着手，顺应关系情态变化的自然之情，观察有意识地遵从"无我"的仁义礼，及其指导日常行为内容的"无为"，以家的生活信仰，探究在有意无意间产生的共创性组织行为原理和管理原则。道法自然，更多的是强调日常行动的共通性感受状态变化规律，在日常行为中则表现为仁义礼的关系规则。中国传统智慧以礼义规则来推演自然之情的论证；以古之圣贤的美德和自然之物的比德，彰显顺应自然之情的论点；以万物（现象）生长的自然变化，作为顺应自然之情的论据。孔子曰：君子谋道不谋食。事实上，在日常生活中，谋道并不耽误谋食，因为践行仁义礼的行动规则自然会夹带着生存相关的行动内容；相反地，过分地强调谋食之价值规则，必然会失去了道义之心，原本与幸福生活也是背道而驰的。

既然中国传统智慧与西方理论体系有着泾渭分明的差异，那么，Strategic Management 翻译成“战略管理”是值得商榷的（中国台湾学者翻译成“策略管理”）。一方面，起源于未来学研究的 Strategic Management Theories（SMT）的原义是指从长期和全局的角度去管理企业组织，然而，受制于西方哲学思想的局限，SMT 研究强调了在可预测范围内（预设情境里）的长期规划和全局优化，这一理论在传统工业时代曾起到了积极作用，但是，随着全球化发展和人际交往的日趋密切，不确定性因素迅速增多，进一步说，社会事实由人际关系所创造出来，不确定性因素也是因人际情感状态而产生，所以，传统的 SMT 已逐渐脱离了企业日常交往的战略实践。近年来，一部分主流西方学者已经抛弃了传统产业组织理论的研究范式，开始借助于社会心理学和文化心理学等来探究战略化（Strategizing）组织原理。

另一方面，当中国大陆学者将 Strategy 翻译成“战略”之后，开始用西方理论范式来理解中国企业战略实践，毫无疑问，任何脱离当地社会文化（哲学思想）的战略研究都只是在发展西方理论体系，与中国企业战略实践往往是背道而驰的；正如中式组织是以人情为导向的关系建构过程，而西方理论则认为组织是以目标性任务为导向的资源安排与执行的制度结构。为此，一部分学者试图从中国古代经典文献里去解读“战略”这个词，例如，把《孙子兵法》中的“战略”用到战略管理研究上，这些研究听起来有点道理，其实忽视了一个基本事实：中西方文化尽管在追逐个人私欲满足的行为层面上存在某种程度的相似性，却在指导思想上是截然不同的，中国传统文化注重“知礼节”和“知荣辱”之下的“仓廪实”和“衣食足”，而西方文明强调个体理性的自我价值实现。王阳明在《传习录》中如是说，儒道学说注重修身而不是修心，当人们不愿意从日常行动中致良知，乐此不疲地在语义上过度解读中国传统文化，这种做法实际上在废弃圣人之学问。

无论“中和位育”，还是“中正仁和”，都是人情社会的一种组织模式，前者强调一个社会组织化形成过程，而后者注重一个社会组织化管理活动。毫无疑问，这两种组织模式都是把组织者看作一个当事人来处理，即当事人的情感随着社会情境与组织情态连通起来，“走一步、看一步”或者“看一步、走一步”，与周围人一道建构出彼此都能接受的社会事实，以使得社会情态处于共通性；正是遵从了人际情感的交汇与共通，人们在日常社会互动过程中常常会产生出情理之中、又是意料之外的新事实，当然与不确定性环境变化是相依存的；换句话说，这种组织很难被周围环境所抛弃，因而是一种可持续成长的组织实践。

实际上，“中正仁和”与“中和位育”的两种组织模式是相依存的。一方面，在情理社会背景下，“中正仁和”的关系化管理模式不是按照预期进行的，而是依据社会情境变化，通过“中和位育”的关系化行为来实施的，即在微观层面上中和位育的探索性组织行为支持了中正仁和的组织管理模式；另一方面，在社会组织发展的不同阶段，“中和位育”的关系建构活动塑造了一个新创企业，而企业日常关系实践的管理活动又依赖于“中正仁和”的关系化行为。在情理文化之下，企业日常实践的社会互动是以关系建构为基础的，“中正仁和”和“中和位育”的关系化行为，也许是依从人情而发出的。在日常交往的组织管理实践中仁道主张讲人情；人际情感交汇的发生依存于相互给面子，是关系本位产生过程；接下来，人际关系产生于一阴一阳的“人情”和“面子”，并包含了“人情”与“面子”，即人情关系建立和关系情态共通依恋；然后，在“重人情”之“仁”行，“给面子”之“义”行，以及“讲关系”之“礼”下共同构建出情理文化的日常组织活动，创造出“致中和”的组织情态，所谓的“三生万物”，即在关系亲疏、关系身份和关系情感之上形成了“家文化”的内涵。

中式管理理论注重“顺民心”的人管人的日常管理模式，其中，“人管人”的日常人际交往自然会夹带着礼物和帮助等有价值的资源性流动，而西方管理理论强调资源能力的目标性管理；因此，中西方管理理论在企业管理实践中并不是替代性的，同时，中式管理思想并不因排他性而存在。首先，中式管理理论强调日常交往的关系规则，如行动规则和行动内容是人情性导向，注重人之通性的组织管理原理；而西方管理理论更注重预设目标之下的价值规则，行动策略和行动内容的价值性导向，注重价值优化的目标性管理；所以，从企业组织管理实践活动来看，中式管理理论是西方管理理论得以有效贯彻的保障和基础，而西方管理理论则对中式组织管理在技术层面的补充和完善。

其次，中式组织管理模式主要强调生命观的自然成长，适用于正常状态下的组织共创性行为的日常管理；而西方管理理论则聚焦于价值理性的目标最大化，适用于应急状态的资源能力管理。在特定的时期或在救急的任务情形下，没有顾及那么多，尽管破坏了一定关系规则，却可能为企业迅速而及时地摆脱危急状态和更有效地完成任务；但是，如果长期使用会破坏和谐关系，从而会导致人心散而无法再次组织起来。从这个意义上，在企业战略实践观层面，中式管理理论发展了西方战略管理理论，以发挥组织集体共创性潜力和组织恢复力。

最后，西方管理理论注重物质财富创造的管理逻辑，即趋利性动机，而中式管理理论强调从日常交往中组织共创造力的整体性管理思维，即避害性动机；对于企业战略实践观来说，两者是互补的，也就是，在创造共同未来的组织层面，不破坏关系规则为前提，中式管理理论是基础，强调技术和能力的西方管理理论有利于完成具体情境性任务。例如，中式组织管理所强调的勤劳和节俭等非交往情境下的个体日常行动，西方管理理论具有一定的指导意义。总之，从西方管理理论来看，当企业组织在战略大局上遵从“大国不过欲兼蓄人，小国不过欲入事人”，而在个人行动规则遵循“仓廪实而知礼节，衣食足而知荣辱”，那么，西方管理理论在某种程度上就会向中式管理理论转化而中式管理理论也在一定范围内兼容了西方管理理论的适用程度。

然而，中式管理理论，不仅仅只停留在人性假设上与西方理论假设不同，更为重要的是，在根本上，如果运用西方理论的假设基础，是难以理解和解释中国传统文化所积淀和沿袭下来的日常组织管理实践。首先，中国传统文化强调的是“仁者人也”，即有仁爱之人才叫人，人是有人情味的。从“仁”的本意和被广大老百姓所认同和推崇的社会生活实践看来，讲人情的关系之人才被大家所认可。其次，在顺应自然之情的传承之“道”上，常常是生命前行的脚步；对每个生命体来说，此时此刻，是生命的最年轻时。真正的善良，便是化解所遭遇的危急状态，让组织或个人的生命回到自然生长的常态，回归生命起始的年轻活力，这便是“上善若水”的真实意涵。因此，中式管理是基于有情有义之人，注重人际情感沟通，礼义规则是依据人之常情而慢慢地建立起来的，也随着时令和具体事情而演变成了不得不遵从的行为规范；但是，一味地改变先前的规章制度未必符合人之常情，或者遵循祖规旧制而不知变通也不足提倡。①

① 参见《全唐文·卷九十七》所言，“夫礼缘人情而立制，因时事而为范。变古者未必是，循旧者不足多也。”

补　记

Pfeffer（2010）指出，个人的健康和人类的可持续在目前的管理研究文献中很少被提及，这正在威胁着一个企业组织的长期绩效获取和可持续发展。也许，身边的大多数人，在潜意识中还是讲人之常情的，并不是只看名利和价值而行事的；很多时候，他们也是迫不得已的：往往被迫以目的性意义的学习和为人处世，以消磨时光的；常常地，在潜意识中，人们没法去想着追名逐利；可是，在有意识活动的范围，人们常常找不到其他出口，以引导他们日常组织生活。

本书在试图找出这样一个思维逻辑出口：从“日用而不知”的人们潜意识活动中，发掘其中所藏的通情达理的人情逻辑，以指导人们日常生活的社会交往。直面中国实践的企业持久发展战略，首先根植于人与人之间依存人情关系的熟人社会单位，并不同于西方理论过于强调人与人之间价值连接的经济功能组织。因此，遵从维持关系规则的礼节规矩，是日常交往的社会底线，也是形成战略实践观的基础；企业日常交往行为不能违背仁义的人情法则，换言之，日常交往的价值交易服务于人情交往，顺应自然之情而产生，但不能破坏道义规则。

一、仓廪实而知礼节，衣食足而知荣辱

一天下班回家，我走在小区里的路上。忽然，从小区的树丛中窜出一条小老鼠，急急地向路另一边的山林里跑去。与此同时，紧接着后面追出一只流浪的小花猫，它俩之间距离很近，也许小老鼠估摸自己逃不了，索性停下来，回过头怯生生地望着那只紧跟在后面的流浪猫。这时，流浪猫也停了下来，没有冲上前去捕杀，而是不慌不忙地看了看小老鼠，并不住地看看前后的几个行人，时不时地用前爪，去试探性地触摸那只小老鼠。双方经过短暂的停留之后，紧接着，小老

鼠一下子跑进山林里，那只流浪猫也紧跟着冲进山林里。

也许，有人会问，猫不是老鼠的天敌吗？是不是这流浪猫已经丧失了捕捉老鼠的能力呢？难道是小区里的“好心人”喂饱它们而惯坏了吗？首先，一只猫，作为一个生命体，虽然经常性地以捕杀老鼠为生，这也会导致老鼠天生就害怕或躲着它们，但是，我们不能由此而推断出：猫一见到老鼠就会捕杀，甚至得出“猫是老鼠的天敌”的说法。也许，猫也会说：“捕杀老鼠，不是我的职业；我是一个生命。为了生存，当饥饿的时候，我会去捕猎，但是，当我吃饱了，为啥要去捕杀呢？我又不是职业杀手，也不是拿你们人类的自私欲望来定义的功能性机器。”是啊，当吃饱的时候，捕杀那些食物有什么用呢？相比较人类喜欢以捕杀而储藏起来，以便即用即取的方式来说，猫的行为可能更具有自然智慧。一来，让那些待捕杀的猎物生长和繁衍，增加了以后捕杀成功率；二来，花时间与同伴相处的过程中，可以锻炼和学会更多的捕杀技巧；或许，饿了就去捕杀，还可以吃到新鲜的，无须要什么保鲜。

长期观察发现，一只猫，当不饿的时候，也并没有闲下来，而是在追逐老鼠和其他动物中锻炼自己；同时，与同伴在戏耍中保持和提高自己的捕食能力，以应对不时之需。在感觉不饿的情况下，它们要么在遵从一定的规矩在相互追逐和嬉闹，要么在恬静地享受自然感受而休憩着。这个时候，也许，它们并不知道，猎物们在繁衍和生长，是自然不断赋予他们生存之需；也许，它们也不知道，遵守自然规则和与其他动物相处的规矩，会让其收获心灵宁静。也许，它们只知道，饿了，就要吃饭，饱了，就要懂规矩，这才是一个生命力成长的根本动力。

> 小时候，晚上睡觉总迷迷糊糊地弄开蚊帐，经常被蚊子叮醒。听大人说，蜻蜓吃蚊子，于是，晚上捉了几只蜻蜓，放在蚊帐里，第二天早上醒来，身上还是被蚊子叮几个包，蚊帐里的蜻蜓还在，还有几个吸满了血的蚊子，躲在蚊帐的角落处。当时，很恼火，这蜻蜓咋不吃蚊子呢？

猫是如此，蜻蜓也是如此，我们见过身边的很多生命都是如此：生命是善良的，又是很包容的。“仓廪实而知礼节，衣食足而知荣辱”，这是生命成长的情境性动力。可是，我们常常不自觉地掉入自己认知所编制的陷进：把生活中偶发性事件当作经常性发生来看待，把日常中有时候发生的事情当作一直在发生的常态来看待；而恰恰忽视了我们身边常态性发生的微观现象里面的本质。于是，我们就想当然地得出这样看似正确、却又不完全切合实际的道理：猫一生下来就是为了捕杀老鼠，蜻蜓天生就是为了吃蚊子。

无论猫、蜻蜓，还是其他动物，都是和我们人类一样，首先，是一个有血有肉的生命体，有着自己的灵魂和生活方式，不是为了一成不变的某一动机而活的。其次，为了活命，饿了的时候，它们需要吃饭和捕猎，但不饿的时候，它们又懂得和谐相处，因而，在大多数情况下，它们也知道不在同类之间展开相互捕杀。

正在这个意义上，生命体前行的动力，便是在为“衣食足/仓廪实”和为“知礼节/知荣辱”之间的情境变化中驱动的：当衣食不足或仓廪不实时，以捕杀食物为主导的日常行为，是人之常情的一部分，以维持人性之需；当衣食足或仓廪实时，从事日常行为注重知礼节和知荣辱，是人之常情的另一部分，以维持人情之需。进一步地说，在组织层面上，首先是共有关系维持的知礼节，其次是代理关系增进的衣食足。当然，在面对这两种关系时，组织先解决个人的共有关系，其次才是代理关系的理顺，显然，这里的潜在假设意味着是组织本来就解决了个人的生存问题，否则，组织不可能持久发展下去，这是管仲所提倡“以人为本”的管理思想的本意所在。

二、“拿最好的招待人”和激活人之通性

有一次，和友人聊天，无意中谈起，小时候，十分希望家里有客人造访。为什么呢？那时候，家里好吃的东西不多，而平时父母很节俭，又不让吃；但是，一旦来了客人，父母总是把那些好吃的东西拿出来招待。在客人面前，大人们见不得我们的馋相，每当客人说留给小孩吃时，父母总会说，家里有的是，小孩在家经常吃，还说我们就是见不得好吃的，不懂规矩。在客人走之后，家长总会训斥我们几句。

那时，很是不解，家长为什么把好吃的都给外人吃，难道我们不是自己亲生的？不喜欢自己的孩子吗？记得，家长总会在事后和我们说，那位客人是亲戚，以前对我们家是如何如何好，不是外人，做人要懂得感恩，别没有知识，不懂规矩。长大了，读了十几年的书，学了不少“知识”，也拿到了不少文凭，我们就更加不解父母的做法，有时候，仗着自己所学

的科学知识，公然地说，父辈们是多么愚昧：最好的，不知道自己去享用，却拿给外人享用！

小时候，大人说我们不懂知识，我们时常似懂非懂，也许大人说的是对的；于是，渴望学习更多知识。后来，学会了不少“知识”，也渐渐地，我们开始用所学的，理所当然地来满足自己的私欲，常常因自己的聪明才智而沾沾自喜。然而，学得越多，我们越是没法能够理解父母当时的做法。当有些人小有收益或腰缠万贯，已取得了物质上的满足，当看到家里父母在辛劳着，但却清贫且不富裕时，忍不住地开始埋怨他们行为是多么的不对，甚至指责父母的顽固和愚昧，要么将其归罪于中国传统文化的思想余毒，要么将那些父辈们所推行的传统文化，说成是中国人的劣根性。事实上，也时常深深地感到，父母尽管为我们能自立而高兴，却时常在责怪我们“墨水喝多了”，没有知识，还是不懂事，让他们在家乡人面前丢脸了。难道父母所说的“知识”和我们从书本上所学的“知识”是不一样的吗？

生活的种种磨炼，让我们渐渐地开始明白，这两类知识是大相径庭的。首先，父母用生活教育我们为人处世的情理逻辑，是一种注重人之通性的、懂得考虑他人感受的礼义规则；而我们从书本上所学的理性知识，是展现人之个性的功能性技巧，一种追逐物质满足的、自私的知识。其次，父母所讲的知识，是一种为人之道，是学习书本知识的前提，书本知识是达到某种目的的工具或手段，生活知识才是根本的，没有生活知识哪来书本知识？否则的话，忽视了人之通性的社会本质，脱离了我们日常的组织生活实践，正如哈佛大学杜维明教授所言，这种“浮士德精神”的科学理性强调征服自然，造成了人类与自然界关系的紧张。如果没有生活知识作基础性支撑，书本知识只是空壳，没有动力，没有生机，更不可能自动地按照预想规律运行。

本质上，父母所遵循的日常交往的组织性知识，其内在动因是关系本位的人情取向，在资源使用层面上，他们并不认为资源因自己占有就理所当然地归自己使用，特别地，对优质资源的占有和使用与行为主体是分离的；占用资源的主要目的是在于与他人开展人情交往，建立人际情感关系，换句话说，如果没有资源占有，他们会感觉不好意思与周围人交往。从另一个侧面看，相比较资源占用来说，父辈们更倾向于把建立人际情感关系作为头等大事，甚至为了后者而不自觉地放弃对所占有的优质资源的使用，如当得知家里有客人要来，全家总动员来打扫卫生，以迎接客人到来，生怕怠慢客人。更深一层次上，父辈们所遵循的交往准则尽管不能有征服自然、获得利益的快感，但是可以获得暖暖的温情，并通过这些人情关系支持我们有更美好未来，这一结论在现代社会心理学的当前研究中已见端倪。

在日常生活实践中，人们一有机会就去追逐对资源占用的满足感，这种“投机取巧的”机会主义行为压根儿就不为人们所称道的，当然，身边人也不愿意与这类人交真心处朋友。在日常生活中，大多数人讲究礼义规则，优质资源的占有者和使用者往往是独立和分开的，即使在物资匮乏的情况下，资源的占有者是不会独享的。一旦有了空闲时间，或者有了什么好吃的、好玩的，大家就聚在一起聊聊。“有朋自远方来，不亦乐乎”。这种根植于中国情理文化的日常生活智慧，远比西方文明所推崇的人之个性，更贴近人之通性的日常社会生活。特别地，在资源占用层面上，与西方理论所强调的利益最大化，即把最好的留给自己享用的人性假设是截然相反的。

当我们将个人所占有的最好东西让别人去享用之后，要用的时候，我们用到的往往是交往者所创造的最好的东西，这些好东西的出现经常是不能预测的，但会出现在彼此携手共进的路上，依次在不同的时点上，带来的是意想不到的惊喜，温暖着我们在日常生活中的前行。或许，这也是一个社会发展得以存续所依赖的根基。正是在这个意义上，“拿最好的东西来招待他人”“把优质的资源让他人先享用”“以最佳的状态来接待他人”等这些极具智慧型的华夏文明传承下来的，蕴藏着对生命敬畏的战略性理念，如此这般，生生不息，让人与人之间在共同创造着一个“没有止境的美好未来”。

三、中学为体，西学为用

“一燕国人听说古都邯郸人走姿很漂亮，便来到邯郸学习邯郸人走路。未得其能，又忘记自己的走姿，最后爬着回到了燕国。”。

有时候，也觉得，我们在用实际行动在诠释“邯郸学步”的现实内涵。“中学为体，西学为用”。西方科学知识注重事理的探究，学习西方知识往往有助于我们固本清源，而不是丧失民族之本。

然而，中西方文化的差异，如中方文化注重“天人合一”的人之通性，而西方文明强调“征服自然”的人之个性，决定了两种文化对人的定义是截然不同的。传统中国人注重自然之情的和谐关系，而西方理论强调的是个体意愿之下的功利性享乐；例如，这从汉字的造字法和英文的造意法就开始了：象形法的汉字强调源于敬重自然之意，而会意法的英文注重为己之意。正是因为不同文化对人的存在的内涵不同，在长期的“移风易俗”之下，也形成了两种完全不同的信仰体系、思维逻辑和实践活动。例如，中医强调人体的脉络相通和心理状态之养生原理，西医注重器官病理分析和功能性治疗；中餐做法在于靠厨师个人的整体性感觉来拿捏火候和用心配料，让多种食材间早已搭成的默契感被发掘出来，也让食客吃出联想能力；西餐做法看重流程的标准化和用料的刻度化，更多的在意解决饥饿和能量的补充。又如，中国书画注重在写实与飞白之间自然表达意境，用书画内敛地表达创作者的当时含而不露的心境，而西洋画更多通过写实来强烈地表达创作者的情感宣泄；中国武术遵循天人合一的修身养性之道，而西方体育追求“更快更高更强”的强身健体之精神；等等。显然，通过这些对比可以看出，在对待人类与自然的态度上，中西方尽管是迥异的，中国文化的表达之中却也包容了西方文明的存在，但是，西方文明所遵从的价值理性，也就是，他们用自己的偏执和偏见，却在竭力排斥其他文明的存在与发展。因此，如果过分遵从西方文明的成果，就在不自觉中会排斥甚至否定中国传统文化，失去了我们立身立命之本。

现在谈谈组织管理的理论研究。目前的管理理论是以美国为主导的，注重事理的资源优化组合，其起初假设就完全忽视了人之常情在日常交往和日常生活中的主导性地位，当然这与西方文明所遵从的宗教信仰和个体理性是一脉相承的。从西方管理理论提出的初衷来说，管理的对象是财物和价值，并把被管理者当作追逐价值目标的功能性工具。然而，随着步入全球化的知识经济时代，人际交往越来越频繁了，资源财富往往依附在具体的某个人（占有或持有），在某种程度上也会因人际关系而被激活和存在的，所以，当前的管理实践也从原先传统工业时代的生产资料的管理，转向到人与人之间关系的管理，即管理的对象的是遵从人之常情的普通人，因而，传统的西方管理理论也越来越无能为力了。几千年来，中国传统文化一直强调做人之道的日常组织管理智慧，中国传统智慧在于组织和管理人际关系，并从小接受家教开始；也就说，中式管理模式与西式管理理论是截然不同的，正如中西医、中西餐、中西画以及武术和体育一样。中式组织管理模式，虽然不能起到立竿见影的效果，但是可以从根本上或者战略上解决问题。一方面，既然与西方管理理论对人的假设存在根本差异，那么，西方的逻辑体系是难以解开中式管理的组织原理，正如没法用西医的分析法来揭开中医之妙；另一方面，既然中国文化包容了西方文化的存在与发展，那么，在一定程度上，西方管理理论所采用的技法和手段时可以借用的，正如西洋画的技法可以运用到中国画的意境表达上，西餐的用具是可以用到中餐流程上。因此，运用西学的二分法逻辑去揭示中式管理的组织原理可能是行不通的，也就是说，用一个文化的思维模式去揭示另一个文化的行为内涵总是词不达意的。

中国传统文化强调的是：与自然融为一体的人之常情，并依从这种源于自然的关系情态去修身养性和为人处世。例如，中医的人体脉络相通和心理状态之原理，中餐做法的整体性感觉之原理，中国书画的自然表达意境之原理，以及中国武术的天人合一之道，等等；无一不在诠释着中国传统文化的自然智慧。强调人与人，以及人与自然的关系情态，可以是中式组织管理的行为原理之根本所在，在一定程度上，表达关系情态的人情往来，但在本质上而不似西方管理理论所强调的资源价值之本。然而，中式管理实践在我们日常社会生活和工作中普遍存在，而且每天都会用到，往往处于“日用而不知”的被轻视甚至被忽视的状态。如果说中医、中餐、中国书画和中国武术等已被祖先们开发出来的中国传统智慧在滋养着后人，那么，源自于日常交往的中国传统的管理智慧，也将会指导当今社会人际密切接触的日常组织活动。

四、顺应自然之情的中国传统智慧

“你救了我，我救了你。”对于这一现象，中西方文化存在截然不同的看法。在中国人的日常生活中，既然你救了我，你便有恩于我，而恰巧我也救了你，这正好疏通了咱俩上辈子修来的缘分，这份交情关系让我们俩彼此连在一起：以后我（你）有好事也忘了你（我），谁有难也别忘彼此关照，也就说，随着这层关系的建立和维护而开启了在一起做事的这条道，万事也就刚刚才开始。

如果遵从个体理性的适应性思维来看，也就是说，静态看待既定的目标性价值，两个人自然就会博弈起来：一个达到最大化，另一个必然是最小化；换句话说，一个人最好的结果，也许则意味着另一个人得到的是最坏的结果。但是，在日常交往过程中，中国传统智慧教会我们，在一起的两个人是为了共创美好未来，然后在“知荣辱/知礼节”之上不分彼此的共享，“大家好才是真的好。”这自然产生了日常交往实践与个体理性思维的体系差异（如图1）。不同于预设情境中的价值理性分析，日常生活注重生活情境的关系交往，显然，日常生活必然包含一定范围内的预设情境，很多的预设情境是不切实际的，然而，预设情境不可能涵盖到整个日常生活内容。

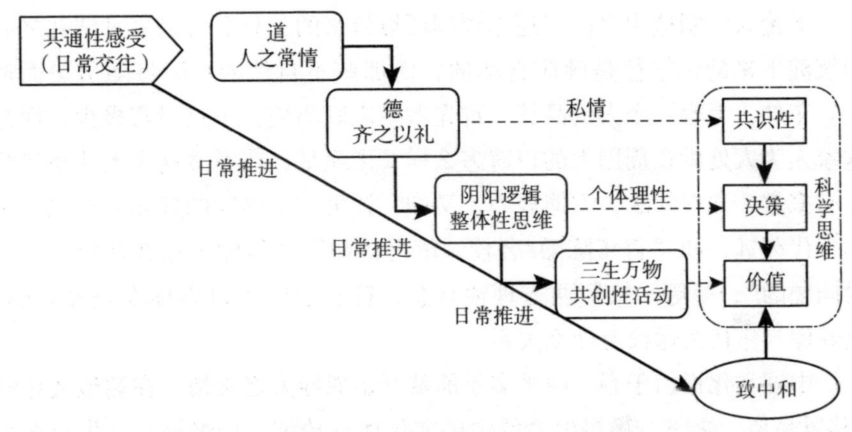

图1　日常组织实践：整体性思维与科学理性思维

文化是一个民族的身份标识，以人之通性为基础的中国传统社会，建立起来传统中国人的共同生活方式。文化是不能由一个人主观意识所决定的，正如一个人不能选择其父母一样：当成人之前，或者说意识没有完全独立之前，这个人就在潜移默化地接受来自日常生活的当地文化感化和教化，这是根植于其灵魂的部分，一辈子也去除不了的。当一个人在接受来自书本上异域文明的教育之后，接受的只是在失去人之通性之后的个性思维层面上在有意识状态中的共识性。在很多时候，当遇到问题，我们总喜欢从书本上找答案，或遵从价值逻辑经过一番分析给出的方案；事实上，隐藏着中国传统智慧的民间活动本来存在着契合于人之常情的解决方案：或从日常生活常识中，或从身边的万物生长中（顾颉刚）。

当遵从人情法则时，在日常交往中，人情才是社会事实的客观存在。正如小说《工人》（于泽俊著）所描述的，普通中国人的日常生活总会让人在心灵深处有所触动，他们在普普通通的日常社会生活中展现出不屈不挠的顽强生命力。从普通人日常在一起的生活过程中，从处理大事小情的人际交往中，自然而然显露出大多数普通中国人的社会良知，也聚积了中国传统文化传承的巨大力量。“这事搁谁做都这么做，不这么做，才不正常呢。”是啊，普通人只会按“人之常情”去办事，这些寻常而又不起眼的日常活动，不用语言美化；在他们看来，这没什么“了不起”，只是守好做人本分罢了；大张旗鼓地去赞美，会让他们感到很不自然。在这个意义上，抛弃大多数正常人的为人处世准则，而将日常生活中不被多数人内心多接受的个体理性的自私之为，作为理论研究的基本出发点，可能是传统西方管理理论研究从一开始就脱离日常组织实践的根源之一。

无论人工制造出来的，还是周围环境带来的，只要历经岁月洗礼之后而沉淀下来的，往往是顺应自然的，而那些不自然的，终将随历史而散去。正如，考察一个人的品德，首先考察家庭历史：不是财富多少，而是这家人为人处世在周围人的口碑怎么样，也就是，在考察这个人从小接受什么家教，知根知底，方能放心。又如，评价一个事物的好坏，首先考虑的年代久远，如“百年陈酿/名校、值得信赖”“他做了这么多年，应该没问题的”，等等。按照西方理性观念，符合公认的科学标准是最好的，这好像与年代久远没有什么关系。

中国文化根植于心，两千多年前就开始倡导人之常情。在儒道文化的“移风易俗”之下，敬畏生命的中国文化优良传统，仍然鲜活地生长在大多数的日常交往中，在礼仪规则下和“日用而不知”的日常生活实践中，靠一代代人默无声息地在日复一日的日常交往中传承。《管子》从齐国四十年强盛的管理实践原型中总结了中式组织管理经验，《道德经》完备了中式组织管理活动所遵循的情理逻辑和整体性思维方式，以及历经诸子百家争论和洗礼后的孔子仁学诞生，补充了组织管理者的修身要求，而这些浓缩中国传统智慧在两汉期间的贯彻中得到检验和弘扬。因此，以儒道学说为基础的中国传统智慧，不仅在理论体系上完备，而且深耕于日常生活实践而生生不息，一直流淌在人们内心深处中而亟待再次唤醒。

五、中国文化之自觉

这些年来，不少学者在探究中西方文化的差异及其影响；与此同时，在管理研究领域里，也有很多学者在研究中西方文化的差异如何影响组织原理和管理实践。有一次，在听完关于跨文化下领导力研究主题报告后，笔者向报告人讨教说，“借用西方理论的假设和视角做了大量研究指出，中西方文化在领导学上存在很大差异，的确，其他领域学者用同样的研究思路得出了类似结论，我们也承认，中西方文化差异自然会导致西方理论在中国情境下表现不一样；是不是可以这么理解：中华优秀文化也隐藏着一个不一样的管理原理？这是不是意味着中国传统文化有独特的管理模式和组织理论呢?”

近年来，关于跨文化管理理论研究一直备受争论。从概念上，跨文化是指以一种文化视角去看待另一种文化内涵；也就是说，对于跨文化管理研究来说，在理论层面上至少存在两种可能性：一是以修正或拓展西方文明下的管理理论为主导，从而分析中国情境下企业管理之不足，另一是以弘扬中国传统文化所积淀的管理智慧来看待西方文明的管理不足。事实上，在中国传统文化背景下建立中式管理理论，必然会借鉴于西方理论的相关研究，并不排斥或否认西方文明下所积累的研究成果，正如费孝通先生说：“各美其美，美人之美，美美与共，天下大同”。

在表面上看，中西方文化都非常注重关系，但是两者在对关系的认识上和方法论上存在迥异。西方人将个体理性凌驾于关系之上，关系是满足个人欲望的一种手段。中国人则将关系凌驾于个人之上，在“无我”和“无为”中共同来维护关系规则。这种注重道法自然的关系化行为，一方面，在遏制住个体私欲膨胀的过程中，避免了危害组织整体性健康发展；另一方面，在日常组织的长治久安中，让个人在顺应自然之情中幸福而安心地成长着。

总之，中国文化的自觉，并不是一种故步自封的自大，更多的强调包容性增长。正如民族的才是世界的，以自身的视角去看世界的，不仅有利于中国传统管理智慧开发和利用，而且有助于促进其他文明的发展。梁漱溟先生指出，世界的未来将是中国传统文化的复兴，更重要的是因为中国文化复兴与世界未来发展之间存在着某种内在的必然联系。

参考文献

中文部分

[1] 阿尔贝特·施韦特. 文化哲学 [M]. 上海：上海世纪出版集团，2013

[2] 阿尔弗雷德·许茨，霍桂桓. 社会实在问题 [M]. 索昕，译. 北京：华夏出版社，2001

[3] 阿格妮丝·赫勒. 日常生活 [M]. 衣俊卿，译. 重庆：重庆出版社，1990

[4] 白奚. "仁"与"相人偶"——对"仁"字的构形及其原初意义的再考察 [J]. 哲学研究，2003 (7)

[5] 陈柏峰. 熟人社会：村庄秩序机制的理想型探究 [J]. 社会，2011 (1)

[6] 陈辉. "过日子"与农民的生活逻辑——基于陕西关中Z村的考察 [J]. 民俗研究，2011 (4)

[7] 陈辉. 过日子：农民的生活伦理 [M]. 北京：社会科学文献出版社，2015

[8] 陈之昭. 面子问题之研究 [M]. 台北：台湾大学心理研究所，1982

[9] 樊耘，颜静，张旭. 组织公平与人力资源管理人际交往的交互作用机制研究 [J]. 预测，2014 (1).

[10] 方润生，陆振华，王长林等. 不同类型冗余资源的来源及其特征：基于决策方式视角的实证分析 [J]. 预测，2009 (5)

[11] 斐迪南·滕尼斯. 共同体与社会：纯粹社会学的基本概念 [M]. 北京：北京大学出版社，2010

[12] 费特曼. 民族志：步步深入 [M]. 龚建华，译. 重庆：重庆大学出版社，2007

[13] 费孝通. 乡土中国 [M]. 北京：北京大学出版社，1998

[14] 冯·皮尔森．文化战略［M］．北京：中国社会科学出版社，1992

[15] 冯华，司光禄，冯弘毅．公司治理视角下的企业边界分析［J］．中国工业经济，2013（3）

[16] 顾颉刚．顾颉刚集［M］．北京：中国社会科学出版社，2001

[17] 哈贝马斯．交往行动理论（第二卷）［M］．重庆：重庆出版社，1994

[18] 哈贝马斯．在事实与规范之间——关于法律和民主治国的商讨理论［M］．童世骏，译．北京：三联书店，2003

[19] 何友晖，彭泗清，赵志裕．世道人心：对中国人心理的探索［M］．北京大学出版社，2007

[20] 贺苗．论日常思维及其动力机制［J］．学术交流，2009（4）

[21] 贺苗．日常交往与日常思维的生成［J］．学术交流，2013（1）

[22] 贺雪峰．论熟人社会的人情［J］．南京师大学报（社会科学版），2011（4）

[23] 胡塞尔．欧洲科学危机和超验现象学［M］．上海：上海译文出版社，1988

[24] 黄光国．人情与面子：中国人的权力游戏［M］．北京：中国人民大学出版社，2010

[25] 黄光国．儒家关系主义：文化反思与典范重建［M］．北京：北京大学出版社，2006

[26] 黄鹏进．对鄂东南农村婚礼“送礼”的人类学考察［J］．黑龙江民族丛刊，2008（4）

[27] 吉国秀．婚姻仪礼变迁与社会网络重建［M］．北京：中国社会科学出版社，2005

[28] 姜翰，金占明，焦捷，白涛．企业组织关系收益诉求对管理者人际交往影响的实证研究——我国市场环境下的组织关系收益、关系运用与关系治理［J］．中国软科学，2009（11）

[29] 蒋天文，李彩云．农村社会的衰落五种观察维度［J］．东北大学学报（社会科学版），2012（14）

[30] 金耀基，杨国枢．“面”，“耻”与中国人行为之分析［J］．中国社会心理学评论，2006（2）

[31] 凯西·卡麦兹．建构扎根理论：质性研究实践指南［M］．重庆：重庆大学出版社，2009

[32] 克鲁鲍特金．互助论：进化的一个要素［M］．李平沤，译．北京：商务印书馆，2011
[33] 乐国安，王晓霞，汪新建．当前中国关系研究［M］．天津：南开大学出版社，2002
[34] 李铒金．车间政治与下岗名单的确定——以东北的两家国有工厂为例［J］．社会学研究，2003（6）
[35] 李飞，杜云素．中国村落的历史变迁及其当下命运［J］．中国农业大学学报（社会科学版），2015（32）
[36] 李海，张勉．凝聚力的结构、形成和影响——一个研究述评［J］．经济管理，2008（7）
[37] 李银河．论村落文化［J］．中国社会科学，1993（5）
[38] 李远行．从社区走向组织：中国乡村秩序重构的结构基础［J］．华中师范大学学报（人文社会科学版），2013（3）
[39] 梁漱溟．东西文化及其哲学［M］．北京：商务印书馆，1990
[40] 梁漱溟．乡村建设理论［M］．梁漱溟全集（第二卷），山东：山东人民出版社，1991
[41] 梁漱溟．中国文化要义［M］．香港：三联书店（香港）有限公司，1987
[42] 刘林平．外来人群体中的关系运用——以深圳"平江村"为个案［J］．中国社会科学，2001（5）
[43] 刘伟．论村落自主性的形成机制与演变逻辑［J］．复旦学报：社会科学版，2009（3）
[44] 刘岩峰，齐晓亮．礼治：从文本到习俗——乡土社会中"礼"文化的社会功能浅析［J］．法制与社会，2011（19）
[45] 路风．单位：一种特殊的社会组织形式［J］．中国社会科学，1989（1）
[46] 罗家德．关系与圈子——中国人工作场域中的圈子现象［J］．管理学报，2012（9）
[47] 罗珉．企业战略行为研究述评［J］．外国经济与管理，2012（5）
[48] 罗亚娟．差序礼义：农民环境抗争行动的结构分析及乡土意义解读［J］．中国农业大学学报（社会科学版），2015（32）
[49] 罗亚娟．依情理抗争：农民抗争行为的乡土性——基于苏北若干村庄农民环境抗争的经验研究［J］．南京农业大学学报（社

会科学版)，2013 (2)
[50] 吕耀怀．“让”的伦理分析 [J]. 孔子研究，2000 (5)
[51] 马丁·布伯．我与你 [M]. 陈维纲，译．生活·读书·新知三联书店，1986
[52] 马丁·海德格尔．回到形而上学基础之路 [J]. 载于 W. 考夫曼编著，存在主义 [M]. 商务印书馆，1987
[53] 梅拉尼·莫特纳，玛克辛·伯奇，朱莉·杰索普，蒂娜·米勒．质性研究的伦理 [M]. 重庆大学出版社，2008.
[54] 孟小红．积极心理学视域下的感戴教育 [J]. 教育评论，2013 (1)
[55] 欧阳桃花，丁玲，郭瑞杰．组织边界跨越与 IT 能力的协同演化：海尔信息系统案例 [J]. 中国工业经济，2012 (12)
[56] 潘安成，李鹏飞．交情行为与创业机会：基于农业创业的多案例研究 [J]. 管理科学，2014 (4)
[57] 潘安成．中国情境下企业战略化行为理论与实践 [M]. 北京：北京大学出版社，2014
[58] 潘光旦．家谱与宗法 [J]. 东方杂志，1930 (21)
[59] 乔纳森，特纳．社会学理论的结构 [J]. 吴曲辉等，译．浙江人民出版社，1987
[60] 秦晖．“大共同体本位”与传统中国社会 (上) [J]. 社会学研究，1998 (5)
[61] 曲卫国，陈流芳．论传统的中国礼貌原则 [J]. 学术月刊，1999 (7)
[62] 任现品．略论儒家文化的感恩意识 [J]. 孔子研究，2005 (1)
[63] 沈毅．“仁”“义”“礼”的日常实践：“关系”“人情”与“面子”——从“差序格局”看儒家“大传统”在日常“小传统”中的现实定位 [J]. 开放时代，2007 (4)
[64] 沈毅．体制转型背景下的本土组织领导模式变迁——以某国有改制企业的组织“关系”实践为例 [J]. 管理世界，2012 (12)
[65] 沈毅．义务性关系：情感性关系与工具性关系之外 [J]. 社会，2003 (9)
[66] 史蒂文·达克 (Steve Duck). 日常关系的社会心理学 [M]. 上海：上海三联出版社，2004

[67] 斯蒂芬 L，申苏尔，等．民族志方法要义：观察、访谈与调查问卷［M］．康敏，等译．重庆：重庆大学出版社，2012
[68] 宋丽娜．人情的社会基础研究［D］．华中科技大学，2011
[69] 苏国勋．韦伯关于中国文化论述的再思考［J］．社会学研究，2011（4）
[70] 孙立平，郭于华．“软硬兼施”：正式权力非正式运作的过程分析——华北B镇收粮的个案研究［J］．清华社会学评论（特辑），2000
[71] 孙隆基．中国文化的深层结构［M］．南宁：广西师范大学出版社，2011
[72] 汪怀君．人伦背景下的交往伦理研究［D］．东南大学，2006
[73] 王沪宁．当代中国村落家族文化——对中国现代化的一项探索［M］．上海人民出版社，1991
[74] 王铭铭．从“礼治秩序”看法律人类学及其问题［J］．西北民族研究，2009（4）
[75] 王硕．“报者，天下之利也”——论内嵌于传统伦理秩序的报机制［J］．现代哲学，2011（3）
[76] 王思斌．中国社会的求－助关系［J］．社会学研究，2001（4）
[77] 王晓霞．当代中国人际关系的文化传承［J］．南开学报，2000（3）
[78] 希拉里，普特南．事实与价值二分法的崩溃［M］．应奇，译．上海：东方出版社，2006
[79] 肖群忠．论中国文化的情理精神［J］．伦理学研究，2003（2）
[80] 亚当·斯密．道德情操论［M］．西安：陕西人民出版社，2004
[81] 杨国枢．中国人的社会取向：社会互动的观点［M］．台北：桂冠图书公司，1992
[82] 杨国枢．中国人的心理［M］．桂冠图书公司，1988
[83] 杨建英．感恩文化的理性思考［J］．中华文化论坛，2014（7）
[84] 杨俊，张玉利，杨晓非，等．关系强度，关系资源与新企业绩效——基于行为视角的实证研究［J］．南开管理评论，2009（4）．
[85] 杨联陞．报——中国社会关系的一个基础［M］．北京：商务出版社，1987
[86] 杨宜音，王俊秀．当代中国社会心态研究［M］．北京：社会科学文献出版社，2013

[87] 杨宜音. 试析人际关系及其分类：兼与黄光国先生商榷 [J]. 社会学研究，1995（5）

[88] 姚纪纲. 交往的世界 [M]. 北京：人民出版社，2002

[89] 应星. "气"与中国乡土本色的社会行动 [J]，社会学研究，2010（5）

[90] 宇文利. 中国人的价值观 [M]. 北京：中国人民大学出版社，2012

[91] 翟学伟. "土政策"的功能分析——从普遍主义到特殊主义 [J]. 社会学研究，1997（3）

[92] 翟学伟. 人情，面子与权力的再生产 [M]. 北京：北京大学出版社，2005

[93] 翟学伟. 中国人际关系的特质——本土的概念及其模式 [J]. 社会学研究，1993（4）

[94] 张利，张向群. 谦虚礼让大有裨益 [J]. 冶金企业文化，2005（62）

[95] 赵汀阳. 论可能生活：一种关于幸福和公正的理论 [M]. 北京：中国人民大学出版社，2004

[96] 赵旭东. 文化的表达人类学的视野 [M]. 北京：中国人民大学出版社，2009

[97] 郑伯埙，黄敏萍，陈晓萍，等. 实地研究中的案例研究 [J]. 组织与管理研究的实证方法，北京：北京大学出版社，2008.

外文部分

[1] Abramson N R, Ai J X. Canadian companies doing business in China: Key success factors [J]. MIR: Management International Review, 1999: 7 - 35

[2] Aderman D. Effects of anticipated future interaction on the preference for balanced states [J]. Journal of Personality & Social Psychology, 1969, 11 (3): 214 - 219

[3] Algoe S B, Fredrickson B L, Gable S L. The social functions of the emotion of gratitude via expression [J]. Emotion, 2013, 13 (4): 605

[4] Algoe S B. Find, Remind, and Bind: The Functions of Gratitude in Everyday Relationships [J]. Social & Personality Psychology Com-

pass, 2012, 6 (6): 455 -469

[5] Alvarez S A, Barney J B, Anderson P. Forming and exploiting opportunities: The implications of discovery and creation processes for entrepreneurial and organizational research [J]. Organization Science, 2013, 24 (1): 301 -317

[6] Alvesson M, Deetz S. Doing critical management research [M]. CA: Sage Publications, 2000

[7] Amabile T M, Barsade S G, Mueller J S, et al. Affect and creativity at work [J]. Administrative science quarterly, 2005, 50 (3): 367 - 403

[8] Amabile T M. Creativity in context: Update to the social psychology of creativity [M]. Boulder, CO: Westview Press. 1996

[9] Ancona D G, Caldwell D F. Bridging the boundary: External activity and performance in organizational teams [J]. Administrative science quarterly, 1992: 634 -665

[10] Ancona D G. Outward bound: Strategic for team survival in an organization [J]. Academy of Management journal, 1990, 33 (2): 334 - 365

[11] Andersen J. A Holistic Approach to Acquisition of Strategic Resources [J]. Journal of European Industrial Training, 2007, 31 (8): 660 -677

[12] Anderson B S, Kreiser P M, Kuratko D F, et al. Reconceptualizing Entrepreneurial Orientation [J]. Strategic Management Journal, 2014, 36 (10): 1579 -1596

[13] Anderson C, Keltner D, John O P. Emotional convergence between people over time [J]. Journal of personality and social psychology, 2003, 84 (5): 1054

[14] Anteby M, Chan C K, DiBenigno J. Three Lenses on Occupations and Professions in Organizations: Becoming, Doing, and Relating [J]. The Academy of Management Annals, (just-accepted), 2015, pp. 1 -78

[15] Baas M, De Dreu C K W, Nijstad B A. A meta-analysis of 25 years of mood-creativity research: Hedonic tone, activation, or regulatory focus? [J]. Psychological bulletin, 2008, 134 (6): 779

[16] Baker W E. Networking smart: How to build relationships for personal and organizational success [M]. iUniverse, Incorporated, 2000

[17] Balogun J, Johnson G. Organizational structuring and middle management sensemaking [J]. Academy of Management Journal, 2004, 47: 523 – 549

[18] Balogun J, Best K, Lê J. Selling the Object of Strategy: How frontline workers realize strategy through their daily work [J]. Organization Studies, 2015, 36 (10): 1285 – 1313

[19] Barnard C I. The functions of the executive [M]. Cambridge, Massachussetts: Harvard University, 1938

[20] Barnett W P, Burgelman R A. Evolutionary perspectives on strategy [J]. Strategic Management Journal, 1996, 17 (S1): 5 – 19

[21] Barney J. Firm resources and sustained competitive advantage [J]. Journal of management, 1991, 17 (1): 99 – 120

[22] Baron R A, Franklin R J, Hmieleski K M. Why entrepreneurs often experience low, not high, levels of stress: The joint effects of selection and psychological capital [J]. Journal of Management, online, 2013: 1 – 27

[23] Barsade S G, Gibson D E. Why does affect matter in organizations? [J]. The Academy of Management Perspectives, 2007, 21 (1): 36 – 59

[24] Barsade S G, Knight A P. Group affect [J]. Annu. Rev. Organ. Psychol. Organ. Behav, 2015 (2): 21 – 46

[25] Barsade S G, O'Neill O A. What's love got to do with it? A longitudinal study of the culture of companionate love and employee and client outcomes in a long-term care setting [J]. Administrative Science Quarterly, 2014, 59 (4): 551 – 598

[26] Barsade S, Brief A P, Spataro S E, et al. The affective revolution in organizational behavior: The emergence of a paradigm [J]. Organizational behavior: A management challenge, 2003 (1): 3 – 50

[27] Basch M F. Empathic understanding: A review of the concept and some theoretical considerations [J]. Journal of the American Psychoanalytic Association, 1983, 31 (1): 101 – 126

[28] Batson C D, Shaw L L. Evidence for altruism: Toward a pluralism of prosocial motives [J]. Psychological inquiry, 1991, 2 (2): 107-122

[29] Battilana J, Casciaro T. Overcoming Resistance to Organizational Change: Strong Ties and Affective Cooptation [J]. Management Science, 2013, 59 (4): 819-836

[30] Baumeister R F, Bratslavsky E, Finkenauer C, et al. Bad is stronger than good [J]. Review of general psychology, 2001, 5 (4): 323

[31] Baumeister R F, Leary M R. The need to belong: Desire for interpersonal attachments as a fundamental human motivation [J]. Psychological bulletin, 1995, 117 (3): 497

[32] Beckes L, Coan J A. Social Baseline Theory: The Role of Social Proximity in Emotion and Economy of Action [J]. Social & Personality Psychology Compass, 2011, 5 (12): 976-988

[33] Bedford O, Hwang K K. Guilt and Shame in Chinese Culture: A Cross-cultural Framework from the Perspective of Morality and Identity [J]. Journal for the Theory of Social Behaviour, 2003, 33 (2): 127-144

[34] Bedford O. Giianxi-Buiiding in the Workplace: A Dynamic Process Model of Working and Backdoor Guanxi [J]. Journal of Business Ethics, 2011, 104 (1): 149-158

[35] Bisel R S. Forum Introduction: Communication Is Constitutive of Organizing [J]. Management Communication Quarterly, 2010, 24 (1): 122-123

[36] Bledow R, Rosing K, Frese M. A dynamic perspective on affect and creativity [J]. Academy of Management Journal, 2013, 56 (2): 432-450

[37] Blustein D L. A relational theory of working [J]. Journal of Vocational Behavior, 2011, 79 (1): 1-17

[38] Bobo K A, Kendall J, Max S. Organizing for social change: Midwest Academy manual for activists [M]. Santa Ana, CA: Seven Locks Press. 2001

[39] Boin A, McConnell A. Preparing for critical infrastructure break-

downs: The limits of crisis management and the need for resilience [J]. Journal of Contingencies and Crisis Management, 2007, 15 (1): 50 - 59

[40] Bolino M C, Grant A M. The Bright Side of Being Prosocial at Work, and the Dark Side, Too: A Review and Agenda for Research on Other - Oriented Motives, Behavior, and Impact in Organizations [J]. The Academy of Management Annals, 2016, 10 (1): 1 - 72

[41] Bollen K A, Hoyle R H. Perceived cohesion: A conceptual and empirical examination [J]. Social forces, 1990, 69 (2): 479 - 504

[42] Boston Change Process Study Group. Enactment and the emergence of new relational organization [J]. Journal of the American Psychoanalytic Association, 2013

[43] Bougon M, Weick K, Binkhorst D. Cognition in Organizations: An Analysis of the Utrecht Jazz Orchestra [J]. Administrative Science Quarterly, 1977, 22 (4): 606 - 639

[44] Bouilloud J P, Deslandes G. The Aesthetics of Leadership: Beau Geste as Critical Behaviour [J]. Organization Studies, 2015: 36 (8): 1095 - 1114

[45] Bourdieu P. The logic of practice [M]. Stanford University Press, 1990

[46] Brass D J, Skaggs B C. Relationships and Unethical Behavior: A Social Network Perspective [J]. Academy of Management Review, 1998, 23 (1): 14 - 31

[47] Brewis J. The ethics of researching friends: On convenience sampling in qualitative management and organization studies [J]. British Journal of Management, 2014, 25 (4): 849 - 862

[48] Briscoe F, Tsai W. Overcoming relational inertia: How organizational members respond to acquisition events in a law firm [J]. Administrative Science Quarterly, 2011, 56 (3): 408 - 440

[49] Brooks A W, Schroeder J, Risen J L, et al. Don't Stop Believing: Rituals Improve Performance by Decreasing Anxiety [J]. Organizational Behavior and Human Decision Processes, 2016, 137 (1): 71 - 85

[50] Buckley P J, Clegg J, Tan H. Reform and restructuring in a Chinese state-owned enterprise: Sinotrans in the 1990s [J]. MIR: Management International Review, 2005: 147 - 172

[51] Burke K. Language as symbolic action: Essays on life, literature, and method [M]. University of California Press, 1966

[52] Cameron A. A sustainable workplace-we're all in it together [J]. Strategic Direction, 2011, 28 (1): 3 - 5

[53] Cameron K, Dutton J, Quinn R E. Positive organizational scholarship: Foundations of a new discipline [M]. Berrett - Koehler Publishers, 2003

[54] Campbell J P, McCloy R A, Oppler S H, et al. A Theory of Performance [A]. In N. Schmitt & W. C. Borman (Eds.), Personnel Selection in Organizations [C]. 1993: 35 - 37

[55] Canary D J, Dainton M. Maintaining relationships through communication: Relational, contextual, and cultural variations [M]. London: Routledge Press. 2003

[56] Cardiff S. Person-centred leadership: A critical participatory action research study exploring and developing a new style of (clinical) nurse leadership [D]. Ridderkerk, the Netherlands: University of Ulster, 2014

[57] Carlsen A. Organizational becoming as dialogic imagination of practice: The case of the indomitable Gauls [J]. Organization Science, 2006, 17 (1): 132 - 149

[58] Carmeli A, Dutton J E, Hardin A E. Respect as an engine for new ideas: Linking respectful engagement, relational information processing and creativity among employees and teams [J]. human relations, 2015, 68 (6): 1021 - 1047

[59] Carmeli A, Friedman Y, Tishler A. Cultivating a resilient top management team: The importance of relational connections and strategic decision comprehensiveness [J]. Safety Science, 2013, 51 (1): 148 - 159

[60] Carrier J G. The Gift in Theory and Practice in Melanesia: A Note on the Centrality of Gift Exchange [J]. Ethnology, 1992, 31 (2): 185 - 192

[61] Casciaro T, Barsade S G, Edmondson A C, et al. The integration of psychological and network perspectives in organizational scholarship [J]. Organization Science, 2015, 26 (4): 1162 – 1176

[62] Casciaro T, Gino F, Kouchaki M. The Contaminating Effects of Building Instrumental Ties: How Networking Can Make Us Feel Dirty [J]. Administrative Science Quarterly, 2014, 59 (2): 705 – 735

[63] Casciaro T, Lobo M S. Affective primacy in intraorganizational task networks [J]. Organization Science, 2014, 26 (2): 373 – 389

[64] Casciaro T, Lobo M S. When competence is irrelevant: The role of interpersonal affect in task-related ties [J]. Administrative Science Quarterly, 2008, 53 (4): 655 – 684

[65] Casciaro T. Affect in Organizational Networks [J]. Research in the Sociology of Organizations, 2014 (40): 219 – 238

[66] Castaño N, Watts T, Tekleab A G. A Reexamination of the Cohesion-performance Relationship Meta-analyses: A Comprehensive Approach [J]. Group Dynamics: Theory, Research, and Practice, 2013, 17 (4): 207 – 231

[67] Chaharbaghi K, Lynch R. Sustainable Competitive Advantage: Towards a Dynamic Resource – Based Strategy [J]. Management Decision, 1999, 37 (1): 45 – 50

[68] Chang K. The Companies We Keep: Effects of Relational Embeddedness on Organizational Performance 1 [J]. Sociological Forum, 2011, 26 (3): 527 – 555

[69] Chen C C, Chen Y R, Xin K. Guanxi practices and trust in management: A procedural justice perspective [J]. Organization Science, 2004, 15 (2): 200 – 209

[70] Chen D F, Wei Q D, Zhu B Q et al. Pb – Pb ages of Neoproterozoic Doushantuo phosphorites in South China: Constraints on early metazoan evolution and glaciation events [J]. Precambrian Research, 2004, 132 (132): 123 – 132

[71] Chen T, Leung K, Li F et al. Interpersonal harmony and creativity in China [J]. Journal of Organizational Behavior, 2015, 36 (5): 648 – 672

[72] Chen, Chao C, Chen et al. Chinese Guanxi: An Integrative Review

and New Directions for Future Research [J]. Management & Organization Review, 2013, 9 (1): 167-207

[73] Chia R, MacKay B. Post-processual challenges for the emerging strategy-as-practice perspective: Discovering strategy in the logic of practice [J]. Human relations, 2007, 60 (1): 217-242

[74] Clegg S. Managerialism: Born in the USA [J]. Academy of Management Review, 2014 (39): 566-576

[75] Clemens E S. Organizational form as frame: Collective identity and political strategy in the American labor movement, 1880-1920 [J]. Comparative perspectives on social movements: Political opportunities, mobilizing structures, and cultural framings, 1996: 205-226

[76] Coase R H. The nature of the firm [J]. economica, 1937, 4 (16): 386-405

[77] Cohen M B, Graybeal C T. Using solution-oriented techniques in mutual aid groups [J]. Social work with groups, 2007, 30 (4): 41-58

[78] Cohen M D, March J G. Leadership and ambiguity [M]. Boston, MA: Harvard Business School Press, 1986

[79] Cohen S, Herbert T B. Health psychology: Psychological factors and physical disease from the perspective of human psychoneuroimmunology [J]. Annual review of psychology, 1996, 47 (1): 113-142

[80] Colby B N, Kennedy S, Milanesi L. Content analysis, cultural grammars, and computers [J]. Qualitative Sociology, 1991, 14 (4): 373-384

[81] Collins R. Interaction ritual chains [M]. Princeton university press, 2014

[82] Conroy S, Becker W, Menges J. The Meaning of My Feelings Depends on Who I Am: Work-related Identifications Shape Emotion Effects in Organizations [J]. Academy of Management Journal, 2017, 60 (3): 1071-1093

[83] Cooren F. Communication Theory at the Center: Ventriloquism and the Communicative Constitution of Reality [J]. Journal of Communication, 2012, 62 (1): 1-20

[84] Corbett A, Cornelissen J, Delios A, et al. Variety, novelty, and

perceptions of scholarship in research on management and organizations: An appeal for ambidextrous scholarship [J]. Journal of Management Studies, 2014, 51 (5): 3 – 18

[85] Cornelissen J P, Clarke J S, Cienki A. Sensegiving in entrepreneurial contexts: The use of metaphors in speech and gesture to gain and sustain support for novel business ventures [J]. International small business journal, 2012, 30 (3): 213 – 241

[86] Cornelissen J P, Mantere S, Vaara E. The contraction of meaning: The combined effect of communication, emotions, and materiality on sensemaking in the Stockwell shooting [J]. Journal of Management Studies, 2014, 51 (5): 699 – 736

[87] Costa – Lopes R, Dovidio J F, Pereira C R et al. Social Psychological Perspectives on the Legitimation of Social Inequality: Past, Present and Future [J]. European Journal of Social Psychology, 2013, 43 (4): 229 – 237

[88] Courtright S H, Gardner R G, Smith T A, et al. My family made me do it: A cross-domain, self-regulatory perspective on antecedents to abusive supervision [J]. Academy of Management Journal, 2016, 59 (5): 1630 – 1652

[89] Cross R, Ernst C, Pasmore B. A bridge too far?: How boundary spanning networks drive organizational change and effectiveness [J]. Organizational Dynamics, 2013, 42 (2): 81 – 91

[90] Dameron S, Lê J K, LeBaron C. Materializing strategy and strategizing material: Why matter matters [J]. British Journal of Management, 2015, 26 (1): 1 – 12

[91] D'aveni R A. Hypercom petition [M]. New York: Simon and Schuster, 2010

[92] D'aveni R A. The aftermath of organizational decline: A longitudinal study of the strategic and managerial characteristics of declining firms [J]. Academy of Management journal, 1989, 32 (3): 577 – 605

[93] Davis G F. Editorial Essay What Is Organizational Research For? [J]. Administrative Science Quarterly, 2015, 60 (2): 179 – 188

[94] Davis J P. The group dynamics of interorganizational relationships: Collaborating with multiple partners in innovation ecosystems [J].

Administrative Science Quarterly, 2016, 61 (4): 621 – 661

[95] De Dreu C K W, Baas M, Nijstad B A. Hedonic tone and activation level in the mood-creativity link: Toward a dual pathway to creativity model [J]. Journal of personality and social psychology, 2008, 94 (5): 739

[96] De Dreu C K W, Nauta A. Self-interest and other-orientation in organizational behavior: Implications for job performance, prosocial behavior, and personal initiative [J]. Journal of Applied Psychology, 2009, 94 (4): 913

[97] De Leersnyder J, Boiger M, Mesquita B. Cultural Regulation of Emotion: Individual, Relational, and Structural Sources [J]. Frontiers in psychology, 2013, 4 (2): 1 – 11

[98] De Massis A, Frattini F., Kotlar J, et al. Innovation Through Tradition: Lessons From Innovative Family Businesses and Directions for Future Research [J]. The Academy of Management Perspectives, 2016, 30 (1): 93 – 116

[99] Decety J, Jackson P L. The functional architecture of human empathy [J]. Behavioral and cognitive neuroscience reviews, 2004, 3 (2): 71 – 100

[100] Decoster S, Camps J, Stouten J, et al. Standing by Your Organization: The Impact of Organizational Identification and Abusive Supervision on Followers' Perceived Cohesion and Tendency to Gossip [J]. Journal of Business Ethics, 2013, 118 (3): 623 – 634

[101] Denis J L, Langley A, Rouleau L. Strategizing in pluralistic contexts: Rethinking theoretical frames [J]. Human Relations, 2007, 60 (1): 179 – 215

[102] DeSteno D, Bartlett M Y, Baumann J, et al. Gratitude as moral sentiment: Emotion-guided cooperation in economic exchange [J]. Emotion, 2010, 10 (2): 289

[103] Dokko G, Kane A A, Tortoriello M. One of us or one of my friends: How social identity and tie strength shape the creative generativity of boundary-spanning ties [J]. Organization Studies, 2014, 35 (5): 703 – 726

[104] Dougherty D, Barnard H, Dunne D. The rules and resources that generate the dynamic capability for sustained product innovation [C]//Qualitative Organizational Research Best Papers from the Davis Conference on Qualitative Research, 2005: 37 – 74

[105] Doz Y L, Prahalad C K. Managing DMNCs: A search for a new paradigm [J]. Strategic Management Journal, 1991, 12 (S1): 145 – 164

[106] Durkheim E. Education and society [M]. New York: Free Press, 1956

[107] Dutton J E, Heaphy E D. The power of high-quality connections [J]. Positive organizational scholarship: Foundations of a new discipline, 2003 (3): 263 – 278

[108] Dutton J E, Worline M C, Frost P J, et al. Explaining compassion organizing [J]. Administrative Science Quarterly, 2006, 51 (1): 59 – 96

[109] Edmondson A C, McManus S E. Methodological Fit in Management Field Research [J]. Academy of Management Review, 2007, 32 (4): 1246 – 1264

[110] Eisenhardt K M. Building Theories from Case Study Research [J]. Academy of Management Review, 1989, 14 (4): 532 – 550

[111] Elfenbein D W, Zenger T R. What Is a Relationship Worth? Repeated Exchange and the Development and Deployment of Relational Capital [J]. Organization Science, 2013, 25 (1): 222 – 244

[112] Ellemers N, Sleebos E, Stam D, et al. Feeling included and valued: How perceived respect affects positive team identity and willingness to invest in the team [J]. British Journal of Management, 2013, 24 (1): 21 – 37

[113] Ellis C. Telling secrets, revealing lives: Relational ethics in research with intimate others [J]. Qualitative Research, 2007, 13 (1): 3 – 29

[114] Ellis C. The ethnographic I: A methodological novel about autoethnography [M]. Walnut Creek, CA: AltaMira Press, 2004

[115] Emerson R M, Fretz R I, Shaw L L. Writing Ethnographic Fieldnotes [M]. Chicago: University of Chicago Press, 1995

[116] Emmons R A, Shelton C M. Gratitude and the science of positive psychology [J]. Handbook of positive psychology, 2002 (18), 459-471

[117] Ende J, Frederiksen L, Prencipe A. The front end of innovation: Organizing search for ideas [J]. Journal of Product Innovation Management, 2015, 32 (4): 482-487

[118] Fast N J, Halevy N, Galinsky A D. The destructive nature of power without status [J]. Journal of Experimental Social Psychology, 2012, 48 (1): 391-394

[119] Fehr R, Fulmer A, Awtrey E, et al. The Grateful Workplace: A Multilevel Model of Gratitude in Organizations [J]. Academy of Management Review, 2017, 42 (2): 361-381

[120] Feldman M S, Pentland B. T. Reconceptualizing organizational routines as a source of flexibility and change [J]. Administrative science quarterly, 2003, 48 (1): 94-118

[121] Festinger L, Back K W, Schachter S. Social Pressures in Informal Groups: A Study of Human Factors in Housing [M]. America: Stanford University Press, 1950

[122] Fleming L, Mingo S, Chen D. Collaborative brokerage, generative creativity, and creative success [J]. Administrative Science Quarterly, 2007, 52 (3): 443-475

[123] Floris M, Grant D, Cutcher L. Mining the Discourse: Strategizing During BHP Billiton's Attempted Acquisition of Rio Tinto [J]. Journal of Management Studies, 2013, 50 (7): 1185-1215

[124] Floyd S W, Lane P J. Strategizing throughout the organization: Managing role conflict in strategic renewal [J]. Academy of management review, 2000, 25 (1): 154-177

[125] Foa E B, Foa U G. Resource Theory: Interpersonal Behavior as Exchange [J]. Social exchange, Springer US, 1980: 77-94

[126] Folke C, Colding J, Berkes F. Synthesis: building resilience and adaptive capacity in social-ecological systems [J]. Navigating social-ecological systems: Building resilience for complexity and change, 2003, 9 (1): 352-387

[127] Foo M D, Uy M A, Baron R A. How do feelings influence effort?

An empirical study of entrepreneurs' affect and venture effort [J]. Journal of Applied Psychology, 2009, 94 (4): 1086

[128] Fosshage J L. How do we "know" what we "know?" And change what we "know?" [J]. Psychoanalytic Dialogues, 2011, 21 (1): 55 –74

[129] Fragale A R, Sumanth J J, Tiedens L Z, et al. Appeasing equals lateral deference in organizational communication [J]. Administrative Science Quarterly, 2012, 57 (3): 373 –406

[130] Frank K A. Toward conceptualizing the personal relationship in therapeutic action: Beyond the "real" relationship [J]. Psychoanalytic Perspectives, 2005, 3 (1): 15 –56

[131] Fredrickson B L, Losada M F. Positive affect and the complex dynamics of human flourishing [J]. American psychologist, 2005, 60 (7): 678

[132] Fredrickson B. L. The role of positive emotions in positive psychology: The broaden-and-build theory of positive emotions [J]. American psychologist, 2001, 56 (3): 218

[133] Frow P, Nenonen S, Payne A, et al. Managing Co-creation Design: A Strategic Approach to Innovation [J]. British Journal of Management, 2015, 26 (3): 463 –483

[134] Fuchs T. Body memory and the unconscious [M]. //Founding psychoanalysis phenomenologically. Springer Netherlands, 2012: 69 –82

[135] Garfinkel H. Studies in ethnomethodology [J]. 1967. (Garfinkel H. Studies in ethnomethodology [M]. //Studies in ethnomethodology/. Polity Press, 1984.)

[136] Geertz C. The interpretation of cultures: Selected essays [M]. Basic books, 1973

[137] George J M, Zhou J. Dual tuning in a supportive context: Joint contributions of positive mood, negative mood, and supervisory behaviors to employee creativity [J]. Academy of Management Journal, 2007, 50 (3): 605 –622

[138] George J M, Zhou J. Understanding when bad moods foster creativity and good ones don't: The role of context and clarity of feelings

[J]. Journal of Applied Psychology, 2002, 87 (4): 687

[139] Gergen K. J. Relational being: Beyond self and community [M]. Oxford: Oxford University Press, 2009

[140] Gerson S. The relational unconscious: A core element of intersubjectivity, thirdness, and clinical process [J]. The Psychoanalytic Quarterly, 2004, 73 (1): 63 -98

[141] Ghoshal S. Bad management theories are destroying good management practice [J]. Academy of Management learning & education, 2005, 4 (1): 75 -91

[142] Gioia D A, Corley K G, Hamilton A L. Seeking qualitative rigor in inductive research notes on the Gioia methodology [J]. Organizational Research Methods, 2013, 16 (1): 15 -31

[143] Gioia D A, Patvardhan S D, Hamilton A L, et al. Organizational identity formation and change [J]. The Academy of Management Annals, 2013, 7 (1): 123 -193

[144] Gioia D A. Practicability, paradigms, and problems in stakeholder theorizing [J]. Academy of Management Review, 1999, 24 (2): 228 -232

[145] Glaser B G, Strauss A L. The discovery of grounded theory: Strategies for qualitative research [M]. New Jersey: Transaction Publishers, 2009

[146] Glynn M A, Navis C. Categories, identities, and cultural classification: Moving beyond a model of categorical constraint [J]. Journal of Management Studies, 2013, 50 (6): 1124 -1137

[147] Godart F C, Shipilov A V, Claes K. Making the most of the revolving door: The impact of outward personnel mobility networks on organizational creativity [J]. Organization Science, 2014, 25 (2): 377 -400

[148] Goffman E. Behaviour in public places: Notes on the social order of gatherings [M]. New York: Free Press, 1963

[149] Goffman E. Interaction Ritual: Essays on Face to Face Encounters [J]. Chicago, Adldine, 1967

[150] Goffman E. The presentation of self in everyday life [M]. England: Harmondsworth, 1959

[151] Goffman, E., On Face-work: An Analysis of Ritual Elements in Social Interaction [J]. Psychiatry, 1955, 18 (3): 213 - 231

[152] Goncalo J A, Chatman J A, Duguid M M, et al. Creativity from constraint? How the political correctness norm influences creativity in mixed-sex work groups [J]. Administrative Science Quarterly, 2015, 60 (1): 1 - 30

[153] Goncalo J A, Flynn F J, Kim S H. Are two narcissists better than one? The link between narcissism, perceived creativity, and creative performance [J]. Personality and Social Psychology Bulletin, 2010, 36 (11): 1484 - 1495

[154] Goodman P S, Leyden D P. Familiarity and group productivity [J]. Journal of Applied Psychology, 1991, 76 (4): 578 - 586

[155] Granovetter M. Economic Action and Social Structure: The Problem of Embeddedness [J]. American Journal of Sociology, 1985, 91 (3): 481 - 510

[156] Granovetter M. S. The Strength of Weak Ties [J]. Social Science Electronic Publishing, 1973, 78 (2): 1360 - 1380

[157] Grant A M, Gino F. A little thanks goes a long way: Explaining why gratitude expressions motivate prosocial behavior [J]. Journal of personality and social psychology, 2010, 98 (6): 946

[158] Grant A M, Berry J W. The necessity of others is the mother of invention: Intrinsic and prosocial motivations, perspective taking, and creativity [J]. Academy of Management Journal, 2011, 54 (1): 73 - 96

[159] Grant A, Dutton J. Beneficiary or benefactor are people more prosocial when they reflect on receiving or giving? [J]. Psychological science, 2012, 23 (9): 1033 - 1039

[160] Grant A. Give and take: Why helping others drives our success [M]. England: Penguin, 2013

[161] Grant D, Hardy C. Introduction: Struggles with Organizational Discourse [J]. Organization studies, 2004

[162] Greenstein S. The reference wars: Encyclopædia Britannica's decline and Encarta's emergence [J]. Strategic Management Journal, 2017, 38 (5): 995 - 1017

[163] Grodal S, Nelson A J, Siino R M. Help-seeking and help-giving as an organizational routine: Continual engagement in innovative work [J]. Academy of Management Journal, 2015, 58 (1): 136 - 168

[164] Gulati R. Does familiarity breed trust? The implications of repeated ties for contractual choice in alliances [J]. Academy of management journal, 1995, 38 (1): 85 - 112

[165] Guo C, Miller J K. Guanxi dynamics and entrepreneurial firm creation and development in China [J]. Management and Organization Review, 2010, 6 (2): 267 - 291

[166] Haidt J. The emotional dog and its rational tail: A social intuitionist approach to moral judgment [J]. Psychological review, 2001, 108 (4): 814 - 834

[167] Halbesleben J R B, Wheeler A R. To invest or not? The role of coworker support and trust in daily reciprocal gain spirals of helping behavior [J]. Journal of Management, 2015, 41 (6): 1628 - 1650

[168] Hallen B L, Eisenhardt K M. Catalyzing Strategies and Efficient Tie Formation: How Entrepreneurial Firms Obtain Investment Ties [J]. Academy of Management Journal, 2012, 55 (1): 35 - 70

[169] Hammersley M. Reproducing or constructing? Some questions about transcription in social research [J]. Qualitative Research, 2010, 10 (5): 553 - 569

[170] Hargadon A B. Firms as knowledge brokers: Lessons in pursuing continuous innovation [J]. California management review, 1998, 40 (3): 209 - 227

[171] Harrison S H, Rouse E D. Let's dance! elastic coordination in creative group work: A qualitative study of modern dancers [J]. Academy of Management Journal, 2014, 57 (5): 1256 - 1283

[172] Harrison S H, Wagner D T. Spilling Outside the Box: The Effects of Individuals' Creative Behaviors at Work on Time Spent with their Spouses at Home [J]. Academy of Management Journal, 2016, 59 (3): 841 - 859

[173] Harun M Z M B and Mahmood RB. The Relationship between Group

Cohesiveness and Performance: An Empirical Study of Cooperatives Movement in Malaysia [J]. International Journal of Cooperative Studies, 2012, 1 (1): 15 -20

[174] Hatfield E, Cacioppo J T, Rapson R L. Emotional contagion [M]. England: Cambridge university press, 1994

[175] Haynes K. Other lives in accounting: Critical reflections on oral history methodology in action [J]. Critical Perspectives on Accounting, 2010 (21): 221 -231

[176] Herman B. Mutual Aid and Respect for Persons [J]. Ethics, 1984, 94 (4): 577 -602

[177] Hernes T and Weik E. Organization as Process: Drawing a Line Between Endogenous and Exogenous Views [J]. Scandinavian Journal of Management, 2007, 23 (3): 251 -264

[178] Higgins M C, Kram K E. Reconceptualizing mentoring at work: A developmental network perspective [J]. Academy of management review, 2001, 26 (2): 264 -288

[179] Higgins M C. When is helping helpful? Effects of evaluation and intervention timing on basketball performance [J]. The Journal of Applied Behavioral Science, 2001, 37 (3): 280 -298

[180] Hinds P J, Cramton C D. Situated Coworker Familiarity: How Site Visits Transform Relationships Among Distributed Workers [J]. Organization Science, 2013, 25 (3): 794 -814

[181] Hite J M, Hesterly W S. The evolution of firm networks: From emergence to early growth of the firm [J]. Strategic management journal, 2001, 22 (3): 275 -286

[182] Hoffman L. Foundations of family therapy: A conceptual framework for systems change [M]. New York: Basic Books, 1981

[183] Hofmann D A, Lei Z, Grant A M. Seeking help in the shadow of doubt: The sensemaking processes underlying how nurses decide whom to ask for advice [J]. Journal of Applied Psychology, 2009, 94 (5): 1261

[184] Hogg M A, Terry D I. Social Identity and Self-categorization Processes in Organizational Contexts [J]. Academy of Management Review, 2000, 25 (1): 121 -140

[185] Holbrook E. Give and Take: A Revolutionary Approach to Success [J]. Risk Management, 2013, 60 (3): 42 – 43

[186] Holling C S. Resilience and Stability of Ecological Systems [J]. Annual Review of Ecology and Systematics, 1973, 4 (2): 1 – 23

[187] Hopkinson G C. Influence in marketing channels: A sensemaking investigation [J]. Psychology & Marketing, 2001, 18 (5): 423 – 444

[188] Horkheimer M. Traditional and critical theory [J]. Critical Theory: Selected essays, 1976: 206 – 224

[189] Hosking D M. 14 Discourses of relations and relational processes [J]. Relational perspectives in organizational studies: A research companion, 2006: 265 – 277

[190] Hosking D M. Telling tales of relations: Appreciating relational constructionism [J]. Organization Studies, 2011, 32 (1): 47 – 65

[191] Hsu F. L. K. Under the ancestors' shadow: kinship, personality, and social mobility in China [M]. California: Stanford University Press, 1971

[192] Huang Y, Luo Y, Liu Y, et al. An Investigation of Interpersonal Ties in Interorganizational Exchanges in Emerging Markets A Boundary – Spanning Perspective [J]. Journal of Management, 2016, 42 (6): 1557 – 1587

[193] Huc*km*an R S, Staats B R, Upton D M. Team familiarity, role experience, and performance: Evidence from Indian software services [J]. Management science, 2009, 55 (1): 85 – 100

[194] Hui C H. Psychological collectivism: Self-sacrifice or sharing [J]. Recent advances in social psychology: An international perspective, 1989: 521 – 528

[195] Huy Q N. In praise of middle managers [J]. Harvard Business Review, 2001, 79 (8): 72 – 81

[196] Ibarra H, Kilduff M, Tsai W. Zooming in and out: Connecting individuals and collectivities at the frontiers of organizational network research [J]. Organization science, 2005, 16 (4): 359 – 371

[197] Ickes W. Everyday mind reading: Understanding what other people

think and feel [M]. New York: Prometheus Books, 2003

[198] Ilies R, Wagner D T, Morgeson F P. Explaining affective linkages in teams: Individual differences in susceptibility to contagion and individualism-collectivism [J]. Journal of applied psychology, 2007, 92 (4): 1140

[199] Ip P K. Is Confucianism good for business ethics in China? [J]. Journal of Business Ethics, 2009, 88 (3): 463 - 476

[200] Israel G D. Determining sample size [M]. University of Florida Cooperative Extension Service, Institute of Food and Agriculture Sciences, EDIS, 1992

[201] Jacobs, J. B. A preliminary model of particularistic ties in Chinese political alliances: Kan-ching and Kuan-hsi in a rural Taiwanese township [J]. The China Quarterly, 1979 (78): 237 - 273

[202] Jarzabkowski P A, Lê J K, Feldman M S. Toward a theory of coordinating: Creating coordinating mechanisms in practice [J]. Organization Science, 2012, 23 (4): 907 - 927

[203] Jarzabkowski P, Balogun J, Seidl D. Strategizing: The challenges of a practice perspective [J]. Human relations, 2007, 60 (1): 5 - 27

[204] Jarzabkowski P, Burke G, Spee P. Constructing spaces for strategic work: A multimodal perspective [J]. British Journal of Management, 2015, 26 (1): 26 - 47

[205] Jaskiewicz P, Combs J, Shanine K, et al. Introducing the Family: A Review of Family Science with Implications for Management Research [J]. Academy of Management Annals, 2017, 11 (1): 309 - 341

[206] Jehn K A, Shah P P. Interpersonal relationships and task performance: An examination of mediation processes in friendship and acquaintance groups [J]. Journal of Personality and Social Psychology, 1997, 72 (4): 775

[207] Johnson G, Melin L, Whittington R. Micro Strategy and Strategizing: Towards an Activity - Based View [J]. Journal of Management Studies, 2003, 40 (1): 3 - 22

[208] Johnson M D, Morgeson F K P, Hekman D. R. Cognitive and affective identification: Exploring the links between different forms of

social identification and personality with work attitudes and behavior [J]. Journal of Organizational Behavior, 2012, 33 (8): 1142 - 1167

[209] Josefy M, Harrison J, Sirmon D, et al. Living and dying: Synthesizing the literature on firm survival and failure across stages of development [J]. Academy of Management Annals, 2017, 11 (2): 770 - 799

[210] Joshi A, Knight A P. Who defers to whom and why? Dual pathways linking demographic differences and dyadic deference to team effectiveness [J]. Academy of Management Journal, 2015, 58 (1): 59 - 84

[211] Judge T A. Core self-evaluations and work success [J]. Current Directions in Psychological Science, 2009, 18 (1): 58 - 62

[212] Jung C G. The archetypes and the collective unconscious [M]. London: Routledge, 2014

[213] Kaufman J C, Beghetto R A. Beyond big and little: The four cmodel of creativity [J]. Review of general psychology, 2009, 13 (1): 1

[214] Keating A, Geiger S, McLoughlin D. Riding the practice waves: social resourcing practices during new venture development [J]. Entrepreneurship Theory and Practice, 2014, 38 (5): 1207 - 1235

[215] Keesing R M. Theories of culture [J]. Annual review of anthropology, 1974 (3): 73 - 97

[216] Kevin, B. and Ran, B. Organisational Resilience: Development of a Conceptual Framework for Organizational Responses [J]. International Journal of Production Research, 2011, 49 (18): 5581 - 5599

[217] Kiecolt - Glaser J K, Garner W, Speicher C, et al. Psychosocial modifiers of immunocompetence in medical students [J]. Psychosomatic Medicine, 1984, 46 (1): 7 - 14

[218] Kiesler C A, Kiesler S B, Pallak M S. The effect of commitment to future interaction on reactions to norm violations1 [J]. Journal of Personality, 1967, 35 (4): 585 - 599

[219] Kisfalvi V. Subjectivity and Emotions as Sources of Insight in an Ethnographic Case Study: A Tale of the Field [J]. Management, 2006, 9 (3): 117 - 135

[220] Klein K J, Ziegert J C, Knight A P, et al. Dynamic delegation: Shared, hierarchical, and deindividualized leadership in extreme action teams [J]. Administrative Science Quarterly, 2006, 51 (4): 590 - 621

[221] Knight A P, Eisenkraft N. Positive is usually good, negative is not always bad: The effects of group affect on social integration and task performance [J]. Journal of Applied Psychology, 2015, 100 (4): 1214 - 1227

[222] Koopman J, Lanaj K, Scott B A. Integrating the bright and dark sides of OCB: A daily investigation of the benefits and costs of helping others [J]. Academy of Management Journal, 2016, 59 (2): 414 - 435

[223] Kossek E E, Perrigino M B. Resilience: A review using a grounded integrated occupational approach [J]. The Academy of Management Annals, 2016, 10 (1): 729 - 797

[224] Kram K E. Phases of the mentor relationship [J]. Academy of Management Journal, 1983, 26 (4): 608 - 625

[225] Krentz E. The historical-critical method [M]. Philadelphia: Fortress Press, 1975

[226] Kurtz C. Working with Stories in Your Community or Organization: Participatory Narrative Inquiry [M]. CA: Creative Commons, 2014

[227] Kuwabara K. Cohesion, Cooperation, and the Value of Doing Things Together How Economic Exchange Creates Relational Bonds [J]. American Sociological Review, 2011, 76 (4): 560 - 580

[228] Lambrechts F, Grieten S, René B, et al. Process Consultation Revisited Taking a Relational Practice Perspective [J]. Journal of Applied Behavioral Science, 2009, 45 (1): 39 - 58

[229] Lawler E J, Thye S R and Yoon J. Emotion and Group Cohesion in Productive Exchange [J]. American Journal of Sociology, 2000, 106 (3): 616 - 657

[230] Lawler E J, Yoon J. Power and the emergence of commitment be-

havior in negotiated exchange [J]. American Sociological Review, 1993: 465 -481

[231] Lawrence T B, Hardy C, Phillips N. Institutional effects of interorganizational collaboration: The emergence of proto-institutions [J]. Academy of management journal, 2002, 45 (1): 281 -290

[232] Lawrence T B, Maitlis S. Care and possibility: Enacting an ethic of care through narrative practice [J]. Academy of Management Review, 2012, 37 (4): 641 -663

[233] Layton R. An introduction to theory in anthropology [M]. Cambridge University Press, 1997

[234] Lazarus R. S. Progress on a cognitive-motivational-relational theory of emotion [J]. American psychologist, 1991, 46 (8): 819

[235] Lee G K, Cole R E. From a firm-based to a community-based model of knowledge creation: The case of the Linux kernel development [J]. Organization science, 2003, 14 (6): 633 -649

[236] Leifer R, Delbecq A. Organizational/Environmental Interchange: A Model of Boundary Spanning Activity [J]. Academy of Management Review, 1978, 3 (1): 40 -50

[237] Lengnick - Hall C A, Beck T E, Lengnick - Hall M L. Developing a capacity for organizational resilience through strategic human resource management [J]. Human Resource Management Review, 2011, 21 (3): 243 -255

[238] Leung K, Chen Z, Zhou F, et al. The role of relational orientation as measured by face and renqing in innovative behavior in China: An indigenous analysis [J]. Asia Pacific Journal of Management. 2014, 31 (1): 105 -126

[239] Levina N, Vaast E. Turning a community into a market: A practice perspective on information technology use in boundary spanning [J]. Journal of Management Information Systems, 2006, 22 (4): 13 -37

[240] Lévi - Strauss C. La structure des mythes [J]. Anthropologie structurale, 1958 (1): 290

[241] Liang D W, Moreland R, Argote L. Group versus individual training and group performance: The mediating role of transactive mem-

ory [J]. Personality and Social Psychology Bulletin, 1995, 21 (4): 384-393

[242] Liao Y, Bond M. The dynamics of face loss following interpersonal harm for Chinese and Americans [J]. Journal of Cross-Cultural Psychology, 2010, 42 (42): 25-38

[243] Lincoln Y S, Guba E G. Naturalistic inquiry [M]. CA: Sage Publications, 1985

[244] Lok J, De Rond M. On the plasticity of institutions: Containing and restoring practice breakdowns at the Cambridge University Boat Club [J]. Academy of Management Journal, 2013, 56 (1): 185-207

[245] Lom S E. Changing Rules, Changing Practices: The Direct and Indirect Effects of Tight Coupling in Figure Skating [J]. Organization Science, 2015, 27 (1): 36-52

[246] Lounsbury M, Beckman C M. Celebrating Organization Theory [J]. Journal of Management Studies, 2015, 52 (2): 288-308

[247] Loveday V. Embodying deficiency through "affective practice": Shame, relationality, and the lived experience of social class and gender in higher education [J]. Sociology, 2016, 50 (6): 1140-1155

[248] Loyd D L, Wang C S, Phillips K W, et al. Social category diversity promotes premeeting elaboration: The role of relationship focus [J]. Organization Science, 2013, 24 (3): 757-772

[249] Luo Y, Huang Y, Wang S L. Guanxi and organizational performance: A meta-analysis [J]. Management and Organization Review, 2012, 8 (1): 139-172

[250] Lyon A, Bell M, Croll N S, et al. Maculate conceptions: power, process, and creativity in participatory research [J]. Rural sociology, 2010, 75 (4): 538-559

[251] Lyons-Ruth K. The two-person unconscious: Intersubjective dialogue, enactive relational representation, and the emergence of new forms of relational organization [J]. Psychoanalytic Inquiry, 1999, 19 (4): 576-617

[252] Mair J, Marti I. Entrepreneurship in and around institutional voids:

A case study from Bangladesh [J]. Journal of Business Venturing, 2009, 24 (5): 419 -435

[253] Maitlis S, Christianson M. Sensemaking in Organizations: Taking Stock and Moving Forward [J]. Academy of Management Annals, 2014, 8 (1): 57 -125

[254] Malmelin N, Virta S. Organising creative interaction: Spontaneous and routinised spheres of team creativity [J]. Communication Research and Practice, 2016: 1 -20

[255] Mantere S. What is organizational strategy? A language-based view [J]. Journal of Management Studies, 2013, 50 (8): 1408 -1426

[256] March J G, Simon H A. Organizations [M]. Social Science Electronic Publishing, 1958, 2 (1): 105 -132

[257] Marcus J. Mark 8 - 16: A new translation with introduction and commentary [M]. American: Yale University Press, 2014

[258] Martin L L, Ward D W, Achee J W, et al. Mood as input: People have to interpret the motivational implications of their moods [J]. Journal of Personality and Social Psychology, 1993, 64 (3): 317

[259] Martindale C. Biological bases of creativity [J]. Handbook of creativity, 1999, 2: 137 -152

[260] Masingale A M, Schoonover S, Kraft S, et al. Gratitude and posttraumatic symptomatology in a college sample [C]. //Paper submitted for presentation at the convention of the International Society for Traumatic Stress Studies, New Orleans, December, 2001

[261] Mathieu J, Maynard M T, Rapp T, et al. Team effectiveness 1997 - 2007: A review of recent advancements and a glimpse into the future [J]. Journal of management, 2008, 34 (3): 410 -476

[262] Mccullough M E, Jo - Ann T, Emmons R A. Gratitude in intermediate affective terrain: Iinks of grateful moods to individual differences and daily emotional experience [J]. Journal of Personality & Social Psychology, 2004, 86 (2): 295 -309

[263] Mccullough M E, Kilpatrick S D, Emmons R A, et al. Is gratitude a moral affect? [J]. Psychological Bulletin, 2001, 127 (2): 249 -266

[264] Mccullough M E, Kimeldorf M B, Cohen A D. An Adaptation for

Altruism The Social Causes, Social Effects, and Social Evolution of Gratitude [J]. Current Directions in Psychological Science, 2008, 17 (4): 281 – 285

[265] McNamee S, Hosking D M. Research and social change: A relational constructionist approach [M]. London: Routledge press, 2012

[266] McNamee S. From social construction to relational construction: practices from the edge [J]. Psychological Studies, 2012, 57 (2): 150 – 156

[267] McPhee R D, Zaug P. The communicative constitution of organizations [J]. Building theories of organization: The constitutive role of communication, 2009, 10 (1 – 2): 21 – 47

[268] Mena, S. and Suddaby, R. Theorization as Institutional Work: The Dynamics of Roles and Practices [J]. IIuman Relations, 2016, 69 (8): 1669 – 1708

[269] Menges J I, Kilduff M, Kern S, et al. The awestruck effect: Followers suppress emotion expression in response to charismatic but not individually considerate leadership [J]. The Leadership Quarterly, 2015, 26 (4): 626 – 640

[270] Menges J I, Tussing D V, Wihler A, et al. When Job Performance is All Relative: How Family Motivation Energizes Effort and Compensates for Intrinsic Motivation [J]. Academy of Management Journal, 2017, 60 (2): 695 – 719

[271] Messer S B. The real relationship in psychotherapy: The hidden foundation of change [J]. Psychotherapy Research, 2012 (22): 363 – 365

[272] Methot J R, Melwani S, Rothman N B. The Space Between Us: A Social – Functional Emotions View of Ambivalent and Indifferent Workplace Relationships [J]. Journal of Management, 2017, 43 (6): 1789 – 1819

[273] Meyer A. Antecedents and Consequences—Organizing for Improvisation: The Backstage Story of the Vancouver Jazz Concert and Symposium [J]. Organization Science, 1998, 9 (5): 569 – 576

[274] Michel A. The mutual constitution of persons and organizations: An

ontological perspective on organizational change [J]. Organization Science, 2014, 25 (4): 1082 - 1110

[275] Miles M B, Huberman A M. Qualitative Data Analysis: An Expanded Sourcebook, Thousand Oaks [M]. CA: Sage, 1994

[276] Milosevic I, Bass A E, Combs G M. The Paradox of Knowledge Creation in a High - Reliability Organization A Case Study [J]. Journal of Management, 2015: 0149206315599215 (cin press)

[277] Mintzberg H, Lampel J. Reflecting on the Strategy Process [J]. Sloan Management Review, 1999, 40 (3): 21 - 30

[278] Miron - Spektor E, Gino F, Argote L. Paradoxical frames and creative sparks: Enhancing individual creativity through conflict and integration [J]. Organizational Behavior and Human Decision Processes, 2011, 116 (2): 229 - 240

[279] Miron - Spektor E, Paletz S B F, Lin C C. To create without losing face: The effects of face cultural logic and social-image affirmation on creativity [J]. Journal of Organizational Behavior, 2015, 36 (7): 919 - 943

[280] Molm L D, Whitham M M, Melamed D. Forms of exchange and integrative bonds effects of history and embeddedness [J]. American Sociological Review, 2012, 77 (1): 141 - 165

[281] Morris M W, Sullivan B N. Culture and Coworker Relations: Interpersonal Patterns in American, Chinese, German, and Spanish Divisions of a Global Retail Bank [J]. Organization Science, 2008, 19 (4): 517 - 532

[282] Morrow J L, Sirmon D G, Hitt M A, et al. Creating value in the face of declining performance: firm strategies and organizational recovery [J]. Social Science Electronic Publishing, 2008, 28 (3): 271 - 283

[283] Mullen B, Copper C. The relation between group cohesiveness and performance: An integration [J]. Psychological bulletin, 1994, 115 (2): 210

[284] Mumby D K, Putnam L L. The politics of emotion: A feminist reading of bounded rationality [J]. Academy of Management Review, 1992 (17): 465 - 486

[285] Newcomb T M. The prediction of interpersonal attraction [J]. American Psychologist, 1956, 11 (11): 575

[286] Okhuysen G A. Understanding group behavior: How a police SWAT team creates, changes, and manages group routines [C]. //In Kimberly D. Elsbach (Ed.) Qualitative Organizational Research, 2005: 139 - 168

[287] Ortiz - De - Mandojana N, Bansal P. The long-term benefits of organizational resilience through sustainable business practices [J]. Strategic Management Journal, 2015, 8 (4)

[288] Ortmann G, Seidl D. Strategy research in the German context: The influence of economic, sociological and philosophical traditions [J]. Advances in Strategic Management, 2010 (27): 353

[289] Owens B P, Baker W E, Sumpter D M D, et al. Relational Energy at Work: Implications for Job Engagement and Job Performance [J]. Journal of Applied Psychology, 2016, 101 (1): 35 - 49

[290] Owton H & Allen - Collinson J. Close but not too close: Friendship as method (ology) in ethnographic research encounters [J]. Journal of Contemporary Ethnography, 2014, 43 (3): 283 - 305

[291] Ozanne J L, Saatcioglu B. Participatory action research [J]. Journal of consumer research, 2008, 35 (3): 423 - 439

[292] Palmer J. Past remarkable: Using life stories to trace alternative futures [J]. Futures, 2014 (64): 29 - 37

[293] Paries J, Lot N, Rome F, Tassaux D. Resilience in Intensive Care Units: The HUG Case [A]. In Hollnagel, E, Braithwaite J, Wears R L (eds). Resilient Health Care [C]. Burlington, VT: Ashgate, 2013: 77 - 95

[294] Park S H, Luo Y. Guanxi and organizational dynamics: Organizational networking in Chinese firms [J]. Strategic management journal, 2001, 22 (5): 455 - 477

[295] Pearce J A, Robinson R B. Cultivating guanxi as a foreign investor strategy [J]. Business Horizons, 2000, 43 (1): 31 - 38

[296] Pennebaker J W, Zech E, Rimé B. Disclosing and sharing emotion: Psychological, social, and health consequences [J]. Handbook of bereavement research: Consequences, coping, and care, 2001:

517 -543

[297] Perry E J. Chinese conceptions of "rights": from Mencius to Mao-and now [J]. Perspectives on Politics, 2008, 6 (1): 37 -50

[298] Perry - Smith J E, Shalley C E. A social composition view of team creativity: The role of member nationality-heterogeneous ties outside of the team [J]. Organization Science, 2014, 25 (5): 1434 -1452

[299] Petriglieri J L. Co-creating relationship repair: Pathways to reconstructing destabilized organizational identification [J]. Administrative Science Quarterly, 2015, 60 (3): 518 -557

[300] Petruzzelli A & Albino V. When tradition turns into innovation. How firms can create and appropriate value through tradition [M]. Oxford, UK: Woodhead Publishing Limited, 2012

[301] Pettigrew A M. On studying organizational cultures [J]. Administrative science quarterly, 1979: 570 -581

[302] Pettigrew A. M. Longitudinal Field Research on Change: Theory and Practice [J]. Organization Science, 1990, 1 (3): 267 -292

[303] Pfeffer J. Building sustainable organizations: The human factor [J]. The Academy of Management Perspectives, 2010, 24 (1): 34 -45

[304] Plowman D A, Baker L T, Beck T E, et al. Radical change accidentally: The emergence and amplification of small change [J]. Academy of Management Journal, 2007, 50 (3): 515 -543

[305] Polman E. Self-other decision making and loss aversion [J]. Organizational Behavior & Human Decision Processes, 2012, 119 (2): 141 -150

[306] Pratt M G. From the editors: For the lack of a boilerplate: Tips on writing up (and reviewing) qualitative research [J]. Academy of Management Journal, 2009, 52 (5): 856 -862

[307] Pratt M G. The Good, the Bad, and the Ambivalent: Managing Identification Among Amway Distributors [J]. Administrative Science Quarterly, 2000, 45 (3): 456 -493

[308] Priem R L, Butler J E. Is The Resource - Based View a Useful Perspective for Strategic Management Research? [J]. Academy of

Management Review, 2001, 26 (1): 22 -40

[309] Quinn R W, Dutton J E. Coordination as Energy-in – Conversation [J]. Academy of Management Review, 2005, 30 (1): 36 -57

[310] Rabbie J M and Horwitz M. Categories Versus Groups as Explanatory Concepts in Intergroup Relations [J]. European Journal of Social Psychology, 1988, 18 (2): 117 -123

[311] Ramasamy B, Goh K W, Yeung M C H. Is Guanxi (relationship) a bridge to knowledge transfer? [J]. Journal of Business Research, 2006, 59 (1): 130 -139

[312] Ramaswamy V, Gouillart F. The power of co-creation [M]. New York: Free Press, 2010

[313] Räsänen J M. Producing Norm Talk of Fact-based Case Recording in Interviews with Emergency Social Workers [J]. Qualitative Social Work, 2012, 11 (1): 6 -22

[314] Reis H T. Responsiveness: Affective interdependence in close relationships [J]. Mechanisms of Social Connection: From brain to group, 2014: 255 -271

[315] Richards R. Everyday creativity: Our hidden potential. In R. Richards (Ed.), Everyday creativity and new views of human nature [J]. Washington, DC: American Psychological Association, 2007: 25 -54. (May R. Everyday creativity: Our hidden potential [J]. Everyday creativity and ne views of human nature, Ed. Richards, 2007: 25 -53.)

[316] Rijt J V D, Bossche P V D, Wiel M W J V D, et al. Asking for Help: A Relational Perspective on Help Seeking in the Workplace [J]. Vocations & Learning, 2013, 6 (2): 259 -279

[317] Ring P S, Van de Ven A H. Structuring cooperative relationships between organizations [J]. Strategic management journal, 1992, 13 (7): 483 -498

[318] Rivkin J W & Siggelkow N. Organizing to strategize in the face of interactions: Preventing premature lock-in [J]. Long Range Planning, 2006, 39 (6): 591 -614

[319] Roberts N C, Bradley R T. Organizing for peace operations [J]. Public management review, 2005, 7 (1): 111 -133

[320] Rogan M, Sorenson O. Picking a (Poor) Partner [J]. Administrative Science Quarterly, 2014 (59): 301 -329

[321] Rogers K M, Ashforth B E. Respect in Organizations Feeling Valued as "We" and "Me" [J]. Journal of Management, 2014: 0149206314557159

[322] Roseman I J, Spindel M S, Jose P E. Appraisals of emotion-eliciting events: Testing a theory of discrete emotions [J]. Journal of personality and social psychology, 1990, 59 (5): 899 -915

[323] Rosenberg E. L. Levels of analysis and the organization of affect [J]. Review of General Psychology, 1998, 2 (3): 247 -270

[324] Rynes S L, Bartunek J M, Dutton J E, et al. Care and Compassion Through an Organizational Lens: Opening Up New Possibilities [J]. Academy of Management Review, 2012, 37 (4): 503 -523

[325] Samra - Fredericks D. Strategizing as Lived Experience and Strategists' Everyday Efforts to Shape Strategic Direction [J]. Journal of management studies, 2003, 40 (1): 141 -174

[326] Sandberg J, Tsoukas H. Grasping the logic of practice: Theorizing through practical rationality [J]. Academy of Management Review, 2011, 36 (2): 338 -360

[327] Sandelands L E. The Concept of Work Feeling [J]. Journal for the Theory of Social Behaviour, 1988, 18 (18): 437 -457

[328] Schaefer D R and Kornienko O. Building Cohesion in Positively Connected Exchange Networks [J]. Social Psychology Quarterly, 2009, 72 (4): 384 -402

[329] Schensul J J, LeCompte M D. Essential ethnographic methods: A mixed methods approach [M]. CA: Rowman Altamira, 2013

[330] Schrag C O. Communicative praxis and the space of subjectivity [M]. American: Purdue University Press, 2003

[331] Schreyögg G, Steinmann H. Moral issues in business: The case of Cabora Bassa [J]. Scandinavian Journal of Management Studies, 1986, 2 (3 -4): 213 -229

[332] Schuh S C, Van Quaquebeke N and Göritz A S, et al. Mixed Feelings, Mixed Blessing? How Ambivalence in Organizational Identifi-

cation Relates to Employees' Regulatory Focus and Citizenship Behaviors [J]. Human Relations, 2016, 69 (12): 2224 -2249

[333] Schultze U, Orlikowski W J. A Practice Perspective on Technology - Mediated Network Relations: The Use of Internet - Based Self - Serve Technologies [J]. Information Systems Research, 2004, 15 (1): 87 -106

[334] Schwartz S H. Societal Value Culture Latent and Dynamic [J]. Journal of Cross - Cultural Psychology, 2014, 45 (1): 42 -46

[335] Scollon R, Scollon S W, Kirkpatrick A. Contrastive discourse in Chinese and English: A critical appraisal [M]. Beijing: Foreign Language Teaching and Research Press, 2000

[336] Seo, M. G., Barrett, L. F. and Bartunek, J. M. The role of affective experience in work motivation [J]. Academy of Management Review, 2004, 29 (3): pp. 423 -439

[337] Sharma P, Chrisman S J J. Toward a reconciliation of the definitional issues in the field of corporate entrepreneurship [M]. //Entrepreneurship. Springer Berlin Heidelberg, 2007: 83 -103

[338] Shepherd D A, Sutcliffe K M. The use of anthropomorphizing as a tool for generating organizational theories [J]. The Academy of Management Annals, 2015, 9 (1): 97 -142

[339] Shils, E., Tradition [M]. Chicago: University of Chicago Press, 1981

[340] Shulman L. The Dynamics of Mutual Aid [J]. Social Work with Groups, 1986, 8 (4): 51 -60

[341] Simon, G., Relational ethnography: Writing and reading in research relationships [Z]. In Forum Qualitative Sozialforschung/Forum: Qualitative Social Research, 2012, 14 (1)

[342] Simons T, Vermeulen P A M and Knoben J. There's No Beer without a Smoke: "Community Cohesion and Neighboring Communities' Effects on Organizational Resistance to Antismoking Regulations in the Dutch Hospitality Industry", Academy of Management Journal, 2016, 59 (2): 545 -578

[343] Siqueira A C O, Webb J W, Bruton G D. Informal entrepreneurship and industry conditions [J]. Entrepreneurship Theory and

practice, 2016, 40 (1): 177 - 200

[344] Skeggs B. Class culture and morality: Legacies and logics in the space for identification [J]. The Sage Handbook of Identities, London: Sage, 2010: 339 - 360

[345] Smith, A., Raphael, D. D., and Macfie, A. L. The Theory of Moral Sentiments [J]. History of Economic Thought Books, 2012 (18): 333 - 353

[346] Snoeren M M W C, Raaijmakers R, Niessen T J H, et al. Mentoring with (in) care: A co-constructed auto-ethnography of mutual learning [J]. Journal of Organizational Behavior, 2016, 37 (1): 3 - 22

[347] Sosa M E. Where do creative interactions come from? The role of tie content and social networks [J]. Organization Science, 2011, 22 (1): 1 - 21

[348] Steinberg D M. A Mutual-aid Model for Social Work with Groups [M]. London: Routledge, 2014

[349] Stephens J P, Heaphy E D, Carmeli A, et al. Relationship quality and virtuousness: Emotional carrying capacity as a source of individual and team resilience [J]. The Journal of Applied Behavioral Science, 2013, 49 (1): 13 - 41

[350] Strauss A L. Qualitative analysis for social scientists [M]. England: Cambridge University Press, 1987

[351] Suddaby R, Greenwood R. Rhetorical strategies of legitimacy [J]. Administrative science quarterly, 2005, 50 (1): 35 - 67

[352] Suddaby R, Hardy C & Huy Q N. Introduction to Special Topic Forum: Where are the New Theories of Organization? [J]. Academy of Management Review, 2011, 36 (2): 236 - 246

[353] Suddaby R. From the editors: What grounded theory is not [J]. Academy of management journal, 2006, 49 (4): 633 - 642

[354] Sun S L, IM J. Cutting Microfinance Interest Rates: An Opportunity Co - Creation Perspective [J]. Entrepreneurship Theory and Practice, 2015, 39 (1): 101 - 128

[355] Susanne J T, Esmann A S. Co-creating ONE: Rethinking integration within communication [J]. Corporate Communications: An

International Journal, 2012, 17 (3): 272-288
[356] Sutcliffe K M, Vogus T J. Organizing for resilience [J]. Positive organizational scholarship, 2003: 94-110
[357] Taylor S E. Affiliation and stress [M]. The Oxford handbook of stress, health, and coping, 2011: 86-100
[358] Taylor S E. Tend and befriend biobehavioral bases of affiliation under stress [J]. Current directions in psychological science, 2006, 15 (6): 273-277
[359] Taylor J R. Organization as an (imbricated) configuring of transactions [J]. Organization Studies, 2011, 32 (9): 1273-1294
[360] Ten Bos R. The moral significance of gestures [J]. Business Ethics: A European Review, 2011, 20 (3): 280-291
[361] Tepper B J. Abusive Supervision in Work Organizations: Review, Synthesis, and Research Agenda [J]. Journal of Management, 2007, 33 (3): 261-289
[362] Thornton P H, Ocasio W. Institutional logics and the historical contingency of power in organizations: Executive succession in the higher education publishing industry, 1958-1990 [J]. American Journal of Sociology, 1999, 105 (3): 801-843
[363] Thye S R, Yoon J, Lawler E J. The theory of relational cohesion: Review of a research program [J]. Advances in group processes, 2002 (19): 139-166
[364] Ting-Toomey S, Kurogi A. Facework competence in intercultural conflict: An updated face-negotiation theory [J]. International journal of intercultural relations, 1998, 22 (2): 187-225
[365] Tiwana A. Do bridging ties complement strong ties? An empirical examination of alliance ambidexterity [J]. Strategic Management Journal, 2008, 29 (3): 251-272
[366] Tracy S J. Qualitative quality: Eight "Big-Tent" criteria for excellent qualitative research [J]. Qualitative Inquiry, 2010, 16 (10): 837-851
[367] Trickett E J, Espino S L. Collaboration and social inquiry: Multiple meanings of a construct and its role in creating useful and valid

knowledge [J]. American Journal of Community Psychology, 2004, 34 (1-2): 1-69

[368] Tronick E Z. "Of course all relationships are unique": How co-creative processes generate unique mother-infant and patient-therapist relationships and change other relationships [J]. Psychoanalytic Inquiry, 2003, 23 (3): 473-491

[369] Tsang E W K. Can guanxi be a source of sustained competitive advantage for doing business in China? [J]. Academy of Management Executive, 1998, 12 (2): 64-73

[370] Tsang J A, Carpenter T P & Roberts J A, et al. Why are materialists less happy? The role of gratitude and need satisfaction in the relationship between materialism and life satisfaction [J]. Personality and Individual Differences, 2014 (64): 62-66

[371] Tushman M L. Special boundary roles in the innovation process [J]. Administrative Science Quarterly, 1977, 22 (4): 190-204

[372] Tyler T R. Why People Cooperate with Organizations: An Identity-based Perspective [J]. Research in Organizational Behavior, 1999, 21: 201-246

[373] Tyler T R. Why People Cooperate: The Role of Social Motivations [M]. Princeton: Princeton University Press, 2011

[374] Uzzi B. Social structure and competition in interfirm networks: The paradox of embeddedness [J]. Administrative science quarterly, 1997: 35-67

[375] Vadera A K, Pratt M G, Mishra P. Constructive Deviance in Organizations Integrating and Moving Forward [J]. Journal of Management, 2013, 39 (5): 1221-1276

[376] Van Kleef G A. How emotions regulate social life the emotions as social information (EASI) model [J]. Current directions in psychological science, 2009, 18 (3): 184-188

[377] Van Maanen J, Kunda G. Real feelings-emotional expression and organizational culture [J]. Research in organizational behavior, 1989 (11): 43-103

[378] Van Maanen J. Ethnography as work: Some rules of engagement [J]. Journal of Management Studies, 2011, 48 (1): 218-234

[379] Van Maanen J. The fact of fiction in organizational ethnography [J]. Administrative science quarterly, 1979: 539 - 550

[380] Van Woerkom M, Sanders K. The romance of learning from disagreement. The effect of cohesiveness and disagreement on knowledge sharing behavior and individual performance within teams [J]. Journal of business and psychology, 2010, 25 (1): 139 - 149

[381] Verd J. M. Qualitative research methods for the Social Sciences [J]. Toronto: Allyn and Bacon, 2004

[382] Vuori T O and Huy Q N. Distributed Attention and Shared Emotions in the Innovation Process How Nokia Lost the Smartphone Battle [J]. Administrative Science Quarterly, 2016, 61 (1): 9 - 51

[383] Vuori T. Strategic sense-giving at the micro-level: facilitating and triggering coordinated action [J]. International Journal of Management Development, 2011, 1 (1): 1 - 14

[384] Walumbwa F O, Lawler J J, Avolio B J. Leadership, individual differences, and work-related attitudes: A cross-culture investigatation [J]. Applied psychology, 2007, 56 (2): 212 - 230

[385] Wang S, Roche M J, Pincus A L, et al. Interpersonal dependency and emotion in every day life [J]. Journal of Research in Personality, 2014 (53): 5 - 12

[386] Watkins P C, Grimm D L, Kolts R. Counting your blessings: Positive memories among grateful persons [J]. Current Psychology, 2004, 23 (1): 52 - 67

[387] Weber K, Dacin M T. The cultural construction of organizational life: Introduction to the special issue [J]. Organization Science, 2011, 22 (2): 287 - 298

[388] Weick K E, Sutcliffe K M, Obstfeld D. Organizing and the process of sensemaking [J]. Organization science, 2005, 16 (4), 409 - 421

[389] Weick K E. Blind spots in organizational theorizing [J]. Group & Organization Management, 1980, 5 (2): 178 - 188

[390] Weick K E. Cognitive processes in organizations [J]. Research in organizational behavior, 1979

[391] Weiner B, Graham S. Understanding the motivational role of affect: Life-span research from an attributional perspective [J]. Cognition &

Emotion, 1989, 3 (4): 401 -419

[392] Weinstein N, Ryan R M. When helping helps: Autonomous motivation for prosocial behavior and its influence on well-being for the helper and recipient [J]. Journal of personality and social psychology, 2010, 98 (2): 222

[393] Whetten D A. Organizational Decline: A Neglected Topic in Organizational Sciencel [J]. Academy of Management Review, 1980 (5): 577 -588

[394] Whitford J, Zirpoli F. Pragmatism, practice, and the boundaries of organization [J]. Organization Science, 2014 (25): 1823 -1839

[395] Whittington R. Completing the practice turn in strategy research [J]. Organization studies, 2006, 27 (5): 613 -634

[396] Whittington R. The work of strategizing and organizing: For a practice perspective [J]. Acoustics Speech & Signal Processing Newsletter IEEE, 2003, 1 (1): 117 -125

[397] Williams T, Shepherd D. Building Resilience or Providing Sustenance: Different Paths of Emergent Ventures in the Aftermath of the Haiti Earthquake [J]. Academy of Management Journal, 2016, 59 (6): 2069 -2102

[398] Williamson O E. The economic intstitutions of capitalism [M]. American: Simon and Schuster, 1985

[399] Willmott H. Why institutional theory cannot be critical [J]. Journal of Management Inquiry, 2015, 24 (1): 105 -111

[400] Wong A. Listen and Learn: Familiarity and Feeling in the Oral History Interview [M]. //Oral History off the Record. Palgrave Macmillan US, 2013: 97 -111

[401] Woodman R W, Sawyer J E, Griffin R W. Toward a theory of organizational creativity [J]. Academy of management review, 1993, 18 (2): 293 -321

[402] Wrzesniewski A, Dutton J E. Crafting a job: Revisioning employees as active crafters of their work [J]. Academy of Management Review, 2001, 26 (2): 179 -201

[403] Wrzesniewski A, LoBuglio N & Dutton J E, et al. Job crafting and cultivating positive meaning and identity in work [J]. Advances in

positive organizational psychology, 2013 (1): 281 -302

[404] Xanthopoulou D, Bakker A B & Demerouti E, et al. Work engagement and financial returns: A diary study on the role of job and personal resources [J]. Journal of Occupational and Organizational Psychology, 2009 (82): 183 -200

[405] Yang M M. Gifts, favors and banquets: The art of social relationships in China [M]. Ithaca, NY: Cornell University Press, 1994: 46 -66

[406] Yin R K. Case study research: Design and methods [M]. CA: Sage publications, 2013

[407] Zaheer A, Gulati R, Nohria N. Strategic networks [J]. Strategic management journal, 2000, 21 (3): 203

[408] Zaheer A, McEvily B. Bridging ties: A source of firm heterogeneity in competitive capabilities [J]. Strategic management journal, 1999, 20 (12): 1133

[409] Zajac E J, Olsen C P. From transaction cost to transactional value analysis: Implications for the study of interorganizational strategies [J]. Journal of management studies, 1993, 30 (1): 131 -145

[410] Zhang Y, Yang W. Comment on "Generalized gradient approximation made simple" [J]. Physical Review Letters, 1998, 80 (4): 890

[411] Zhang Y, Zhang Z. Guanxi and organizational dynamics in China: a link between individual and organizational levels [J]. Journal of Business Ethics, 2006, 67 (4): 375 -392

[412] Zhao Z J, Anand J. Beyond boundary spanners: The "collective bridge" as an efficient interunit structure for transferring collective knowledge [J]. Strategic Management Journal, 2013, 34 (13): 1513 -1530

[413] Zheng X, Li N, Brad Harris T, et al. Unspoken yet Understood: An Introduction and Initial Framework of Subordinates' Moqi With Supervisors [J]. Journal of Management, 2017: 0149206316687642 (cin press)

[414] Zubizarreta R. Co-creative dialogue for meeting practical challenges [J]. OD Practitioner, 2013, 45 (1): 47 -53

图书在版编目（CIP）数据

企业日常交往的战略实践观：中式管理理论初探/潘安成著.—北京：经济科学出版社，2017.9
国家社科基金后期资助项目
ISBN 978 -7 -5141 -8409 -9

Ⅰ.①企… Ⅱ.①潘… Ⅲ.①企业管理 - 研究 - 中国 Ⅳ.①F279.23

中国版本图书馆 CIP 数据核字（2017）第 221684 号

责任编辑：周国强
责任校对：隗立娜
版式设计：齐 杰
责任印制：邱 天

企业日常交往的战略实践观
——中式管理理论初探
潘安成 著
经济科学出版社出版、发行 新华书店经销
社址：北京市海淀区阜成路甲 28 号 邮编：100142
总编部电话：010 -88191217 发行部电话：010 -88191522
网址：www.esp.com.cn
电子邮箱：esp@ esp.com.cn
天猫网店：经济科学出版社旗舰店
网址：http：//jjkxcbs.tmall.com
固安华明印业有限公司印装
710×1000 16 开 24.5 印张 450000 字
2018 年 1 月第 1 版 2018 年 1 月第 1 次印刷
ISBN 978 -7 -5141 -8409 -9 定价：86.00 元
（图书出现印装问题，本社负责调换。电话：010 -88191510）